왕초보 온라인판매 사관학교

비대면 시대 따라하면 돈버는

왕초보 온라인판매 사관학교

유노연 지음

중앙경제평론사

| 프롤로그 |

온라인판매로 타인이나 직장에 의지하지 않고 돈과 시간에서 자유롭게 새로운 인생을 만들어갈 최적의 타이밍은 바로 지금이다

코로나로 인한 비대면(사람과 사람이 직접 만나지 않는 것) 트렌드로 인해 이전에는 경험해보지 못했던 새로운 시대가 열렸다. 이것은 긍정적인 변화라기보다는 모든 사람들에게 재앙에 가까운 변화다. 모든 기업과 개인이 힘들어지다 보니 경제가 침체되면서 기업에서는 구조 조정을 하거나 자영업자들은 폐업하는 경우가 속출하고 있다.

안 그래도 평생직장 개념이 약해지고 있었지만, 지금은 40대가 아닌 30대 후반에 제2의 인생을 준비해야 하는 지경에 이르렀다. 이제는 나만의 평생 비즈니스를 준비해야 할 때다. 직장에만 안주하다가 자의든 타의든 회사를 그만두게 되면 정말 큰 위기를 맞게 될 것이다.

코로나 비대면 시대가 되어 모두 힘들어하지만 비약적으로 성장하는 비즈니스가 있다. 바로 온라인판매 기반의 이커머스 전자상거래 시장이다. 쿠팡, 마켓컬리 등 대부분의 온라인마켓들은 비대면으로 인해 매출이 오히려 비약적으로 성장했다. 당연히 온라인마켓에서 비대면 트렌드에 맞는 상품들을 취급하는 온라인 판매자들도 똑같이 큰 매출과 수익을 올리고 있다.

코로나가 종식돼도 이런 트렌드는 갑자기 바뀌지 않을 것이다. 오히려 코로나로 인해 온라인쇼핑을 접하지 못했던 사람들이 새롭게 온라인마켓의 고객으로 진입하였다. 어렵고 불편한 줄 알았던 온라인쇼핑이 매우 편리하고 좋다는 것을 알게 되면서 평생 고객이 되었고, 앞으로도 온라인쇼핑으로 더 많은 소비가 이루어질 것이다.

코로나 이전에도 온라인판매는 크게 성장하고 있었지만, 이제는 정말 대세가 되었다. 힘들게 오프라인 마트에 차를 끌고 가서, 주차하고, 쇼핑하고, 계산하고, 물건을 싣고 집으로 오는 전형적인 오프라인 쇼핑은 계속 줄어들고, 클릭 몇 번이면 되는 온라인 쇼핑을 하게 될 것이다.

이런 사회적인 트렌드를 파악한 눈치 빠른 사람들이 온라인판매 시장에 진입하고 있다. 이런 현상에는 유튜브와 언론의 영향이 크다. 유튜브를 찾아보면, 하루 2시간씩 일하면서 월 1천만 원을 번다는 등 온라인판매로 경제적, 시간적인 자유를 누리면서 제2의 인생을 살고 있다고 선전하는 콘텐츠가 엄청나게 많다. 실제로 온라인판매로 남에게 의지하지 않고 충분히 수익을 올리며 자유로운 인생을 사는 사람들이 많다. 60대의 퇴직자가 쿠팡에서 온라인판매로 월 매출 1억 원을 올리는 경우도 보았다. 온라인판매는 기본만 잘 익히면 나이가 들어서도 할 수 있는 최고의 비즈니스라 할 수 있다. 이런 롤 모델들을 보며 많은 사람들이 이커머스 온라인판매 시장에 뛰어들고 있다.

그러나 이런 장밋빛 미래만 보고 온라인판매 시장에 뛰어든 대부분의 사람들이 1년 내에 포기하게 된다. 온라인판매에 대한 기초 공부가 되어 있어야 하는데, 마구잡이로 닥치는 대로 판매를 시작하다 보니 온라인판매에 꼭 필요한 정보 및 노하우가 부족하여 결국 돈, 시간, 노력만 낭비하는 경우가 대부분이다. 온라인판매를 시작하고도 무엇을, 어떻게 해야 할지 제대로 모르고 어디서 핵심 정보와 노하우를 배울 수 있는지도 모르기 때문에 유튜브, 인터넷에 실려 있는 단편적이고 부실한 정보에 의지해서 판매하는 탓이다.

이런 현실이 안타까워서 온라인판매에 뛰어든 초보자들을 위해 이들이 반드시 알아야 할 최신 온라인판매 필수 실전 정보 및 노하우를 알려주기 위해 이 책을 집필하게 되었다. 이 책은《매출 100배 올리는 유통 마케팅 비법》(2018년, 중앙경제평론사,《온라인 매출 쉽게 올리는 유통 마케팅 비법》으로 개정),《3개월 내 99% 성공하는 실전 온라인 유통 마케팅》(2019년, 처음북스)에 이어 필자의 세 번째 책이다. 필자가 매년 새 책을 집필하는 이유는 온라인판매 같은 이커머스 전자상거래는 워낙 핫한 분야라서 트렌드 변화가 너무 빠르기 때문이다. 3개월 전만 해도 엄청난 매출을 거둔 판매 채널, 판매 방법이 한순간에 몰락하는 등 변화의 속도가 엄청나다. 온라인마켓도 트렌드를 반영하여 내부 시스템 및 새로운 규정, 정책, 서비스를 계속 업데이트하고 만들어내다 보니 1년 전의 내용은 옛날이야기가 되는 일이 비일비재하다. 그렇기 때문에 매년 새로운 책을 집필하지 않을 수 없다.

최대한 많은 최신 실전 정보, 노하우, 트렌드를 알려주려 애썼더니 500쪽이 넘어가게 되었다. 사실 처음 초고는 훨씬 내용이 방대하여 초보자가 꼭 알아야 할 내용만 정리하여 추렸다. 이 책은 한 번 보고 덮는 책이 아니고 여러 번 줄 쳐서 읽고 필요할 때마다 꺼내 읽는,《수학의 정석》같은 온라인판매의 기본서다.

필자가 집필한 2권의 책도 온라인판매, 유통에 대해 잘 설명하고 있고, 교보문고, 예스24 등 5대 서점에서 장기간 베스트셀러였지만 초보자들이 보기에는 조금 어렵다는 의견이 있었다.

이 책은 그런 점을 수용하여 2023년 온라인판매의 최신 트렌드를 반영하면서도 초보자들을 위해 사업자등록, 통신판매업 신고, 택배 계약, 온라인마켓별 판매자 가입 방법 등 아주 기초적인 것부터 알려주는 온라인판매 기본서의 개념으로 집필했다. 스마트스토어, 해외구매대행, 아마존판매 등 온라인판매의 특정 카테고리에 대해 알려주는 책은 많지만, 이렇게 실전 온라인판매 전반에 대해 기초부터 알려주는 책은 거의 없다.

필자의 이전 책을 읽고 온라인판매, 유통판매에 대해 눈을 뜨고 평생 직업을 찾았다고 고마워하는 독자들의 이메일을 받고 필자도 행복했다. 대기업 제조업체, 빅3 대형 유통업체에서 23년째 온라인판매, 유통판매를 하고 있는 필자의 모든 경험과 노하우를 이 책에 갈아 넣었다. 특히 온라인판매에 막 뛰어든 초보자들이 온라인판매를 시작할 때 느끼는 두려움을 없애고, 꼭 알아야 할 필수 정보 및 노하우, 최신 온라인판매 트렌드를 쉽게 알려주는 데 주력했다. 이 책으로 인해 인생의 위기에 빠진 사람들이 진정으로 원하는 새로운 평생 직업을 찾고 경제적, 시간적 자유를 누리며 멋진 인생을 살았으면 한다.

이 책은 온라인판매의 기초 내용을 알려주기 때문에 심화적인 내용은 새롭게 공부해야 한다. 필자가 운영하는 회원 수 5만 명의 네이버 대표 유통 노하우 커뮤니티 카페인 '유통 노하우 연구회(https://cafe.naver.com/aweq123)'와 필자가 직접 강의(30시간, 85강)하고 무제한 1 : 1 개인 코칭까지 해주는 '온라인판매 사관학교(www.retailcampus.co.kr)' 온라인 교육 과정에 참여하면 더 심화된 내용을 배울 수 있으니 참고하기 바란다.

이 책을 읽기만 해서는 아무 의미가 없다. 책에서 배운 내용을 직접 실행하는 것이 가장 중요하다. 앞으로 엄청나게 성장할 온라인판매를 시작하기로 결심한 당신은 매우 운이 좋다. 열심히 공부하고 노력하기만 하면 돈과 시간에서 자유로운 멋진 인생을 살 수 있을 것이다. 필자도 당신을 지지하고 실제로 도움을 줄 것이다. 이 책을 읽고 궁금한 내용은 freeman914@naver.com으로 질문해주길 바란다. 멋진 제2의 인생을 힘차게 응원한다.

빅3 대형 유통업체 현직 23년차

온라인판매/유통판매 전문가 유노연(필명)

| 차 례 |

PART 2

온라인판매 전 준비 사항

PART 3

초보 셀러 상품 선정 & 소싱 노하우

PART 4
초보 셀러 시작

PART 5
최근 핫한 온라인판매 기법

PART 6
중급 셀러로 발돋움하기

PART 7
초보자 온라인판매 성장 전략 핵심 정리

PART 1

코로나/비대면 시대, 왜 온라인판매인가?

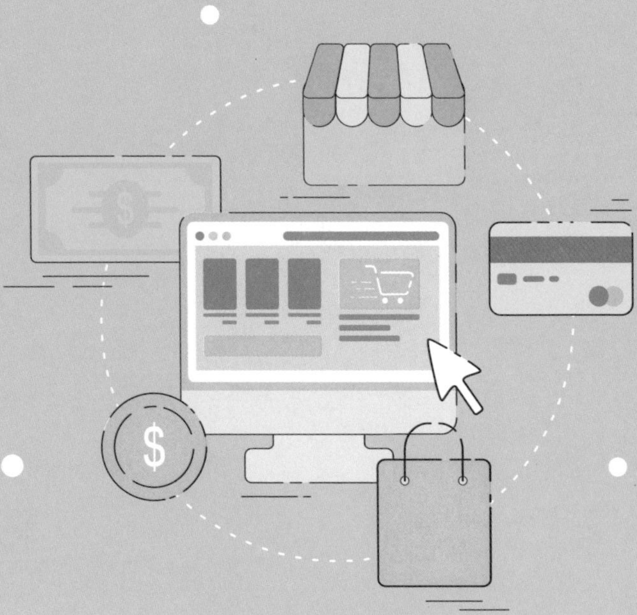

비대면 시대,
당신의 직업은 평생 갈 수 있을까?

2020년, 전대미문의 코로나 사태로 인해 우리는 한 번도 경험해보지 못한 세계에서 살고 있다. 코로나 이전과 이후의 세계는 완전히 다르다. 모든 사람들이 마스크를 쓰고 대부분의 기업들이 재택근무를 하고 외부 활동과 사람들과의 접촉을 최대한 피하는 비대면의 삶을 살게 되리라고 누가 상상이나 했겠는가?

사람들이 오프라인이 아닌 온라인으로 대부분의 일을 하는 시대가 열렸다. 음식을 온라인으로 주문하고, 마트에 가는 대신 온라인쇼핑으로 식재료를 주문하는 등 삶의 방식이 코로나 이전과는 180도 바뀌었다. 오프라인에서 일을 하려면 많은 사람과 비용이 필요하지만, 온라인으로는 인원 및 비용도 훨씬 적게 든다. 이런 상황이다 보니 대기업, 중소기업 할 것 없이 코로나로 인해 수익성이 악화된 상황에서 인원 구조 조정에 들어가고 있다.

코로나 초기에는 비대면 시대가 일시적일 거라고 생각했지만, 막상 재택근무에 대한 거부감이 줄어들면서 코로나 바이러스가 종식돼도 지금처럼 비대면으로 일하는 부분은 그대로 유지될 것으로 보인다. 그렇다 보니 지금 일하는 직장인 중 적어도 20% 이상은 구조 조정될 것으로 보인다. 코로나 발발 이전에도 불안한 직장이었지만, 이제 조기 실직/구조 조정의 위험성은 더욱 높아지고 있다.

이런 사회 분위기에서 직장에만 목매는 것은 너무나 위험하다. 이제는 정말 직장이 나의 미래를 보장해주지 못한다. 음식점을 포함한 오프라인 자영업도 이번 코로나 사태로 인해 치명적인 타격을 입었고, 코로나가 끝나도 온라인으로 주문해서 먹는 트렌드로 과거의 매출을 회복하기가 쉽지 않을 것이다.

이렇듯 오프라인 자영업이든 직장이든, 어떤 것도 나의 평생을 보장해주지 못하는 시대가 되었다. 이런 상황에서 남이나 직장에 의지하지 않고 혼자 힘으로 살아나갈 수 있는 평생 직업을 찾는 일이 더욱 중요해졌다. 대개 그런 직업은 의사, 변호사 등의 전문직이나 특수한 기술을 가진 경우다. 현재 직장 생활을 하고 있거나 직장을 구하고 있는 예비창업자, 주부라면 이런 평생 직업을 찾기가 쉽지 않다.

다들 마음속으로는 그런 직업을 찾을 거라고 생각하지만, 그러다가 결국 평생 직업을 찾지 못하고 직장에서 쫓겨나는 경우가 많다. 사회 활동을 하는 성인들의 90% 이상이 이런 경우다. 예전에는 50살까지는 직장 생활을 할 수 있었지만, 코로나로 인해 퇴직 연령은 더욱 당겨지고 실업의 위험성은 더욱 높아질 것이다.

그런데 코로나 시대에 거의 모든 비즈니스가 위축되고 있는데 비약적으로 성장하는 비즈니스가 있다. 바로 이커머스 시장이다. 한마디로 온라인판매 비즈니스인데, 코로나 이후로 거의 모든 오프라인 업종은 힘든 상황이지만 쿠팡, 마켓컬리 같은 온라인판매 업체는 도리어 비약적으로 매출이 늘고 있다.

2020년 1~9월 전년 대비 업종별 성장

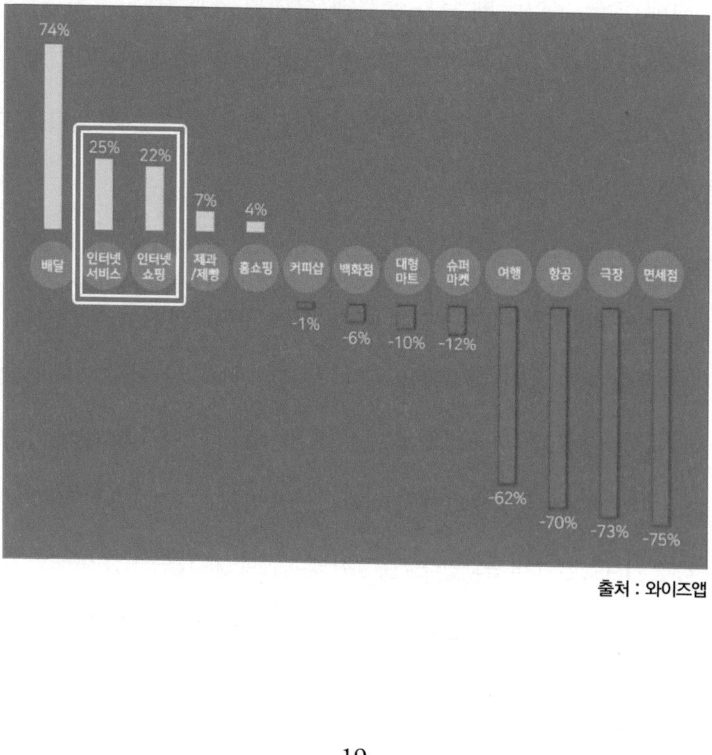

출처 : 와이즈앱

쿠팡을 포함한 이커머스업계가 얼마나 수익을 많이 올렸는지, 정부에서 이커머스업계의 수익을 코로나로 타격을 입은 사람들에게 일부 배분하자는 말까지 나오고 있다. 롯데, 신세계 같은 대형 오프라인 유통업체도 이미 미래의 성장 동력을 이커머스 온라인판매 비즈니스라고 확신하고, 회사의 모든 자원을 이곳에 집중하고 있다. 지금 롯데, 신세계 같은 오프라인 유통업체에서 유일하게 20% 이상 성장하고 있는 비즈니스가 온라인몰 매출이기 때문이다. 그래서 오프라인 점포수를 계속 줄이면서 이커머스 사업부를 엄청나게 확대하고 있다.

쿠팡을 포함한 온라인 유통 공룡들도 늘어난 고객 수요에 맞추기 위해 물류, 창고, 배송 시스템에 막대한 투자를 하고 있다. 리테일 분석 사이트인 와이즈앱에 따르면, 쿠팡의 2019년 결제 금액은 15.4조 원이었는데 2020년 결제 금액은 21.7조 원으로 무려 41%나 증가했다고 한다.

지난해 온라인쇼핑 시장 규모는 약 160조 원으로, 역대 최대치를 경신할 것으로 전망된다. 전체 소매 판매액에서 온라인쇼핑이 차지하는 비중도 이미 30%에 육박하고 있다. 이에 유통업체들은 비대면에 집중하기 시작했다. 롯데그룹은 지난해 4월 통합 온라인몰인 '롯데온'을 출범했고, 오프라인 매장은 물류·배송 기지로 전환해 온라인역량을 강화했다. 신세계그룹은 지난 2018년 출범한 통합 온라인몰 SSG닷컴의 새벽 배송 이용자가 1년새 70만 명을 웃돌 정도로 늘어나자, 오는 2023년까지 온라인 전용 물류센터 7개 신설에 1조 7,000억 원을 투자하기로 했다.

기존 이커머스업계는 올해 합병연횡을 통한 경쟁력 강화를 추진한다. 11번가는 아마존과 손을 잡고 올해부터 시너지를 본격화할 계획이며, 네이버는 CJ와 손을 잡고 GS리테일은 GS홈쇼핑과 합병하는 온·오프라인의 경계를 넘어선 협력이 곳곳에서 일어나고 있다. 업계의 한 관계자는 "경계를 나누는 것이 무의미해진 시대"라며 "온라인시장의 주도권을 잡기 위해 이종 산업 간 합종연횡이 더욱 가속화될 것"이라고 전망했다.

출처 : 〈서울경제〉

비대면 시대가 심화될수록 이커머스 온라인판매 비즈니스는 더욱 크게 성장할 것이다. 2019년 유튜버 신사임당으로 인해 온라인판매 열풍이 한차례 휩쓸었지만, 지금은 그때보다 더 많은 사람들이 온라인판매에 관심을 기울이고 있다. 유튜브에도 온라인창업, 온라인판매 관련 영상들이 매일 수없이 올라온다.

온라인판매는 특별한 기술 없이도 누구나 쉽게 진입할 수 있고, 개인사업이기 때문에 직장에 매이거나 누구의 눈치를 볼 필요도 없으며, 나이가 들어서도 할 수 있는 최고의 직업이다. 성공하기가 쉽지는 않지만 일단 자리를 잡으면 돈과 시간에서 자유로운 인생을 살 수 있다. 일반 직장을 20~30년 다녀서 고위급 임원이 되어도 모을 수 없는 금액을 온라인판매로는 불과 2~3년 만

ⓘ **'온라인판매' 관련 유튜브 영상들**

에 벌 수 있다. 온라인판매는 자영업처럼 많은 초기 투자금이 필요 없고 특별한 학력, 인맥, 기술이 없어도 쉽게 뛰어들 수 있다는 장점이 있다. 이런 온라인판매의 매력 때문에 많은 사람들이 이커머스 시장으로 몰려들고 있다.

위태로운 직장, 미래에 대한 불안감, 나만의 평생 직업을 찾고 싶은 열망이 결합되어 비대면 시대에 가장 유망하고 매력적인 사업으로 온라인판매 비즈니스가 비약적으로 성장하고 있는 것이다.

누구나 할 수 있지만 아무나 성공할 수 없는 온라인판매

온라인판매에 남녀노소 할 것 없이 뛰어들고 있다. 특히 유튜브에서 '온라인판매로 하루 2시간 일하고 월 1천만 원 번다' 같은 자극적인 콘텐츠를 본 사람들이 장밋빛 환상을 품고 온라인판매에 뛰어든다.

"치킨집 미래 없다" 온라인창업 몰린 2030

온라인 쇼핑몰 창업 열풍 ①

코로나에 외식 창업 직격탄…달라지는 창업 트렌드

창업 고민하는 20대 넷 중 한 명은 온라인쇼핑몰 선호

네이버스토어 입점 지난해 3배

코로나19로 인해 직장생활이 불안해지자 온라인창업이 주목을 받고 있다. 이전

까지만 해도 창업은 '치킨집'으로 대변되는 프랜차이즈에 대한 관심이 압도적으로 높았지만, 비대면 문화 확산과 젊은 층의 진출 등으로 온라인이 신시장으로 떠오르는 모습이다.

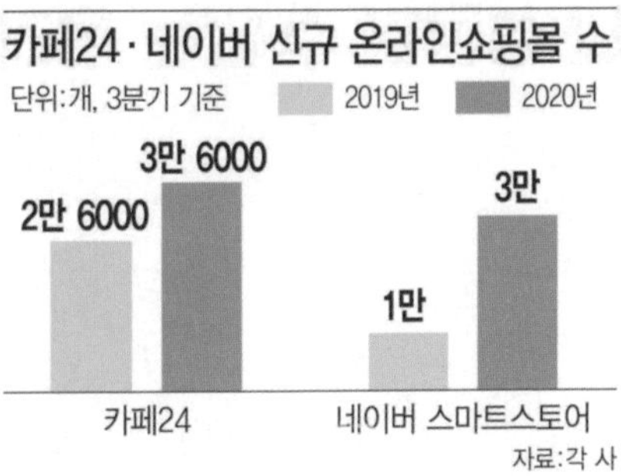

23일 관련 업계에 따르면, 창업 의향이 있는 직장인 중 젊은 층을 중심으로 온라인쇼핑몰 창업에 대한 선호도가 높았다.

벼룩시장 구인구직이 직장인 2,013명을 대상으로 설문을 실시한 결과, 응답자의 70.1%는 창업에 도전할 의향이 있다고 답했다. 이들 중 가장 많은 20.2%가 온라인쇼핑몰을 선택했다. 카페, 치킨집 등 프랜차이즈는 19.9%로 그 뒤를 이었다. 특히 연령대로 보면 20대와 30대는 각각 25.1%, 20.8%로 온라인쇼핑몰 창업을 가장 선호했다. 다만 40대(19.5%)와 50대(24.6%)는 음식점, 푸드트럭 등 외식업을 1순위로 꼽았다.

퇴직 걱정 없이 평생 일할 수 있고 직장 생활보다 큰돈을 벌 수 있을 것이라는 기대감도 있지만, 코로나19로 인해 직장 생활이 불안하다는 점이 향후 창업을 고려하는 주된 이유였다.

직장인뿐만이 아니다. 코로나19로 취업 시장에도 찬바람이 불면서 취업준비생

들이 취직 대신 창업을 생각하는 경우도 많을 것으로 업계에서는 보고 있다.
실제로 코로나19로 인해 고용시장이 타격을 받자, 통계청이 발표한 11월 고용동향에서 취업자 수는 작년보다 27만 3,000명 감소한 2,724만 1,000명으로 집계됐다. 실업률은 3.4%로 전년 동월 대비 0.3%p 올랐으며 특히 청년층 실업률은 8.1%로 지난해보다 1.1%p 증가했다.
이들 대부분이 온라인에 익숙한 세대라는 점에서 창업을 결정할 때 오프라인보다 온라인을 선택할 개연성이 높다고 본다. 임대료 등 목돈이 필요하지 않고, 상대적으로 실패 시 부담해야 할 위험 요소도 적기 때문이다. 비교적 진입장벽이 낮기 때문에 경험 삼아 온라인창업에 나설 수 있다는 점도 특징이다. 오픈마켓 플랫폼 등도 이 같은 판매자를 끌어들이기 위해 '수수료 0원' 등 다양한 지원책을 내놓고 있다.
여러 상황이 겹치며 온라인창업은 날로 커지고 있다. 네이버 스마트스토어의 지난 3분기 신규 점포는 3만 개다. 지난해 같은 기간 1만 개에서 200% 증가했다. 같은 기간 카페24 신규 쇼핑몰은 전년 대비 39.6% 증가한 3만 6,000개로 집계됐다.
업계 관계자는 "코로나19로 인해 직장 생활이 불안하고 취업 역시 쉽지 않자 창업을 고민하는 사람들이 많아지고 있다"며 "그중에서도 영업 규제 등에서 자유롭고 비교적 쉽게 접근할 수 있는 온라인창업에 주목하는 추세"라고 말했다.

출처 : 〈이데일리〉

앞의 기사에서 볼 수 있듯이, 온라인판매 플랫폼 중에 가장 핫하고 인기가 높은 스마트스토어는 불과 1년 사이에 1만 개에서 3만 개로 무려 3배로 늘었다. 그만큼 사람들의 온라인판매에 대한 관심이 뜨겁다.

온라인판매에 진입하기는 쉽지만, 과연 이들의 성공 확률은 어떨까? 직장인의 월급 이상 버는 경우는 5%도 안 되는 것이 현실이다. 한마디로 10명 중 9명은 3년 내로 원하는 수익이 나지 않기 때문에 온라인판매를 접는다. 누구나 쉽게 온라인판매를 시작할 수 있지만, 성공 확률은 희박하다. 그러니 온라인판매를 만만히 보았다간 큰코다친다.

특히 투잡, 부업으로 설렁설렁 할 거라면 절대 시작하지 말라고 하고 싶다. 이 세계는 그렇게 만만한 시장이 절대 아니다. 전업으로 하루 12시간 이상 쏟아부어도 쉽지 않은데, 하루 2~3시간 가지고 될까? 유튜브에 널린 성공담은 0.1%의 운 좋은 사람들에게 일어나는 일인데, 과연 하루 2시간 일하면서 월 1천만 원 버는 게 지속될지 미지수다. 몇 달은 그런 수익을 거둘지 몰라도 장기간 지속되지는 않을 거라고 확신한다.

물론 처음에 온라인판매가 일정 단계에 이를 때까지 열심히 시간, 노력을 갈아 넣어서 제대로 된 판매 시스템을 구축했다면, 그 후로는 하루 2시간씩 들여 관리하면서 월 1천만 원 이상 매출을 만드는 것은 가능하다. 그러나 처음에 일정 수준에 이를 때까지는 죽도록 노력하고 공부해야 한다는 것을 기억해야 한다. 온라인판매로 자리를 잡으면 달콤한 보상(돈/시간/자신감/안정적 미래 등)이 따르지만, 절대 쉽게 얻을 수 있는 것은 아니다.

그런데 온라인판매로 창업한 사람 중에 5% 이하만 성공한다고 하지만, 이는 절대적인 수치일 뿐이다. 필자의 생각에, 실패한 95%의 숫자에는 엄청난 허수가 포함되어 있다. 한마디로 들러리들인데, 어차피 실패할 수밖에 없는 사람들이다. 정말 열심히 공부하고 노력하면서 온라인판매를 하는 사람들의 성공률만 따지자면 30% 이상이라고 생각한다.

온라인판매 초보자들의 상당수가 유튜브나 B2B 도매사이트의 홍보글을 보고 뛰어든 경우라 기초가 매우 부실하다. 어떻게 온라인판매를 해야 하는지, 공부는 어떻게 해야 하는지, 어디서 정보를 얻을 수 있는지도 모르는 경우가 많다. 그래서 대충 알고 있는 내용을 바탕으로 마구잡이로 온라인판매를 시작한다. 상품 선정은 어떻게 하는지, 어디서 상품을 소싱할지, 판매 채널별 특징은 무엇인지, 온라인판매 시 핵심 요소는 무엇인지, 향후 방향성은 어떻게 잡을지 등 온라인판매를 할 때 꼭 알아야 할 내용은 알지도 못한 채 닥치는 대로 판매한다.

특히 B2B 배송 대행 도매몰에서 홍보하는 대량 등록 솔루션을 활용한 대량 등록 판매 같은 것에 쉽게 빠져든다. 온라인판매에 대해 아무것도 모르면서 대량 등록 솔루션으로 편하게 수만 개의 상품을 등록하고 솔루션 사용료만 내는 것이다. 그러고는 판매량

대비 최종 수익이 얼마 안 된다고 불평한다. 이런 상황에 성공할 확률이 얼마나 될까? 수학 기초가 제대로 잡혀 있지 않으면 실전 대학 입시 수학 문제를 제대로 풀 수 없는 것과 마찬가지다.

기초가 부실하고 향후 방향성도 없이 온라인판매를 시작하는 온라인판매 초보들과는 달리, 이 책을 읽고 있는 당신은 성공할 확률이 비약적으로 높아진다. 온라인판매 분야도 공부하고 노력한 만큼 매출이 나오는 시장이다. 남들보다 기초가 탄탄하고 많은 정보와 노하우, 인맥을 갖고 있는 초보 셀러는 그렇지 않은 초보 셀러보다 훨씬 앞서나갈 것이다.

일부 초보자들 중에는 상품 등록, 고객 주문 확인, 포장, 배송, 고객 CS 처리 등 단순 온라인판매만 죽도록 하면서, 일을 열심히 하는데 왜 매출이 안 오르는지 모르겠다고 불평하는 사람도 있다. 사실 이런 단순 작업은 아무리 많이 해도 온라인판매 실력을 확 올려주지 않는다. 이런 일은 단순 알바로도 할 수 있다.

초보 사장이라면 사업 초기에 직원이 없기 때문에 이런 일도 직접 해야겠지만, 그보다는 온라인판매에 대해 열심히 공부하는 것이 중요하다. 책도 읽고 강의도 듣고 셀러 모임도 나가는 등 온라인판매에 필요한 모든 정보, 노하우를 공부해야 한다. 이렇게 공부해서 아이템 선정, 마케팅, 광고만 잘하게 되어도 매출이 최소 몇 배는 오를 것이다. 그러나 많은 초보자들은 판매하느라 바빠서 아이템 선정, 마케팅, 광고를 공부할 시간도 없고 어떻게 공부해야 할지도 모르겠다고 말한다. 그러나 단순 작업만 주로 하면 온라인판매를 접을 확률이 매우 높아진다.

세상에 공짜는 없다. 게다가 남들 하는 만큼만 하면 남들처럼 된다. 남들이 모르는 온라인판매 정보, 노하우를 알고 있어야 성공할 확률이 높아지므로, 이런 정보, 노하우를 얻기 위해 시간을 쪼개서 공부도 하고 사람도 만나야 한다. 처음 온라인판매를 하는 왕초보자는 자기가 직접 해야 할 일에 쫓기느라 인맥의 중요성을 못 느끼지만, 왕초보를 벗어나기만 해도 인맥의 중요성을 절실히 느끼게 된다.

온라인에서든 오프라인에서든 나를 도와줄 인맥을 만들어야 한다. 초보자가 고수 온라인셀러를 알게 되어 그 사람에게 도움을 받는다면 실력이 얼마나 빨리 늘겠는가? 어떤 일이든 가장 빨리 배울 수 있는 방법은 이미 그 길을 가고 있는 선배에게 배우는 것이다.

특히 좋은 상품을 가진 제조업체 사장이나 내 상품을 유통해줄 벤더업체, 총판업체를 알게 되면 좋다. 이런 인맥을 만들려면 노력이 필요하다. 예전에는 오프라인에서만 이런 인맥을 만들 수 있었지만, 이제는 온라인상에서도 쉽게 인맥을 만들 수 있다. 온라인판매 고수와 나눈 30분짜리 대화가 책 100권, 강의 100시간보다 더 큰 도움이 될 수 있다. 초보자가 10년을 해도 할 수 없는 것을 고수에게 배우면 30분 만에 할 수도 있다는 것을 명심하자.

항상 온라인판매의 최신 정보, 노하우를 끊임없이 공부하고, 온라인에서든 오프라인에서든 인맥을 구축하며, 멘토를 만들기 위해 노력하라. 이것을 꾸준히 실행하는 초보 셀러는 반드시 성공하여 돈과 시간에서 자유로운 인생을 살 것이라 확신한다. 앞으로 이커머스 온라인판매의 전망이 밝기 때문에 모든 것을 바쳐 투자할 만한 가치가 충분하다. 온라인판매는 남이나 직장에 의지하지 않고 자신의 힘만으로 나이 제한 없이 평생 직업으로 할 수 있는 정말 매력적인 비즈니스임을 명심하자.

지금도 온라인판매 고수들은 자기가 좋아하는 일을 하면서 돈과 시간에서 자유로운, 멋진 인생을 살고 있다. 당신도 굳게 마음먹고 열심히 공부하고 노력한다면 그렇게 될 수 있다. 혼을 담은 노력은 절대 배신하지 않는다는 것을 명심하고, 멋진 제2의 인생을 위해 하루하루 한 걸음씩 나아가다 보면 당신이 꿈꾸는 인생을 살게 될 것이다.

국내 온라인판매/ 이커머스 시장 트렌드

코로나19 여파에 온라인쇼핑은 '역대급 호황'… 거래액 160조 돌파

신종 코로나바이러스 감염증(코로나19)으로 비대면 거래 수요가 늘어나면서 지난해 온라인쇼핑 거래액이 역대 최대를 기록하며 역대급 호황을 맞이했다. 모바일 거래액은 처음으로 100조 원을 돌파했다. 3일 통계청이 발표한 '2020년 12월 및 연간 온라인쇼핑 동향'에 따르면 지난해 온라인쇼핑 거래액은 161조 1,000억 원으로 전년보다 19.1% 증가했다. 이는 관련 통계 작성이 시작된 2001년 이래 최대치다.

지난해 소매판매액 가운데 온라인쇼핑 상품 거래액 비중은 27.2%로 역시 통계 작성 이래 최고치를 기록했다. 상품군별로 보면 온라인으로 배달 음식을 주문하는 음식 서비스 거래액이 17조 4,000억 원으로 1년 전보다 78.6% 증가하면서 가장 큰 폭으로 늘었다. 음식료품(+48.3%)과 생활용품(+44.1%) 거래액도 대폭 증가했다.

출처 : FETV

위의 기사에서도 알 수 있듯이 현재 국내 온라인쇼핑은 사상 최고의 호황기를 맞고 있다. 통계청이 온라인쇼핑 관련 통계를 작성한 2001년 이래 최고치를 경신하고 있는데, 앞으로도 이런 트렌드는 지속될 것이다.

온라인판매를 하려면 국내 온라인판매/이커머스 시장의 트렌드를 알아야 한다. 먼저 국내 온라인마켓의 종류 및 특징부터 알아보자.

오픈마켓

우선 역사와 전통을 지닌 강자, 오픈마켓을 들 수 있다. 지마켓, 옥션, 11번가, 인터파크, 멸치쇼핑, 롯데ON 등이 있으며 아직도 전체 온라인마켓 중 가장 큰 매출을 자랑한다. 그러나 쿠팡, 스마트스토어에 추격당하며 1등 자리가 위태로워지고 있다. 15년 전만 해도 《지마켓에서 10억 벌기》라는 책이 히트할 정도로 인기가 높은 온라인마켓이었는데, 최근에는 그 자리를 쿠팡과 스마트 스토어에 내준 상태다.

오픈마켓은 사업자등록증만 있다면 누구나 입점 및 판매할 수 있는 판매 중개 플랫폼이다. 온라인판매를 한다면 거의 모든 판매자가 오픈마켓에서 판매할 정도로 대중적인 온라인마켓이다. 수수료는 5~15%(평균 13%) 정도로 높지 않은 편이며, 정산 기간은 고객이 구매 미확정 시 배송 완료 후 8일(구매 확정 시 1~2일)이다. 오픈마켓은 워낙 광고가 많다 보니 광고 없이는 상위노출이 거의 불가능하므로, 판매를 원한다면 광고 집행은 필수다. 아직도 많은 충성고객이 존재하므로, 온라인판매를 하는 사람들은 필수적으로 입점해야 하는 마켓이다.

소셜커머스

쿠팡, 위메프, 티몬 등 2010년 초에 공동구매, 반값 특가딜로 인기몰이를 한 것이 소셜커머스다. 원래는 소셜커머스는 모바일 핸드폰을 기반으로 초특가에 특가딜을 진행하는 콘셉트였는데, 지금은 운영 프로세스가 많이 바뀌었다. 특가딜로는 상품 구색을 늘리는 데도 한계가 있고 수익도 나지 않아서, 오픈마켓처럼 자유롭게 상품을 등록하고 판매하는 오픈몰로 바뀐 것이다. 현재 오픈마켓과 소셜커머스의 차이는 미비해서, 오픈마켓보다 소셜커머스가 특가 행사를 더 많이 진행하는 정도의 차이밖에 없다.

쿠팡은 소셜커머스와 오픈마켓과는 또 다른 형태로, 아마존을 벤치마킹하여 아이템위너, 로켓배송, 쿠팡파트너스, 로켓와우 등 혁신적인 시도를 하며 새로운 온라인마켓을 구축해나가고 있다. 빠른 배송 및 온라인 최저가의 로켓배송을 앞세우며 현재 단일 쇼핑몰로는 국내 최고 거래액을 자랑하고 있다. 쿠팡은 특가딜, 기획전은 그다지 많이 진행하지 않으며, 오픈마켓 판매보다는 주로 사입 위주의 로켓배송 판매에 집중하고 있다. 동일 카테고리라면 로켓배송 상품을 적극적으로 노출하고 밀어주므로 같은 카테고리/키워드 내에 로켓배송 상품이 있으면 일반 상품은 많이 판매되지 않는다. 최근에는 오픈마켓처럼 광고의 비중을 올리고 있기 때문에, 로켓배송 또는 광고가 아니면 상위노출을 하기가 갈수록 힘들어지는 상황이다.

위메프, 티몬은 오픈마켓 판매도 하지만, 여전히 소셜커머스의 특가딜, 기획전 등의 행사를 많이 한다. 티몬은 타임특가 개념의 딜이 인기가 있으며 일반 상품보다는 여행, 공연, 레저 등 문화 상품이 강하다. 위메프는 특가딜, 기획전의 파괴력이 높다. 수수료는 7~18%(평균 12%, MD 네고 중요), 로켓배송 30~45%(쿠팡 마진)이며, 모든 정산이 끝날 때까지 40~60일이 걸린다. 오픈마켓 상품 판매보다는 MD와의 협의를 통해 특가딜, 기획전 같은 행사나 로켓배송 사입 판매를 공략하는 것이 유리하다.

종합몰

종합몰은 우리나라에서 가장 먼저 생긴 온라인마켓으로, 온라인상의 백화점이라고 보면 된다. 현대H몰, CJ몰, 롯데몰, 신세계SSG닷컴 등 대기업이 운영하는 대형 몰은 규모나 브랜드 인지도가 있는 업체만 입점할 수 있으므로 일반 온라인판매 셀러는 접근하기가 어렵다. 자기만의 브랜드가 있고 일정 정도 인지도가 있어야 종합몰에 입점할 수 있다. 오픈마켓과 마찬가지로 오래된 프리미엄 충성고객들이 많고, 가격보다는 품질, 서비스 같은 요소를 중시한다. 수수료도 최소 20~40%(평균 25%)로 온라인마켓 중에서 높은 축에 속하며, 정산 기간도 40~50일로 매우 길다.

스마트스토어 & 네이버쇼핑

현재 가장 인기 있는 온라인마켓이다. 최근 온라인판매 열풍을 불러온 스마트스토어는 네이버에서 제공하는 무료 개인 쇼핑몰이다. 모든 온라인마켓이 입점되어 있는 네이버쇼핑은 가장 노출이 잘되고 수수료도 3~6%로 가장 낮다. 게다가 네이버의 엄청난 고객 트래픽을 바탕으로 빠르게 성장하고 있다. 네이버에서 가장 집중하는 비즈니스라고 할 만큼 밀고 있기 때문에, 앞으로 쿠팡과 함께 온라인마켓 1, 2위를 다툴 것으로 보인다.

장점이 많기 때문에 온라인판매를 하는 사람이라면 누구나 스마트스토어를 만들고 판매할 것을 추천한다. 네이버쇼핑 상위노출 로직을 이해하고, 이에 맞춰 상위노출 전략을 수립하는 것이 중요하다. 다른 온라인마켓보다도 네이버쇼핑의 상위노출이 월등히 유리하고, 일단 상위노출만 되면 큰 매출을 기대할 수 있다. 오픈마켓과 달리 광고 없이도 상위노출이 가능하다.

전문몰

카테고리별로 특화된 온라인마켓인데 패션몰, 문구몰, 뷰티몰, 애견몰, 수제품몰 등 매우 다양한 카테고리의 쇼핑몰이 존재한다. 마켓컬리, 무신사, 텐바이텐, 미미박스, 아이디어스 같은 곳이 바로 그것이다. 이런 카테고리를 좋아하는 충성고객들을 다수 보유하며, 넓고 깊게 상품 구색을 갖추고 있다.

오픈마켓, 소셜커머스 같은 대형몰에서는 잘 안 팔리는 고가의 프리미엄 상품도 전문몰에서는 잘 팔리는 경우가 많다. 고객 트래픽만 많은 오픈마켓, 소셜커머스보다는 내 상품에 딱 맞는 카테고리 충성고객들이 몰려 있는 전문몰을 공략하는 편이 효과적일 수도 있다. 규모가 큰 전문몰은 수수료가 25% 이상으로 높은 편이다. 오픈마켓처럼 단순히 상품을 등록하면 입점되는 것이 아니고 MD의 승인이 필요한데, 종합몰처럼 까다롭지는 않다.

개인 쇼핑몰(자사몰)

2000년대 초반에는 개인 쇼핑몰이 지금의 스마트스토어처럼 폭발적인 인기를 누렸으나 지금은 점점 하락하고 있는데, 초보자가 개인 쇼핑몰을 키우기가 너무 어렵기 때문이다. 예전과 달리 고객을 모으려면 막대한 광고비가 드는데, 광고비에 비해 효율이 좋지 않다. 네이버쇼핑의 노출도 갈수록 떨어지고 있어서 미래가 밝지는 않다. 그러나 온라인판매 플랫폼에 의지하지 않고 독자적으로 비즈니스를 한다는 것은 큰 장점이다. 내 브랜드의 충성고객을 많이 모았을 때 자사몰을 운영하는 것이 좋다.

SNS판매

모바일 이커머스가 본격화되면서 카카오스토리, 네이버밴드, 인스타그램, 페이스북 같은 SNS에서 판매하는 것이 활성화되었다. 2013~2016년 카카오스토리 채널 공동구매, 네이버밴드 공동구매가 30~40대 주부 고객을 끌어들이며 폭발적으로 성장하였으나 지금은 하향하고 있다. 그래도 기존의 충성고객들이 남아있어서 일정 수준 이상의 매출은 거두고 있다.

페이스북은 대형 공동구매 전문 페이지에서 판매가 이뤄지는데, 큰 매출은 없다. 지금은 인플루언서를 기반으로 인스타그램 판매가 떠오르고 있는데, 사진 1장과 글 몇 줄로 온라인판매를 할 수 있기 때문에 초보자의 온라인판매 시작 루트로 많이 활용되고 있다. 인스타그램의 인기가 올라감에 따라 인스타그램 판매도 꾸준히 성장하고 있다.

주로 중소기업 비브랜드 상품이 SNS판매를 통해 많은 매출을 올리고 있는데, 네이버쇼핑 같은 가격 비교 사이트에 가격을 노출하지 않고 판매할 수 있다는 것도 큰 장점이다.

네이버 카페/네이버 블로그마켓

네이버 카페 공동구매는 SNS 공동구매 이전부터 있었는데 현재는 거의 사라졌다. 네이버 블로그를 이용해서 판매하는 블로그마켓은 매우 손쉽게 판매할 수 있기 때문에 온라인판매 초보자들은 접근하기 좋다. 게다가 네이버에서 본격적으로 블로그마켓을 활성화시키기 위해 네이버페이를 연동시키는 베타 서비스를 진행하고 있다. 지금 블로그마켓에서 판매하려면 별도의 간편 결제 서비스나 스마트스토어를 연동시켜야 하는데, 네이버페이를 연동시키면 바로 판매할 수 있다. 블로그마켓에 대해 네이버가 적극적으로 지원하고 있기 때문에 향후 크게 성장할 것으로 예상된다.

복지몰, 폐쇄몰

기업, 단체, 공공기관에서 직원, 회원을 위해 별도로 만든 온라인몰로, 일반인에게는 노출되지 않는다. 제조업체, 총판업체, 독점 수입사 등 자기만의 상품을 가지고 있는 경우에만 입점할 수 있어서 일반 온라인셀러가 접근하기는 어렵다.

라이브커머스

최근 급성장하고 있는 온라인마켓이다. TV홈쇼핑의 개인화 버전으로, 개인이 자유롭게 방송하면서 판매하는 방식이다. 중국, 미국 등에서 큰 시장을 구축하고 있다. 아직 우리나라에서는 매출이 많지 않지만, 향후 엄청나게 성장할 것으로 예상하고 있다. 네이버 쇼핑LIVE, 그립(Grip) 등이 시장을 주도하고 있는데 빨리 시장을 선점하면 유리할 것이다.

중고마켓

네이버 중고나라 카페에서 판매하면서 온라인판매의 세계에 들어선 셀러들도 많다. 몇 년 전부터 번개장터, 헬로마켓, 최근에는 당근마켓이 떠오르면서 이곳에서 셀러로 활동하는 사람들이 늘었다. 이 시장은 10~20대가 주 타깃이므로, 이들이 좋아하는 패션, 잡화, IT, 뷰티 상품들이 판매가 잘된다. 경제적으로 여유롭지 않으므로 가격이 저렴한 것이 가장 중요하다. 기본적으로 온라인 최저가보다 많이 싸야 구매가 일어난다. 중고마켓 셀러 중에도 월 2천만~3천만 원의 매출을 올리는 경우도 있다. 그러나 일반적인 온라인판매 시장이라고 하기에는 무리가 있고, 정식으로 온라인판매를 하기 전에 준비 단계라고 보면 된다.

이상이 대표적인 온라인마켓인데, 지금 가장 핫한 플랫폼은 단연코 쿠팡과 네이버쇼핑이라고 할 수 있다. 온라인쇼핑몰 업계에 따르면 2021년 국내 이커머스 시장 규모는 약 181조 원으로, 2025년에는 270조 원에 달할 것으로 예상된다. 시장 분석서비스 업체 와이즈앱은 2021년 거래액이 네이버는 36조 원, 쿠팡(쿠팡이츠 포함)은 약 34조 원에 이른다고 발표했다. 쿠팡은 2020년 거래액(약 22조 원)보다 55% 이상 증가한 수치다. 국내 유통업계 판도를 바꿔놓은 쿠팡은 최근 2~3년 동안 빠른 속도로 성장을 이어가고 있다.

막강한 두 플랫폼 때문에 우리나라 고객은 대부분 두 부류로 나뉜다. 최저가를 구매하는 고객과 빠른 배송을 원하는 고객이다. 쿠팡은 로켓배송으로 지금처럼 성장한 기업인데, 로켓배송 상품은 온라인 최저가에 자동으로 가격이 세팅되므로 배송은 가장 빠르면서 싸다. 그렇기 때문에 고객들이 좋아하지 않을 수 없다.

한국인이 가장 많이 사용하는 쇼핑앱
(2022년 3월, 한국에서 만 10세 이상 스마트폰 사용자 추정, 단위 만 명)

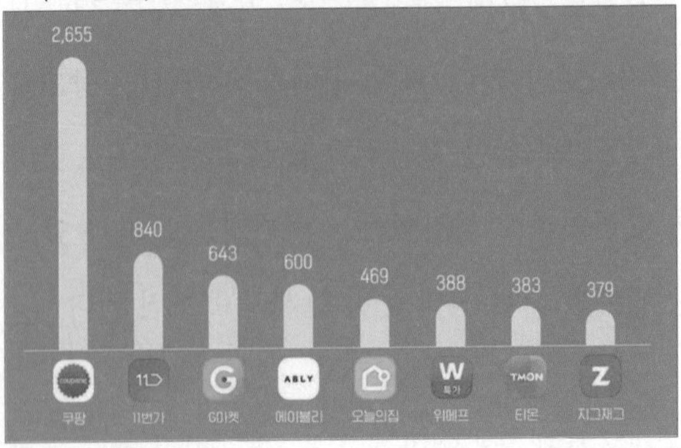

출처 : 와이즈앱

네이버쇼핑은 가격 비교 플랫폼인데, 가격이 오픈되는 온라인마켓 중 해당 상품의 최저가를 검색할 수 있다. 지금 온라인마켓이 힘든 이유는 최저가 상품을 검색해서 보여주는 네이버쇼핑 때문이다. 지마켓, 위메프, 마켓컬리 등에서 어떤 상품을 보고 마음에 들었더라도 보통 네이버쇼핑에서 다시 한번 해당 상품을 검색해서 최저가를 찾아 구매하는 것이 일반적이다. 그렇기 때문에 특정 온라인마켓에서 아무리 광고를 많이 해도 결국은 네이버쇼핑으로 가서 최저가를 검색해서 구매한다. 이런 네이버쇼핑의 특징 때문에 오픈마켓, 소셜커머스, 종합몰, 전문몰 등 모든 온라인마켓이 네이버쇼핑에 연동 수수료를 내고 입점해 있는 것이다.

네이버쇼핑을 통한 매출의 규모가 갈수록 커지다 보니 모든 온라인마켓의 네이버쇼핑 의존도는 계속 높아지고 있다. 네이버쇼핑에서 판매되려면 최저가를 찍어야 하기 때문에 최저가를 찍기 위해 각 온라인마켓별로 엄청난 마케팅 비용을 투자하여 할인 쿠폰을 제공한다. 따라서 각 온라인마켓의 수익 구조를 악화시키는 큰 요인이 되어 마켓의 판매자들과 쿠폰 비용을 나눠서 부담한다. 오픈마켓, 소셜커머스의 제휴 쿠폰 행사 시에는 판매자 부담이 쿠폰 금액의 10~20%(단, 위메프 50%, 이베이 빅스마일데이 50%)인데, 부담 비율은 계속 높아지고 있다.

네이버쇼핑과 쿠팡의 독주는 당분간 지속될 것으로 보인다. 다른 온라인마켓이 별다른 대안을 내놓지 못하고 있기 때문이다.

현재 '저렴한 가격', '빠른 배송'이라는 무기가 고객들에게는 너무나 강력하기 때문에 판을 뒤집기는 쉽지 않을 것으로 생각된다. 최근 11번가가 아마존과 제휴했는데, 아마존이 세계 1등 이커머스업체인 만큼 앞으로 어떻게 될지 지켜볼 필요는 있다.

고객뿐만 아니라 판매자 입장에서도 네이버 스마트스토어와 쿠팡에 몰리는 이유가 있다. 네이버 스마트스토어의 경우 사업자 규모별로 3.9~5.6%(네이버쇼핑 연동 수수료 2% 포함)라는 최저 수수료와 빠른 정산, 네이버의 엄청난 고객 트래픽 그리고 네이버쇼핑에서 최우선 노출이라는 장점 때문이다. 쿠팡 오픈마켓(마켓플레이스)의 경우 타 온라인마켓에 비해 수수료도 낮고(평균 10%), 가격 비교 사이트 연동 수수료, 제휴 서비스 등이 무료라는 강점이 있어서 판매자들의 진입이 활발하다. 결정적으로 모든 온라인마켓 중 로켓배송에 기반한 최고의 고객 트래픽이 있어서 대부분의 판매자들이 다른 온라인마켓은 포기해도 쿠팡은 기본으로 입점한다.

이렇게 쿠팡과 네이버쇼핑이 시장을 주도하고 있어서 전통적인 강자인 오픈마켓, 종합몰이 변화를 위해 몸부림쳐도 큰 변화가 없다. 업계에서는 장기적으로 쿠팡, 네이버만 남는 게 아니냐는 말도 들린다. 한때 큰 인기를 끌었던 SNS 공동구매, 복지몰/폐쇄몰, 개인 쇼핑몰 등은 점점 퇴색하고, 오픈마켓, 종합몰, 위메프/티몬도 혁신을 위해 다양한 시도를 하고 있지만 쿠팡과 네이버쇼핑에 밀리고 있다. 도리어 네이버쇼핑에 입점해서 나오는 매출이 계속 증가하는 것이 오픈마켓, 종합몰의 큰 고민 중의 하나다.

그나마 카테고리에 특화된 상품 구색과 다양한 상품을 갖춘 전문몰은 새로운 경험과 개성을 좋아하는 젊은 고객층의 니즈를 만족하며 계속 성장하고 있다.

주목할 만한 점은 쿠팡이 전 연령대에서 1등 온라인마켓으로 확실히 자리를 잡고 있으나 각 연령대의 선호하는 2등 이후 온라인마켓은 다르다는 것이다. 특히 미래를 이끌어갈 10대, 20대는 30대 이상과는 달리 카테고리 전문몰에 대한 선호도가 높다.

2021년 3월, 연령대별 가장 많이 사용하는 쇼핑앱 (단위 만 명)

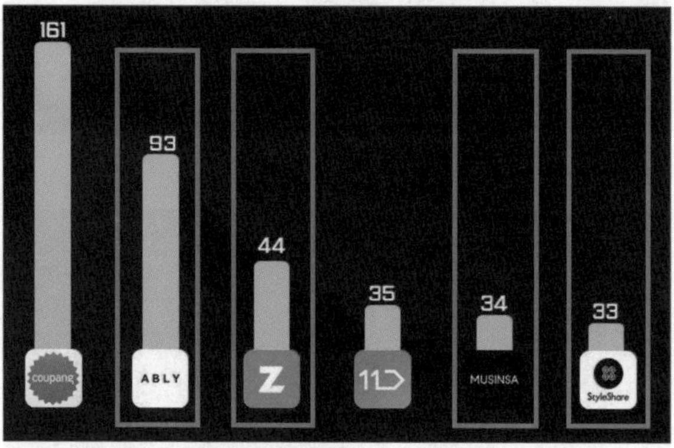

10대가 가장 많이 사용하는 쇼핑앱

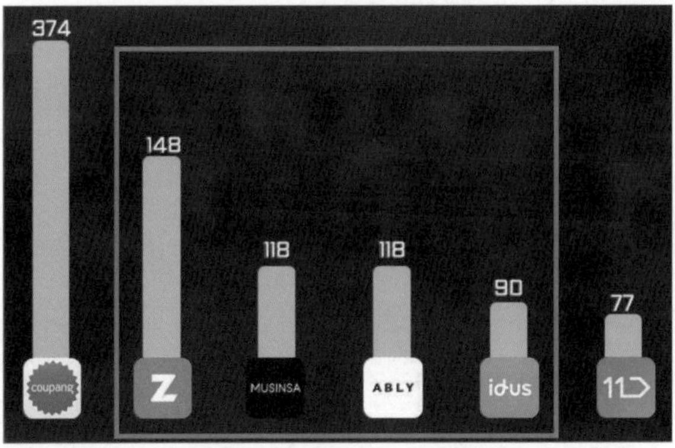

20대가 가장 많이 사용하는 쇼핑앱

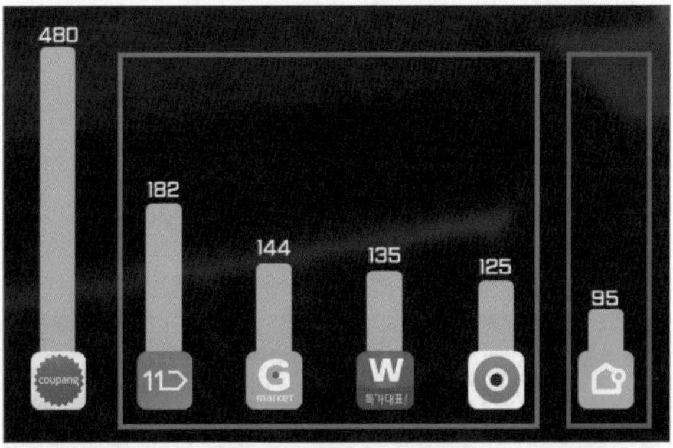

30대가 가장 많이 사용하는 쇼핑앱

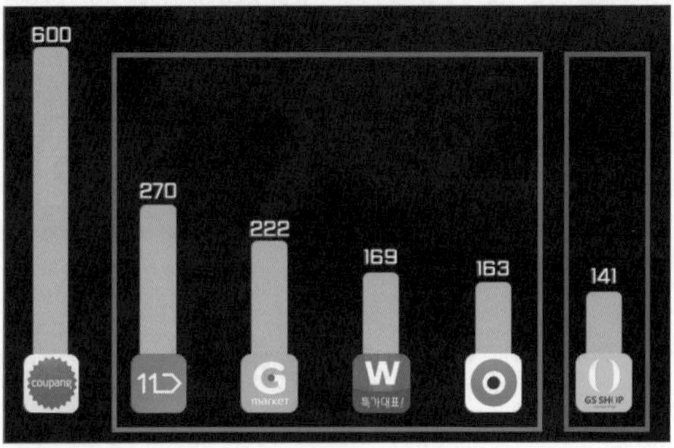

40대가 가장 많이 사용하는 쇼핑앱

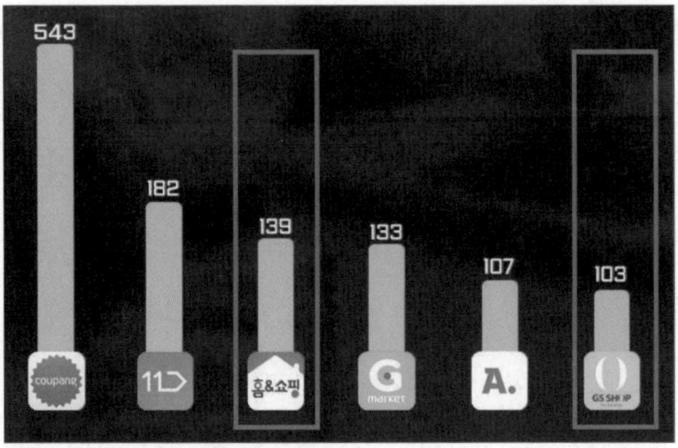

50대 이상이 가장 많이 사용하는 쇼핑앱

출처 : 와이즈앱

앞의 표를 보면 알 수 있듯이, 30~50대는 오픈마켓, 소셜커머스, 종합몰이 주류를 이루고 있지만, 10~20대는 무신사. 스타일쉐어, 아이디어스, 지그재그 같은 전문몰의 선호도가 높다. 이들이 본격적인 소비층인 30~40대가 되면 지금과는 다른 온라인쇼핑 트렌드가 생성될 것이다.

최근 해외구매대행, 글로벌판매에 대한 관심이 높아지고 있다. 국내 온라인판매 시장의 경쟁이 워낙 치열해서 해외구매대행과 글로벌판매 틈새시장으로 온라인 판매자들이 몰리고 있다. 국내 위탁 도매사이트에서는 치열한 경쟁으로 수익이 별로 나지 않자, 많은 판매자들이 해외 쇼핑몰의 상품을 국내에서 판매하거나 국내 상품을 해외 온라인마켓에 판매하는 일에 큰 관심을 기울이고 있다.

특히 중국 구매대행의 경우 배송 및 기타 서비스를 저렴하게 해주는 배송대행지(배대지)업체들이 크게 늘었고, 타오바오, 알리익스프레스, 1688 등의 상품을 스크래핑해서 국내 온라인마켓에 등록해주는 솔루션들이 활성화되면서 큰 인기를 누리고 있다. 글로벌판매는 미국 아마존, 동남아 쇼피 온라인마켓이 주도하고 있는데, 좁은 국내에서 벗어나 글로벌 셀러가 되기 위해 많은 판매자들이 뛰어들고 있다.

온라인판매를 처음 접하는 사람들을 위해서 간단하게 상품을 판매할 수 있는 블로그마켓, 인스타그램마켓, 중고마켓(번개장터, 당근마켓 등), 쿠팡파트너스 등이 주목받고 있다. 이곳에서 투잡, 부업 개념으로 사업자등록을 하지 않고 온라인판매의 비전과 가능성을 파악해본 후, 본격적으로 스마트스토어, 오픈마켓, 소셜커머스 같은 주요 온라인마켓으로 옮겨 가는 경향을 보인다.

2021년/2022년 국내 온라인 쇼핑 시장은 코로나로 인해 비대면 및 홈코노미 붐이 불면서 쇼핑 방식과 구매 품목이 혁신적으로 바뀌었다. 특히 비대면을 선호하면서 오프라인 유통의 하락세가 심화되었지만, 비대면 온라인판매 시장은 엄청난 호황을 누리고 있다. 전체 쇼핑 시장에서 온라인쇼핑 침투율은 이미 40%대에 도달했다.

이에 따라 온라인쇼핑 시장의 경쟁 구도가 변화할 것으로 예상되는데, 대형 온라인플랫폼과 식품 카테고리 전문몰, 카테고리별 특화에 성공한 전문몰 등을 중심으로 시장이 바뀌고 있다. 네이버는 CJ대한통운과 제휴하여 물류/배송 역량을 강화하고 있고, SK는 아마존과 제휴해 11번가에서 아마존 상품을 판매하고 아마존에서는 11번가 상품을 판매할 예정이다. 또한 신세계는 지마켓, 옥션을 인수하여 온라인마켓의 강자로 급부상하고 있다.

코로나 이후 비대면 시대에 급성장한 것이 식품과 가구, 인테리어, 가전 카테고리다. 외식이 줄고 비대면으로 집에서 해결하는 집밥이 대중화되면서 식품 카테고리가 급팽창하고 있다. 식품은 온라인판매가 잘 안 되었지만 비대면 시대를 맞으면서 최고 호황을 맞고 있으며, 각 온라인마켓별로 식품 카테고리에 엄청난 투자를 하고 있다. 온라인 식품은 콜드체인 등을 통한 배송 신뢰도 재고, 새벽배송 및 당일배송 등 배송 서비스 강화, 온라인 장보기 확산 등으로 전례 없이 성장하고 있는데, 마켓컬리 같은 선두 업체는 2022년 1월 결제 금액이 1,675억 원으로 2021년 1월 1,220

새벽배송 신선식품 전문몰 결제 추정 금액 현황 (단위 억 원)

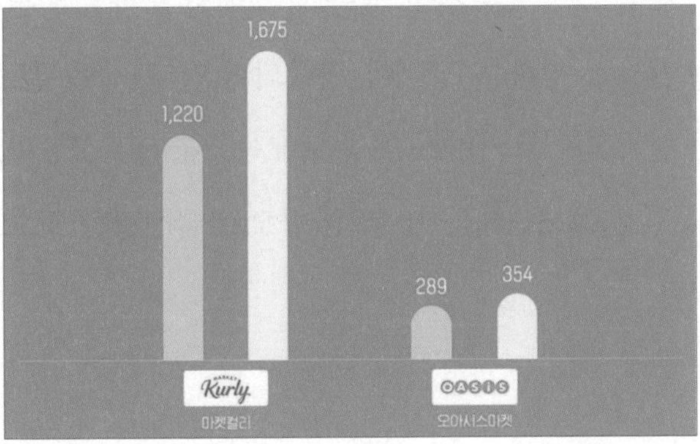

출처 : 와이즈앱

억 원에 비해 37% 증가하였다.

비대면으로 집에서 모든 것을 해결하는 홈코노미 트렌드에 따라 집에 있는 시간이 길어지면서 가구, 인테리어, 가전 카테고리도 매출이 큰 폭으로 늘고 있다. 이런 품목을 중심으로 온라인쇼핑에 접근하기 어려워했던 50대 이상 시니어 고객도 크게 늘어났다. 어쩔 수 없이 온라인쇼핑을 시작했는데, 막상 해보니 편하고 만족감도 높았던 것이다. 그래서 앞으로 50대 이상 시니어 고객의 온라인쇼핑이 지속적으로 성장할 것으로 예상되며, 이들을 타깃으로 한 상품들이 시장을 형성할 것이다.

비대면 시대에 급성장하고 있는 또 다른 온라인판매 채널이 바로 라이브커머스다. 라이브커머스는 모바일을 통해 라이브 방송을 진행하면서 실시간으로 제품을 판매하는 방식인데 라이브 스트리밍(Live streaming)과 전자상거래(e-commerce)를 합친 개념이다. 새로운 경험과 개성을 중시하며 SNS를 통해 소통하는 젊은 층을 주요 타깃으로 잡고 있는데, 집에서 모바일로 편하게 방송을 보면서 쇼핑하는 장점이 결합되어 큰 관심을 끌고 있다. 2021년 한국 라이브커머스 시장 규모는 2조 8,000억 원으로 크지는 않으나, 2023년에는 10조 원 규모로 급성장할 것으로 예상되고 있다.

향후 온라인판매/ 이커머스 시장 전망

온라인판매/이커머스 시장의 5년 후 미래를 조심스럽게 예측해보려 한다. 먼저 대형 플랫폼은 쿠팡과 네이버쇼핑의 2강 체재가 유지될 것으로 생각된다. 쿠팡은 2021년 3월 11일 미국 뉴욕 증권거래소에 상장했는데, 그날 종가 기준으로 시가총액이 무려 100조 원이었다. 그만큼 쿠팡의 성장 가치는 높으며, 네이버쇼핑에 대적할 만한 유일한 적수는 쿠팡밖에 없다는 말까지 나올 정도다.

이미 국내 고객들은 온라인 최저가와 빠른 배송을 앞세운 쿠팡 시스템에 길들어 있다. 게다가 미국 증시 상장을 통해 충분한 투자 자금을 확보했기 때문에, 앞으로 국내 이커머스 시장의 점유율은 훨씬 더 높아질 것이다. 미국의 경우 아마존이 이커머스 시장에서 압도적인 1등인데, 쿠팡은 아마존 시스템을 상당 부분 벤치마킹하고 있다. 이베이, 11번가 같은 오픈마켓과 SSG닷컴 같은 종합몰 등은 쿠팡에 점유율을 상당 부분 빼앗길 것이다.

네이버쇼핑은 압도적인 국내 1등 검색 플랫폼을 바탕으로 쿠팡과 대적할 가능성이 있는 유일한 대항마다. 이미 쿠팡뿐만 아니라 모든 온라인몰(오픈마켓/소셜/종합몰/전문몰 등)이 네이버쇼핑에 입점 수수료를 내고 입점해 있는 상태이며, 해당 온라인몰의 네이버쇼핑 매출이 매년 늘어나고 있다.

자체 플랫폼이 아닌 외부에서의 매출이 계속 늘어난다는 점 때문에 각 온라인몰이 고민하고 있는데, 이런 트렌드는 지속될 것으로 보인다. 네이버는 지금도 이커머스의 시장점유율을 더욱 올릴 수 있는데 독/과점, 공정거래 이슈 등 혹시 발생할 수 있는 법적인 문제들 때문에 몸을 사리는 듯하다. 쿠팡이 이커머스 시장에서 비약적으로 점유율이 높아져서 네이버쇼핑이 위협을 느끼면 그제야 점유율 전쟁이 일어나지 않을까 싶다.

그렇기 때문에 온라인셀러들은 앞으로도 네이버쇼핑, 쿠팡에 집중할 필요가 있다. 지금 오픈마켓, 위메프/티몬, 종합몰 위주로 매출을 올리고 있는 온라인셀러나 업체는 향후 몇 년 내로 큰 위기가 올 것이다. 필자를 포함한 이커머스 업계의 전문가들은 쿠팡 및 스마트스토어를 앞세운 네이버쇼핑의 이커머스 시장점유율은 높아지고, 기타 온라인마켓의 점유율은 낮아질 것이라고 생각하고 있다. 오픈마켓/종합몰에서 매출의 80%가 나오는 상황인데 갑자기 오픈마켓/종합몰 시장이 몰락할 수도 있다는 말이다. 쿠팡, 네이버쇼핑(스마트스토어)이 3~4년 후에는 이커머스 시장의 60% 이상을 차지할 수도 있다는 것을 명심해야 한다. 게다가 네이버만큼이나 막대한 고객기반을 가진 카카오가 이커머스 사업에 모든 역량을 집중한다면 또 하나의 거대한 온라인마켓으로 성장할 가능성이 있다. 또한 지마켓, 옥션을 인수한 신세계도 향후 어떻게 변신할지 주목해볼 만하다.

대형 온라인마켓이 아닌 중소 규모의 온라인플랫폼의 경우, SNS 기반의 인플루언서 플랫폼이 크게 성장할 것으로 예측한다. 중국, 미국은 이미 유튜브, 라이브커머스 방송, 인스타그램 인플루언서 플랫폼 매출이 어마어마한 수준으로 성장했는데, 우리나라는 지금 시작 단계지만 수 년 내로 이 시장이 비약적으로 성장할 것으로 보인다. 중국에서는 라이브방송 한 번에 수억, 수십억씩 매출을 올리는 인플루언서들이 수두룩하고 그 숫자가 매년 증가하고 있다.

그러므로 우리나라도 네이버 쇼핑라이브, GRIP 같은 라이브커머스 방송을 주목해야 한다. 현재 매출이 미비하다고 해서 인플루언서 플랫폼 시장을 무시하지 말고 빨리 선점해서 자리를 잡는 것이 좋다. 항상 플랫폼 초반에 빨리 올라타는 사람이 가장 큰 이득을 본다는 사실을 기억해야 한다. 전통적인 카카오스토리채널/네이버밴드/모바일어플 SNS 공동구매 시장은 라이브커머스/인스타그램/유튜브 인플루언서 플랫폼에 고객을 빼앗길 것으로 보인다.

해외 구매대행, 병행수입 시장도 당연히 크게 성장할 것으로 예상된다. 국내에 있는 상품 판매만으로는 한계가 있기 때문에 중국, 미국, 일본, 유럽 등 전 세계에 있는 상품을 손쉽게 판매하는 경향이 확대될 것이다. 언어, 최소 수입량 등의 장벽이 계속 낮아지고 있으므로, 매년 일반 개인 셀러들의 해외 구매대행, 병행수입 판매가 큰 폭으로 증가하고 있다. 경쟁이 치열한 국내 상품에만 집중하면 수 년 내에 큰 위기가 올 수 있다.

PART
2

온라인판매 전 준비 사항

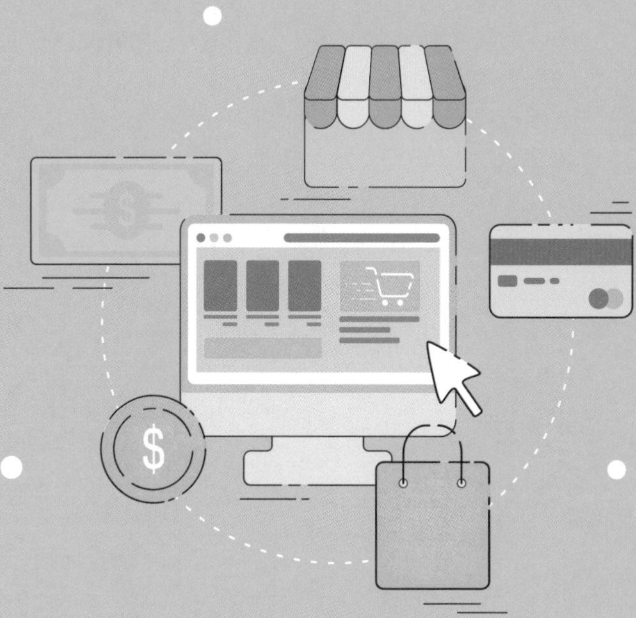

초보 셀러가 당장 할 일 1.

사업자등록

온라인판매뿐만 아니라 사업을 하기 위해서는 사업자등록이 필수적이다. 스마트스토어 판매의 경우 사업자등록증 없이도 판매는 가능하지만, 세금 신고 등 많은 제약 사항이 따른다. 게다가 장기적으로 온라인판매를 하기 위해서는 사업자등록은 반드시 해야 한다.

사업자등록은 세무서를 직접 방문해서 신청하거나 국세청에서 운영하는 홈택스(www.hometax.go.kr)를 통해 온라인으로 등록할 수 있다. 요즘 같은 온라인시대에 당연히 홈택스를 통해 간편히 등록하는 것을 추천한다. 공동인증서(공인인증서 또는 사설인증서) 또는 카카오톡, 각종 페이, 통신사 인증서를 활용한 간편 인증이 필요하다.

출처 : 국세청 홈택스

사업자등록은 사업을 시작한 날로부터 20일 이내에 신청하면 된다. 직장을 다니면서 부업 또는 투잡으로 온라인판매를 하는 사람들은 사업자등록을 하는 것을 부담스러워하기도 한다. 직장에서 투잡을 허용하지 않는 경우가 많기 때문인데, 이럴 때는 가족 명의로 사업자등록을 하면 된다.

개인사업자와 법인사업자

사업자에는 크게 개인사업자와 법인사업자가 있는데, 온라인판매에 처음 뛰어드는 초보자들은 보통 개인사업자로 시작하고, 연매출액이 늘어나서 소득세가 많이 부과되면 법인사업자로 전환하는 것이 일반적이다. 연소득이 3억 원 정도가 되면 법인으로 전환하는 것을 검토하는 경우가 많다. 개인사업자는 간편히 등록하고 자유롭게 사업을 할 수 있지만, 소득이 많아지면 소득세 부담이 커진다는 단점이 있다.

법인사업자는 주식회사 형태의 사업자로, 사장이라도 함부로 회사 돈을 쓸 수가 없다. 법인사업자는 설립등기를 하고 정관을 만드는 등 부수적인 업무가 많기 때문에, 직접 진행하기보다는 법무사 등을 통해 법인사업자로 등록하게 된다. 법인사업자는 소득이 높아도 소득세에 대한 부담이 적고 대외적으로 거래할 때 상대방에게 높은 신뢰도를 줄 수 있다. 할인점, 백화점 등 오프라인 대형 유통업체에서는 개인사업자보다는 법인사업자를 신뢰하는 경향이 있고, 신규 입점을 할 때도 법인사업자가 더욱 유리하다.

개인사업자등록 시 필요한 서류

- 사업자등록신청서(홈택스에서 작성하면 자동 생성)
- 임대차계약서 사본(사업장을 임차한 경우, 본인의 집에서 시작하는 경우 등)
- 사업허가등록증 또는 신고필증(허가를 받아야 하거나 등록신고해야 하는 사업의 경우)
- 대표자 신분증(홈택스 사업자등록 시는 공동인증서)

간이과세자와 일반과세자

개인사업자는 간이과세자와 일반과세자로 나뉜다. 간이과세자는 연매출액이 4,800만 원 이하인 사업자이고, 일반과세자는

4,800만 원 이상인 사업자다. 4,800만 원은 수익액이 아니라 매출액이라는 점을 명심해야 한다.

간이과세자는 보통 일반과세자의 1/10 수준의 부가세를 납부하기 때문에 세금을 많이 아낄 수 있다는 장점이 있다. 한편, 부가세가 아닌 소득세는 간이과세자나 일반과세자나 차이가 없다.

그러나 간이과세자는 세금계산서를 발행할 수 없다는 단점이 있다. 일반 소비자가 아닌 사업자와의 대량 구매건이나 법인사업자와 거래할 때는 세금계산서를 반드시 발행해야 하는데, 간이과세자는 세금계산서를 발행할 수 없기 때문에 이런 매출을 놓칠 수밖에 없다. 또한 간이과세자는 쿠팡 로켓배송에 들어갈 수 없고, 온채널, 도매꾹, 오너클랜 같은 도매사이트에 판매자로 가입할 수 있어도 상품을 공급하는 입점사로 등록할 수는 없다. 금융권 대출이나 대형 업체와의 거래 시에도 신뢰를 주기가 어렵기 때문에 불리하다.

	간이과세자	일반과세자
장점	• 1년에 1회 부가세 신고(매년 1월) • 일반과세자 대비 부가세가 매우 적다.	• 세금계산서를 발행할 수 있다. • 대량 구매 및 법인사업자와의 거래에 유리하다. • 거래 상대방에게 높은 신뢰도를 줄 수 있다.
단점	• 세금계산서를 발행할 수 없다. • 사업자와의 대량 거래 시 불리하다. • 대외적인 신뢰도가 낮다.	• 일반과세자 대비 부가세가 매우 많다. • 1년에 2회 부가세 신고(매년 1월, 7월)

나만의 상품이 없는 초보 온라인판매자의 경우, 일반적인 소비자를 상대하는 오픈마켓, 스마트스토어에서 시작한다. 그렇기에 세금계산서를 요구하는 경우가 많지는 않다. 그래서 간이과세자로 출발해서 연간(1/1~12/31) 매출액이 4,800만 원을 넘으면 일반과세자로 전환하는 것이 유리하다. 그러나 직접 수입한 수입 상품 등 나만의 상품을 가진 경우에는 세금계산서를 요구할 정도의 대량 구매나 도매 거래가 있을 수도 있으니 참고하기 바란다. 처음에는 일반과세자로 출발했더라도 연매출액이 4,800만 원이 안 되면 간이과세자로 전환할 수도 있다.

간이과세자 등록 시 주의 사항

초기 투입 비용(컴퓨터, 조명 등 가전, IT 및 기타)이 너무 많거나 해외에서 수입하는 상품의 금액이 큰 경우 부가가치세 환급이 필요한데, 이때 간이과세자는 부가가치세 환급을 받을 수 없다. 필자가 운영하는 네이버카페 유통노하우연구회(https://cafe.naver.com/aweq123)의 어떤 회원은 간이과세자로 등록하고 그해 중국에서 2억 원 이상의 상품을 수입하고 집중적인 판매는 다음 해에 했는데, 간이과세자라 수천만 원의 부가가치세를 환급받지 못하고 허공에 날린 적도 있었다.

국세청 홈택스로 사업자등록 하기

국세청 홈택스 로그인 〉 신청/제출 〉 사업자등록 신청(개인) 〉 세부 내용 작성

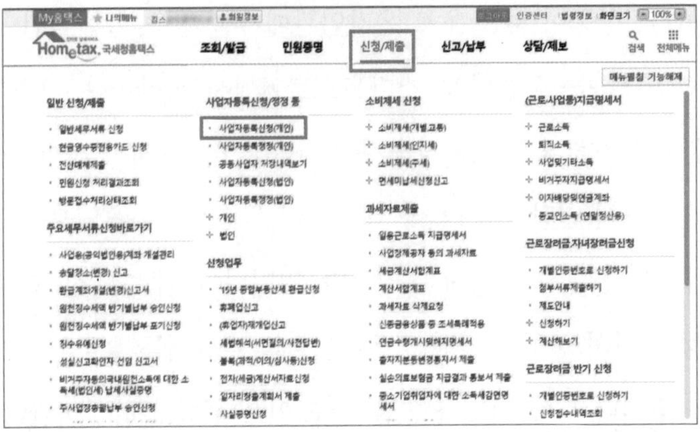

출처 : 국세청 홈택스

일반과세자 사업자등록증

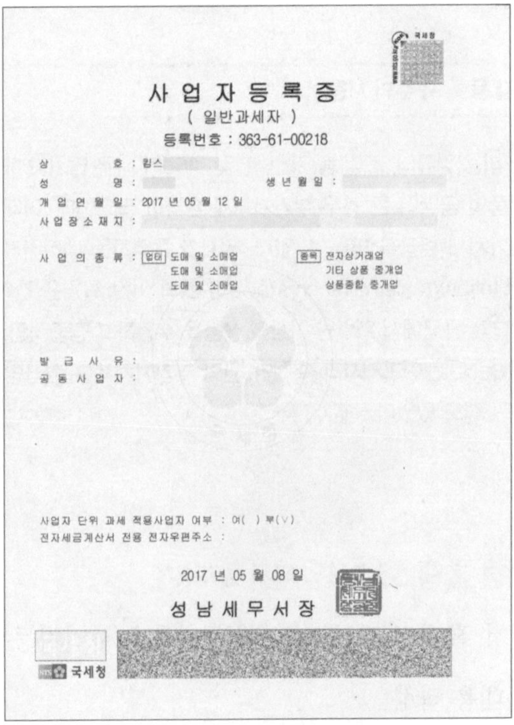

국세청

사 업 자 등 록 증

(일반과세자)

등록번호 : 363-61-00218

상 호 : 킴스[redacted]

성 명 : [redacted] 생 년 월 일 : [redacted]

개 업 연 월 일 : 2017 년 05 월 12 일

사 업 장 소 재 지 : [redacted]

사 업 의 종 류 : 업태 도매 및 소매업 종목 전자상거래업

도매 및 소매업 기타 상품 중개업

도매 및 소매업 상품종합 중개업

발 급 사 유 :

공 동 사 업 자 :

사업자 단위 과세 적용사업자 여부 : 여( ) 부(V)

전자세금계산서 전용 전자우편주소 :

2017 년 05 월 08 일

성 남 세 무 서 장

국세청

일반 온라인판매 시 업태는 '도매업', '소매업', '도매 및 소매업', 종목은 '전자상거래업'으로 시작하면 무난하고, 추가로 업태 및 종목이 확대될 때마다 하나씩 추가하면 된다. 간이사업자는 세금계산서를 발행할 수 없으므로, 업태에 '도매'를 추가할 수 없다.

해외 구매대행 사업 진행 시 주의사항

해외 구매대행의 경우는 세금 문제가 있으므로 사업자등록 시 매우 주의해야 한다. 국내 온라인판매는 실제 판매 금액이 매출액으로 계산되지만, 해외 구매대행의 경우는 해외 구매대행 차액(간략히 국내 판매 금액－해외쇼핑몰 구매 금액)을 매출액으로 잡기 때문에 일반 국내 판매와 해외 구매대행 판매를 분리해야 한다. 이것을 대수롭지 않게 여기는 경우가 있는데, 매출이 조금이라도 많아지면 분리 작업이 굉장히 어려워진다.

그러므로 일반 온라인판매 사업자와 해외 구매대행 사업자를 나누어 등록하는 것이 좋다. 귀찮아서 하나의 사업자로 시작했다가 나중에 세금 문제로 낭패를 보는 경우가 많다. 반드시 해외 구매대행 사업자, 일반 온라인판매 사업자를 구분해서 2개의 사업자등록을 해야 한다.

한 사업장에 2개의 사업자등록을 할 수 있냐고 묻는 경우가 많은데, 가능할 수도 있고 가능하지 않을 수도 있다. 허가를 내주는 지역 세무서에 따라 2개의 사업자등록을 허용하는 경우도 있고, 허용하지 않을 수도 있다. 허용하지 않는 경우에는 가상의 사무실 주소를 부여하는 비상주 오피스 서비스를 유료로 이용하면 된다. 인터넷에서 '비상주 오피스'를 검색하면 수많은 서비스 업체를 찾을 수 있다. 가격이 좀 비싸더라도 강남 3구에 있는 서비스를 이용하면 회사에 대한 신뢰도가 높아진다.

해외 구매대행 사업자의 경우 2019년 이전에는 업종코드(종목)가 명확히 정해지지 않았는데, 정부에서 해외 구매대행업 활성화에 따라 2020년에 해외직구대행업(업종코드 525105)이라는 코드를 신설하였다.

초보 셀러가 당장 할 일 2.

구매안전서비스 이용 확인증 발급 및 통신판매업 신고

온라인판매를 하기 위해서는 통신판매업신고증을 받아야 한다. 간이과세자의 경우는 법적으로 통신판매업신고증이 없어도 판매할 수 있는데, 지마켓, 11번가 같은 일부 쇼핑몰의 경우에는 간이과세자에게도 통신판매업신고증 제출을 요구한다.

통신판매업신고증을 발급받기 위해서는 '구매안전서비스 이용 확인증'을 제출해야 한다. 은행에서 사업자 통장을 만들고 발급받을 수도 있지만, 앞에서 만든 사업자등록증을 이용해서 스마트스토어를 만들면 스마트스토어 판매자센터(https://sell.smartstore.naver.com)에서 간단히 발급받을 수 있다.

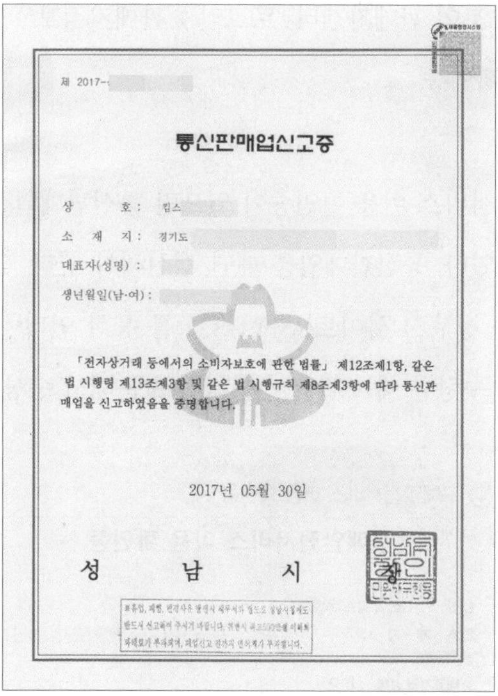

제 2017-[redacted]

통신판매업신고증

상 호 : 립스[redacted]

소 재 지 : 경기도 [redacted]

대표자(성명) : [redacted]

생년월일(남·여) : [redacted]

「전자상거래 등에서의 소비자보호에 관한 법률」 제12조제1항, 같은 법 시행령 제13조제3항 및 같은 법 시행규칙 제8조제3항에 따라 통신판매업을 신고하였음을 증명합니다.

2017년 05월 30일

성 남 시 장

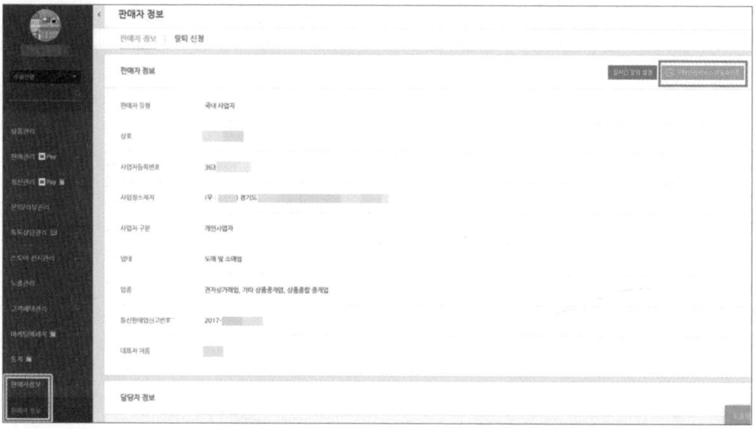

출처 : 네이버 스마트스토어 판매자센터

'스마트스토어 판매자센터' 로그인 〉 판매자정보 〉 구매안전서비스 이용 확인증

구매안전서비스 이용 확인증이 있으면 통신판매업신고증을 발급받을 수 있다. 통신판매업은 매년 갱신해야 한다. 당연히 현장 접수보다는 정부24 사이트(www.gov.kr)를 통한 인터넷 접수를 추천한다. 단, 수령할 때는 발급처에 직접 방문해서 수령해야 한다.

Ⓘ 구매안전서비스 이용 확인증

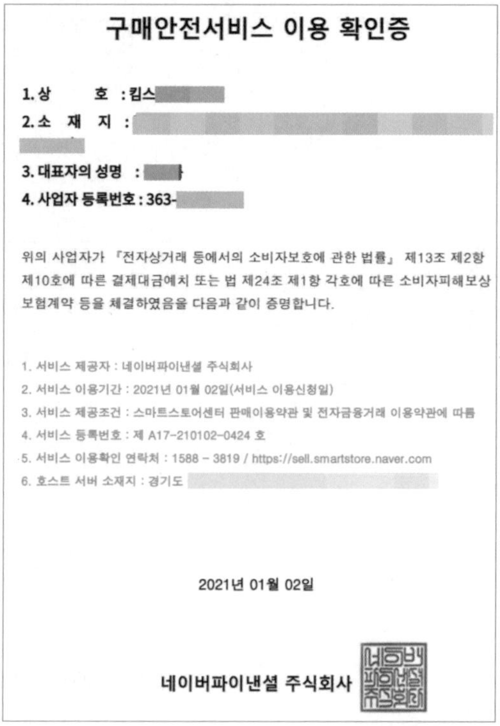

구매안전서비스 이용 확인증

1. 상 호 : 킴스[redacted]
2. 소 재 지 : [redacted]
3. 대표자의 성명 : [redacted]
4. 사업자 등록번호 : 363-[redacted]

위의 사업자가 『전자상거래 등에서의 소비자보호에 관한 법률』 제13조 제2항 제10호에 따른 결제대금예치 또는 법 제24조 제1항 각호에 따른 소비자피해보상 보험계약 등을 체결하였음을 다음과 같이 증명합니다.

1. 서비스 제공자 : 네이버파이낸셜 주식회사
2. 서비스 이용기간 : 2021년 01월 02일(서비스 이용신청일)
3. 서비스 제공조건 : 스마트스토어센터 판매이용약관 및 전자금융거래 이용약관에 따름
4. 서비스 등록번호 : 제 A17-210102-0424 호
5. 서비스 이용확인 연락처 : 1588 – 3819 / https://sell.smartstore.naver.com
6. 호스트 서버 소재지 : 경기도 [redacted]

2021년 01월 02일

네이버파이낸셜 주식회사

출처 : 스마트스토어 판매자센터

	인터넷 접수	현장 접수
준비 서류	• 공용인증서 • 사업자등록증 • 구매안전서비스 이용 확인증	• 대표자 신분증 • 사업자등록증 • 구매안전서비스 이용 확인증
발급처	정부24 온라인사이트 (www.gov.kr)	사업장 소재지 시군구청
기타	• 개인사업자/법인사업자는 지역별 상이(1.2만~5만 원) • 직전년도 동안 통신판매 횟수가 50회 이하인 경우는 통신판매업신고 면제 • 간이과세자는 통신판매업신고 의무 없음	

정부24 온라인사이트 통신판매업 신고

정부24(www.gov.kr) 로그인 〉 통합검색 통신판매업신고 〉 신청

3~4일 후에 자신이 선택한 수령 기관에 신분증을 가지고 방문하여 등록세를 납부한 후 통신판매업신고증을 수령하면 된다.

출처 : 정부24 통신판매업신고

초보 셀러가 당장 할 일 3.

사업자 통장/사업자 카드/인감증명서 만들기

사업자 통장 만들기

초보 온라인셀러 중에는 개인 통장을 사업용으로 쓰는 경우도 있는데, 사업자 통장이 있고 없고에 따라 사업하는 마음가짐이 달라지므로 만들 것을 추천한다. 개인사업자로 통장을 개설하려면 주거래은행을 선택하는 것이 좋다.

사업자 통장 개설 시 필요한 서류
- 사업자등록증
- 대표자 신분증

은행에서 실제로 사업을 하고 있는지 확인하기 위해 별도의 서류를 요구하는 경우도 있는데, 이때는 임대차계약서, 사무실 인테리어 영수증 등을 제출하면 된다. 만약 입증할 서류가 없어서 사업자 통장을 만들기가 힘들다면 기존에 갖고 있던 개인 통장을 사업자 통장으로 전환하는 것도 방법이다.

사업자 통장을 만들면서 기업용 공인인증서도 만들어둔다.

사업자 카드 만들기

사업자 통장을 만든 후 그 통장에 연동된 사업자 카드를 만드는 것이 좋다. 실제로는 일반 개인카드와 동일한 개념이다. 다만 사업용으로 쓰는 것이다. 개인용과 사업용으로 구분하지 않고 사용하면 나중에 부가가치세나 소득세를 신고할 때 고생하게 된다. 신용상의 문제 때문에 사업자 카드를 못 만들거나 하면, 기존에 사용 중인 개인카드를 사업용으로만 쓰도록 한다. 사업용으로 쓰는 사업자 카드가 있으면 반드시 국세청 홈택스 사이트에 '사업자 카드'로 등록한다. 그러면 부가가치세, 소득세 등 세금을 신고할 때 해당 카드의 사용 내역을 자동으로 추출해서 불러올 수 있기 때문에 매우 편리하다.

국세청 홈택스 사업자 카드 등록

국세청 홈택스 로그인 〉 조회/발급 〉 사업용신용카드 〉 사업용신용카드 등록 〉 세부 내용 입력

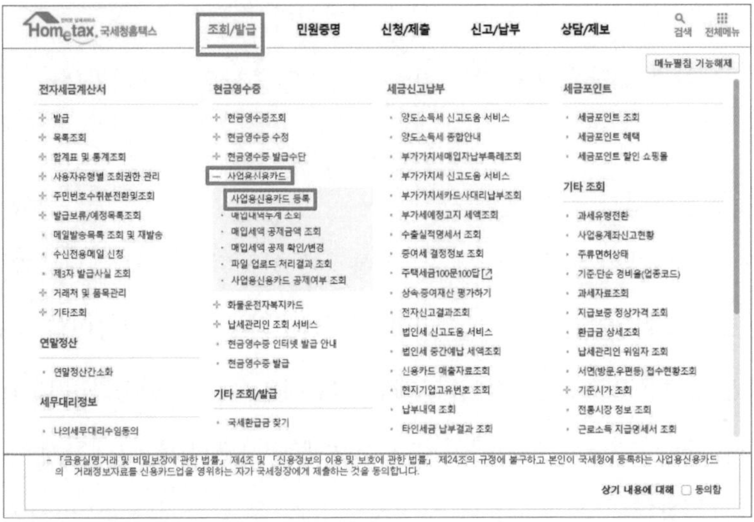

출처 : 국세청 홈택스

인감증명서 만들기

11번가 등 일부 쇼핑몰에서는 판매자 가입 시 인감증명서를 요구하는 경우가 있다. 그러니 인감증명서도 만들어놓아야 다양한 온라인 유통 채널에서 판매할 수 있다.

11번가 판매자 가입 필요 서류

개인 사업자	법인 사업자
- 사업자 등록증 - 대표자 통장 - 개인 인감증명서 또는 본인서명 사실 확인서 중 택 1 - 통신판매업 신고증	- 사업자 등록증 - 법인명의 통장 - 법인 인감 증명서 - 통신판매업 신고증

출처 : 11번가 셀러존

인감증명서는 온라인 발급이 안 되고 직접 주민센터를 방문해야 한다. 대표 본인이 직접 가는 경우에는 대표 본인의 신분증만 있으면 된다. 만약 대리인이라면 위임자(대표)와 대리인의 신분증이 필요하고, 위임자가 자필로 작성한 인감증명서 발급 위임장이 필요하다. 주민센터에서는 위임장 작성이 불가능하니 주의해야 한다.

위임장 양식은 국가법령정보센터(www.law.go.kr) 사이트에 들어가서 '인감증명법 시행령'을 검색하여 [별지 제13호 서식]을 다운받으면 된다.

초보 셀러가 당장 할 일 4.

택배사 계약

위탁 판매의 경우에는 내가 택배를 보낼 일이 없지만, 그 외에는 택배사를 계약해야 한다. 물량이 얼마 안 되는 초보 셀러는 택배사와 계약하기가 쉬운 일이 아니다. 택배비는 판매에 큰 영향을 끼치는데, 특히 저단가 상품을 판매하는 경우 택배비가 더욱 중요해진다. 택배 수량이 많아서 택배비를 1,700원 이하에 보내는 업체는 상품 판매 마진이 없거나 역마진이 나는 저단가 상품을 판매할 때, 고객에게 2,500~3,000원의 택배비를 받아 오히려 전체 수익을 만드는 경우도 많다. 이럴 경우에 상품 판매가가 워낙 저렴하기 때문에 판매량은 하루 수백, 수천 건이 되기도 한다. 그러나 처음 시작하는 초보 셀러의 경우에는 택배비를 2,500원 이하로 낮추기가 쉽지 않다. 게다가 2021년 5월에 택배비 계약

단가가 전체적으로 300~500원 올랐다.

처음에는 택배사 계약이 귀찮아서 편의점 택배를 이용하기도 하는데, 2,800원 이상인 경우가 대부분이고 편의점에서 행사를 벌이는 경우에나 2,500원 정도에 보낼 수 있다. 편의점 택배의 좋은 점은 집에서 편의점 택배 사이트에 예약하고 편의점 접수대에서 예약번호를 통해 송장만 출력하면 된다는 것이다. 하루 택배량이 10건 미만일 경우에는 효율적일 수도 있으나, 택배량이 그 이상으로 넘어가면 택배사를 계약하는 것이 좋다.

우체국 택배가 익일배송을 보장하고 서비스가 가장 좋지만, 가격은 가장 비싸다. 보통 홈쇼핑하는 업체에서 고객CS를 잘하기 위해 우체국 택배를 이용하지만, 초보 셀러는 특수한 경우가 아닌 한 추천하지 않는다. 일반 택배업체로는 업계 1위인 CJ대한통운이 있고 그 외에 롯데택배, 한진택배, 로젠택배 등이 있다. 상위권 택배업체들의 경우 지역별로 가격 및 서비스의 차이가 상이하다. 보통 택배 물량이 많은 수도권이나 서울이 가격이 비싸고 서비스는 떨어지는 경우가 많다.

정식 택배사 외에 지역별로 소형 택배업체들이 있다. 유통노하우연구회(https://cafe.naver.com/aweq123), 셀러오션(https://cafe.naver.

com/soho) 같은 유통/온라인셀러 네이버 카페에는 지역 기반의 소규모 택배업체가 있다. 지역마다 택배업체들이 있기 때문에 일단 조건을 파악하고 가장 유리한 업체를 골라야 한다. 한 달에 몇백 건 수준이라면 2,500원 밑으로 가격을 낮추기가 쉽지 않으며, 물량이 약간 늘어나는 정도로는 단가를 더 낮추기가 쉽지 않다.

택배 계약

해당 지역 택배사 또는 택배 기사에게 연락 〉 계약 조건 협의 〉 관련 서류 제출 〉 택배 계약 체결

조건을 협의할 때 가격도 중요하지만 수거 시간도 중요하다. 택배 물량이 많은 업체는 수거 시간이 오후 5~7시로 늦지만, 택배 물량이 적은 업체는 오후 2~4시로 빠르다. 수거 시간이 빠르다는 것은 당일 발송할 수 있는 주문이 적다는 의미이므로 이 점을 꼭 협의해야 한다. 또한 파손에 대한 사항도 협의해야 하는데, 유리나 플라스틱 파손 시 배상 여부와 최대 보상 금액도 확인한다. 택배는 크기에 따라 극소, 소, 중, 대 등으로 나뉘는데, 크기가 클수록 가격이 비싸다. 이러한 사항을 고려하여 택배 계약(보통 전자계약)을 체결하면, 택배사에서 방문하여 운송장 출력 프로그램을 설치하는 방법 등 택배 발송에 필요한 일반적인 사항들을 안내해준다.

물량이 월 몇천 건 수준이면 재고 보관, 박스 포장, 발송까지 원

스톱으로 해결해주는 3PL 배송업체를 이용하는 것도 추천한다. 배송뿐 아니라 추가 서비스도 제공하기 때문에 가격은 일반 택배보다 비싸다. 그러나 택배 보내는 데 들이는 시간, 노력을 줄일 수 있기 때문에 택배 물량이 어느 정도 된다면 알아볼 것을 권한다. 참고로 3PL 업체들은 물량이 적으면 계약을 하지 않는다. 가격이 너무 저렴한 3PL 업체는 서비스가 엉망인 경우가 많으니 주의해야 한다. 3PL 업체는 많기 때문에 여러 업체의 조건을 일일이 확인한 후 결정한다. 대형 업체라고 좋고 소형 업체라고 나쁜 게 아니며, 나의 상황과 잘 맞는 업체를 선정해야 한다.

비용을 조금 들이더라도 택배 같은 경우는 3PL 업체에 맡기고, 남는 시간에 마케팅, 상품 소싱 등 다른 생산적인 활동을 하는 것을 강력하게 추천한다.

대형 3PL 업체로 위킵(www.wekeep.kr), 품고(www.poomgo.com),

출처 : 위킵

마이창고(https://mychango.com) 등이 있으며, 네이버 포털에서 '3PL'이라고 검색하면 쉽게 찾을 수 있다.

택배 박스 및 포장 용품 준비

택배를 보내려면 박스, 테이프, 봉투, 에어캡 등 다양한 포장 용품이 필요하다. 이런 용품은 온라인에서 쉽게 찾아볼 수 있다. 네이버 포털에서 '박스'를 검색하면 yd박스몰(www.ydboxmall.com), 박스몰(www.boxmall.net), 박스포유(www.box4u.co.kr) 등 박스 및 포장 관련 소모품업체를 볼 수 있으니 선택하면 된다.

ⓘ yd박스몰에서 판매되는 다양한 포장 관련 용품

출처 : yd박스몰

택배비 싸게 보내는 꿀팁

하루 택배량이 얼마 안 되는 초보 셀러 또는 이제 막 시작하는 왕초보 셀러는 택배비를 경쟁력 있게 설정하기가 거의 불가능에 가깝다. 이럴 때 택배비를 줄이는 방법이 있다. 임대형 쇼핑몰 제공업체인 카페24에서 운영하는 카페24 창업센터(https://soho.cafe24.com)에 사무실을 얻어 입주하면 택배비가 2,120원(VAT 10% 포함, 지점별/조건별 세부 조건 상이)이다. 즉, 카페24 창업센터에 사무실(1인실도 있음)을 얻으면 택배를 VAT 10% 포함 2,120원에 보낼 수 있다. 온라인판매에서 택배비의 중요성을 생각하면 전국 각지에 있는 카페24 창업센터 입주를 고려해볼 만하다. 또한 택배 서비스뿐만 아니라 온라인판매에 필요한 다양한 서비스(촬영 스튜디오 제공, 각종 마케팅 교육, 세무 서비스 등)를 제공한다.

카페24 창업센터가 인근에 없다면 택배 서비스를 제공하는 소호 사무실도 있다. 네이버에서 '소호사무실 택배'라고 검색하면 카페24 창업센터 같은 택배 서비스를 제공하는 사무실을 찾을 수 있다.

카페24 창업센터(https://soho.cafe24.com) 택배 서비스

출처 : 카페24

⊕ 네이버 '소호사무실 택배' VIEW 탭 검색 결과

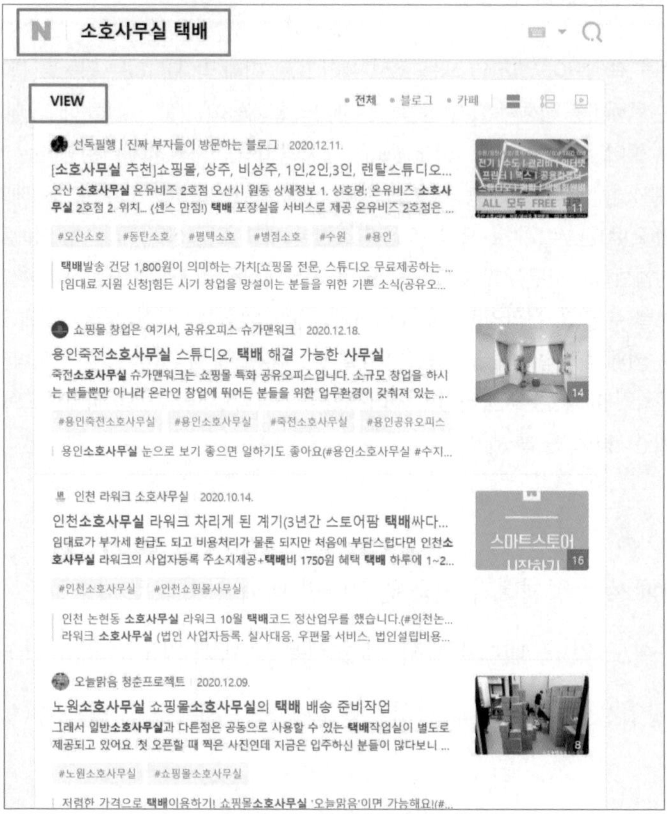

초보 셀러가 당장 할 일 5.
사장의 마인드를 가져라

앞에서 설명한 것도 중요하지만, 가장 중요한 일은 사장의 마인드를 가지는 것이다. 온라인판매는 사업이다. 사업은 학교를 다니거나 직장을 다니는 것과는 전혀 다른 차원의 일이다.

왜 온라인판매라는 사업을 선택했는가? 대부분은 '돈을 더 많이 벌고 싶고, 주체적으로 삶을 개척하고 싶어서'일 것이다. 사실 온라인판매는 직장에 다니면서 투잡, 부업 개념으로 하기에는 결코 쉽지 않다. 일단 진입장벽이 낮기 때문에 나 말고도 수많은 사람들이 뛰어든다. 온라인판매 플랫폼 중의 하나인 스마트스토어 셀러만 해도 2021년 현재 40만 명을 돌파했다. 이렇게 많은 사람들과 경쟁해야 하는데 설렁설렁 해서 과연 경제적인 자유와 주체적인 삶을 얻을 수 있을까? 온라인판매 관련 유튜브 영상을 보면 하루 2시간 일하고 월 1천만 원 번다는 자극적인 이야기로 도배되어 있지만, 실제로 그런 사람은 전체 셀러들 중 0.1%도 안 될 것이다.

전업으로 하든 투잡으로 하든, 활용할 수 있는 시간의 90% 이상을 온라인판매에 들여야 한다. 온라인판매의 세계는 냉혹한 정글이다. 남을 이기려면 남들보다 많은 노력과 시간, 돈을 투자해야 한다. 그렇게 죽도록 열심히 해도 될까 말까인데, 놀 거 다 놀면서 하루 2시간만 온라인판매를 한다면 결과는 불을 보듯 뻔하다.

사장은 사업의 결과를 책임져야 한다. 잘돼도 내 탓, 안 돼도 내 탓이다. 직장에서는 근무 시간만 채우면 월급이 나오지만, 사업은 열심히 일한다고 수익이 나오지 않는다. 매출이 조금이라도 줄면 밤에 잠이 오지 않는다. 매출이 적은 주말이나 휴일이 싫어지고, 직원들이 마시는 커피 한 잔, 일 때문에 쓰는 복사지 한 장, 볼펜 한 자루가 얼마나 아까운지 모른다.

이제는 남 밑에서 일하는 직원 마인드를 버리고 야생의 맹수 같은 사장 마인드로 재무장해야 한다. 맹수는 사냥을 못 하면 굶어 죽는다. 게다가 온라인판매 사업을 잘하면, 직장 생활로는 불가능한 수백억 원짜리 빌딩을 올릴 수도 있다. 실제로 필자의 직장 동료는 10년간의 직장 생활을 청산하고 수입상품 온라인판매를 시작한 지 불과 3년 만에 서울에 8층짜리 건물을 구입하고 연

매출 200억 원을 올렸다. 이제는 '삶의 기준이 돈이 아니다'라며, 직장인이 들으면 짜증낼 만한 말을 자주 한다.

그러나 그는 3년간 미친 듯이 일하면서 온라인판매에 대해 공부했고 하루에 5시간 이상 자본 적이 없었다. 언제나 머릿속으로 사업만 생각하고, 어떻게 하면 하나라도 더 팔 수 있을지, 더 좋은 판매 방법은 없는지, 책을 읽고 교육을 듣고 고수를 만나 컨설팅을 듣는 등 노력했다. 그 결과 얻은 성과다.

직장에 다닐 때처럼 하루 8시간 정시 출근, 퇴근한다는 마인드로는 절대 성공할 수 없다. 신기한 것은 자기 사업을 한다고 하는 온라인셀러들 중 상당수가 회사 다닐 때는 반드시 지켜야 했던 하루 8시간보다 더 적게 일한다는 사실이다. 처음 시작할 때는 하루 15시간도 일하지만, 몇 개월 지나면 직장 다닐 때의 마인드로 돌아간다.

직장에서는 어떻게든 8시간을 근무해야 하지만, 온라인판매를 시작하면 자신이 사장이기 때문에 멋대로 시간을 쓰는 사람도 있다. 전날 술을 마시면 다음 날은 오전 늦게 출근하고, 낮에 친구도 만나러 다니는 식이다. 보상의 수레바퀴는 천천히 구르기 때문에 몇 개월 열심히 했다고 결과가 바로 나오지 않는다. 그러니 몇 개월 열심히 했는데 그 결과가 좋지 않다고 실망해서 나태해지는 사람은 절대 성공할 수 없을 것이다. 학생이나 직장인이 그렇듯, 6개월 열심히 하면 공부를 잘하게 되고 직장에서 전문가가 되는가?

온라인판매 사업을 시작하면 직장인 마인드는 완벽히 버리고 사장 마인드로 바꾸자. 조급해하지 말고 꾸준히 노력하고 공부하고 일하다 보면, '인생은 돈이 다가 아니다'라는 말을 할 수 있을 만큼 성공하게 될 것이다. 과거의 나와는 이별하고 새롭고 멋진 나로 다시 태어날 때다.

다음은 온라인판매를 하면서 겪게 되는 상황이다. 이런 일이 일어나더라도 의기소침해서 기죽지 말고, 열심히 일하고 공부하며 한 개라도 더 팔자.

매출은 계속 올라가는데 막상 통장에는 돈이 없다

매출이 늘어나는데도 통장에는 돈이 없는 이유는 쇼핑몰의 결제 정산 기간(10~50일) 때문이다. 특히 매출이 급속히 늘면 쇼핑몰에 묶이는 돈이 더욱 늘어나서 도리어 돈을 계속 빌려야 하는 상황이 발생한다. 반대로 통장에 돈이 쌓인다면 매출이 줄어들고 있다는 뜻이니 특히 조심해야 한다.

혼자만의 외로운 싸움이다

어느 사업이나 마찬가지겠지만, 온라인판매를 하다 보면 얘기할 상대도 없어서 외로움을 느끼게 된다.

남들은 온라인판매 해서 떼돈을 버는 것 같다

쇼핑몰의 상위 판매자를 보면, 다들 판매량이 엄청나고 떼돈을 버는 것처럼 보인다. 주위 사람들만 해도 나보다는 많이 버는 것 같다. 그러나 실상을 들여다보면 그렇지 않은 경우가 대부분이다.

매일 같은 작업의 연속이다

상품 등록하고, 상세페이지 관리하고, 광고하고, CS 처리하고, 주문 확인하고, 배송하는 등 매일 똑같은 일만 한다.

매출이 많아도 수익은 얼마 안 된다

매출은 많은데 상품 사입 비용, 광고비, 직원 월급, 각종 솔루션비, 결정적으로 부가세, 소득세를 내고 나면 막상 수익은 매출에 비해 미흡하다.

보기에는 편해 보이지만 직접 해보니 3D 업무에 가깝다

유튜브에서 디지털노마드라느니, 잠잘 때에도 통장에 돈이 들어온다느니 하면서 온라인판매를 미화하는데, 막상 실제로 해보면 손이 많이 가고 단순 작업도 많은 3D 업무다.

주위 가족, 친구, 지인이 온라인판매를 알려달라고 부탁한다

편하게 돈 벌고 평생 직업도 가져서 좋겠다고 부러워하면서 온라인판매 기술을 알려달라고 조르는 일이 많다. 솔직히 나도 잘 모르는데 알려주기도 쉽지 않고, 괜히 알려줬다가 뒤통수 맞는 일이 생기는 등 안 좋은 일이 일어나기도 한다.

매일의 매출에 일희일비한다

매출이 며칠간 떨어지기라도 하면 잠도 안 오고, 매출이 다시 올라가면 하루 종일 기분이 좋다.

그냥 직장 다닐걸, 하는 생각을 자주 하게 된다

직장에서는 8시간만 일하면 퇴근한 후에, 주말에 쉴 수 있었는데, 온라인판매를 하고부터는 일, 휴식의 구분이 없고 평일, 주말 구분 없이 항상 일하는 것처럼 느껴진다.

나만의 제대로 된 상품을 찾아야 한다는 고민이 끊이지 않는다

현재 잘 팔고 있는 상품이 있어도 언제 트렌드가 바뀌어서 사라질지 모르기 때문에 항상 나만의 제대로 된 상품에 대한 열망을 갖게 된다. 물론 그런 상품이 없는 경우라면 더욱 심각하게 고민한다.

말도 안 되는 진상 고객을 자주 만나게 된다

매출이 올라갈수록 도저히 인간의 상식으로는 이해할 수 없는 진상을 자주 만나게 된다. 이런 진상과 대화할수록 수명만 단축될 테니, 약간 손해를 보더라도 말을 섞지 말고 해결하는 것이 최선이다. 이런 고객과 따지다 보면 시간도 많이 들고, 정신적인 스트레스는 더 오래갈 수도 있다.

직원이 있으면 편해질 줄 알았는데 더 스트레스 받는다

혼자서 판매하던 시절에는 직원 1명만 있으면 정말 편할 거라 생각했는데, 실제로 직원을 써보니 내가 하는 일이 더 많아지고 수익은 줄어드는 기현상이 발생한다. 게다가 그 직원 눈치를 보느라 내가 사장인지, 직원이 사장인지 모르는 경우도 발생한다.

PART
3

초보 셀러 상품 선정 & 소싱 노하우

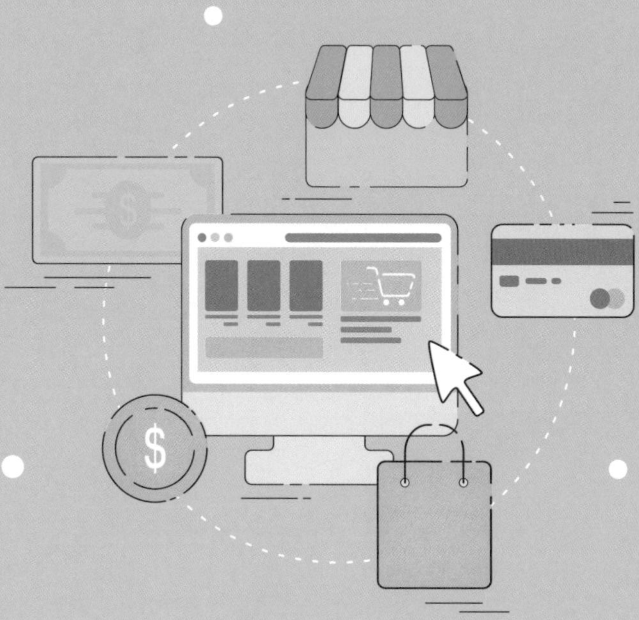

초보 셀러, 어떤 상품을 선정해야 하나?

초보 셀러에게 가장 고민스러운 문제 중 하나는 판매할 아이템이 없다는 것이다. 어떤 상품을 골라야 할지도 모르겠고, 어디서 상품을 소싱할지도 모르겠다는 초보자들이 많다. 상품이 있어야 상품을 등록하고 광고도 하고 마케팅도 할 텐데, 상품이 없으니 시작할 수가 없다. 초보자들이 가장 많이 의지하는 상품 소싱처가 오너클랜, 도매꾹 같은 온라인 도매몰인데, 온라인 도매몰 상품만 가지고는 당연히 한계가 있다. 장기적으로 보면 온라인 도매몰만으로는 절대 안 된다.

유통업계에서는 "좋은 상품이 잘 팔리는 게 아니고, 잘 팔리는 상품이 좋은 상품이다"라는 말이 있다.

온라인판매를 할 때 상품 선정의 중요성은 말할 필요가 없다.

좋은 상품을 선정하면 별 노력을 기울이지 않고도 좋은 결과를 얻을 수 있지만, 잘못된 상품을 선정하면 아무리 열심히 해도 성공하지 못할 수 있다. 누구나 본인이 판매하는 상품이 좋다고 생각하지만, 좋고 나쁘고는 내가 결정하는 것이 아니고 고객이 결정한다.

유통업계에서는 잘 팔리는 상품이 좋은 상품이다. 아무리 온라인판매를 잘하고 MD로 오랫동안 일해서 상품을 보는 눈이 있어도, 잘 팔릴지 안 팔릴지는 실제로 팔아봐야 안다. 물론 전문가는 초보자보다는 성공 확률이 높겠지만, 모든 상품을 잘 선정할 수는 없다. 그만큼 상품 선정은 쉬운 일이 아니다.

초보 셀러가 다루기에는 어려운 상품이 있는데, 가격, 상품성, 디자인, 결제 조건 등이 좋아도 초보자들이 선정하면 손해를 볼 만한 상품은 실력을 키운 후 도전하는 것이 좋다. 이런 상품은 온라인판매 고수에게는 좋은 상품일 수 있지만, 초보에게는 어렵다. 이런 상품은 수요가 많거나 가격이 낮거나 마진이 높아도, 안 팔리고 남으면 골칫거리가 될 확률이 다분하고 초기 사업 자본이 많이 들 수 있다. 그러니 초보 셀러는 욕심을 버리고 이런 상품은 선정하지 않는 것이 좋다. 재고 부담이 없는 위탁 판매라면 경험 삼아 도전해봐도 상관없지만, 재고를 안고 가는 사입 판매는 비추다. 초보 셀러라면 고수들도 쉽지 않은 상품에는 도전하지 않는 편이 좋다. 이런 상품은 다음과 같다.

초보 셀러가 다루기 어려운 상품

- 단기적으로 유행을 타는 상품
- 유통기한이 짧은 상품
- 사이즈/칼라 등 구색이 너무 많은 상품
- 개당 단가가 너무 높은 상품
- 덤핑 · 땡처리 상품
- 브랜드 상품 가전 상품
- 단어의 파생이 적은 상품

단기적으로 유행을 타는 상품으로는 대표적으로 시즌 상품이나 갑자기 이슈가 된 트렌드 상품이 있다. 이런 상품은 수요도 많고 판매량도 높지만, 경쟁이 정말 치열하기 때문에 초보자가 경쟁을 뚫고 판매하기가 쉽지 않다. 시즌/이슈 상품은 상위 노출을 위한 광고비, 마케팅비도 엄청 들기 때문에 초보 셀러에게는 큰 부담이 된다.

사이즈/컬러 등 구색이 너무 많은 상품은 대표적으로 패션/잡화를 들 수 있는데, 신발이 대표적이다. 신발을 팔아본 사람이라면 재고 관리도 그렇고 최종적으로 이익을 남기기가 얼마나 힘든지 알 것이다. 사이즈, 컬러가 없거나 부족하면 판매량이 급감하고 구매평이 안 좋게 달린다. 그렇다고 재고를 풍족히 가지고 가자니 안 팔리고 남는 사이즈/컬러가 걱정스럽다. 패션/잡화의 초고수 판매자도 애를 먹기 때문에 초보자들은 말할 필요도 없다.

덤핑, 땡처리 상품도 마찬가지다. 제대로 이익을 볼 수 있는 덤핑, 땡처리 상품은 초보 셀러에게 돌아가지 않는다. 보통 팔기 애매한 덤핑, 땡처리 상품이 초보에게 돌아오는데, 이런 상품은 가격을 아무리 할인해도 안 팔리는 경우가 많다. 그렇기 때문에 초보 셀러에게까지 기회가 돌아가는 것이다.

브랜드 상품은 가격 비교 시장이다. 가격 경쟁력을 갖추어야 팔리는데, 초보 셀러가 브랜드 상품을 가격 경쟁력 있게 가지고 오는 것은 쉬운 일이 아니다. 물론 운 좋게 경쟁력 있는 가격으로 브랜드 상품을 공급받을 수 있다면 당연히 판매해야 한다. 가전 상품도 브랜드 상품과 마찬가지로 모델명이 있기 때문에 가격 비교 시장이다. 게다가 AS 문제가 발생하기 때문에 특히 중국 수입 가전은 가격 경쟁력이 있더라도 조심해야 한다. 저렴한 중국 가전은 샘플은 문제가 없더라도 실제 수입된 상품의 불량률이 높은 경우가 매우 많다.

단어의 파생이 적은 상품이라는 것은 해당 상품을 설명하는 키워드가 적다는 의미다. 귤, 오징어, 쥐포 같은 상품은 해당 상품명 이외에 추가로 붙을 키워드가 별로 없다. 그래서 해당 키워드 혹은 몇 안 되는 세부키워드의 경쟁이 치열해진다. 해당 키워드에 광고, 마케팅이 집중되기 때문에 자금력이나 마케팅력이 떨어지는 초보 셀러는 적절치 않다. 초보 셀러는 최대한 단어의 파생이 많은 상품이 좋은데, 그래야 세부키워드들이 많이 나와서 경쟁이 분산되기 때문이다. 대개 비브랜드 가정생활 용품, 즉 주방용품, 인테리어, 취미, DIY, 욕실용품, 수납용품 등이 그렇다.

초보 셀러는 상품을 선정할 때 이왕이면 잘 아는 상품군을 선택하는 것이 좋다. 내가 좋아하는 카테고리 중에서도 '내가 하고 싶은' 것이 아니고 '내가 할 수 있는' 상품군이어야 한다. 단순히 좋아하고 관심이 있다고 해서 아이템을 선정하는 것은 문제가 있다. 상품 선정의 기본은 내가 할 수 있는, 잘 알고 좋아하는 카테고리의 상품이다.

내가 좋아하고 잘 알고 있는 카테고리의 상품이라면 경쟁할 수 있는 발판이 된다. 만약 이런 카테고리의 상품이 아니라면 많은 공부가 필요할 것이다. 자신의 전공 분야나 오랜 기간 종사했던 카테고리라면 전문성을 갖추기가 좋다. 또한 마니아 수준으로 좋아하는 카테고리가 있다면 상품 선정이나 판매 시 충분한 설명이나 설득이 가능하기 때문에 유리하다. 그러나 온라인판매를 하다 보면 항상 이런 카테고리의 상품만 판매할 수 있는 것은 아니며, 다른 카테고리의 상품을 선정할 때도 있다. 그런 경우, 해당 상품에 대해 더 많이 공부하고 노력해야 한다.

애완동물을 키워서 잘 안다 → 애완동물용품

취미가 헬스 → 헬스용품

수입식품을 좋아한다 → 수입식품

이런 식으로 접근하면 초보 셀러가 온라인판매를 시작하는 아이템을 잡기가 좋다.

초보 셀러들은 이런 상품을 보는 눈이 없으므로 검증된 인기 상품을 벤치마킹하여 상품을 선정하는 것이 좋다.

잘 팔리는 상품의 일반적인 특징

- 해외 최신 트렌드 반영(미국/유럽/일본)
- 아이디어 상품
- 프리미엄/친환경/유기농 상품
- 가성비 좋은 상품
- 세부키워드가 많은 상품
- 가격 경쟁력 있는 브랜드 상품, 덤핑 상품

네이버쇼핑 카테고리 베스트100 상품

네이버쇼핑에 보면 우측 상단에 '베스트100'이라는 섹션이 있는데, 각 카테고리별 베스트100 상품을 볼 수 있다. 네이버쇼핑은 오픈마켓, 소셜커머스, 종합몰 등 모든 쇼핑몰이 입점되어 있으므로, 베스트100 상품은 해당 카테고리의 대표 인기 상품이

네이버쇼핑 베스트100(인테리어 소품 카테고리)

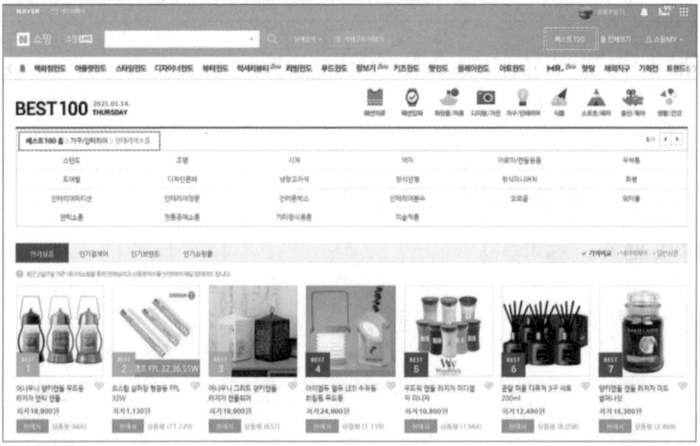

출처 : 네이버쇼핑

다. 카테고리별, 시즌별로 이런 상품을 계속 공부하다 보면 상품 보는 눈을 키우는 데 큰 도움이 된다.

도매사이트 베스트100

도매꾹, 온채널, 오너클랜 같은 도매사이트에도 베스트100 상품 코너가 있는데, 도매사이트에서 히트하면 네이버쇼핑 같은 소매 사이트에서도 히트 상품이 되는 경우가 많다. 그러므로 소매 사이트에서 히트할 상품을 보는 눈을 기를 수 있다.

도매꾹 베스트100(가구/생활/취미 카테고리)

출처 : 도매꾹

해외 온라인마켓 베스트 상품

알리바바, 아마존, 1688, 라쿠텐 같은 해외 온라인마켓에서도 베스트 상품을 볼 수 있다. 보통 해외 인기 상품을 수입하여 판매하는 것이므로, 한국에서 잘 팔릴 법한 상품을 찾을 수 있다.

ⓘ 알리바바 베스트 상품(오토바이 헬멧 카테고리)

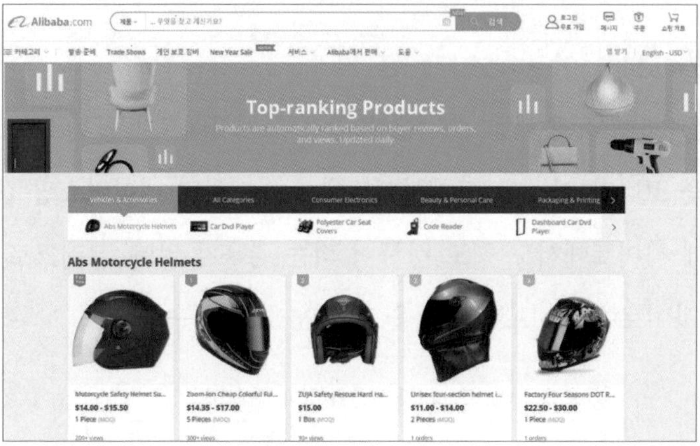

출처 : 알리바바

생활 속 불편을 해소해주는 아이디어 상품

사람들이 평소에 불편하게 생각했던 점을 개선한 아이디어 상품은 언제나 잘 판매된다. 이런 상품들은 모든 사람이 좋아하기 때문에 초보 셀러가 선정하기에 좋은데, 마약 베개, 발각질 제거기, 트렁크 정리함, 자동차 핸드폰 거치대 같은 상품이 그렇다.

어떤 것이 아이디어 상품인지 모를 때는 아이디어 상품을 전문적으로 많이 판매하는 사이트들을 참고하면 좋다. 리빙픽(www.livingpick.com), 고려생활건강(www.mcnplaza.com) 사이트의 상세페이지, 카피라이팅, 섬네일은 고객을 확 끌어들일 정도로 우수하므로, 꼭 벤치마킹하기 바란다.

발각질 제거기

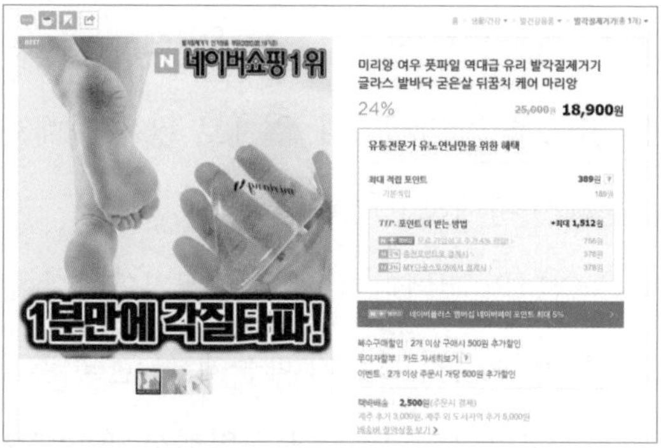

출처 : 네이버쇼핑

아이디어 상품 전문몰 '고려생활건강'

디자인이 우수한 상품

상품 자체의 기능은 보통이지만 디자인이 아주 우수한 상품이 있는데, 이런 상품도 잘 판매된다. 요즘은 디자인 시대라서 기능이 보통 이상이면 그다음은 디자인이 매출에 큰 영향을 끼친다. 각 카테고리별로 가성비가 좋은 상품을 찾은 후 중국 알리바바, 1688 같은 도매사이트에서 디자인이 우수한 상품을 수입해서 판매하는 것도 좋은 방법이다. 실제로 많은 판매자들이 이런 방법으로 소싱해서 판매하고 있다.

단, 디자인은 양날의 검이다. 나에게는 디자인이 우수해 보여도 고객에게는 어떻게 보일지 모르기 때문에 꼭 검증 과정을 거쳐야 한다. 소량(10개 미만)만 테스트 삼아 수입해서 판매해보고 결과를 본 후 대량 수입을 하는 것이 좋다.

디자인이 우수한 강아지, 고양이 집

출처 : 네이버쇼핑

초보 셀러가 상품을 선정할 때 몇 가지 확인할 점이 있다.

첫째, 상품의 고객 구매 후기를 보고 대략적인 품질을 판단해보라. 고객 구매 후기를 구매평이 나쁜 순으로 정렬해서 보면 해당 상품의 문제점을 알 수 있다. 가성비가 우수한 저렴한 상품의 경우, 가격만 저렴하고 품질은 떨어지는 경우가 가끔 있다. 과연 내가 감당할 수 있는 정도의 품질인지 꼭 확인하라.

둘째, 대표키워드의 네이버 검색량이 어느 정도인지 확인하라. 아무리 우수한 상품이라도 월 검색량이 몇백 건 수준이라면 과연 이것을 팔아야 할지 고민될 것이다. 검색량이 몇십만, 몇백만씩 되는 상품은 경쟁이 치열해서 초보자가 들어가기에 적합하지 않을 수 있지만 너무 적은 것도 문제가 되니 꼭 확인하자. 네이버 검색량을 파악하는 사이트로는 '네이버광고(https://searchad.naver.com)'가 있다. 요새 인기가 있는 각종 키워드 분석 사이트에서는 '네이버광고' 및 '네이버데이터랩(https://datalab.naver.com)'의 기본 데이터를 가공해서 보기 편하게 정리해서 보여준다. 그러므로 '네이버광고'와 '네이버데이터랩'은 키워드, 트렌드 분석의 기본이라 할 수 있다. 네이버데이터랩에는 카테고리별 인기 키워드, 트렌드 등 무궁무진한 정보가 있으니 공부해보기 바란다.

아울러 해당 상품의 트렌드도 확인해볼 필요가 있다. '네이버광고'에 로그인 후 '도구-키워드도구'를 클릭하면 키워드별 검색량을 확인할 수 있다. 만약 하향 트렌드로 가고 있는 상품이라면 판매해야 할지 다시 한번 검토해봐야 한다. 트렌드 분석은 네이버트렌드(https://datalab.naver.com/keyword/trendSearch.naver)나 구글트렌드(https://trends.google.com/trends)에서 손쉽게 확인할 수 있다.

ⓤ '네이버광고' 키워드 분석 결과

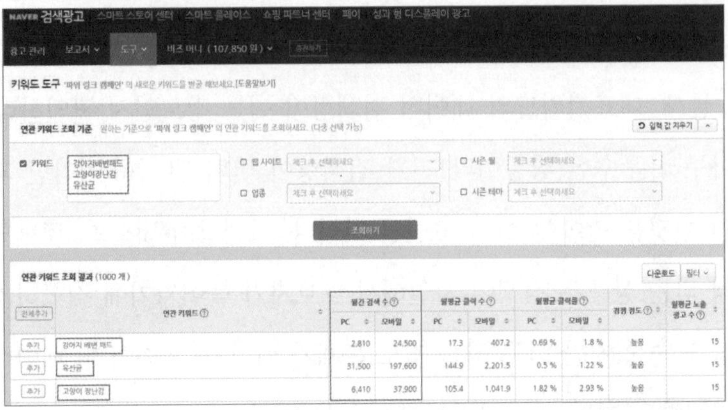

출처 : 네이버광고

ⓤ 온라인판매 관련 막대한 정보들을 볼 수 있는 '네이버 데이터랩'

출처 : 네이버 데이터랩

온라인판매를 하는 사람이라면 키워드 및 트렌드 분석은 매일 해야 하는 작업이다. 온라인판매는 상품으로 파는 것이 아니라

⊕ 구글 트렌드로 확인한 최근 5년 건강식품 '노니' 트렌드

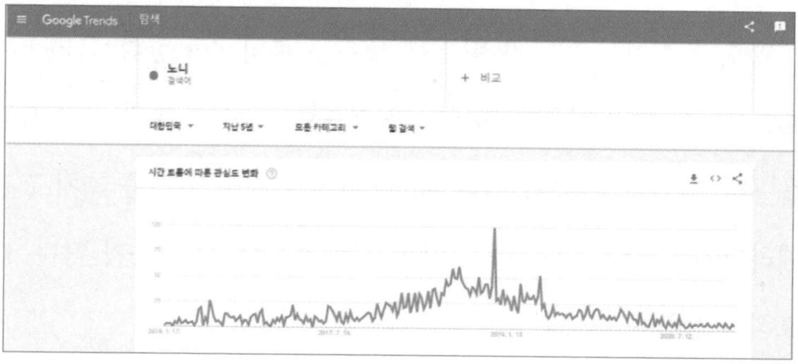

출처 : 구글 트렌드

키워드로 파는 것이다. 상품을 표현하는 키워드가 많은데, 그중 어떤 키워드를 선정해서 판매하느냐가 핵심이다. 그렇기 때문에 키워드와 트렌드 분석에 대해 정말 많이 투자해야 한다. '네이버 광고' 말고도 아이템스카우트(www.itemscout.io), NSS1000(http://nss1000.com), 블랙키위(https://blackkiwi.net), 헬프스토어(http://helpstore.shop) 등 여러 가지 유료/무료 키워드 분석 사이트들이 있는데, 각 사이트별로 장단점이 있으니 비교해보고 결정하는 것

⊕ NSS1000 무료 키워드 분석 사이트

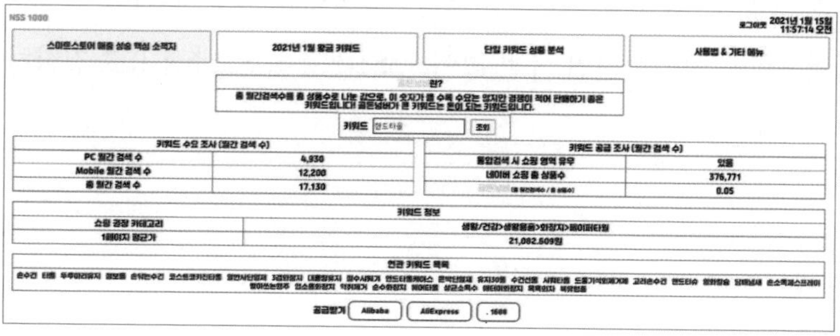

출처 : NSS1000

이 좋다.

셋째, 인증이나 허가가 필요한 상품을 주의해야 한다. 온라인판매를 할 때 특정 상품은 판매자가 인증이나 허가, 특정 자격 요건을 갖춰야 하는 경우가 있다. 초보 셀러의 경우 이것을 놓치고 판매하다가 벌금을 내는 등 곤란한 상황에 처하는 경우가 많다. 대표적인 상품은 아래와 같다.

의료기기 : 의료기기판매업 신고증
농약 : 농약판매업 등록증
전통주 : 주류 통신판매승인서(기본적으로 전통주를 제외한 모든 주류는 온라인판매가 불가함)
건강식품 : 건강기능식품판매업 영업신고증
화장품(직접 수입, OEM 생산, 구매대행 판매할 때) : 화장품 제조판매업 등록증
축산물 : 축산물판매업 신고필증

특히 직접 수입해서 판매하는 경우는 KC인증, 전기안전인증 등 조심해야 할 부분이 많기 때문에 상품에 필요한 인증을 꼼꼼히 체크한 후 진행해야 한다. 내가 수입하려는 상품에 어떤 인증이 필요한지 확인하려면 국번 없이 1381(인증 정보 표준센터)로 전화하면 된다.

위탁 판매/사입 판매/병행수입/ OEM 제조 집중 분석

상품을 선정하면 초보 셀러는 판매 방법을 고민하게 된다. 위탁 판매, 사입 판매, 병행수입, OEM 제조 등 다양한 방법이 있는데, 이 중 어떤 방법으로 판매할지 결정해야 한다. 초보자들의 경우 온라인판매 경험도 없고 자금도 충분하지 않은 경우가 많아서 위탁 판매로 시작하는 경우가 대부분이다. 각각의 상품 판매 방법에 대해 알아보자.

위탁 판매

위탁 판매는 상품 재고를 보유하지 않고, 해당 상품을 온라인마켓에 등록한 후 판매되면 상품 공급처에 주문하여 해당 상품 공급처에서 직접 고객에게 배송하는 판매 방식이다. 상세페이지나 이미지를 제공하는 상품 공급처가 있고 제공하지 않는 곳도 있다. 판매자는 단순히 상품 판매 활동만 하고 상품 사입, 상세페이지 제작, 상품 배송 등 기타 번거로운 일들이 없는 대신, 가격 경쟁력이 떨어지고 판매 마진이 적어서 최종 순이익은 많이 보기가 힘들다.

온라인판매를 처음 접하는 초보자들은 보통 위탁 판매부터 시작한다. 유튜브에서 위탁 판매로 월 1천만 원 번다는 등 위탁 판매에 관한 자극적인 콘텐츠를 보고 온라인판매를 시작하는 초보자들이 많은데, 현실을 정확히 알아야 한다. 위탁 판매로 월 1천만 원(매출이 아니고 순이익)을 지속적으로 버는 셀러들은 0.1% 이하라고 보면 된다. 남의 상품을 받아서 아무 리스크 없이 판매하는데 쉽게 매출을 올린다는 게 이상하지 않을까? 온라인판매를 하는 사람들이 위탁 판매는 기본으로 깔고 판매하기 때문에 경쟁도 치열하고, 위탁 판매만으로 월 1천만 원 이상 벌면서 경제적인 자유를 누린다는 것은 현실적으로 쉽지 않다. 사입 판매, 병행수입, 나만의 상품 제조 등 상위 단계의 온라인판매로 나아가기 위한 전 단계로 인식하는 게 좋다.

물론 상위 단계로 올라가더라도 경쟁력 있는 우수한 위탁 판매 파트너사를 만났다면 상품 구색을 갖추기 위해 전략적으로 위탁 판매도 끌고 가야 한다. 처음 온라인판매에 뛰어든 초보자는 상품 보는 눈도 없고 어떤 상품을 팔아야 할지도 잘 모른다. 따라서 비용을 들여 사입할 필요도 없고 재고 부담도 없는 위탁 판매부터 시작하는 것이 좋다. 다양한 카테고리의 다양한 상품들을 판매하면서 상품을 보는 눈을 키우고, 궁합이 맞는 상품들을 찾는 것이다.

온라인판매 실력이 왕초보인데 처음부터 사입해서 판매하면 실패할 확률이 매우 높다. 위탁 판매는 초보자에게는 온라인판매를 배울 좋은 기회다. 온라인마켓에 상품을 등록하고 광고하고 판매하고 고객 CS도 경험해보면서 온라인판매 능력을 키울 수 있을 것이다.

대표적인 국내 위탁 판매 사이트 온채널(www.onch3.co.kr)

대형 도매사이트가 아닌 개별 상품 공급 업체를 찾아 위탁 판매를 할 때는 사전에 몇 가지 확인해야 할 것이 있다. 위탁 판매 상품 공급사별로 조건이 다르기 때문이다.

위탁 판매 체크 리스트

① 온라인판매 가능한가요?
② 네이버 상품 노출 가능한가요?
③ 폐쇄몰 판매 가능한가요?
④ 공급사 직접 배송 가능한가요?
⑤ 결제 정산 조건은 무엇인가요?
⑥ 세금계산서 발행 가능한가요?
⑦ 상세페이지, 섬네일 제공 가능한가요?
⑧ 발주는 어떻게 하고, 마감 시간은 몇 시인가요?

상품 공급사에 위의 조건들을 꼭 확인한 후 진행하는 것이 좋다. 세금계산서를 발행하지 않는 위탁 판매 공급사들은 절대 거래하지 않아야 한다. 나중에 법적으로 문제가 발생할 여지가 있다.

위탁 판매 상품들은 오너클랜 같은 대형 온라인 도매사이트에서 쉽게 찾아볼 수 있는데, 이런 대형 온라인 도매사이트에는 판매자들이 워낙 많기 때문에 경쟁이 치열하다. 그래서 가격 경쟁이 되는 경우가 대부분이다. 차라리 소형 온라인 위탁 도매사이트가 더 경쟁력 있는 경우가 많다. 물론 내부 시스템, 교육, 서비스는 대형 온라인 도매사이트에 비해 많이 떨어지지만 일단 판매자 간 경쟁이 적고 온라인에 많이 노출이 안 된 상품들이 꽤 있어서 숨은 효자 상품을 발굴할 수도 있다.

위탁 판매할 때 한 가지 팁은 상품 공급사에서 주는 섬네일, 상세페이지, 상품명을 그대로 사용하지 않고 나만의 방식으로 가공하는 것이다. 특히 대형 온라인 도매사이트의 상품을 판매할 때

도매사이트에서 제공하는 섬네일, 상품명, 상세페이지를 그대로 사용하면 같은 상품을 판매하는 수많은 판매자들과 가격 경쟁을 벌이기 십상이다.

ⓥ 도매사이트 등록 위탁 판매 상품을 네이버쇼핑에서 검색한 결과

출처 : 네이버쇼핑

도매사이트에서 제공하는 섬네일, 상품명을 그대로 사용해서 온라인마켓에 등록하면 최저가만 팔릴 것이다. 그렇기 때문에 상세페이지 내용은 못 바꾸더라도 섬네일과 상품명은 한 번 가공해서 경쟁을 피해야 판매가 일어날 확률이 높다. 이렇게 가공 작업을

거치면 다른 판매자들과는 달리 나만의 상품을 얻게 되는 것이다.

보통 초보 셀러는 닥등(닥치고 등록하라)을 많이 해야 한다는 말이 있는데, 섬네일, 상품명, 상세페이지를 가공하지 않고 닥등만 하면 아무리 등록을 많이 해도 매출이 별로일 것이다. 섬네일을 바꾸는 방법은 직접 구매해서 사진을 찍는 방법도 있지만, 해당 상품의 상세페이지에 있는 다른 사진을 캡처해서 사용할 수도 있다.

마지막으로 당부하고 싶은 말은 절대 가격 경쟁을 하지 말라는 것이다. 위탁 판매는 가격 경쟁력을 가지기 어려운 방식이므로, 가격 경쟁을 하면 마진만 줄어들 뿐이다. 적정 마진을 보고 판매하되, 키워드, 섬네일, 상세페이지 등을 변경하는 방식으로 다른 판매자들과의 경쟁을 피하는 것이 현명하다.

사입 판매

사입 판매는 일반적인 판매 방식으로, 돈을 주고 상품을 구매하여 재고를 쌓아두고 판매하는 것이다. 직접 돈을 주고 구매하다 보니 위탁 판매에 비해 가격 경쟁력이 있고 배송이 빠르며 고객 CS를 하기 좋다는 강점은 있지만, 판매가 부진할 때 재고 부담 및 역마진으로 손해를 보면서 처리해야 할 수도 있으므로, 온라인판매에 익숙하지 않고 상품을 보는 눈이 부족한 초보 셀러에게는 부담스럽다.

위탁 판매로 온라인판매에 어느 정도 감이 생기면 사입 판매는 반드시 해야 하는 판매 방식이다. 위탁 판매는 아무리 해도 내 상품이라는 애착이 안 생기지만, 사입 판매는 재고를 보유하고 있기 때문에 확실히 내 상품이라는 인식이 생긴다. 그리고 어떻게든 판매하기 위해 광고, 마케팅, 홍보를 하다 보니 위탁 판매 비해 사입 판매를 할 때 온라인판매 실력이 는다.

위탁 판매 대비 사입 판매의 특징

장점	단점
• 가격 경쟁력 높음 • 고객 CS 쉬움 • 상품에 대한 노하우 축적 • 다양한 판매 전략 구사 • 나만의 OEM 상품으로 확장 가능	• 사입 자금 필요 • 재고 부담 • 상품 정보 부족 시 판매 어려움 • 판매 노하우의 중요성 높음

사입 판매는 많은 장점이 있지만 사입 자금, 재고 부담이 가장 큰 장벽이다. 자금 여력이 있고 판매를 잘할 수 있다면 사입 판매는 당연한 선택인데, 상품 공급사와 잘 협상하면 위탁 판매에 비해 가격 경쟁력이 높기 때문이다.

한편 국내 사입 판매는 나만의 상품이라고 말하기가 어렵다. 동일한 상품을 사입해서 판매하는 경쟁자가 많기 때문에, 병행수입, OEM 제조의 전 단계로 보는 것이 바람직하다. 그 단계에 이르러야 나만의 상품을 가지고 있다고 할 수 있을 것이다. 그런데 병행수입 및 국내외 OEM 제조는 최소 발주 수량 때문에 사입 판매보다 리스크가 더 높으므로, 사입 판매를 어느 정도 경험한 후에 시작할 것을 추천한다.

사입 판매를 결정했다면 제조업체에서 사입할지, 도매/벤더업체에서 사입할지 결정해야 한다. 각각의 장점, 단점은 아래와 같다.

제조업체 사입

장점	단점
• 가격 경쟁력 확보(낮은 상품 공급가) • 규모가 커지면 독점 공급의 기회 • AS 가능 • OEM 상품 개발을 통한 자체 브랜드 기회	• 초기 사입 자본금 부담 • 한정된 상품군 • 초기 제조업체 발굴 어려움 • 재고 처리에 대한 부담

도매/벤더업체 사입

장점	단점
• 제조업체 사입 대비 접근이 용이함 • 다양한 상품군 확보 가능 • 소자본 가능 • 반품, 교환 유리	• 제조업체 사입 대비 높은 상품 공급가 • 상품 공급 불안정 • AS 어려움 • 자체 브랜드 개발 불가

자금력이 있고 언젠가 내 브랜드로 판매해보고 싶다면 제조업체 사입이 적합하고, 자금력이 부족하고 다양한 상품들을 판매하고 싶다면 도매/벤더업체 사입이 적합하다.

상품을 사입할 때 반드시 체크해야 할 사항은 다음과 같다.

- 최소 사입 수량 및 초도 사입 물량
- 사입 물량에 따른 사입 단가 조정 유무

- 계약 방식, 대금 결제일
- 반품/교환/AS 여부
- 상품 이미지/상세페이지 제공 여부
- 업체 담당자 정보/근무 시간/휴무일
- 해당 상품의 오픈마켓/소셜커머스 판매자 현황(경쟁 정도 파악)

사입 판매를 가장 손쉽게 할 수 있는 방법은 도매꾹 같은 대형 온라인 도매사이트에서 사입하는 것이다. 대형 온라인 도매사이트에는 정말 다양한 상품 및 상품 공급사가 있지만 그만큼 판매자도 많기 때문에 동일 상품을 판매하는 판매자와 경쟁이 발생할 수 있다.

동일 상품을 판매하는 경쟁 판매자들과 차별화를 위해 위탁 판매와 마찬가지로 섬네일, 상품명, 상세페이지를 바꿔야 한다. 사입 판매를 할 때는 상품도 가지고 있으니 사진을 직접 찍어서 섬네일뿐만 아니라 상세페이지도 확실히 나만의 것으로 만드는 것이 좋다. 가격 경쟁력도 있으면서 상세페이지와 상품명을 바꾸면 온라인판매에서 강력한 장점을 가지게 된 것이다. 최대한 다른 동일 상품 판매자들과 달라 보이는 게 중요하다. 위탁 판매에 비해 가격 경쟁력도 있기 때문에 쇼핑몰 광고도 집행하면서 판매 실력을 늘려야 한다.

그런데 도매꾹 같은 대형 온라인몰에서 사입할 때 주의할 점이 있다. 정말 가격 경쟁력이 있는지 꼭 확인해봐야 한다는 것이다. 네이버쇼핑에서 해당 상품의 최저가를 검색했는데 도매꾹 사입가와 큰 차이가 없다면 그 상품은 사입해서는 안 된다. 그래서 사입하기 전에 충분한 시장 조사가 필수다.

보통 판매자가 많은 도매꾹 같은 대형 도매사이트보다는 잘 알려지지 않은 소형 도매사이트에서 경쟁력 있는 상품을 찾는 경우가 많다.

사입 판매 도매몰

출처 : MD PET

병행수입/OEM 제조

다음 단계는 해외 사입 판매라고 할 수 있는 병행수입이나 국내외 OEM 제조다. 특히 국내 온라인판매가 워낙 활성화되다 보니 나만의 상품에 대한 니즈가 증가하여 중국 병행수입이 큰 이슈가 되고 있다. 병행수입은 이우시장 같은 중국 도매시장이나 알리바바, 1688 같은 중국 온라인 도매사이트에서 주로 이루어지는데, 상품이 워낙 많다 보니 중국에서의 병행수입이 주가 되고 있다.

병행수입의 가장 큰 장점은 가격이다. 초보 셀러가 국내에서 사입 판매하는 상품의 상당수는 중국에서 건너온 상품이다. 병행수입하는 수입 업체의 상품을 다시 사입하는 셈이다 보니 직접 중국에서 병행수입하면 가격 경쟁력은 비약적으로 높아진다.

물론 언어와 무역 장벽 그리고 최소 수입 수량 문제가 있다. 언어는 파파고, 네이버 중국어 번역기를 쓰면 충분히 해결할 수 있으니 큰 문제가 되지 않는다. 아니면 수수료를 내고 중국 구매대행업체를 쓰면 된다. 실제로 소량으로 중국에서 병행수입하는 판매자들은 대부분 중국어를 하지 못한다. 정식 무역이 아니라 중국 도매시장이나 온라인도매몰에서 병행수입하는 판매자들은 아예 중국어를 전혀 모르는 사람이 많다. 그러니 중국어를 전혀 못한다고 걱정할 필요가 없다.

최소 주문 수량(MOQ, Minimum Order Quantity)은 몇 년 전만 해도 큰 중요한 문제였지만, 전 세계적으로 경제 환경이 안 좋아지면서 소량 주문도 받아주는 경우가 많다. 사입 가격 및 배송료의 문제가 있지만, 요즘에는 10개 미만도 가능하다.

언어와 가격의 장벽 말고도 주의해야 할 점이 있다면 품질 불

㉯ **중국 유명 도매사이트 1688**

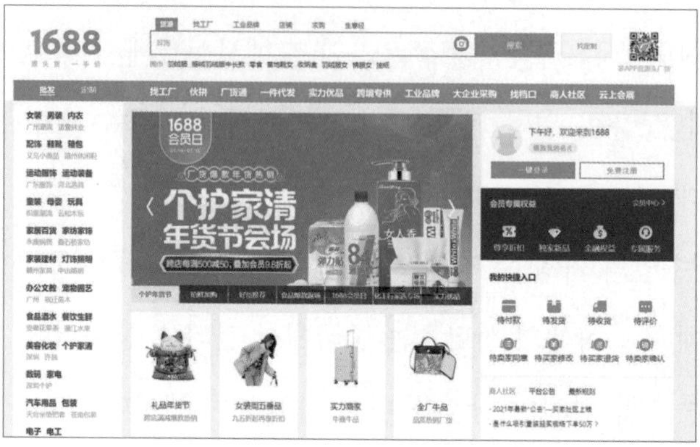

출처 : www.1688.com

량이다. 중국 상품의 품질이 아무리 좋아졌다고 해도 한국에 비해 품질이 많이 떨어진다. 특히 셀러들이 수입하는 상품은 가격이 저렴한데, 가격이 저렴하면 품질을 특히 잘 체크해야 한다. '싼 게 비지떡'이라는 말은 우리나라뿐만 아니라 전 세계적으로 통용되는 말이다. 중국도 가격이 비싼 상품은 상품 품질도 좋다. 게다가 중국은 샘플 상품과 실제 상품의 품질이 다른 경우가 비일비재하다. 일단 돈을 내고 한국에 상품이 도착하는 순간 중국 판매자에게 클레임을 걸어도 제대로 해결되지 않을 확률이 매우 높다. 그러니 비슷한 상품에 비해 이상할 정도로 가격이 저렴하다면 절대 구매하지 않아야 한다. 이상할 정도로 가격이 저렴한 상품은 그럴 만한 이유가 있다.

문제는 많지만, 온라인판매로 큰 수익을 올리는 데는 병행수입만 한 것도 없다. 진정한 고수들은 위탁/사입 판매 국내 셀러를 하다가 결국 병행수입/OEM 제조를 통해 거상의 길로 접어든다. 병행수입을 하면 직접 소매로도 팔 수 있지만, 온라인/오프라인 도매로도 판매할 수 있다. 도매꾹, 온채널, 오너클랜 같은 온라인 도매몰에 있는 상품 대부분이 중국 병행수입 상품이다.

OEM 제조는 기존의 상품을 수입해서 판매하는 병행수입보다 한 단계 나아간 것이다. 사실 브랜드를 만드는 것이기 때문에 온라인판매라기보다는 비즈니스라고 해야 할 것이다. OEM 제조는 세상 어디에도 없는 나만의 독점적인 상품을 확보하는 것이다. 최소 주문 수량이 병행수입보다 훨씬 큰 경우가 많지만, 가격 경쟁력은 가장 높을 수밖에 없다.

온라인판매에 자신감이 있는 중수/고수 셀러라면 국내/국외 OEM 제조를 시도해볼 것을 추천한다. 단, 온라인판매뿐 아니라 광고/홍보/바이럴마케팅에도 충분한 지식이 있어야 한다. OEM 제조 판매를 하는 경우에는 상표권을 등록하고 네이버 브랜드패키지 등록을 통해 브랜드로 만들어서 장기적으로 육성해야 한다.

OEM 제조를 할 때 자금은 제조 4, 마케팅 3, 여유 자금 3으로 분배해야 한다. 초보들의 경우는 제조 7, 마케팅 및 여유 자금 3으로 분배하는데, 이러면 실패할 확률이 높다. 초반에 브랜드를 알리는 단계에는 많은 광고/마케팅비가 들고 판매하다 보면 추가로 들어가야 할 비용들이 발생하는데, 여유 자금이 없으면 버틸 수 없는 경우가 많기 때문이다.

일단 사입 판매, 병행수입을 통해 품질 및 판매가 검증된 상품에 한해 해당 제조 공장을 통해 OEM 제조로 넘어가는 것이 좋다. 실제 OEM 제조 판매에 능한 고수들은 실패의 리스크를 줄이기 위해 이 단계를 거쳐서 진행하는 경우가 많다. 해외 OEM 제조는 국내에 비해 리스크가 더욱 크기 때문에, 꼭 검증된 제조업

⓪ 세계 최대의 무역 사이트 중국 알리바바

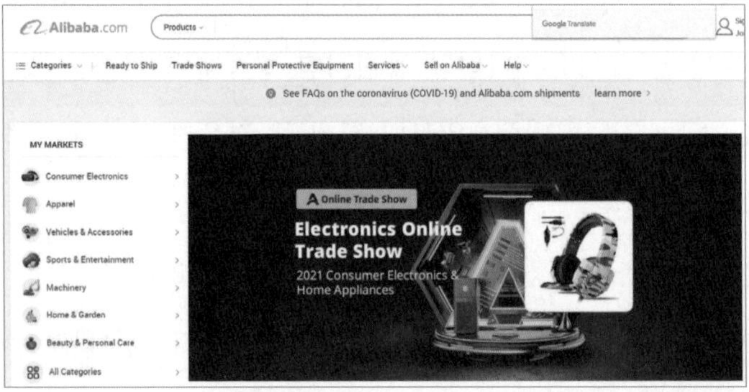

출처 : www.alibaba.com

⓪ 구글 '건강식품 OEM' 검색 결과

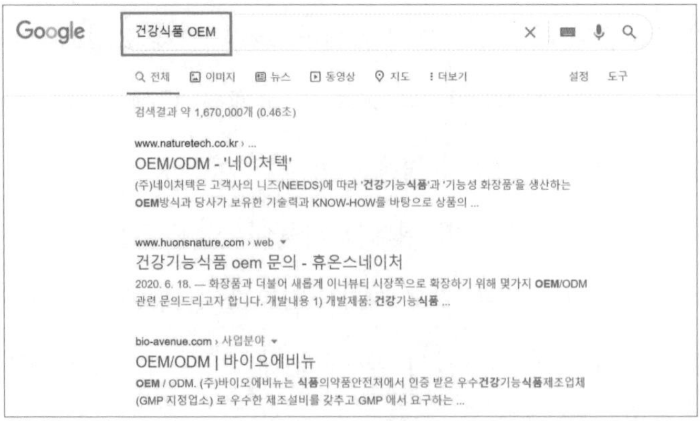

출처 : 구글

체와 진행해야 한다. 그러나 최소 주문 수량은 국내 OEM 공장보다 알리바바 같은 중국 무역 사이트가 더 적은 경우가 많다.

국내 OEM의 경우, 구글을 통해 제조업체를 찾을 수 있다. 구글에 원하는 '상품명+OEM'으로 검색하면 쉽게 공장을 찾을 수 있다. '건강식품 OEM' , '화장품 OEM', '프라이팬 OEM' 등으로 검색하면 된다.

국내 OEM 제조 7가지 TIP

- 처음 전화해서 주문 최소 수량, 단가, 납기일 등 기본적인 것만 물어보고 나머지는 직접 만나서 상담해야 하는데, 여러 업체에 전화를 할수록 정보가 많아진다.
- 담당자, 공장과 미팅하기 전에 해당 상품에 대한 최소한의 전문 지식은 인터넷 검색, 유튜브 등을 통해 갖추어야 한다.
- 적어도 세 군데의 견적은 미리 확보해야 한다. 미팅할수록 거래 조건이 좋아질 여지가 많고 관련 업계 정보들도 확보할 수 있다.
- 제조 수량은 무조건 많다고 좋은 게 아니다. 소량으로 생산해주는 공장도 있으니 꼭 체크해라.
- OEM 제조를 결정하기 전에 어떻게 유통, 판매, 마케팅을 할지 계획을 세우고 진행해야 한다. 이 계획이 없으면 상품이 나와도 안 팔려서 낭패를 겪을 확률이 높다.
- OEM 업체를 선정할 때 해당 업체 담당자와의 소통이 가장 중요한데, 담당자와 소통이 잘 안 되고 안 맞는 것 같다면 담당자를 바꾸든, 그 업체와는 거래하지 않는 편이 좋다.
- 국내 OEM 제조업체 중 일부 비양심적인 업체는 OEM 상품이 잘 팔리면 약간 수정하여 본인들의 브랜드로 출시하는 경우가 있다. 이를 막기 위해 OEM 계약서에 이런 내용을 구체적으로 명시하는 게 좋다. 거래처의 평판이나 대표자의 성향도 사전에 파악할 수 있다면 확인하는 것이 좋다.

국내 상품 거래의 4가지 방식

국내에서 상품 공급자와 구매자가 거래할 때, 4가지 중 하나의 방식으로 거래한다.

사입 거래

- 공급자들이 선호하는 거래 방식(자금 회전에 유리)
- 판매자가 마음대로 판매하기 때문에 시장 가격이 무너질 우려가 있다.
- 판매자는 상품을 안정적으로 확보할 수 있지만, 재고 및 자금의 부담은 치명적인 단점이다.
- 공급자와 판매자는 교환/반품 조건에 대해 철저히 협의할 필요가 있다. 보통 공급자가 힘이 세면 교환/반품이 어렵다.
- 판매자의 매출이 부진할 시 재고 소진을 목적으로 정상가 판매로 협의하고도 가격 인하 덤핑 판매를 하는 경우도 있는데, 이를 막기 위해 공급자가 재고를 보유하면서 고객 배송도 동시에 진행하는 경우가 있다.

예치금(충전금) 거래

- 대부분의 온라인 도매사이트(도매꾹, 오너클랜, 온채널 등)에서 거래하는 방식
- 일정액의 예치금을 공급자에게 입금하고 그 한도 내에서 상품을 공급받는 거래
- 상품 공급자는 상품 대금을 떼일 염려가 없다.
- 판매자는 비교적 적은 부담으로 상품 사입 가능
- 신규 거래 시 판매자가 비교적 쉽게 공급자와 거래를 맺을 수 있다.
- 처음 거래인데 예치금 금액이 크면 주의할 필요가 있다.

⬇ 도매사이트 '온채널' 예치금(포인트) 충전

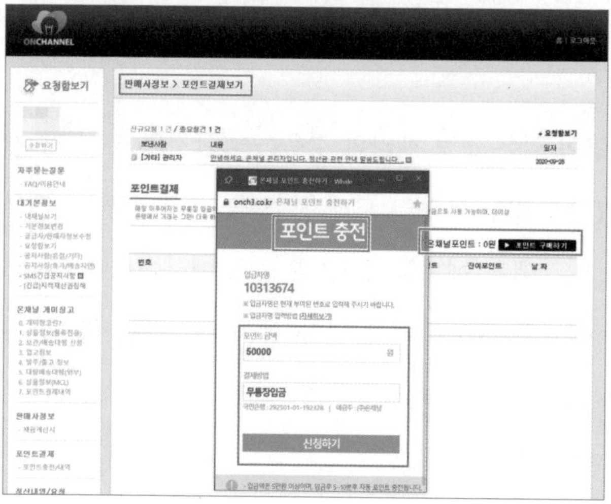

출처 : 온채널

여신 거래

- 판매자에게 유리한 상품 공급 방식
- 판매자는 판매 마감 후 특정 시점에 계약 조건에 따라 상품 금액을 지급한다.
- 보통 공급자보다 판매자가 힘이 센 경우에 이루어진다.

※ 여신 거래 계약 예시

- 당월 판매분에 대해 익월 20일에 약정된 금액을 지급한다.

- 이번 주 판매분에 대해 다음 주 금요일에 약정된 금액을 지급한다.

보증보험 거래

- 보통 대기업 공급업체와 거래할 때 많이 사용되는 거래 방식
- 여신으로 상품을 공급하지만 계약 이행에 대한 보증보험을 요구한다.
- 판매자는 신용보증회사에 일정액의 보험료를 지불하고 보증보험증서를 발급받아 공급자에게 제공한다.
- 상품 공급자는 상품 대금 수취에 대한 위험성을 최소화할 수 있다.
- 판매자에게 담보를 요구하는 경우 보증보험으로 대체하기도 한다.

판매량이 적은 초보 셀러의 경우는 공급자와 사입 거래를 하는 것이 일반적이다. 온라인 도매사이트를 통해 위탁 거래를 할 경우에는 일정액을 예치금(충전금)으로 도매사이트에 입금하고 거래하는 예치금 거래를 하게 된다. 예치금 거래를 할 때 대부분의 도매사이트에서 신용카드로는 안 되고 현금만 가능하다는 점을 주의해야 한다.

파워 셀러가 되면 공급업체와 여신 거래를 협의해볼 수 있다. 온라인판매 능력이 검증된 벤더업체와 총판업체들은 보통 상품 공급업체들과 여신 거래를 하는 경우가 많다. 보증보험 거래는 보통 대기업 공급업체에서 상품을 공급받을 때 많이 사용하는 방식인데, 판매자는 보험료가 들지만 대기업은 상품 대금을 안정적으로 수취하게 된다.

국내 온라인 도매사이트

온라인판매 상품이 선정되었다면 이제 어디서 상품을 소싱하느냐를 결정해야 한다. 초보 셀러는 상품을 공급받을 루트가 없다고 걱정하는데, 사실 너무 많아서 어디서 받을지 선택하는 게 어렵다. 그렇다면 상품을 공급받을 수 있는 다양한 루트 중 우선 국내 온라인 도매사이트에 대해 알아보자.

초보 셀러가 가장 쉽게 접근할 수 있는 루트가 바로 국내 온라인 도매사이트다. 도매시장은 상인들을 상대하는 부담감이 있고 협상 스킬도 떨어지기 때문에 특히 숫기가 없는 초보들의 경우 접근하기가 어렵다. 온라인 도매몰은 크게 2가지로 나뉘는데, 매입형 도매몰과 배송대행형 위탁 도매몰로 나뉜다.

매입형 도매몰

매입형 도매몰은 사입을 전제로 하기 때문에 가격 면에서 위탁형 도매몰에 비해 경쟁력이 있다. 가장 인지도가 높고 유명한 매입형 도매몰로는 도매꾹을 들 수 있다. 도매꾹은 매입형 도매몰 중 압도적인 1등을 차지한다. 도매꾹의 트래픽을 보면 엄청 높은데, 의외로 매출은 트래픽 양에 미치지 못한다. 소량 거래나 샘플 거래는 많이 일어나는데, 대규모 거래는 도매꾹이 아니라 공급업체와 직접 직거래를 하기 때문이다.

도매꾹은 매입형 도매몰 중 유일하게 전 카테고리의 모든 상품을 취급하고, 위탁이 아닌 사입 거래 방식으로 상품을 공급하는

국내 최대 매입형 도매사이트 도매꾹

출처 : http://domeggook.com

업체가 가장 많이 입점되어 있다. 보통 낱개 거래는 하지 않고, 최소 2~3개 이상이어야 거래가 가능하다.

중소형 매입형 도매몰은 전 카테고리를 취급하기보다는 패션/잡화/애완/인테리어 등 특정 카테고리를 취급한다. 이런 매입형 도매몰의 경우는 일정 수량 이상 사입해야 하며 도매/소매 판매 업자에게 공급하는 것이기 때문에 판매자들이 마진을 볼 수 있게끔 공급가도 낮게 책정되어 있다. 특정 도매몰은 판매자들 간의 가격 경쟁을 방지하기 위해 최저 판매가를 정하기도 하는데, 사입하기 전에 해당 내용을 확인해야 한다.

카테고리별 도매사이트들을 찾는 방법은 구글에서 '상품명/상품군+도매'로 검색하면 원하는 업체들을 찾을 수 있다.

구글 '주방용품 도매' 검색 결과

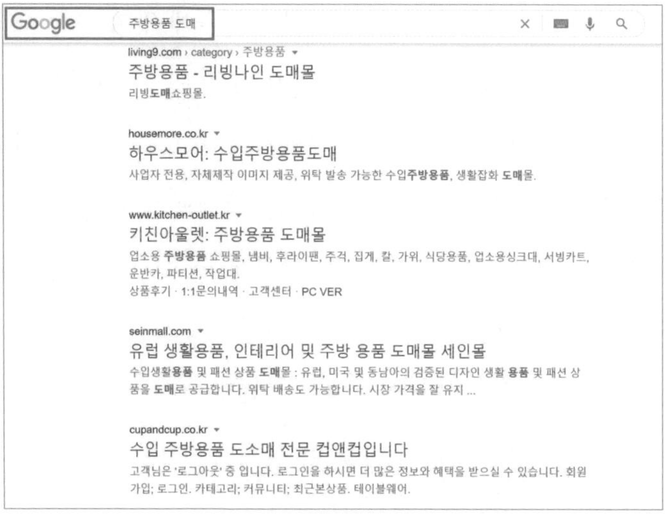

출처 : 구글

구글에서 검색해도 되지만, 카테고리별 도매몰을 모아서 보여주는 도매차트 같은 사이트를 이용해도 찾을 수 있다.

카테고리별 도매몰들을 알려주는 '도매차트'

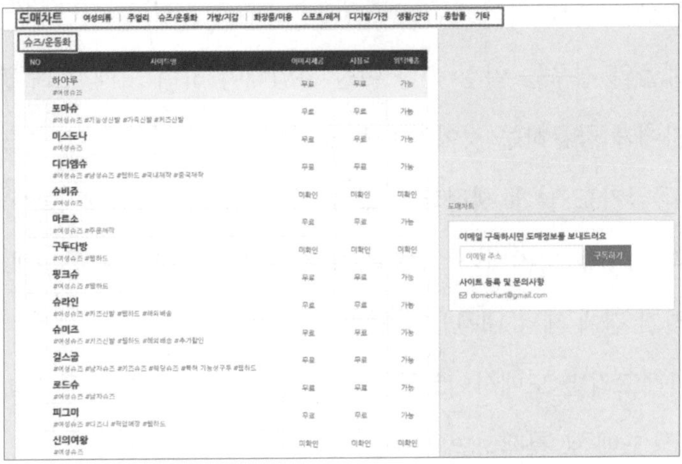

출처 : http://domechart.com

많이 알려지지 않은 중소형 매입형 도매몰에 알짜 상품들이 많이 숨어 있으니, 카테고리별 도매사이트들을 잘 찾아보기 바란다. 남들이 많이 안 파는 상품을 판매하는 것이 중요하다. 사입해서 판매하는 경우에도 당연히 섬네일, 상세페이지, 상품명은 기존 온라인 도매사이트에 있는 걸 그대로 쓰기보다는 나만의 상품처럼 보이도록 변경하는 게 좋다. 사입까지 하는데 도매몰에서 주는 섬네일, 상세페이지, 상품명을 그대로 쓰는 건 사입 판매의 효과를 떨어뜨린다. 여력이 안 되어 상세페이지를 그대로 쓰더라도, 최소한 섬네일과 상품명은 꼭 바꿔야 한다.

배송대행형 위탁 도매몰

배송대행형 위탁 도매몰은 사입을 하지 않고 상품을 소싱할 수 있는 도매몰이다. 판매자는 상품을 온라인마켓에 등록한 후, 판매가 이뤄지면 해당 도매몰에 주문하고 도매몰에서 고객에게 배송해주는 방식이다. 부업, 투잡으로 온라인판매에 발을 디디는 초보 셀러들이 가장 많이 이용하는 소싱 방법이다. 온라인판매에 필요한 거의 모든 것을 도매몰에서 해주기 때문에(상품 공급/상세페이지 제공/배송 등) 가격 경쟁력이 떨어지고 최종 판매 마진이 박하다. 그러나 상품 구색을 늘리기에 좋고, 시즌 상품을 보는 눈을 기를 수 있으며, 초보자가 큰 위험 부담 없이 온라인판매에 발을 들이기에 아주 좋다. 특히 대표주자인 온채널의 경우에는 판매자 등급별로 폐쇄몰 전용 상품, SNS 판매 전문 상품, 온라인마켓 가격 준수 상품을 공급받을 수 있는 장점이 있다.

주요 배송대행형 위탁 도매몰

사이트명	사이트주소
온채널	www.onch3.co.kr
오너클랜	www.ownerclan.com
도매토피아	www.dometopia.com
W트레이딩	www.w-trading.co.kr
도매매	https://domemedb.domeggook.com

규모가 큰 위탁 도매몰의 경우 교육, 서비스, 시스템이 좋기 때문에 그만큼 판매자가 많다. 그래서 상품도 엄청나게 많지만 동일 상품을 판매하는 판매자들이 많아서 가격 경쟁이 발생할 가능성이 높다. 그래서 서비스나 시스템은 미흡하지만 중소형 위탁 도매몰이 초보 셀러에게 더 좋은 선택일 수 있다. 이런 도매몰은 판매자 숫자가 적기 때문에 온라인상에서 경쟁이 적고, 잘만 하면 나와 궁합이 맞는 효자 상품도 발굴할 수 있다. 중소형 위탁 도매몰은 도매차트를 통해 찾을 수 있고, 구글에서 '비투비 도매', 'b2b도매' 등의 키워드로 검색하면 찾을 수 있다.

구글 '비투비도매' 검색 결과

출처 : 구글

이러한 온라인 도매몰에서 상품을 소싱할 때 중요하게 볼 것은 리뷰와 가격이다. 리뷰가 많이 달린 상품은 일단 판매가 잘되고 기본적으로 수요가 있다는 것이고, 가격마저 온라인최저가 또는 이에 근접하게 팔 수 있다면 매우 좋은 상품이다.

국내 대표 온라인 도매사이트 '온채널'

중소기업 신제품의 판로를 개척하기 위해 설립된 온채널은 기업 간 전자상거래로 불리는 B2B(Business to Business) 시스템으로 운영되고 있다. 온채널은 35만 개 이상의 고품질 상품 데이터를 5만 명의 회원사와 함께 다양한 유통채널에 공급하여 시스템 유통을 실현하고 있다. 또한 공급사와 유통사의 상생을 위해 시시각각 변화하는 온라인 유통시장의 흐름을 파악하고 신속하게

온채널

출처 : www.onch3.co.kr

반응하여 많은 유통인들이 찾는 플랫폼으로 주목받고 있다.

제조 및 수입사는 내 상품을 팔아줄 전문 판매사를, 판매사는 경쟁력 있는 상품을 찾는다. 온채널은 이들을 연결해주고 '데이터센터'를 통해 상품 데이터를 공급하는 역할을 수행하고 있다. 가격 준수, 신제품 DB센터, 베스트 1000, 시즌 상품 등으로 상품 데이터를 카테고리별로 세분화하여 이용자들에게 제공하고 있다. 그래서 빠른 시일 내에 다양한 유통 경로를 확보하려는 공급사와 위탁 판매 창업 혹은 사입을 위해 품질 좋은 상품을 찾는 판매자가 모인다.

온채널은 폐쇄형 가격 준수 유통 시스템 '가격 준수 B2B관'을 선보여 온라인 시장에서 가격 경쟁으로 인한 가격 파괴를 최소화하는 데 기여했다. 온라인에서 가격이 무너진다는 것은 제품에 대한 신뢰도 하락과 가격 경쟁력 저하로 직결된다. 하지만 가격 준수 B2B관에 상품을 입점하면 공급사는 원하는 판매사를 직접 승인할 수 있으며(타 도매사이트 입점 불가, 유통채널의 온라인 판매가 준수), 판매사는 경쟁력 있는 상품을 안정된 가격으로 판매할 수 있어 호평을 받고 있다.

가격 준수 B2B관은 가격을 철저히 지키기 위해 최근 3개월 매출 300만 원 이상의 판매자에게만 접근 권한을 승인해준다. 가격을 지키지 않는 판매사가 있다면 신고 기능을 이용하여 판매사가 신고할 수 있으며, 신고 정보를 확인한 공급사는 해당 판매사에 판매를 중지하게 할 수 있다.

또한 온채널은 인증된 판매자 전용 공간인 폐쇄몰(복지몰) 유통센터와 네이버밴드, 카카오스토리, 페이스북, 인스타그램 등 SNS 셀러들이 상품을 소싱할 수 있는 공동구매 유통센터를 제공하고 있다. 폐쇄몰 상품은 가격 공개 없이 회원제로 운영되는 복지몰, 포인트몰 형태의 쇼핑몰에서, 공동구매 상품은 가격이 공개되지 않는 SNS 채널에서 상시 운영이 가능하다.

게다가 대량 재고 거래 채널 '재고창고', 국산 제품을 해외 쇼핑몰에 판매할 수 있는 '해외채널', 재고 부담 없이 해외 상품을 직배송 판매할 수 있는 '해외직배송', 체험 마케팅 운영이 가능한 SNS 마케팅 플랫폼 '블로슈머', 실시간으로 재고 관리가 이루어지는 4PL 물류 시스템 '개미창고' 등 다채로운 서비스도 함께 제공하고 있다.

온채널은 스마트스토어 전문 교육기관인 '소상공인 평생교육원'을 설립하여 예비 창업자의 온라인 시장 진입에 도움을 주고 있다. 소상공인 평생교육원은 유통 전문가 및 셀러 양성을 위해 매월 스마트스토어 교육을 진행하고 있으며, 우수 기업 및 제품을 소개하기 위한 세미나와 교류회도 주관하고 있다. 또한 무역 실무 및 오픈마켓을 주제로 한 국비 지원 교육까지 진행하면서 큰 관심을 모으기도 했다.

아울러 유통 전문가 그룹을 편성하여 취약한 유통 구조를 지닌 중소기업 신제품의 판로 개척과 유통 마케팅을 지원하고 있다. 비대면 트렌드가 가속화되고 있는 현재, 오프라인 현장에서 진행되었던 신제품 판로 개척 상담회를 '온라인 입점 상담회'로 변경하여 제조/수입사에 판로 지원을 이어가고 있다.

국내/해외 도매시장

국내 도매시장

온라인 도매사이트가 생기기 전, 가장 유명한 도매 거래처는 동대문시장, 남대문시장 같은 전통적인 도매시장이었다. 예전만큼은 아니지만, 여전히 상품 소싱처로 많이 이용되고 있다.

화곡동 도매시장

국내 최대 규모의 생활용품, 문구, 완구, 유아용품, 화장품, 판촉물 도매시장으로, 5호선 까치산역 2번 출구에서 우회전해서 직진하면 나온다. 중국 이우의 국제상무성(푸톈시장)이나 빈왕시장의 축소판이라 할 만큼 중국에서 수입되는 상품이 많다. 생활용품 도매시장으로는 국대 최대 규모를 자랑하며 중국, 일본, 호주, 동남아시아, 남미, 미주 등에 수출도 많이 한다.

화곡동 도매시장 주요 카테고리

화곡동 도매시장에서 사입하는 방법

오픈마켓/글로벌 온라인마켓 판매자 : 단품 중심의 매장에서 단품을 대량 사입
온라인쇼핑몰 운영/소매매장 운영자 : 다품 매장에서 소량, 다품 사입

초보자의 경우, 제조 공장보다 화곡동 도매시장에 있는 도매업체의 공급가가 더 쌀 수 있다. 초보자에게는 제조 공장이 가격을 비싸게 부르는 경우가 많기 때문이다. 처음에는 화곡동 도매시장에서 상품을 공급받다가, 물량이 되면 제조공장과 협의하는 게 좋다.

화곡동 도매시장

남대문 도매시장

남대문시장은 지하철 4호선 회현역에 있는데, 주요 카테고리는 액세서리, 아동복, 수입 상품이다. 도매 및 소매가 섞여 있다. 보통 낮 시장은 소매 판매, 밤 시장은 도매 판매를 하고 있다,

Ⓓ 남대문 도매시장 주요 카테고리

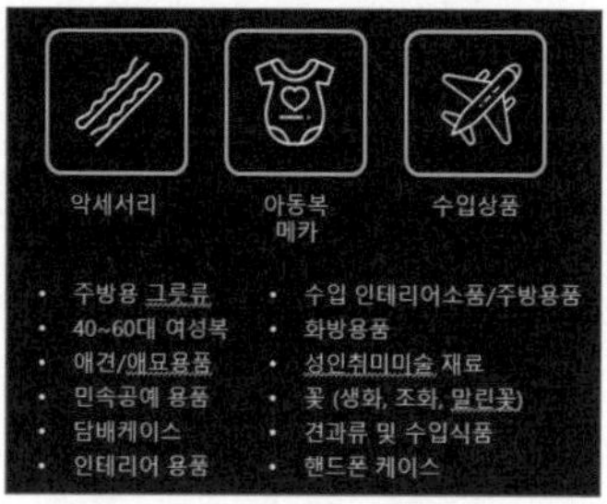

동대문 도매시장

패션/잡화의 메카인 동대문시장은 지하철 2·4호선 동대문역사역에 위치하고 있다. 주요 카테고리는 패션, 잡화로, 남성의류/여성의류/가죽의류/가방, 지갑, 벨트/유니폼/모자/언더웨어/한복 등이다. 예전에는 국내 생산 상품이 많았지만, 갈수록 중국 수입 상품의 비중이 높아지고 있다. 중국 패션, 잡화의 성장과 신상마켓 같은 온라인도매몰, 무신사/스타일쉐어 같은 온라인패션 전문몰 등의 성장으로 갈수록 힘들어지고 있다. 요새는 국내 패션, 잡화 온라인셀러들이 중

기타 주요 도매시장
- 동대문 창신동 도매시장 : 문구/완구
- 천호동 도매시장 : 문구/완구
- 부천 도매단지 : 각종 생활용품
- 광명 도매/소매 물류단지 : 각종 생활용품
- 답십리/구로동 공구 도매상가 : 각종 공구
- 용산 전자상가 : 가전, IT 제품
- 마장동 도매시장 : 한우 등 축산물
- 성수동 구두거리 : 수제화

국 의류 잡화 도매몰에서 직접 수입하는 경우가 증가하고 있다.

위와 같은 도매시장은 한 번씩 방문해서 오프라인 트렌드를 파악하기에 좋다. 도매시장의 업체 중에는 카피되는 게 싫어서 상품이 널리 알려지는 것을 꺼리는 업체도 많다. 이런 상품은 온라인에서 쉽게 찾아볼 수 없는데, 이런 상품을 발굴하여 온라인판매를 하는 것도 좋은 방법이다.

가공/생활용품 땡처리 시장

라면, 통조림, 커피, 세제, 위생용품 등 가공/생활용품 땡처리 시장도 있는데, 잘만하면 좋은 브랜드 상품을 소싱할 수 있다. 그러나 항상 가격 경쟁력을 가진 상품을 소싱할 수 있는 것은 아니다. 시기가 잘 맞고 운이 좋아야 정말 잘 팔리는 브랜드 땡처리 상품을 만날 수 있다.

청량리 종합 도매시장 일대 : 전국 최대 규모 가공/생활용품 도매시장, 지하철 1호선 제기동역~청량리역 사이
영등포 도매시장 인근 : 서울 서남부 가공/생활용품 대형 시장, 지하철 영등포시장역 2~3번 출구 주변
인천 삼산 농산물 도매시장 인근 : 인천 부평구 삼산동 도매시장 건너편
성남 중원구 하대원 시장 주변

해외 도매시장

국내 온라인셀러들이 상품을 소싱하는 도매시장은 해외에

도 있다. 한국 셀러들이 자주 소싱하는 대표적인 해외 도매시장은 한국과 관련이 많은 중국, 일본에 있다.

이우 푸텐시장

생활용품/의류/신발/패션

광저우 도매시장

패션/완구 짝퉁

심천(선전) 도매시장

소형가전/IT용품 상품군

일본 오사카 판비 도매시장

다양한 생활잡화 용품

중국 이우 푸텐시장

생활용품/의류/신발/패션이 주력 품목인 세계에서 가장 큰 생활용품 도매시장으로, 상하이에서 차로 4시간(300킬로미터) 거리에 있는 가장 가격이 싼 도매시장이다. 경공업 제품 생산 및 유통 중심지로 널리 알려져 있고, 중국은 물론 세계 각지에서 무역상이 몰려드는 곳이다. 다양한 품목을 취급하며, 전 세계로 상품을 공급한다. 국내 생활잡화용품의 상당 부분이 이우시장을 통해 수입된다. '이우 시장에 없는 상품은 이 세상에 없다'라는 말이 있을 정도로 전 세계 생활잡화용품 공급에 막대한 영향을 끼치는 도매시장이다.

중국 광저우 도매시장

패션/완구/짝퉁 브랜드 상품이 주력 품목인 패션 도매시장으로, 광저우 공항에서 차량/지하철로 1시간(35킬로미터) 거리에 있다. 광저우 캔톤(Canton) 페어라는 세계적인 제품 박람회가 열린다. 주로 패션 관련이 유명하며, 옷감(천)부터 완성품까지 다양한 공장이 있다. 또한 완구류(장난감류 포함) 도매시장이 있으며, 중국 특유의 짝퉁시장(시계, 명품 등)도 있다.

중국 선전 도매시장

소형 가전/IT 관련 상품군이 주력 품목으로, 광저우에서 기차로 1시간 30분 거리에 있으며, 경제특구인 데다 물류와 무역이 발달한 홍콩과 인접해 기업과 공장이 많으며, 중간 판매상이나 물류 창고도 많다. 가장 유명한 것이 전자 기기 및 IT 제품인데 USB부터 고급 항공 드론까지 다양한 가전, IT 제품을 만날 수 있다. 그러나 외관만 똑같은 짝퉁이 정말 많기 때문에, 초기에 신중하고 섬세한 품질 테스트가 중요하다.

일본 오사카 판비 도매시장

다양한 생활잡화 용품이 주력 품목으로, 일본 상품들은 가격이 비싸긴 하지만 수입했을 때 완전히 안 팔려서 실패하는 경우는 드물다. 그러나 소싱하는 데 자본이 많이 들어간다. 미용, 뷰티, 주방 관련 상품이 많다. 아무에게나 상품을 판매하지 않고 라이선스가 있는 사람에게만 판매하는데, 사업자등록증/명함/점포 사진을 구비하면 라이선스를 받을 수 있다.

해외 오프라인 도매시장 장단점

장점	단점
• 직접 상품을 보고 고를 수 있다. • 전체적인 카테고리의 시장 트렌드를 파악할 수 있다. • 사기 위험성이 적다.	• 미리 상품군을 정하지 않고 가면 고르기 힘들다. • 시간/비용/노력 대비 효율이 낮다. • 최신의 인기 상품은 많지 않다. • 세금/회계 처리가 복잡하다. • 해외 온라인도매몰에 비해 가격이 아주 싸다고 할 수 없다.

해외 온라인 도매/무역사이트

최근 상품 소싱처로 부상하는 곳이 바로 해외 온라인 도매/무역사이트다. 예전처럼 수입 장벽이 높았을 때는 전문 수입업체가 대규모의 자금을 들여 컨테이너 규모로 중국, 미국, 유럽에서 상품을 들여오는 것이 일반적이었다. 그러나 알리바바, 1688 같은 중국 온라인 도매사이트가 활성화되면서 누구나 소량으로 손쉽게 수입할 수 있게 되었고, 구매대행, 결제대행업체도 늘어나면서 외국어를 전혀 못 해도 간편하게 수입할 수 있다.

유튜브에도 병행수입에 대한 콘텐츠들이 넘쳐나고 있다. 유튜브에 '병행수입', '1688수입', '중국병행수입'으로 검색하면 수많은 콘텐츠들이 나오는데, 유튜브 콘텐츠 및 온꿈사 같은 병행수입 전문 네이버카페의 게시글만 봐도 누구나 쉽게 중국 온라인

해외 수입 관련 유튜브 콘텐츠

출처 : 유튜브

도매사이트를 통해 수입하는 방법을 배울 수 있다.

우리나라에서 판매되는 생활용품의 80% 이상이 중국에서 수입되며, 초보 셀러들은 중국에서 수입된 상품을 사입해서 팔든가, 위탁으로 판매하고 있다. 만약 초보 셀러가 온라인 도매사이트를 통해 직접 수입해서 팔면 엄청난 가격 경쟁력을 확보할 수 있으며, 도매로 상품을 공급할 수도 있다. 그래서 초보 셀러를 조금만 벗어나도 중국 병행수입으로 관심을 돌리는 것이다. 물론 품질 문제나 안 팔렸을 때 재고 문제도 있긴 하지만, 장기적으로 온라인판매에서 한 단계 올라서기 위해서는 병행수입은 반드시 거쳐야 할 단계다.

병행수입을 하면서 수입 판매에 대한 자신감이 생기면 나만의 상품을 해외 OEM으로 직접 만들어서 수입하는 단계까지 나아간다. 이 단계까지 가면 내 브랜드가 생기는 것이기 때문에 리스크는 높지만 성공했을 때 보상은 어마어마하다. 그러나 온라인판매, 마케팅, 광고, 브랜딩에 대한 지식 없이 뛰어드는 것은 말리고 싶다. 충분히 경험이 쌓인 후에 도전하기를 추천한다.

국내에서 판매되는 중국 상품이 많다 보니, 자주 이용되는 해외 온라인 도매/무역사이트도 중국 사이트가 대부분이다. 중국 사이트가 자주 이용되는 이유는 저렴한 가격에 중국에서 한국까지 배송을 대행해주는 배송대행지(배대지)가 특히 많기 때문이다. 미국, 일본을 제외하고 나머지 국가에는 배대지업체들이 활성화되어 있지 않아서, 다른 국가에 온라인 도매사이트가 있어도 경쟁력 있는 가격에 주문해서 수입하기가 쉽지 않다. 국내 셀러들이 많이 이용하는 해외 온라인 도매/무역사이트에 대해 알아보자.

알리바바

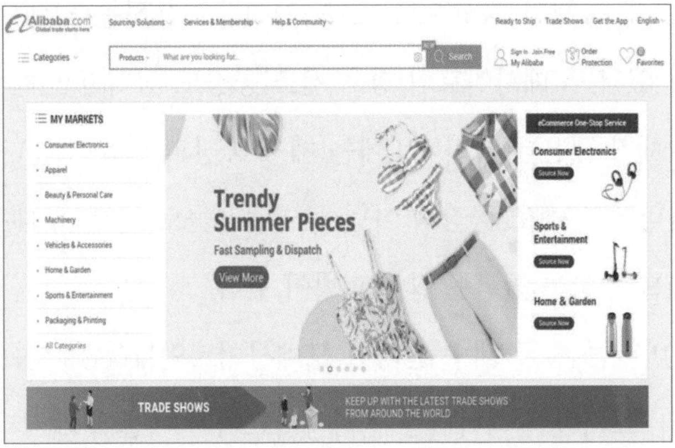

출처 : 알리바바

- 세계 최대 온라인 도매사이트
- 전 세계인을 대상으로 한 도매몰(한국어 서비스)
- 국내 신용카드(비자/마스터) 결제 가능
- 영어 거래 가능
- 거래 안전성 높음
- 한국까지 배송 가능
- 소량 구매 가능
- 구매자가 직접 수입 가능

알리바바는 세계 최대 온라인 무역사이트로, 중국인 전용 사이트가 아니라 전 세계 사람들이 이용하고 있다. 도매가 아닌 무역이다 보니 1688 같은 중국 내수 도매사이트에 비해 최소 주문 수량은 많은 편이다. 몇 년 전만 해도 소량 구매는 어려웠으나, 글로벌 경기 침체의 영향으로 소량 구매를 허용하는 업체들이 늘어나고 있다. 도매사이트의 경우 제조 공장도 있지만 도매상이나 유통업체가 많은데 알리바바에는 제조 공장의 비율이 높다. 물론 알리바바에도 제조 공장이 아닌 무역업체들도 많으니, 제조사와 직거래를 원하는 셀러는 잘 살펴봐야 한다.

알리바바는 중국 내수 온라인 도매사이트인 1688보다는 가격이 높다. 그러나 알리바바는 무역사이트이기 때문에 패키지 포장도 1688/이우시장에 비해 좋고, 알리바바 안전결제를 이용하면 사기나 문제의 소지도 막을 수 있다. 최종적으로는 나만의 브랜드를 만들 때 큰 도움을 받을 수 있다.

1688

- 중국 내수 온라인 도매사이트(우리나라 도매꾹 개념)
- 알리바바 대비 저렴한 가격
- VISA/마스터 등 국내 신용카드 결제 안 됨
- 거래 시 중국 은행 계좌 필요
- 거래 시 중국어 필수
- 거래 위험성 높음
- 한국 배송 어려움
- 수입대행업체 필요함

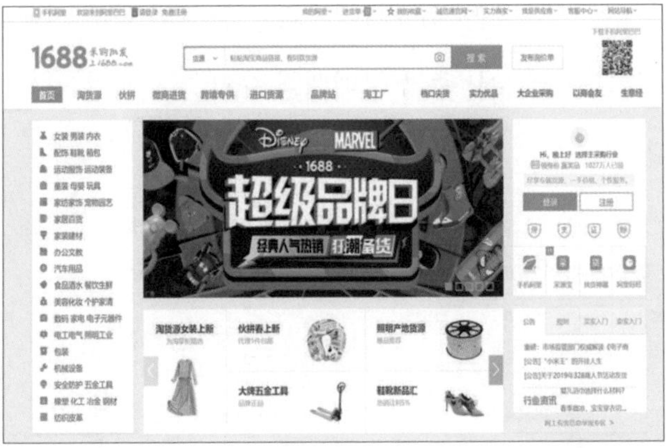

출처 : 1688

1688은 알리바바 그룹에서 운영하는 중국 내수 1등 온라인 도매사이트다. 알리바바그룹이 글로벌 무역을 위해 알리바바를, 중국 내수 온라인 도매사이트로 1688을 만들었다고 생각하면 된다. 1688은 우리나라 1등 도매사이트인 도매꾹과 비슷하다.

소량을 수입하는 경우 알리바바보다는 1688을 더 선호하는데, 가장 큰 이유는 가격이다. 컨테이너 단위의 물량이 아닌 다음에는 1688이 알리바바보다 가격이 저렴한 경우가 대부분이다. 그렇기 때문에 중국어는 필수이고 한국 신용카드는 결제도 안 되고 거래 위험성도 높지만, 많은 사람들이 1688을 이용한다.

중국어를 할 수 있으면 좋겠지만, 중국어를 못한다고 걱정할 필요가 전혀 없다. 파파고나 온라인 중국어 사전을 이용하면 중국 판매자들과 대화할 수 있다. 중국 판매자들도 워낙 한국 셀러들과 많이 거래하다 보니 중국어가 서툴어도 충분히 배려해준다.

그래도 힘든 경우에는 구매대행업체를 통해 수입을 진행하면 된다. 네이버, 구글에서 '중국 구매대행'으로 검색하면 업체를 찾을 수 있다.

중국어 번역기 파파고

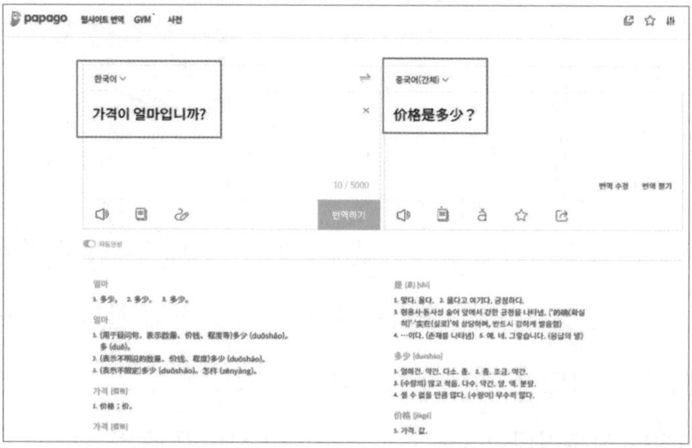

출처 : https://papago.naver.com

1688의 도매상들도 한국인이 상대하기가 쉽지 않다. 알리바바는 판매자와 문제가 발생하면 구매자 보호 시스템인 Allibaba Trade Assurance(해당 서비스 적용 상품에 한해서 가능)가 있어서 쉽게 해결할 수 있지만, 1688은 구매자 보호 시스템이 없어서 거래 안전성이 많이 떨어진다. 그래도 소량 수입이 가능하고 가격 면에서 워낙 강점이 있어서 1688을 이용하는 경우가 많다. 거래 안정성을 높이기 위해서는 판매자의 등급과 과거 구매평 및 판매자 등록 시기를 확인해야 한다. 알리바바, 1688에서 오랫동안 판매했다면 등록한 지 얼마 안 된 판매자보다는 신뢰할 수 있다.

1688은 중국 내수 도매사이트라서 한국으로 배송이 안 되는 경우가 많아 한국까지 배송을 대행해줄 배대지업체를 필수적으로 이용해야 한다는 번거로움도 있다. 배대지업체에 따라 수입 단가가 크게 달라지므로 여러 업체를 비교해보고 선정해야 한다. 가격이 저렴한 배대지업체는 서비스의 질도 낮을 확률이 높으니 조심해야 한다.

한국의 각종 도매사이트에 있는 중국 상품은 대부분 알리바바, 1688에서 찾아볼 수 있다. 한국 도매사이트 가격 및 네이버 최저가격을 확인한 후 1688, 알리바바에서 찾아서 가격 차이가 많이 나면(마진이 높으면) 수입한다. 1688은 상품명뿐만 아니라 이미지로도 검색이 가능하기 때문에, 한국 온라인마켓의 상품 이미지만 있으면 1688에서도 이미지 검색으로 동일 상품을 찾을 수 있다.

한국에 있는 수많은 도매사이트에서도 알리바바, 1688 같은 무역, 도매사이트를 통해 소싱한다. 직접 제조사에 접촉해서 수입하는 수입량이 큰 상품을 제외하면 중국 내수 도매, 무역사이트를 통해 수입한다. 일반 셀러도 직접 수입해서 판매할 수 있으며, 병행수입 시에 마진과 매출이 비약적으로 높아진다. 중국 병행수입에 관한 내용은 유튜브에도 많고 병행수입 관련 전문 커뮤니티인 네이버 온꿈사 카페에도 정보가 많으니 참고하기 바란다.

메이드인차이나닷컴

출처 : www.made-in-china.com

- 유명한 중국 해외 수출사이트(도매몰보다는 수출 중개 무역사이트 개념)
- 알리바바 대비 저렴한 가격
- 제조사의 비율이 상대적으로 높음
- 영어 거래 가능
- 한국 배송 가능
- 소량 구매가 아닌 대량 위주
- 거래 위험성 높음

알리바바보다는 덜 유명하지만 중국 수출 전문 사이트가 있는데, 메이드인차이나닷컴이다. 한국 셀러들이 잘 모르는 곳이지만, 알리바바보다 가격이 저렴하고 제조 공장의 비율이 상대적으로 높다. 그래서 알리바바에서 찾은 상품을 메이드인차이나닷컴에서 찾아서 다시 가격을 협상하면 가격이 떨어지는 경우도 많다.

중국 패션 도매사이트

의류/잡화 셀러들의 경우 중국 패션 도매사이트들을 통해 상품을 수입한다. 동대문시장이나 남대문시장의 도매 상인뿐만 아니라 국내 중/대형 의류 쇼핑몰 운영자들도 중국 패션 도매사이트를 통해 상품을 소싱하는 경우가 많다. 의류의 경우, 중국인과 우리나라 사람의 사이즈 및 체형이 다르기 때문에 주의할 필요가 있다.

국내 유명 개인쇼핑몰에서 판매되고 있는 의류, 잡화를 중국 패션 도매사이트에서 검색해서 경쟁력이 있으면 판매하는 것도 방법이다. 그러나 쇼핑몰의 브랜드를 보고 충성 고객들이 구매하는 경우가 많기 때문에 가격을 더 저렴하게 판매해도 잘 안 팔릴 수 있으니 조심해야 한다. 중국 패션 도매사이트 중 VVIC가 규모가 크고 가장 인기가 높은데, 웬만한 패션 도매사이트에 있는 상품은 VVIC에서 찾을 수 있다. 그다음으로는 17zwd가 유명하다.

중국 패션 도매사이트에서 상품을 고른 후에는 수수료를 주고 구매대행업체, 배대지업체를 써서 수입하면 된다. 동대문시장, 남대문시장에서 상품을 고르는 것보다는 훨씬 경쟁력 있는 가격으로 판매할 수 있다.

유명한 주요 중국 패션 도매사이트

VVIC : https://www.vvic.com/gz

17zwd : https://gz.17zmd.com

qm41 : https://www.qm41.com

huoniuniu : www.huoniuniu.com

ⓥ 가장 유명한 중국 패션 도매사이트 VVIC

출처 : https://www.vvic.com/gz

ⓥ 두 번째로 유명한 중국 패션 도매사이트 17zwd

출처 : https://gz.17zwd.com

중국 상품 공급처를 확보하는 방법

- 국내 온라인마켓(도매/소매) 시장을 조사하여 타깃 상품을 선정한다.
- 중국 B2C 소매사이트에서 시장 조사한다. 타오바오(www.taobao.com), 티몰(www.tmall.com)에서 상품명 또는 상품 이미지 검색(구글 크롬 브라우저에서 한국어 번역 서비스를 활용해도 좋다)
- 소매사이트 상품을 중국 B2B 수출/도매사이트에서 검색(알리바바/1688/메이드인차이나닷컴)
- 타깃 상품과 비교 후 동일하거나 유사한 상품을 선정한다. 미리 시장 조사한 타깃 상품에 비해 가격 경쟁력이 있는 상품을 선택한다.
- 수입대행업체 또는 배대지업체를 활용하여 수입한다.

한국에서 찾은 상품과 100% 동일한 상품을 수입해서 판매해도 되지만, 이미 상품이 많이 들어와 있고 구매 후기가 많이 쌓여 있으면 가격을 더 싸게 해도 판매하기가 쉽지 않은 경우가 많다. 게다가 기존 판매자가 가격으로 대응하는 경우도 있기 때문에 주의가 필요하다. 그래서 유사한 상품이지만 가격과 기능이 더 우수한 상품을 수입해서 판매하는 것도 경쟁을 피하는 좋은 방법이다. 이런 상품 소싱 방법에 눈을 뜨게 되면 경쟁도 심하고 마진도 얼마 되지 않는 국내 사입/위탁 소싱은 하지 않게 된다.

일본 도매사이트 슈퍼딜리버리

일본 도매사이트로는 슈퍼딜리버리닷컴이 국내 판매자들 사이에서 가장 유명하다. 일본 상품이라 품질은 우수하지만 가격이 중국에 비해 많이 높은 것이 특징이다. 그래도 직접 일본을 방문하지 않고 편리하게 도매 가격으로 상품을 수입할 수 있기 때문에 일본 상품을 판매하는 셀러들은 슈퍼딜리버리를 많이 이용한다. 다양한 생활잡화, 패션 등을 판매하기 때문에 우수한 일본 상품에 관심이 있는 셀러들은 검토해보기 바란다.

한국에서 가장 유명한 일본 도매사이트 '슈퍼딜리버리'

출처 : www.superdelivery.com

해외 병행수입/구매대행 정보의 바다 '온꿈사'

"온라인 플랫폼을 통해 1인 기업을 꿈꾸는 사람들의 모임"의 줄임말인 '온꿈사'는 해외 상품에 관심이 있는 온라인셀러라면 반드시 알아야 할 병행수입, 해외구매대행에 대한 방대한 정보와 노하우를 배울 수 있는 대표적인 네이버카페다.

해외구매대행, 병행수입에 관련된 모든 정보와 노하우가 있기 때문에 해당 분야에 관심이 있는 온라인셀러라면 반드시 '온꿈사'에 가입하는 것이 좋다. 초보 셀러로서는 막막한 해외 병행수입 & 구매대행 사업의 든든한 동료를 얻을 수 있다.

유튜버로 유명한 투트랙이 만든 온꿈사에는 3만여 명의 온라인셀러들이 활발하게 활동하고 있어서, 최신 정보와 핵심 노하우를 배울 수 있다.

이제 막 시작하는 온라인셀러들이 쉽게 온라인 생태계에 적응할 수 있도록, 온꿈사에서 성장한 사업가들이 창업 컨설팅을 통해 자신의 이야기를 전해준다. 온라인 사업에 필요한 업체를 따로 찾지 않아도 되게끔 분야별(물류,

창고, 배대지, 마케팅업체, 상세페이지, 인증 등) 최고의 파트너사와 제휴를 맺고 있어서, 처음 온라인 사업을 시작할 때 업체를 찾는 수고를 덜어준다. 처음 온라인 사업을 시작하면서 좋은 업체를 만나기가 어려운데, 이렇게 제휴업체를 두어서 온라인 초보자들을 배려한 카페 주인장의 배려가 돋보인다.

그리고 온꿈사는 온라인셀러들을 위해 직접 사업도 진행하는데, 대표적인 것이 온꿈사닷컴(수입대행), 온비즈몰(BtoB 사이트), 드라이브150(샘플사입), twoflex(구매대행솔루션) 등이다.

온꿈사닷컴(http://onggumsa.com)은 중국 온라인 수입 물류 대행을 해주는 전문적인 업체로, 해외 온라인 사이트에서 구매해서 국내로 제품을 수입하는 모든 과정을 편하게 도와주는 수입 대행 사이트다. 드라이브

⬇ **네이버 '온꿈사' 카페**

출처 : https://cafe.naver.com/onggumsa

150(http://drive150.com)은 대량 수입을 하기 전에 제품의 상태를 확인하기 위해 샘플 주문을 도와주고, 온비즈몰(http://onbizmall.co.kr)은 국내 생산자와 판매자를 연결해주어 재고를 쌓아두지 않고 위탁 판매하게끔 도와주는 사이트다. 한편 투플렉스(https://twoflex.net)는 구매대행 솔루션으로, 구매대행을 쉽게 할 수 있도록 해준다.

PART
4

초보 셀러 시작

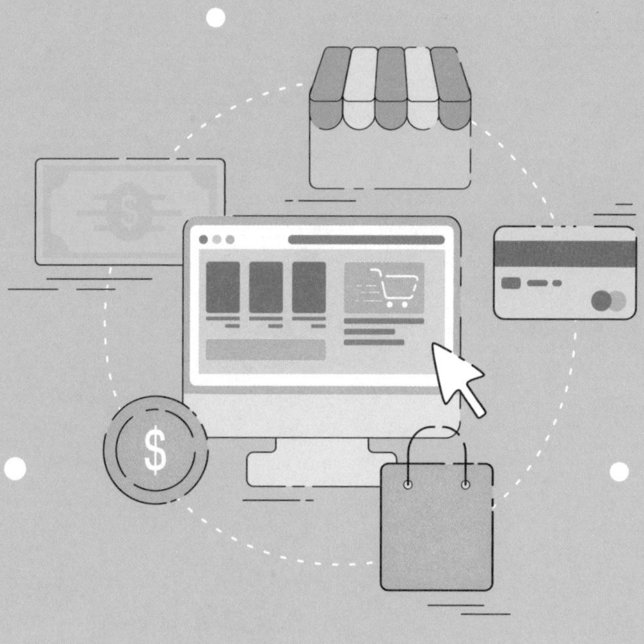

온라인판매 핵심 포인트

처음에 블로그, 맘카페, 중고나라카페, 인스타그램에서 용돈벌이로 판매하다가 점점 규모가 커져서 온라인마켓으로 확장해 월 매출이 몇억이 되었다는 이야기는 어디서 한 번쯤 들어본 얘기일 것이다. 경험이 없는 초보자의 경우 온라인판매, 유통판매라면 왠지 낯설고 두려울 것이다. 그래서 사업자등록을 하지 않고 투잡, 용돈 벌이 개념으로 블로그, 카페, 인스타그램을 통해 부담 없이 온라인판매의 세계에 뛰어드는 사람이 많다.

이런 과정을 거쳐 파워 셀러가 된 사람들은 온라인판매를 시작한 것이 인생을 바꾸었다고 말한다. 직장을 계속 다니면 좋겠지만, 언젠가는 그만둬야 할 때가 온다. 그때 온라인판매 기술을 가지고 있다면 정말 강력한 무기를 가지고 있는 셈이다. 온라인판매는 나이가 많든 적든, 투자금이 많든 적든, 평생 밥벌이 정도는 보장해줄 수 있다. 퇴직이나 업계 상황을 걱정할 필요도 없다. 온라인판매에 매진하면 월급보다 많이 벌 수도 있다.

필자가 아는 SNS 공동구매 판매업체 사장도 처음에는 직장을 다니면서 용돈 벌이로 공동구매를 시작했다. 30대 주부로 다양한 맘카페에서 상품을 판매하면서 온라인판매의 매력을 느껴 본격적으로 뛰어들었고, 지금은 연 매출 300억 원의 온라인판매 전문회사로 성장하였다. 게다가 아직도 직장을 다니고 있다. 온라인판매라고 하면 뭔가 거창할 것 같지만, 마음먹고 시작하기가 어려울 뿐이다.

이제부터 온라인판매 초보자가 꼭 알아야 할 온라인판매 핵심 포인트를 짚고 넘어갈 것이다. 그리고 초보 셀러가 가장 쉽게 접근할 수 있는 블로그마켓, 카페 공동구매, SNS 판매, 중고플랫폼 판매부터 시작해서 온라인판매의 기본이라고 할 수 있는 스마트스토어, 오픈마켓 등 기본 온라인마켓에 대해 알아볼 것이다.

고객들은 왜 온라인에서 구매할까? 온라인판매를 하기 전에 그 이유에 대해 생각해보자. 온라인에서 구매하는 고객들은 오프라인보다 싸게 사고 싶거나, 온라인에서 다양하게 물건을 보고 사고 싶거나, 오프라인에서 구매하기 귀찮거나, 오프라인에서 구하기 힘드니 온라인에서 사고 싶어 한다. 당연히 온라인판매를 하는 판매자들은 고객을 만족시켜야 판매할 수 있다.

고객일 때는 당연히 알던 것도 신기하게도 판매자의 입장이 되면 다 잊어버린다. 이를테면 핸드폰으로 구매할 때 글자 크기가 작아 잘 안 보이면 다른 상품으로 넘어간다. 상품 후기가 적으면 가격이 저렴해도 신뢰가 가지 않고, 구색이 다양하지 않으면 그 판매자의 상품은 구매하지 않을 것이다. 이런 사항만 잘 지켜도 초보 셀러의 경우 매출을 몇 배는 올릴 수 있다. 철저하게 고객 입장에서 상품, 상세페이지, 가격, 판매 방식을 생각해보면 답이 나온다.

온라인판매의 일반적인 프로세스 중 주문 접수(판매) 과정에서 대부분의 초보 판매자가 벽에 부딪힌다. 주문 접수(판매) 이후의 단계는 사실 큰 어려움이 없다. 판매를 일으키지 못하는 게 문제

온라인판매의 일반적인 프로세스

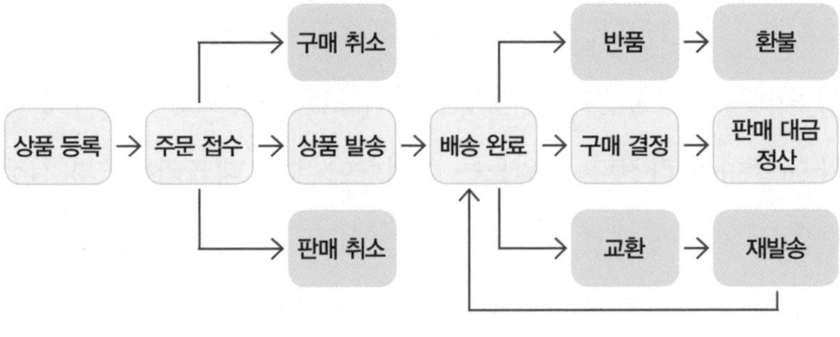

온라인판매 매출 핵심 구성 요소

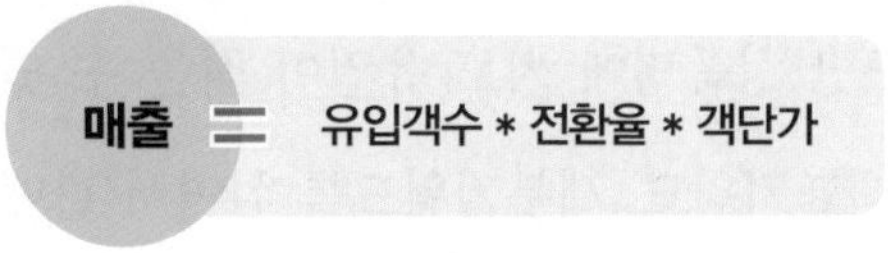

이지, 그 이후 단계는 시간이 지나면 큰 문제가 되지 않는다.

오프라인판매에서 매출은 간단히 객수×객단가이지만, 온라인 판매에서는 전환율이 필요하다.

유입객 수

상세페이지에 방문하는 것을 '유입'이라 하는데, 유입객 수에 영향을 끼치는 요인은 크게 3가지를 들 수 있다.

첫째, 온라인마켓별 검색 SEO(Search-Engine Optimization, 최적화)나 MD와의 네트워킹이다. 온라인마켓에서 가장 중요한 채널 중 하나인 스마트스토어의 경우, 검색 SEO의 중요성이 특히 강조된다. 그리고 상품 노출에 절대적인 영향력을 발휘할 수 있는 MD와의 관계를 통해 더 많이 노출되기도 한다.

온라인마켓 검색 SEO에서 절대적인 영향을 끼치는 것이 카테고리와 상품명이다. 카테고리가 맞지 않는 상품을 등록하면 노출이 안 된다. 상품명에 들어가는 키워드를 무엇으로 하느냐에 따라 노출이 달라진다. 키워드는 검색량이 많은 대표키워드와 검색량은 적어도 구매로 이어질 확률이 높은 세부키워드로 나뉜다. 이제 막 상품을 등록한 초보 셀러가 검색량이 많은 대표키워드를 상품명에 쓰면 상품 노출이 전혀 되지 않을 것이고, 검색량이 적은 세부키워드만 상품명에 써도 유입이 적을 수 있다. 그러므로 상황에 따라 대표키워드, 세부키워드를 섞어서 판매 단계에 따라 효율적으로 써야 한다.

대부분의 온라인마켓에서는 검색 SEO가 상품 노출에 매우 중요하기 때문에 키워드 공부를 철저히 해야 한다. 온라인상에서 고객이 상품을 찾는 데 가장 큰 영향을 끼치는 것이 키워드이기 때문이다. "검색되지 않는 상품은 존재하지 않는 상품이다"라는 말처럼, 상품을 온라인마켓에 등록했는데 검색되지 않는다면 어떻게 고객을 상품 상세페이지로 유입시킬 수 있을 것인가?

둘째, 유료 광고를 통해 유입객 수를 늘린다. 포털 키워드/배너 광고, 네이버쇼핑 검색 광고, 오픈마켓/소셜커머스 광고, 페이스북/인스타그램 등 각종 SNS 광고들을 이용하면 비용이 들긴 하지만 유입객 수는 당연히 늘어난다. 물론 광고비 대비 효율은 고려해봐야 한다. 광고 효율은 매년 떨어지고 있으므로, 고객 타겟팅을 잘하고 광고 콘텐츠를 잘 만들어야 효과가 있다.

셋째, 바이럴 마케팅이다. 바이럴 마케팅은 네이버 블로그/카페 및 인스타그램/페이스북/유튜브/카카오스토리를 통해 공식적으로는 광고비를 지불하지 않고 홍보하는 것이다. 하지만 속을 들여다보면 바이럴 마케팅도 100% 공짜라고 할 수 없다. 블로그, 카페 체험단을 통해 상품을 홍보하려면 체험단을 모집하는 데 비용이 들고 상품도 제공해야 한다. 최근에는 광고 효율이 워낙 떨어져서 바이럴 마케팅을 통한 홍보 및 유입에 관심이 늘고 있지만, 이것도 잘해야 효과가 있다. 자칫 광고비보다 더 많은 비용이

들면서도 효과는 더 떨어지는 경우가 많다. 특히 초보 셀러는 바이럴 마케팅에 대한 이해도가 낮기 때문에 차라리 유료 광고로 유입시켜서 판매하는 것이 더 나을 때가 많다.

고객 유입이 없으면 구매 전환 및 매출이 없기 때문에 검색, 광고, 홍보, MD 네트워킹 등 수단과 방법을 가리지 않고 상품 노출을 늘려야 한다. 일단 상품을 최대한 많이 노출시켜서 고객 유입을 늘려야 그다음 단계인 구매 전환을 통해 매출을 만들어낼 수 있다.

전환율

상세페이지를 방문하는 사람 중 구매하는 사람의 비율을 전환율이라고 하는데, 우리나라 쇼핑몰의 구매 전환율은 평균 1.5%라고 한다. 검색 SEO, 유료 광고, 무료 홍보 등을 통해 100명을 유입시키면, 그중 실제로 구매하는 고객은 고작 1~2명이라는 것이다. 막대한 비용, 시간, 노력을 투자해서 상세페이지로 유입시켰는데 구매하지 않고 나가버리면 얼마나 아쉬운가?

구매 전환을 일으키기 위해서는 구매할 만한 핵심 요소를 고객에게 보여줘야 한다. 매력적인 가격, 다양한 상품 구성, 매력적인 상세페이지, 판매자 신뢰도, 구매 후기 등이 그것이다. 특히 상세페이지의 내용과 구매 후기야말로 구매 전환의 핵심 요소다. 온라인판매에서는 오프라인처럼 상품을 직접 체험할 수도 없고 시식이나 샘플링 테스트도 할 수 없기 때문에, 고객과 소통하는 방법은 오직 상세페이지뿐이다.

그러므로 상세페이지에 따라 구매 전환은 0.1%가 될 수도, 5%가 될 수도 있다. 고객 한 명당 유입시키는 비용을 생각했을 때 구매 전환율 0.1% 차이는 순이익에 엄청난 영향을 끼친다. 구매 전환율이 1%만 올라도 월 순수익이 몇천만 원이 올라갈 수 있다. 반대로 구매 전환율이 1%만 떨어져도 적자가 나서 사업을 접을 수도 있다. 그렇기 때문에 상세페이지 및 구매 후기에는 많은 노력을 기울여야 한다.

상세페이지는 한번 만들면 끝이 아니라, 계속 수정해야 한다. 고객의 의견을 반영하고 좋은 구매 후기가 올라오면 상세페이지에 추가하고, 고객이 자주 묻는 질문도 리스트업해서 상세페이지에 반영해야 한다. 초보자가 처음 상세페이지를 만들 때는 지식이 없기 때문에 잘 파는 상위 경쟁 판매자들의 상세페이지를 철저히 연구하고 나만의 내용을 추가하여 상세페이지를 보강해야 한다. 초보 셀러들은 상세페이지 제작 비용을 어떻게든 줄이려 하지만, 비용을 좀 들이더라도 상세페이지는 제대로 만들어야 한다. 고객이 유입되어도 상세페이지가 제대로 되어 있지 않으면 구매 전환이 되지 않아 매출이 일어나지 않는다.

와디즈(www.wadiz.kr) 같은 크라우드 펀딩 사이트나 유명 카카오스토리 공동구매 채널의 인기 상품의 상세페이지도 철저히 공부하면 좋다. 이런 채널의 상세페이지는 수많은 고민 끝에 만들어진 것이라 도움이 된다. 전체적인 스토리라인, 카피라이팅, 이미지, 섬네일 등을 철저히 벤치마킹하면 좋다.

상세페이지뿐만 아니라 섬네일도 고객 유입에 절대적인 역할을 하는데, 스크롤할 때 눈에 띄는 섬네일이어야 고객이 유입될 것이다. 섬네일이 좋지 않으면 유입률이 확연히 떨어진다는 점을 명심해야 한다.

ⓘ 카카오스토리 채널 공동구매 상품들의 끌리는 섬네일 및 카피라이팅

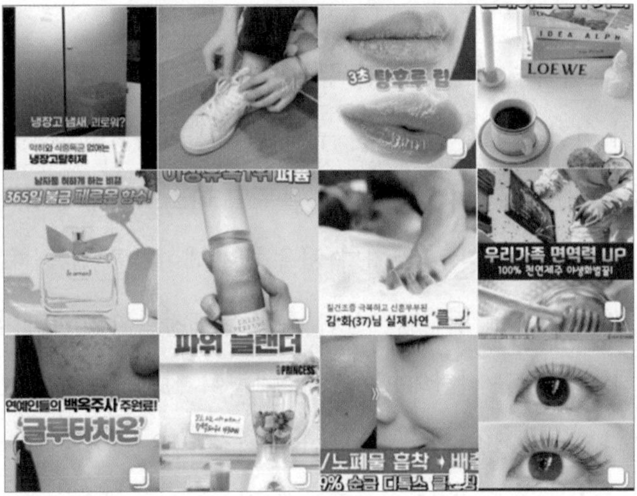

상세페이지와 함께 또 하나 강조할 것이 있는데, 구매 후기다. 구매 전환을 일으키기 위해서는 많은 구매 후기를 보여줄 수 있어야 한다. 광고, 홍보, 검색 SEO를 통해 고객을 유입시켜도 고객 구매 후기가 없거나 적으면 상세페이지가 아무리 잘되어 있어도

판매가 되지 않는다. 아무리 가격이 저렴하고 상품이 좋아 보여도 구매 후기가 미흡하면 구매를 망설이는 것은 당연하다. 그래서 필자는 고객 구매 후기는 수단, 방법을 가리지 말고 많이 만들어야 한다고 생각한다. 상세페이지에 엄청난 돈, 시간, 노력을 쏟아부어도 고객 구매 후기가 미흡하면 매출은 생각만큼 나오지 않는다. 반대로 고객 구매 후기가 1,000개 이상이라면 상세페이지가 미흡해도 다른 사람들도 구매했기 때문에 구매할 확률이 높아질 것이다.

구매 후기가 많은 상품의 예

구매 후기는 적어도 100개 이상이 되어야 구매 전환에 영향을 끼칠 수 있다. 구매 후기가 전환에 큰 영향을 끼치기 때문에 일부 온라인판매 고수들은 먼저 구매하고 추후에 구매 금액을 돌려주는 보상형 체험단을 운영한다.

구매 전환에 또 하나 영향을 끼치는 요소는 모바일 최적화다. 우리나라 이커머스 시장에서 매출의 80%는 모바일쇼핑이고, PC

쇼핑은 20%밖에 되지 않는다. 그러므로 상세페이지를 만든 후에는 모바일에서 어떻게 보이는지 확인해야 한다. 핸드폰의 작은 화면으로 보는데 글자가 작고 이미지가 잘 안 보이면 성질 급한 고객은 바로 이탈한다. PC에서는 아무리 깔끔하게 보이더라도 실제 핸드폰으로 볼 때 어떻게 보이는지 반드시 체크해야 한다.

방문자 유입 방법에 따라 전환율 차이가 난다는 사실도 명심해야 한다. 키워드를 검색해서 상세페이지로 유입된 고객과 페이스북에서 광고를 보고 유입된 고객은 전환율이 다르다. 이미 구매를 생각하며 검색으로 들어온 고객과 단순 노출로 들어온 고객의 전환율은 당연히 차이가 난다. SNS 광고, 홍보로 들어온 고객은 검색 SEO 또는 검색광고로 들어온 고객보다는 구매 전환율이 낮을 수밖에 없다.

전환율을 일정 수준 이상으로 높일 수 있다면 그다음은 상품 노출(유입 객수 증가)에 집중하면 된다. 이런 구조가 되면 매출은 당연히 늘어난다. 필자가 생각하기에 유입은 돈을 쓰든 노력하면 만들어낼 수 있지만, 구매 전환율을 높이는 것은 결코 쉽지가 않다.

객단가

구매자 한 명이 구매하는 금액을 객단가라고 하는데, 구매 가격×구매 수량이다. 즉, 판매 가격을 올리든가 많이 판매하면 객단가는 늘어난다는 말이다. 일반적으로 판매 가격을 올리기는 힘들기 때문에 효율적인 옵션 구성이나 추천 상품 등을 통해 객단가를 올리는 것이 바람직하다. 그렇기 때문에 나의 숍에 등록된 상품의 연관 상품을 옵션으로 구성하고 추가로 구매할 수 있는 상품을 별도로 등록하는 작업이 필수적이다. 가격 인상을 통해 객단가를 늘릴 경우에는 경쟁 판매자의 가격을 반드시 비교해야 한다. 현재 판매되는 가격으로 정해진 데는 이유가 있을 것이므로, 가격을 올리려면 그에 합당한 이유가 있어야 하고 고객이 납득해야 한다. 이런 이유 없이 가격을 올리면 매출은 당연히 줄어든다.

기존의 등록 상품과 연관되는 옵션과 추가 상품을 잘 구성하면 객단가를 올리는 데 크게 도움이 된다. 보통 할인 행사나 기획전을 할 때 한 개의 상세페이지에 많은 상품을 묶는 것도 객단가를 늘리기 위해서다. 온라인판매 고수들은 광고할 때도 한 개의 상품만 광고하는 게 아니라 그 상품과 연관되는 옵션과 추가 상품을 구성하여 유입된 고객이 최대한 많은 상품을 구매하게 만든다.

상품 노출과 구매 전환을 위한 핵심 포인트

온라인판매는 결국 상품 노출과 구매 전환이 핵심이다. 상품 노출은 마케팅, 광고, 검색 SEO이고, 구매 전환은 상품이 가지는 우수성이 고객을 얼마나 설득하느냐와 관련되어 있다. 이를 위해 초보 셀러가 꼭 알아야 할 포인트는 다음과 같다.

- 내 상품에 맞는 정확하고 효율적인 키워드 추출 및 적용
- 내 상품의 차별화 포인트 추출 및 어필
- 매력적인 상세페이지/섬네일 제작
- (긍정적인) 구매 후기 개수 및 내용
- 적정한 온라인판매 가격 설정
- 정확한 타깃 고객 선정 및 효율적인 광고/홍보 집행
- 효율적인 고객 유입 프로모션 이벤트 진행
- 빠른 배송과 간편한 결제
- 상위 판매자/경쟁 판매자 키워드, 상세페이지, 광고, 홍보, 프로모션, 판매 가격 심층 분석 및 벤치마킹

온라인 무료 교육

키워드, 검색 SEO, 광고, 바이럴 마케팅, 상세페이지에 대한 얘기는 자세히 하자면 책 1권으로도 모자를 것이다. 네이버, 오픈마켓 등 각 온라인마켓 판매자센터의 무료 온라인/오프라인 교육이나 시중의 각종 온라인판매 교육에서 이런 내용은 자세히 알려주기 때문에 추가로 공부하길 당부한다. 특히 각 온라인마켓 판매자센터에서 제공하는 무료 온라인/오프라인 교육은 들어보면 좋다. 먼저 무료 교육을 들으면서 기본기를 닦고, 유료 온라인 판매 교육을 들으면 도움이 될 것이다.

Ⓓ G마켓/옥션 판매자 교육센터

출처 : G마켓/옥션 판매자 교육센터

※ 온라인판매의 기본을 배울 수 있는 무료 교육센터

G마켓/옥션 판매자 교육센터 : http://rpp.gmarket.co.kr/?exhib=47084

11번가 셀러존 : https://seller.11st.co.kr

네이버 비즈니스스쿨 : https://bizschool.naver.com

네이버 스마트스토어 아카데미 : https://tv.naver.com/smartstoreclass

네이버 온라인 아카데미 : https://www.bizonline.naver.com

쿠팡 판매자교육센터 : https://marketplace.coupangcorp.com/s/manual

무료 교육센터는 초보 온라인셀러라면 반드시 들어보기를 추천한다. 여기서 더 나아가 온라인판매에 대해 배우기를 원하면 필자가 직접 강의하고 5개월간 1 : 1 무제한 개인 코칭도 진행하는 30시간 85강 '[심화] 온라인판매 사관학교' 온라인교육을 들어보라.

⓵ 네이버 스마트스토어 아카데미

출처 : https://tv.naver.com/smartstoreclass

⓵ 온라인판매 사관학교

출처 : www.retailcampus.co.kr

왕초보가 손쉽게 접근할 수 있는 블로그마켓

초보자가 정말 쉽게 접근할 수 있는 온라인마켓으로 블로그, 인스타그램 판매를 들 수 있다. 보통 투잡으로 하면 사업자등록을 하지 않고 판매하는 경우가 대부분이다. 사업자등록은 온라인마켓에 뛰어드는 데 엄청난 진입장벽이라 블로그, 인스타그램에서 사업자등록 없이 소소하게 판매하다가, 어느 정도 판매량이 늘면 본격적으로 온라인판매에 나서는 경우가 많다. 지금 네이버에서 '상품명+공동구매'라고 검색하면 수많은 공동구매 판매자들을 찾을 수 있다.

ⓘ 네이버 '후라이팬 공동구매' 검색 결과

출처 : 네이버

블로그마켓 특징

블로그마켓은 운영과 관리가 쉽기 때문에 누구나 접근하기가 편하다는 것이 장점이다. 블로그만 있고 내가 올린 상품을 구매해줄 구매자만 있으면 언제든 쉽게 판매할 수 있다. 결제는 무통장입금으로 받을 수 있고, 블로그페이, 스룩페이 같은 간편 결제 시스템을 통해 신용카드로 받을 수도 있다. 간편 결제 시스템 계약 및 운영이 번거로우면 스마트스토어를 연결시켜서 판매하는 방법도 있다. 결제 수단이 무엇이든 부가가치세, 소득세 같은 세금은 반드시 납부해야 한다. 무통장으로 받는 판매자들 중에 세금 신고를 누락하는 경우가 많은데, 이것은 엄연히 불법이고 적발되면 벌금이 부과된다.

블로그마켓은 오픈마켓, 스마트스토어와는 판매 방식이 다르다. 첫 번째 판매 타깃은 블로그 이웃이고, 두 번째 판매 타깃은 검색해서 나의 블로그로 들어온 사람들이다. 오픈마켓, 스마트스토어는 가격 경쟁력 및 상품 경쟁력이 중요한 반면, 블로그마켓은 판매자가 누구인지가 판매에 큰 영향을 끼친다. 일반적인 오픈몰에서는 판매자가 누구인지는 신경 쓰지 않지만, 블로그마켓은 블로그를 운영하는 판매자가 어떤 사람인지를 보고 구매를 결정한다. 그래서 가격이나 상품 경쟁력이 떨어져도 블로그마켓 운영자에게 호감을 가지고 있다면 구매가 일어난다. 실제로 블로그마켓에서 판매되는 상품의 가격은 온라인 최저가보다 훨씬 비싼 경우가 많다. 그러므로 가격 경쟁력이 없는 경우, 블로그 마켓 판매가 일반 오픈몰에서 판매하는 것보다 유리할 수 있다.

블로그마켓에서 구매하는 고객은 보통 네이버, 다음 등 검색 포털 사이트에서 구매하려는 상품의 키워드를 검색해서 유입된다. 하지만 고객이 키워드로 유입되려면 블로그 지수가 어느 정도 높아서 키워드를 상위에 노출시킬 수 있어야 한다. 블로그를 만든지 얼마 되지 않았다면 상위 노출이 어렵기 때문에, 꾸준히 블로그를 운영하여 지수가 어느 정도 쌓여야만 키워드 유입 고객을 만들 수 있다.

초보 블로그라면 키워드 유입보다는 블로그 이웃을 통해 판매하는 것이 유리하다. 물론 블로그 이웃을 통해 판매하면서 지속적으로 게시글을 올려 블로그 지수를 높이는 작업은 필수다. 그래도 스마트스토어나 일반 쇼핑몰을 키우는 데 들어가는 노력과 비용에 비해 훨씬 좋은 결과를 얻을 수 있다. 오픈몰에서 판매할 때 광고비, 홍보비에 대한 부담이 높은데, 블로그마켓 같은 SNS 마켓에서는 이런 부담이 적다는 것이 큰 강점이다.

특히 블로그 이웃들을 통한 판매는 구매 전환율이 5~15% 정도로 일반 쇼핑몰 전환율(1~3%)에 비해 높다. 특히 패션잡화, 뷰티, 신선식품을 판매하는 경우는 오픈몰 운영에 비해 더 좋은 매출을 올리는 경우도 많다.

상품의 키워드를 검색해서 들어온 고객들은 제품 정보를 이미 알고 있고 구매 후기도 검색해서 좋다는 것은 인지하고 있기 때문에, 판매자가 어떤 사람인지, 결제, 배송, 반품 등은 어떤지 보고 구매를 결정한다. 그래서 블로그마켓 판매글에 결제, 배송, 반품 등에 대한 내용을 정확히 표현해야 한다.

무통장입금만 받으면 신용카드 결제보다는 판매가 떨어질 수밖에 없다. 그래서 스마트스토어 링크를 연결하거나 간편 결제 서비스(SNS폼, 블로그페이 등)를 연결하는 경우가 많다. 스마트스토어나 간편 결제 서비스는 블로그 외부에서 결제를 일으키는 것인데, 네이버는 최근 블로그마켓에 네이버페이 서비스를 장착하여 블로그 자체에서 결제가 바로 일어날 수 있게 하는 베타서비스를 시행하고 있다. 네이버에서도 블로그마켓의 중요성과 향후 성장 가능성을 인지하고 있기 때문에 베타서비스 기간이 끝나면 아마 전체 블로그에 네이버페이를 붙일 것으로 생각된다.

일반적인 블로그마켓 결제 관련 예시 **일반적인 블로그마켓 결제 관련 예시**

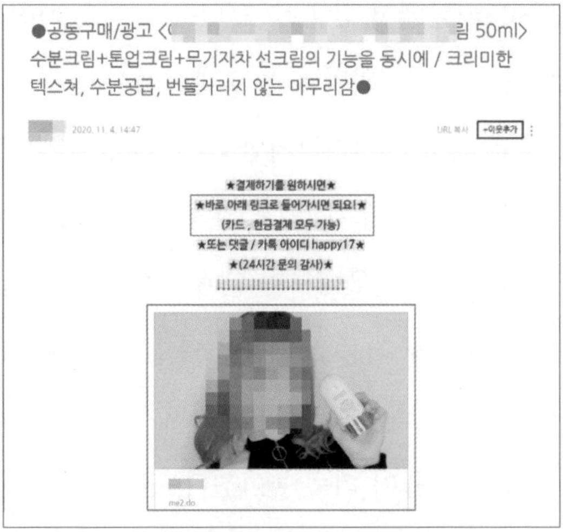

링크를 클릭하면 간편 결제 서비스, 스마트스토어 등으로 넘어간다.

출처 : 네이버 블로그마켓

블로그마켓 인기 카테고리

블로그마켓에서 잘 팔리는 상품군은 패션/뷰티 및 유아 관련 상품 카테고리다. 최근에는 신선식품을 포함한 각종 먹거리상품의 인기가 높아지고 있다. 그 외에 해외 브랜드 구매대행 상품 및 인테리어 관련 상품도 인기가 높다. 너무 잡다하면 전문성이 없어 보여서 좋지 않고, 어느 정도 연관성이 있는 카테고리를 판매하는 것이 좋다.

블로그마켓 상품 공급처 확보

초보셀러에게는 블로그마켓에서 판매할 상품 소싱이 가장 큰 문제일 것이다. 상품은 다양한 루트로 확보할 수 있는데 손쉽게 위탁 배송 도매몰에서 받을 수도 있고 상품을 가진 인맥을 통해서 확보할 수도 있다. 위탁 배송 도매몰에서 상품을 구하면 사입 부담도 없고 배송도 편리하지만, 상품 경쟁력이 많이 떨어져서 판매가 잘 안 되는 경우가 많다. 위탁 배송 도매몰을 이용한다면 가격이 노출되는 오픈몰에서는 판매할 수 없는 상품만 전문적으로 공급하는 폐쇄몰 전용 도매몰을 추천한다. 폐쇄몰 전용 도매몰에서 공급하는 상품들은 온라인 최저가보다 저렴하게 팔 수 있기 때문에 구매 확률이 더욱 높아진다. 단, 폐쇄몰 전용 도매몰에서 공급하는 상품은 네이버 같은 포털에서 검색되지 않는 조건에 판매되는 경우가 대부분이므로, 이 점을 명심해야 한다.

또 다른 상품 공급 루트는 온라인판매, 유통 관련 커뮤니티를 활용하는 것이다. 필자가 운영하는 네이버카페 유통노하우연구회 같은 유통카페나 유통 관련 네이버밴드, 오픈채팅방에서 활동하면 대형 온라인 도매몰에서는 볼 수 없는 상품을 공급하는 판매자들을 만날 수 있다. 사입 조건이 아닌 위탁 판매 조건으로도 상품을 공급받을 수 있으니, 이런 루트를 잘 활용하는 것도 좋다. 여기서 나와 궁합이 맞는 우수한 상품을 찾을 수 있고, 협상 여부에 따라 얼마든지 좋은 조건으로 상품을 공급받을 수 있다.

블로그마켓 운영 노하우

초보자가 처음 블로그마켓을 운영할 때는 상위 블로그마켓 판매자들을 벤치마킹해야 한다. 제목, 판매글, 이미지, 판매 방식에 따라 매출에 큰 차이가 있기 때문이다. 상위 판매자들은 수많은 판매 경험을 통해 고객들에게 잘 어필할 수 있는 온라인판매 방법을 알기 때문에 상위 판매자들을 벤치마킹하면서 나만의 판매 노하우를 접목시켜야 한다. 상위 판매자들은 댓글, 공감이 많고 상세페이지만 봐도 범상치 않다. 전체적인 블로그 콘셉트부터 카피라이팅, 상품, 가격, 표현 방식을 철저히 벤치마킹해서 나만의 차별화된 블로그마켓을 만들어야 한다.

개인 SNS 판매의 꽃 인스타그램마켓

우리나라에서 가장 많이 사용하는 SNS는 무엇일까? 3~4년 전만 해도 압도적으로 페이스북이 많았지만, 지금은 상황이 많이 바뀌었다. 요새는 페이스북보다는 인스타그램을 하는 사람들을 훨씬 쉽게 찾아볼 수 있다. 게다가 인스타그램은 지금도 계속 성장하고 있어서, 계속 사용자가 줄고 있는 페이스북에 비해 발전 가능성이 무궁무진하다.

몇 년 전만 해도 SNS는 소통의 수단이었을 뿐, 이커머스 개념으로는 접근하지 않았다. 그러나 인스타그램이 활성화되면서 개인이 SNS에서 판매하는 시장이 크게 열렸다.

개인 SNS 마켓이라고 하면 보통 인스타그램마켓을 말하는 경우가 많다. 페이스북, 유튜브로도 판매하고 있지만, 인스타그램

(단위 억 분)

2020년 11월 한국인이 가장 오래 사용하는 SNS 앱

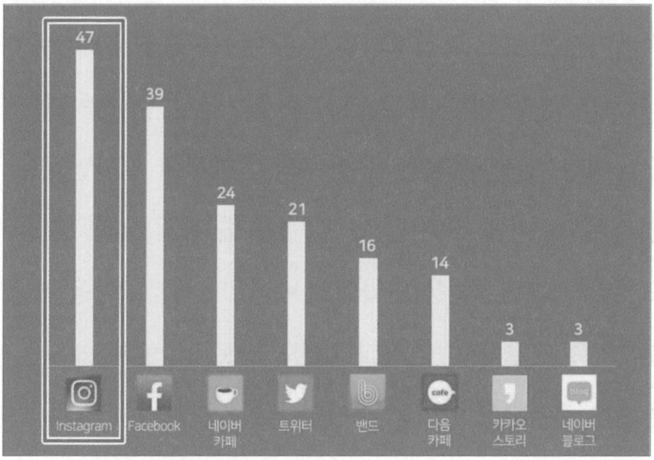

출처 : 와이즈앱

인스타그램 '화장품 공동구매' 검색

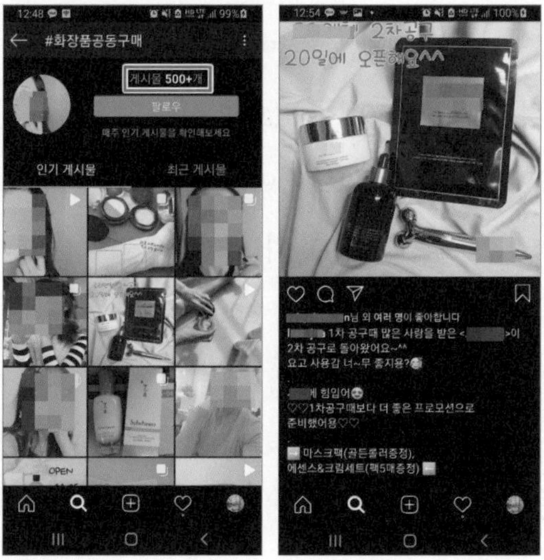

만큼 활성화되어 있지는 않다. 페이스북의 경우는 광고 없이 사람을 모으는 게 너무 어렵고 팔로워에게 도달률도 너무 떨어져서

개인이 상품을 판매하기가 어렵다. 페이스북은 개인이 아닌 일부 대형 페이지가 광고를 집행하면서 판매하는 경우가 대다수다.

유튜브의 경우 일부 뷰티 파워 인플루언서는 상품 판매를 하기도 하지만, 영상 제작에 대한 부담감 때문에 일반인들은 접근이 쉽지 않다. 이에 비해 인스타그램은 한 장의 사진, 한 줄의 글로도 끌리는 콘텐츠들을 만들어낼 수 있고, 팔로워들을 모으기도 상대적으로 수월하다. 인스타그램도 팔로워들에게 게시물 도달률이 계속 떨어지고 있기는 하지만 페이스북보다는 훨씬 높다.

인스타그램마켓의 특징

인스타그램마켓도 블로그마켓과 마찬가지로 운영, 관리가 쉽고, 운영하는 인스타그램이 있으면 상품을 올려서 판매하면 된다. 단, 지인 위주의 인스타그램이면 상품을 판매하는 데 거부감이 있을 수 있으니 주의해야 한다.

보통 팔로워를 많이 모은 비주얼이 좋은 젊은 남녀 파워 인플루언서가 많다. 이들은 본인들과 어울리는 뷰티, 패션, 다이어트 상품, 건강식품 등을 주로 판매하는데, 이들을 동경하는 팔로워들의 구매가 많다. 그러나 외모가 뛰어나지 않은 일반 인플루언서라도 팔로워가 많다면 상관없다. 다만 판매하려는 상품에 맞는 타깃 팔로워를 모아야 매출이 일어난다.

크게 나누면, 팔로워들에게 판매하는 방식과 해시태그로 검색하고 들어온 사람에게 판매하는 방식이 있다. 첫 번째 방법은 팔로워를 모으기가 쉽지 않지만, 일정 수 이상의 팔로워를 모으면 안정적인 매출이 나온다. 두 번째 방법은 팔로워가 적어도 쉽게 판매할 수 있지만, 끊임없이 해시태그를 연구하고 많은 노력이 필요하다. 가장 좋은 것은 두 방법을 병행하는 것이다.

인스타그램 판매도 인플루언서의 호감, 친화력으로 판매하다 보니 일반 오픈몰처럼 가격이 크게 중요하지 않다. 온라인 최저가보다 비싸도 좋아하는 인플루언서가 소개하면 구매하는 경우가 많다. 인스타그램 검색창에서 '인스타마켓'이라고 검색하면 인스타마켓 판매자들을 볼 수 있다.

인스타마켓에서 판매할 때 스마트스토어나 개인쇼핑몰, 블로

스마트스토어 연동

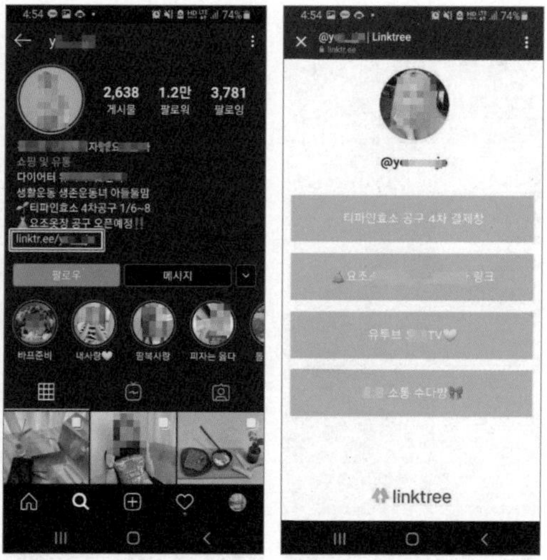

링크트리 연동

그마켓 링크를 연동시켜서 판매하는 것이 일반적이다. 인스타그램 게시글 본문에는 링크를 넣을 수가 없기 때문에 프로필에 스마트스토어, 블로그마켓, 개인쇼핑몰 등의 링크를 넣어서 판매한다. 여러 개의 링크를 넣으려면 링크트리(linktr.ee) 같은 유료/무료 인스타그램 연동 서비스를 이용하면 된다. 연동 서비스가 나오기 전에는 주로 블로그마켓, 스마트스토어 링크 주소를 통해 판매하였으나, 최근에는 연동 서비스를 통해 판매하는 것이 트렌드다. 연동 서비스를 통하면 여러 개의 링크 주소를 넣을 수 있어서 개인 브랜드 홍보 및 다양한 추가 상품/서비스를 알릴 수 있어서 많이 사용되고 있다.

인스타그램 '쇼핑태그'로 인스타그램과 페이스북을 통해 외부

'쇼핑태그' 판매

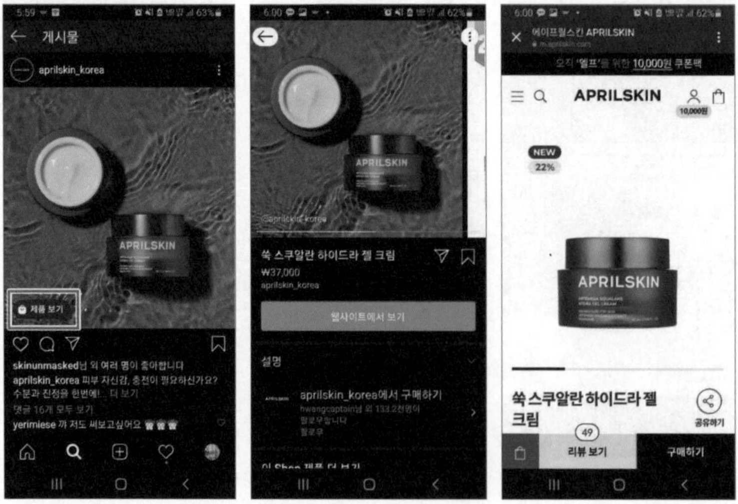

링크로 연결하는 대신 인스타그램/페이스북 내부 시스템을 통해 판매할 수도 있지만, 이런 방법은 주로 규모가 있는 업체들이 많이 이용한다.

인스타마켓 인기 카테고리

인스타마켓에서 잘 팔리는 카테고리는 블로그마켓과 비슷한데, 주요 유저인 20~30대가 좋아하는 패션/잡화, 뷰티 상품이 단연 인기다. 다이어트 관련 식품/용품, 주부들 대상의 주방/가전, 온 가족이 좋아하는 먹거리도 판매가 잘된다. 인플루언서의 외모가 뛰어날수록, 충성 팬이 많을수록 매출의 차이가 큰데, 특히 패션/뷰티/잡화/건강식품 등이 그렇다.

인스타마켓 상품 공급처 확보

인스타마켓의 상품 공급처도 블로그마켓처럼 찾으면 된다. 남들도 판매하는 상품을 온라인 일반 도매몰에서 소싱하여 판매하는 경우 큰 매출을 기대할 수 없고, 남대문도매(http://ndmbtob.com), 국민클럽 비투비(https://kmclubb2b.com) 같은 폐쇄몰 전용 도매몰이나 상품을 가지고 있는 유통 인맥을 통해 공급받는 것이 좋다. 다른 판매자들이 많이 판매하지 않고 3만 원 이하로 저렴하게 판매할 수 있는 상품을 소싱하는 것이 좋다. 특히 매력적인 제조사 상품인데 인스타그램에서 전혀 판매되지 않는 상품이라면 진행했을 때 매출이 많이 나올 확률이 크다. 팔로워가 어느 정도 되고 인스타그램 공동구매를 진행하고 있다면, 힘들더라도 제조사에 직접 상품을 공급해달라고 설득하는 것이 가장 좋은 방법이다.

폐쇄몰 전용 도매몰 '남대문도매'

출처 : http://ndmbtob.com

인스타마켓 운영 노하우

팔로워가 적은 판매자라면 해시태그를 통한 검색 판매에 집중하는 것이 좋다. 이런 경우에는 팔로워를 모을 필요가 없는 대신, 상품을 잘 선정하는 것이 중요하다. 네이버 온라인 최저가보다 저렴한 상품을 판매해야 승산이 있다. 해시태그 유입 고객들은 판매자에 대한 신뢰가 없어서 네이버 같은 가격 비교 사이트에서 가격을 검색해보고 구매할 확률이 높기 때문이다. 이런 판매자들은 보통 가격에 자신이 있기 때문에 투박한 텍스트와 이미지로 판매하며, 일반 인스타그램 인플루언서의 판매 게시글과는 차이가 있다.

인스타마켓에서 현재 잘 팔고 있는 상위 판매자의 콘셉트, 카피라이팅, 게시글, 이미지 등을 벤치마킹하는 것은 필수다. '공동구매', '인스타마켓', '블로그마켓'이라고 검색해서 나오는 게시글 중에 '인기 게시물'을 보고, 댓글이 많이 달리고 호응이 좋은 인스타마켓을 벤치마킹한다.

'인스타마켓' 검색 후 '인기게시물' 벤치마킹

SNS판매/폐쇄몰 전문 B2B 도매플랫폼 '국민클럽비투비'

오랜 오프라인 유통 경험을 바탕으로 오프라인 유통의 한계를 극복하기 위해 기획된 국민클럽비투비는 제조사와 판매 셀러 그리고 고객까지 모두 만족할 수 있는 온라인 B2B 플랫폼을 목표로 출발한 국민레저산업(주)의 SNS 판매, 폐쇄몰 전용 B2B 플랫폼이다. 제조사 직거래 시스템으로 구성된 상품은 철저한 가격 조사를 통해 경쟁력 있는 상품만 등록되며, 홈쇼핑 인기 상품, 완전 폐쇄몰 상품 등 다양한 카테고리가 준비되어 있다.

국민클럽비투비는 사업자 전용 플랫폼으로 영업 관련 사업자만 회원이 될 수 있고, 오픈마켓, 소셜커머스, 스마트스토어 등 가격 노출 및 경쟁이 불가피한 사업자는 가입할 수 없다. 반면 SNS 공동구매(판매가 비노출 조건), 폐쇄몰, 복지몰, 특판, 고객 사은품 등 가격 비노출 사업장에서는 그만큼 활용 가치가 높다고 할 수 있다.

폐쇄몰, SNS 공동구매에서 판매가 잘되려면 오픈되어 있는 온라인 최저가보다 훨씬 저렴하게 상품 가격이 책정되어야 하는데, 국민클럽비투비의

ⓓ 국민클럽비투비

출처 : https://kmclubb2b.com

상품들은 이런 조건을 충족시킨다. 일반적인 B2B 플랫폼은 상품이 방대해서 품절, 단종, 단가 인상과 인하를 실시간으로 관리하지 못하는 단점이 있다. 그래서 가격 경쟁력이 떨어지는 것처럼 보인다. 그러나 국민클럽비투비는 이러한 단점을 보완하기 위해 상품 관리에 투자를 아끼지 않고, 홈페이지 하단에 신상품 업데이트뿐만 아니라 단종, 품절 및 가격 인상, 인하도 실시간으로 올린다.

단, 무분별한 판매자들의 진입을 막기 위해 정회원 가입 시 최초 입회비 99,000원을 내야 한다. 또한 2021년부터 월 매출에 따른 적립금 지원 제도도 운영 중인데, 셀러들 반응이 매우 좋다.

국민클럽비투비는 갈수록 치열해지는 온라인 시장에서 제조사를 지키고 판매사의 고충을 해결하며 고객의 만족도 향상에 앞장서는 B2B 플랫폼으로 더욱 확고히 자리 잡고 있다. 인스타그램 등 SNS 판매를 원하는 셀러뿐만 아니라 폐쇄몰 판로를 개척하고 싶은 제조/수입업체라면 국민클럽비투비에 입점하는 것을 강력하게 추천한다.

충성고객을 공략하는 커뮤니티 판매

개인 온라인판매의 전통적인 강자는 네이버 중고나라카페를 들 수 있다. 우리나라에서 개인 판매의 시초인 오픈마켓이 탄생하기 전부터 중고나라에서는 C2C(Customer To Customer) 판매가 활성화되었다. 네이버 중고나라카페 판매부터 시작한 커뮤니티 판매는 네이버 맘카페, 네이버밴드, 번개장터, 당근마켓 등으로 확대되었다. 판매자의 상당수가 전업이 아닌 부업/투잡의 개념에서 판매하는 사람들이 많아서 사업자등록은 하지 않고 사진과 글만으로 간단하게 판매한다. 초보자 입장에서는 괜찮은 상품에 가격만 저렴하면 이런 커뮤니티 마켓에서 판매하는 것이 정식 오픈마켓보다 훨씬 판매하기가 쉬울 수 있다. 내가 빨리 처분해야 할 재고가 있을 때 이런 커뮤니티 판매를 통해 최대한 손실을 줄이고 재고를 소진하는 것도 좋다.

네이버카페 판매

네이버카페는 전통적으로 커뮤니티 판매의 강자다. 중고나라에서 출발한 중고거래가 각 카페별로 활성화되어 있다. 상거래가 허용되는 카페에서 신상품 거래는 카페 운영진이 주관하고, 카페 회원들은 중고거래만 가능한 경우가 많다. 그러나 실제로는 신상품을 올려놓고 판매하는 경우도 많다. 신상품들은 '미개봉', '신상', '미개봉신상'이라는 제목으로 중고거래 게시판에서 판매

네이버카페 중고나라에서 '미개봉신상' 검색 결과

출처 : 네이버카페 중고나라

된다. 신상품 거래를 공식적으로 카페 운영진이 허용하지 않기 때문에 이런 편법으로 판매하는 것이다. 중고 제품을 사려는 사람들이 구매하는 게시판이기 때문에 정상품에 비해 가격이 매우 낮아야 판매가 일어난다.

네이버에는 주제별로 많은 커뮤니티 카페가 있는데, 지역 엄마들이 모인 맘카페, 자동차카페, 등산카페, 애견카페, 낚시카페 등 다양하다. 판매 상품의 타깃 고객과 맞는 카페들 중에 중고거래, 신상품거래를 허용하는 카페를 찾아서, 자동차 동호인 카페에서는 자동차 관련 용품, 캠핑 카페에서는 캠핑용품, 뷰티 관련 카페에서는 뷰티용품 등 카페 주제와 관련된 상품을 판매하면 된다.

취급하는 상품의 키워드들을 검색하면 카페를 찾을 수 있다. 화장품을 취급한다면 네이버 VIEW 영역에서 '수분크림', '마스크팩' 등을 검색해서 나오는 카페에 거래 게시판이 있는지 확인하면 된다. 주의할 점은 거래가 많이 일어나는 카페를 공략해야 한다는 것이다. 회원 숫자만 많고 거래는 거의 일어나지 않는 유령 카페들이 많은데, 이런 카페에 판매글을 올리는 것은 시간 낭비다.

거래가 많이 일어나는 게시판이 있는 커뮤니티 카페를 소개하면 아래와 같다.

중고나라(https://cafe.naver.com/joonggonara) : 회원 1,900만 명, 전 카테고리 상품

농라(https://cafe.naver.com/tlsxh) : 회원 91만 명, 농/수/축산물

농라마트(https://cafe.naver.com/nonglamart) : 회원 25만 명, 신선 가공품, 수입 신선식품

농라수터(https://cafe.naver.com/soosannara) : 회원 7만 명, 수산물, 수산물 가공품

초캠장터(https://cafe.naver.com/chocammall) : 회원 97만 명, 캠핑용품 및 취미용품

몰테일스토리(https://cafe.naver.com/malltail) : 회원 73만 명, 해외 브랜드 상품

화도사(https://cafe.naver.com/runaway10) : 회원 5만 명, 화장품 도매

Ⓓ 신선식품 판매의 강자 '농라'

출처 : https://cafe.naver.com/tlsxh

이외에도 거래가 가능한 많은 카페들이 많다. 네이버카페 판매

의 가장 큰 장점은 상세페이지를 만들 필요도 없고, 사진과 판매글만 있으면 된다는 것이다.

커뮤니티 카페 판매글 예시

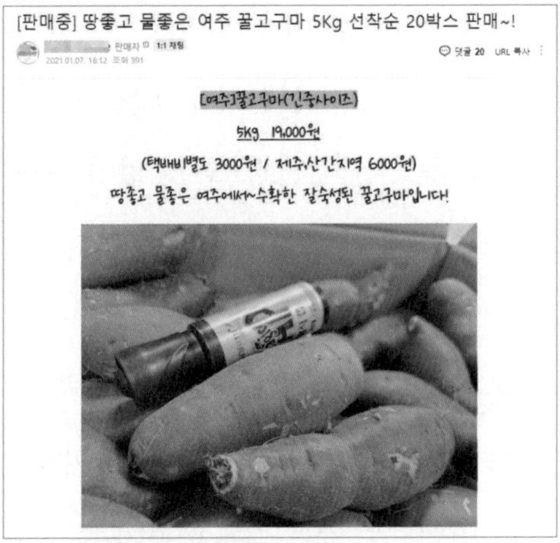

결제 시스템 없이 무통장입금 방식으로도 판매할 수 있고, 사업자등록증도 굳이 없어도 된다는 점에서 주부나 직장인이 투잡으로도 많이 한다. 그리고 전업 온라인셀러 중에서도 네이버카페에서만 월 매출 수천만 원을 올리는 사람들도 많다. 온라인판매에서 큰 비중을 차지하는 광고비, 마케팅비도 필요 없다. 이런 방식으로 판매하려면 게시글을 올릴 아이디가 많아야 하고, 매일 일일이 작업하여 게시글을 작성해야 한다는 수고로움이 있다. 커뮤니티 판매 중 가장 매출이 많이 나올 가능성이 높은 중고나라 판매는 등급 높은 아이디 숫자와 얼마나 많은 게시글을 올릴 수있느냐가 관건이다. 거래 관련 게시판에 게시글을 올리려면 아이디

등급이 높아야 하는데, 이 조건은 필수적으로 맞춰야 한다.

신선식품 및 신선가공품을 판매할 때는 농라, 농라마트, 농라수터를 반드시 공략할 것을 추천한다. 3개 카페에서의 매출은 무시하지 못할 정도로 큰데, 일정 비용을 내고 정식 판매자로 가입해야 많은 매출을 올릴 수 있다. 신선식품 초보 판매자들은 상위 노출, 마케팅, 광고비 등을 전혀 신경 쓸 것 없이 카페에 글을 올리기만 해도 일정 매출을 올릴 수 있어서 유용하다.

네이버밴드 판매

네이버에서 운영하는 또 하나의 폐쇄형 커뮤니티에 네이버밴드가 있다. 네이버밴드는 SNS 중에 이용자 수나 활성화 정도가 정상급에 속하는데, 여기서도 많은 거래가 일어나고 있다. 주 타깃은 중·장년층으로, 이들이 좋아하는 먹거리 및 기타 생필품 거래가 많이 일어난다. 네이버밴드 중에 회원들이 자유롭게 판매하는 밴드와 운영진만 판매할 수 있는 밴드가 있는데, 회원들 간 직거래를 허용하는 밴드를 찾아야 한다. 요즘은 네이버밴드에서 소매뿐만 아니라 도매 거래가 활성화되는 트렌드다.

직거래 네이버밴드에서의 판매 방식은 네이버카페와 비슷해서, 거래가 활성화되어 있는 네이버밴드에 가입하고 해당 밴드의 운영 규정을 숙지하며 판매글을 올리면 된다. 네이버카페의 경우 직접 회원을 모아서 판매하는 것은 불가능에 가깝지만, 네이버밴드는 가능하다. 그래서 직접 공동구매 밴드를 만들어 판매하면서 회원들이 판매할 때 수수료를 받는 경우도 있다. 네이버밴드에서 '직거래', '공동구매' 등으로 검색하면 회원들 간에 판매가 가능한 밴드들을 찾아볼 수 있는데, 먹거리 관련이 많다. 내가 직접 판매하는 방식도 있지만 밴드 운영진에 상품을 공급하여 운영진이 판매하는 방식이 더 일반적이다.

네이버밴드 '직거래', '공동구매' 검색 결과

중고어플 판매

모바일 쇼핑이 활성화되면서 급속도로 성장하는 커뮤니티 어플이 있는데, 당근마켓, 번개장터, 헬로마켓 등이다. 특히 당근마켓의 경우는 출시된 지 얼마 되지도 않았는데 벌써 회원 수가

1,200만 명을 돌파했다. 번개장터도 다운로드 수 1천만 명, 헬로마켓도 다운로드수 500만 명을 돌파할 정도로 잠재고객이 엄청나다. 모두 중고거래를 기반으로 성장한 플랫폼인데, 중고거래뿐만 아니라 신상품 거래도 많이 일어난다.

당근마켓은 지역 기반의 판매이고, 번개장터, 헬로마켓은 전국 단위다. 번개장터, 헬로마켓은 번개페이, 헬로페이라는 결제 서비스도 제공하고 있다. 당근마켓은 지역 기반이라 한계가 있고 업자들의 판매에 대해서는 엄격하지만, 번개장터, 헬로장터는 온라인판매를 주업으로 하는 업자들이 활발히 활동 중이다. 카테고리 구분 없이 전 카테고리 상품이 판매되고 있는데, 주로 이용하는 연령층인 10대, 20대 관련 패션/잡화/뷰티/IT 상품들이 인기

번개장터

헬로마켓

당근마켓

가 많다. 중고 어플은 플레이스토어나 앱스토어에서 다운로드받으면 된다.

수수료가 0%라는 것이 가장 큰 장점이며, 판매 가격을 낮출 여지가 더 많다. 번개페이, 헬로페이 수수료는 판매자가 아닌 구매자가 부담한다. 그리고 사진과 게시글 작성으로 간편하게 판매할 수 있다. 단, 저렴한 상품을 구매할 목적으로 들어오는 고객이 대부분이기 때문에 가격 경쟁력이 정말 중요하다. 번개장터의 경우는 광고비가 매우 저렴하고 효율이 높은데, 상품이 가격 경쟁력이 있다면 광고를 집행해볼 것을 강력히 추천한다. 번개장터에서만 월 수천만 원의 매출을 올리는 판매자들이 수두룩하다.

기타 커뮤니티 판매

기타 판매가 활성화된 커뮤니티 사이트들이 있는데 뽐뿌, 딜바다 같은 사이트에서도 C2C 판매가 활성화되어 있다. 게시글을 올렸을 때 조회수도 상당하다. 일반 오픈마켓, 스마트스토어 같은 오픈몰에서 판매하는 경우 상품 노출 및 유입이 힘들지만, 이런 커뮤니티 사이트에서는 초보 판매자도 노출 및 유입이 쉽고 비용이 들지 않는 것이 큰 장점이다. 딜바다, 뽐뿌는 주 이용 회원이 남성이며, 가전/IT/남성 패션, 잡화 등이 많이 거래된다. 뽐뿌, 딜바다에서도 가격 경쟁력이 있어야 판매가 일어난다.

ⓓ 뽐뿌

출처 : www.ppomppu.co.kr

ⓓ 딜바다

출처 : www.dealbada.com

모든 온라인셀러가 무조건 집중해야 하는 스마트스토어

온라인판매를 하는 사람으로서 온라인마켓을 하나만 선택해야 한다면, 현재로서는 스마트스토어다. 다른 온라인마켓은 모두 포기하더라도 스마트스토어에 집중하라고 얘기하고 싶다. 스마트스토어를 추천하는 이유는 무엇일까? 당연히 매출, 고객 트래픽 때문이다. 지금 모든 온라인마켓 중 매출 1등은 네이버쇼핑이고, 네이버쇼핑이 가장 집중적으로 노출시켜주는 온라인마켓이 스마트스토어다. 네이버쇼핑에서 스마트스토어의 노출은 독보적이라, 일부 특수 키워드를 제외하고는 대부분 키워드 상위에 노출되어 있다. 모든 온라인마켓의 네이버쇼핑 의존도가 매년 높아지고 있기 때문에 장기적으로 스마트스토어의 독주는 더욱 심해질 것으로 예상된다. 지금 온라인판매를 하고 있는 셀러 중에 상당수가 스마트스토어를 알고 나서 온라인판매에 뛰어든 경우가 많다. 유튜버 신사임당이 스마트스토어를 소재로 '창업 다마고치' 라는 콘텐츠를 만든 것이 대박을 치면서 스마트스토어 셀러가 폭발적으로 늘어났다.

유튜버 신사임당 스마트스토어 '창업 다마고치' 콘텐츠

출처 : 유튜브

실제로 스마트스토어는 자금도 부족하고 마케팅, 광고 능력도 떨어지는 초보자 입장에서 가장 유리한 온라인마켓이다. 일단 오픈마켓은 광고가 중요하고, 소셜커머스는 MD와 딜을 잡아야 하며, 폐쇄몰은 인맥이 있어야 하고, 종합몰은 브랜드가 아니면 안 되는 등, 초보 셀러가 진입해서 매출을 올리기에는 진입장벽이 높다. 그러나 스마트스토어는 네이버쇼핑의 노출이 탁월하기 때문에 광고 없이도 네이버쇼핑의 로직을 잘 맞추고 광고, 마케팅을 약간만 할 줄 알면 타 온라인마켓에 비해 매출을 올리기가 쉽다.

시중에 나온 온라인판매 관련 책 중에 가장 많은 것이 스마트스토어 관련 책이다. 다른 온라인판매에 관한 책을 모두 합친 것보다 스마트스토어 책이 많고 인기도 높다. 스마트스토어에 관해 모든 것을 설명하기에는 지면의 한계가 있기 때문에, 초보 셀러들이 꼭 알아야 할 핵심 내용만 짚고 넘어가겠다.

판매 수수료

스마트스토어의 가장 큰 장점 중의 하나가 바로 판매 수수료다. 스마트스토어의 수수료는 온라인마켓 중 거의 최저 수준이다. 사업자 규모별로 달라지는데 1.9~3.6%다.

영세 사업자	1.980%
중소1 사업자	2.585%
중소2 사업자	2.750%
중소3 사업자	3.025%
일반 사업자	3.630%

네이버쇼핑 검색을 통해 구매하면 사업자 규모별 수수료에 추가로 네이버쇼핑 연동 수수료 2%가 부과된다. 수수료가 저렴하다고 하는 오픈마켓이 평균 13%인데, 스마트스토어는 연동 수수료를 포함해도 사업자 규모별 3.9~5.6%라 훨씬 수수료가 낮다. 고객 트래픽도 가장 많고 노출도 잘 시켜주고 게다가 수수료도 최저 수준이니, 스마트스토어로 판매자들이 몰리는 것은 당연하다.

정산 기간

온라인마켓 중 스마트스토어의 정산 기간이 가장 빠르다.

고객이 구매확정을 하면 익일(영업일 기준) 정산이 되고, 구매확정을 하지 않으면 배송 완료일로부터 8일째(영업일 기준) 되는 날 자동 구매확정이 되어 익일 정산된다. 소셜커머스의 경우 최종 정산까지 거의 40~60일 걸리는데, 스마트스토어의 정산은 온라인 마켓 중에서 가장 빠르다. 게다가 '빠른정산' 서비스를 신청하면 정산 기간은 더욱 단축된다.

판매자 입점

네이버 스마트스토어센터의 '판매자 가입하기'를 통해서 할 수 있다.

네이버 스마트스토어센터

출처 : https://sell.smartstore.naver.com

필요 서류

개인사업자 : 사업자등록증 사본 1부, 대표자 인감증명서 또는 대표자 본인서명사실확인서 사본 1부, 대표자 혹은 사업자 명의 통장

법인사업자 : 사업자등록증 사본 1부, 법인 명의 통장 사본 1부, 법인 인감 증명서 사본 1부
해외 거주 사업자 : 대표자 여권 사본 1부, 사업자등록증 사본(미국의 경우 IRS 서류) 1부, 사업자 또는 법인 명의 통장 사본(해외계좌 인증 서류 가능) 1부(비영문권 국가의 경우, 공증받은 영문 번역본 함께 제출)

스마트스토어 상위 노출 로직

공식적인 네이버쇼핑 상위 노출 로직은 3요소인 적합도/인기도/신뢰도를 종합적으로 평가하여 네이버쇼핑에서 노출 순위가 결정된다.

⓵ 네이버쇼핑 상위 노출 랭킹 구성 요소

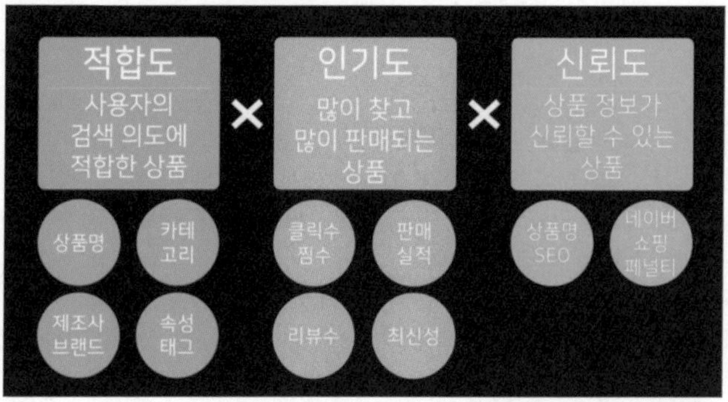

출처 : 스마트스토어 판매자센터

적합도

이용자가 입력한 검색어가 상품명, 카테고리, 제조사/브랜드, 속성/태그 등 상품 정보의 어떤 필드와 연관도가 높은지, 검색어와 관련하여 어떤 카테고리의 선호도가 높은지 산출하여 적합도

로 반영된다.

- **필드 연관도 :** 검색어가 '나이키'인 경우 브랜드 유형으로 인식되며, 상품명에 '나이키'가 기입되어 있는 것보다 브랜드에 '나이키'로 매칭되어 있는 것이 우선적으로 노출된다.
- **카테고리 선호도 :** '블라우스' 검색어의 경우 여러 카테고리 상품이 검색되지만, '패션의류 〉 여성의류 〉 블라우스' 카테고리의 선호도가 매우 높다. 검색 알고리즘은 해당 카테고리의 상품이 먼저 노출되도록 추가 점수를 준다.

인기도

해당 상품이 가지는 클릭 수, 판매 실적, 구매평 수, 최신성 등의 고유한 요소를 카테고리 특성을 고려하여 인기도로 반영한다. 인기도는 카테고리별로 다르게 구성되어 사용된다.

- **클릭 수 :** 최근 7일 동안 쇼핑검색에서 발생된 상품 클릭 수를 지수화
- **판매 실적 :** 최근 2/7/30일 동안 쇼핑검색에서 발생한 판매 수량/판매 금액을 지수화. 스토어팜의 판매 실적, 리뷰수는 네이버페이를 통해 자동 연동, 부정거래가 있을 경우 페널티 부여
- **구매평 수 :** 개별 상품의 리뷰수를 카테고리별 상대적으로 환산하여 지수화
- **최신성 :** 상품의 쇼핑DB 등록일을 기준으로 상대적 지수화, 신상품 일시적 랭킹 유도

신뢰도

네이버쇼핑 페널티, 혜택, 상품명 SEO, 이미지 SEO 등의 요소를 통해 해당 상품이 이용자에게 신뢰를 줄 수 있는지 산출

- **네이버쇼핑 페널티 :** 배송 만족도, 상품 만족도, 구매평/판매 실적 어뷰징, 상품 정보 어뷰징 등에 대한 상품/몰 단위 페널티 부여
- **혜택 :** 쿠폰, 추가 할인, 카드 할인, 무료배송, 카드 무이자, 포인트 적립 등 혜택 정보가 있을 경우 질의별로 부가적인 랭킹 점수를 부여
- **상품명 SEO :** 상품명 가이드라인을 벗어난 상품에 대한 페널티 부여
- **이미지 SEO :** 이미지 가이드라인을 벗어난 상품에 대한 페널티 부여

적합도란 상품을 등록할 때 대부분의 고객이 생각하는 카테고리, 키워드, 속성에 정확히 맞게 등록해야 한다는 네이버쇼핑 SEO에 관한 것이다. 인기도는 고객의 구매가 많이 일어나고 고객 반응이 좋은 신상품을 뜻하고, 신뢰도는 네이버가 정한 가이드라인을 지켜야 하고 어뷰징 같은 불법행위를 하면 안 된다는 것이다.

적합도와 신뢰도는 기본적으로 지킨다는 가정하에 상위 노출에서 가장 중요한 것은 판매량과 구매평 수다. 다른 조건이 조금 미흡해도 판매량과 구매평이 월등히 높으면 상위 노출이 된다. 그렇기 때문에 가구매 같은 어뷰징 작업이 성행하는 것이다. 특히 오픈마켓은 판매량 점수가 3일밖에 지속되지 않는데 스마트스토어는 30일간 영향을 끼치기 때문에, 가구매 작업이 많이 일어난다. 그러므로 상위 노출을 하려면 판매량을 올리고 구매평을 확보하는 데 최대한 집중해야 한다. 스마트스토어 상위 노출 관련 책, 강의, 교육에 나오는 내용 중의 상당수가 판매량 올리고 구매평을 확보하라는 것이다. 판매자가 광고/마케팅을 하고 이벤

트와 고객 혜택을 제공하는 이유는 판매량을 올리고 구매평을 확보하기 위해서다.

초보 셀러의 경우 적합도를 맞추는 것도 버겁지만, 결정적으로 판매량/구매평 확보가 안 되기 때문에 상위 노출이 어려운 경우가 많다. 여기서는 기본적인 내용만 숙지하고 세부적인 팁이나 노하우는 유료/무료 교육을 통해 제대로 공부하는 것이 좋다.

스마트스토어 초보 판매자가 반드시 숙지할 사항

스마트스토어에 대한 기본 지식을 가지고 판매를 시작해야 한다. 스마트스토어 초보 판매자들의 90% 이상은 기본 지식이 부족한 채로 판매를 시작하므로 좋은 성과를 내기가 어렵다.

스마트스토어 매뉴얼

네이버에서는 스마트스토어 판매자들을 위한 매뉴얼을 제공한다. 이 매뉴얼은 꼭 다 읽어봐야 한다. 내용이 바뀌면 업데이트되므로 정기적으로 확인해야 한다. 스마트스토어 판매자센터의 '공지사항'에 들어가면 모든 매뉴얼을 볼 수 있다.

스마트스토어 매뉴얼

출처 : 스마트스토어 판매자센터

네이버 무료 스마트스토어 교육

네이버에서 스마트스토어 초보자들을 위한 교육이 아주 잘 갖춰져 있다. 유료 강의/교육을 받기 전에 네이버에서 공식적으로 알려주는 스마트스토어 교육은 반드시 듣는 것이 좋다. 기초가 튼튼해야 심화 유료 강의/교육을 들어도 효과가 있기 때문이다. 스마트스토어 관련 기초/심화 교육뿐만 아니라 온라인판매 시 꼭 알아야 하는 내용이 듬뿍 담겨 있으니 꼭 공부해보기 바란다.

네이버 온라인 아카데미 : https://www.bizonline.naver.com

네이버 비즈니스스쿨 : https://bizschool.naver.com

네이버 스마트스토어 아카데미 : https://tv.naver.com/smartstoreclass

네이버 비즈니스스쿨

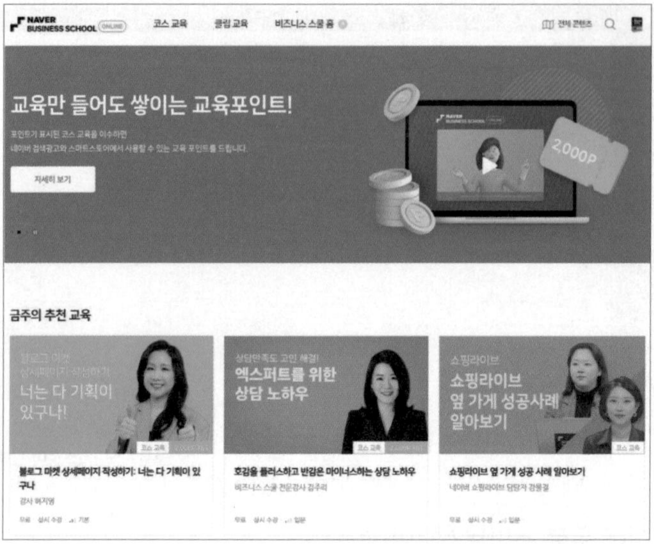

출처 : 네이버 비즈니스스쿨

스마트스토어 판매 시 꼭 알아야 할 핵심 포인트 7가지

럭키투데이

럭키투데이는 스마트스토어에서 진행되는 특가딜인데, 스마트스토어 판매자라면 무조건 진행해야 한다. 오픈마켓의 쇼킹딜, 슈퍼딜, 올킬 같은 개념이다. 오픈마켓은 MD와 커뮤니케이션해서 딜을 잡기가 너무 어렵지만, 럭키투데이는 간단히 조건에 맞게 등록만 하면 진행된다는 것이 큰 장점이다. 초보 셀러의 판매 초기 상품으로는 오픈마켓, 소셜커머스에서 특가딜을 잡기가 매우 어렵다는 것을 생각하면, 럭키투데이는 초보 셀러가 반드시 진행해야 할 행사다.

럭키투데이

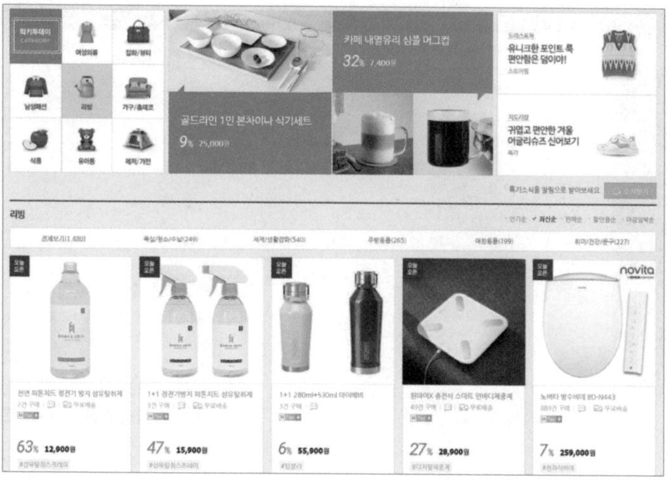

출처 : 네이버쇼핑 스마트스토어

무료인 데다 노출도 잘되고 간단히 등록만 하면 되니, 이보다 더 좋은 이벤트가 어디 있겠는가? 럭키투데이는 동일 기간 내에 1개 상품만 진행할 수 있고, 최소 3일, 최대 7일까지다, 주요 진행 조건은 동일 상품(혹은 해당 카테고리 유사 상품) 중 최저가여야 하고, 할인율이 0%이거나 현재 판매가와 동일하면 안 된다. 또한 전체 연령 구매 가능 상품이어야 하고, N개 옵션 상품으로 진행 시에는 옵션 상품 수의 70% 이상은 균일가여야 한다.

럭키투데이 진행 제안 및 세부 가이드라인은 스마트스토어 판매자센터에 로그인한 후 '노출 관리 〉 럭키투데이 제안관리'에서 가능하다.

⊕ 럭키투데이 상품 제안 및 가이드라인 다운로드

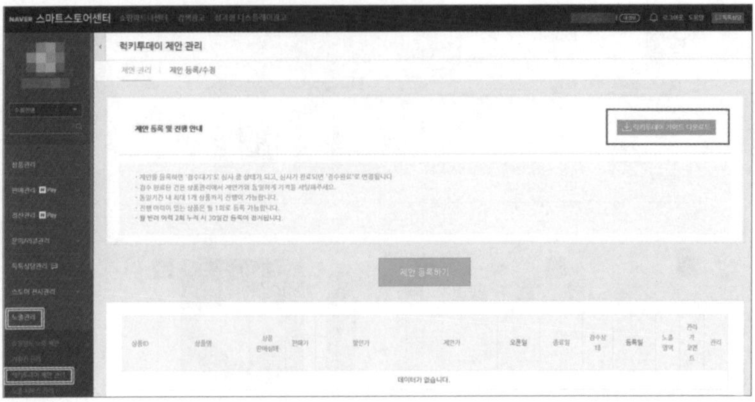

출처 : 네이버쇼핑 스마트스토어센터

럭키투데이를 진행했지만 매출이 거의 없었다는 초보 판매자들이 많은데, 구매평이 없거나 적은 경우에 그렇다. 고객에게 노출은 되었지만 구매평이 없으면 매출이 적을 것이다. 그리고 판매된 지 얼마 안 된 신상품보다는 기존에 잘 팔린 상품을 진행할 때 효과가 좋으며, 시즌 상품이면 더욱 좋다.

기획전

스마트스토어 기획전도 럭키투데이와 같이 네이버에서 무료로 진행하는 프로모션이다. 스마트스토어의 상품을 다양한 방식으로 홍보하고 싶을 때 이용할 수 있더. 기획전이 메리트가 높을 때는 네이버 메인페이지, 네이버쇼핑 메인페이지, 네이버 핫딜, 네이버 모바일 등 다양한 채널에 노출되면서 매출이 폭발적으로 나올 수 있다. 무료로 진행할 수 있으니 도전해보라.

기획전 진행 시 주요 체크 포인트는 다음과 같다.

- 명확한 기획전 주제가 있어야 한다.
- 최소 50개, 최대 500개 미만 상품(단, 유아동 카테고리는 최소 20개 이상)
- 기간 내 1개의 기획전만 진행 가능. 복수 진행 불가
- 진행 기간 최소 3일, 최대 14일
- 모바일/PC 할인 및 할인 혜택이 동일해야 한다.
- 가품 및 재고, 배송에 이슈가 없어야 한다.

기획전 진행 제안 및 등록 가이드는 스마트스토어 판매자센터 로그인 후 '노출 관리 〉 기획전 관리'에서 할 수 있다.

기획전 진행 제안 및 등록 가이드 다운로드

출처 : 네이버쇼핑 스마트스토어센터

스마트스토어 판매자센터에서 기획전을 신청하는 방법 말고도 네이버에서 운영하는 쇼핑파트너 공식블로그(https://blog.naver.

com/naver_seller)를 통해 신청할 수 있다. 카테고리별로 기획전 모집 공지가 뜰 때 신청하면 된다.

네이버 쇼핑 파트너 공식블로그

출처 : 네이버 쇼핑 파트너

타임 특가

럭키투데이와 기획전도 좋지만 네이버에서 무료로 진행되는 프로모션 중에 가장 중요한 것은 타임특가다. 타임특가는 위메프, 티몬 같은 소셜커머스에서 자주 진행되는 타임세일을 생각하면 된다. 특정 시간 동안 초특가 할인이 진행되는데, 오전 6시에서 오후 6시, 오후 6시에서 오전 6시까지 하루에 2회, 12시간 동안 네이버에서 선정한 우수 상품들만 집중적으로 노출시켜 어마어마한 매출이 나오는 게 특징이다. 그런 만큼 럭키투데이나 기획전에 비해 타임특가에 선정되기가 매우 어렵다. 타임세일의 행사 메리트를 최대한 많이 주고 상품 자체도 우수해야 한다. 12시간 만에 몇천만 원, 몇억의 매출이 나올 수 있어서, 타임특가에 선정되기 위

타임특가 주요 노출 영역

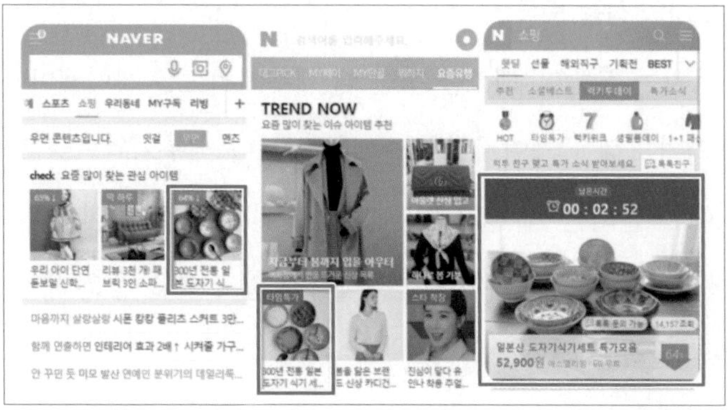

출처 : 네이버

타임특가 공지

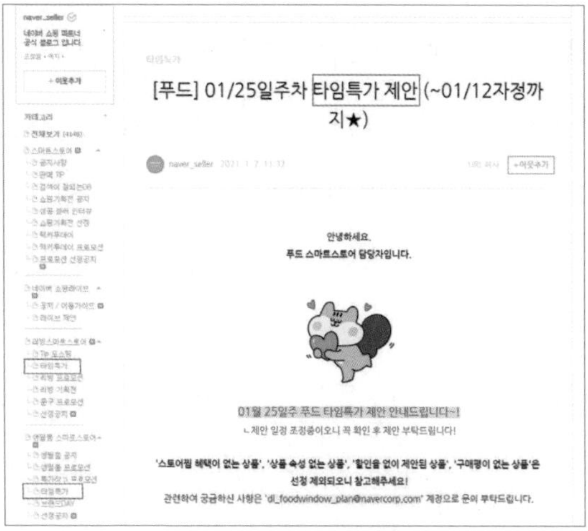

출처 : 네이버 쇼핑 파트너 공식블로그

해 판매자들 간의 경쟁이 매우 치열하다.

타임특가 신청은 네이버 쇼핑 파트너 공식블로그에서 가능하다. 기획전과 마찬가지로 카테고리별로 타임특가 공지가 정기적으로 올라오므로, 자주 블로그에 들어가서 확인해야 한다.

초보자의 상품 등록

초보자는 상품명, 태그를 정할 때 세부키워드를 공략해야 한다. 대표키워드로 30페이지에 노출되는 것보다 세부키워드로 2~3페이지에 노출되는 게 클릭 및 매출에 훨씬 유리하다. 어차피 노출도 잘되지 않는 대표키워드에 집착하지 말고 효율 좋은 세부키워드를 발굴하는 데 집중한다.

초보자들이 자주 놓치곤 하는 것이 세부키워드가 상품의 카테고리와 일치해야 노출된다는 점이다. 세부키워드를 썼는데도 노출이 안 되는 경우 대부분 카테고리와 불일치한다. 초보자는 상품 지수가 약하기 때문에 키워드를 분산시키는 것보다 키워드를 붙여서 쓰는 것이 노출에 유리하다.

그리고 상품 등록은 휴일에 하는 것이 좋다. 휴일에는 최신성 점수를 얻기가 좋고 경쟁자가 적어서 노출이 잘된다. 그리고 상품을 등록하자마자 사진이 들어간 프리미엄 후기가 달리면 상위 노출 순위가 엄청나게 올라가므로, 이를 잘 활용해야 한다.

마지막으로 상품 등록할 때 메모장에 써놓은 상품명을 복사해서 붙여 넣는 판매자가 있는데, 이렇게 하면 최신성 점수가 사라져서 상위 노출에 불리하다.

구매 후기

스마트스토어에 유입된 고객들을 구매를 전환시킬 때 구매 후기의 영향력은 막대하다. 아무리 네이버쇼핑 SEO를 잘하고 SNS 마케팅, 광고를 잘해서 고객이 유입되었다고 해도, 구매 후기가 없거나 적으면 구매 전환이 잘 일어나지 않는다. 구매 후기는 최대한 많이 만들어놓아야 한다. 특히 광고나 마케팅을 하기 전에 구매 후기가 없거나 적은 상태에서 진행하는 초보 셀러들이 있는데, 돈/시간/노력을 허공에 날리는 것과 다름없다. 구매 후기는 최종 매출에 엄청난 차이를 가져온다는 것을 꼭 명심하라.

광고

광고는 반드시 해야 한다고 생각한다. 광고를 하지 않으면 원하는 매출을 만들기가 어렵다. 물론 광고에 대한 기본 지식을 가지고 운영을 할 줄 아는 상태에서 진행해야 광고 효과를 볼 수 있다. 광고해봤자 효율도 없고 매출도 안 나온다고 하는 초보 셀러들은 광고에 대한 지식도 없고 광고 운영 관리가 미흡한 경우가 대부분이다. 특히 광고를 모르는 상태에서 광고대행사에 맡기고 100% 의지하는 것은 최악이다. 광고비를 엄청나게 쓰지 않는 한

대행사들은 꼼꼼히 신경 써서 효율을 극대화시켜주지 않을 확률이 크다. 광고 지식과 운영에 대해 잘 모르면 대행사를 가이드할 수 없기 때문에 효과가 없다. 끊임없이 광고대행사와 소통하고 요구 사항을 지속적으로 전달해야 광고대행사도 신경 써주고 효율을 높여줄 것이다.

스마트스토어 초보자의 경우는 키워드광고보다는 구매 전환 효율이 더 높은 쇼핑검색광고에 집중할 것을 추천한다. 대표키워드 노출보다는 세부키워드 노출을 노리고, 1페이지 노출이 너

유튜브의 '네이버광고' 관련 콘텐츠

출처 : 유튜브

무 비싸면 2~3페이지 노출을 노려야 한다. 대표키워드 노출이나 1페이지 노출은 광고에 능숙한 중급 셀러 이상이어야 효과를 볼 수 있다. 초보 셀러는 모든 면에서 미숙하기 때문에 최대한 적은 광고비로 효율을 높이도록 해야 한다. 네이버 키워드광고, 검색 광고가 비용에 비해 효율이 떨어진다고 하는 사람들은 대표키워드 노출이나 1페이지 노출을 진행했던 초보 셀러들이다.

구매 후기가 없거나 적은 상태에서 광고를 집행하면 구매 전환이 제대로 일어나지 않아 광고 효율이 떨어진다. 일정 수준 이상의 구매 후기를 확보한 상태에서 광고를 집행하라. 네이버 광고에 대해 공부하고 싶다면 네이버 파트너스퀘어 온라인아카데미와 네이버 파트너스퀘어에 있는 광고 관련 교육을 숙지하는 것이 좋다. 유튜브에도 네이버광고에 관해 콘텐츠가 많으니 참고하기 바란다.

카탈로그매칭

이미 카탈로그매칭이 되어 있는 상품을 취급하는데 최저가를 맞출 수 있다면 카탈로그매칭에 들어가는 것이 좋다. 초보 판매자의 경우 구매 후기도 적고 구매량도 적기 때문에 상위 노출이 안 되어 매출이 많이 나오기가 힘든데, 카탈로그매칭을 통해 묶여서 최저가로 최상단에 올라가면 등록한 지 얼마 안 된 상품도 큰 매출을 기대해볼 수 있다.

카탈로그매칭은 수동으로 신청할 수 있는데 '네이버 쇼핑파트너센터 〉 상품관리 〉 상품현황 및 관리 〉 서비스상품'에 들어가서 카탈로그매칭 상품을 검색해서 찾은 후 매칭시키면 된다.

ⓘ 카탈로그 매칭의 예

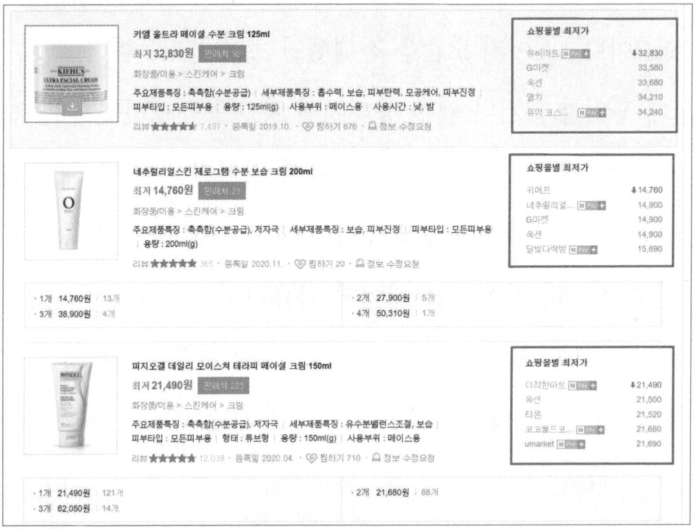

대부분 최상단, 최저가 판매자의 상품을 구매할 것이다.

출처 : 네이버쇼핑

ⓘ 카탈로그매칭 신청

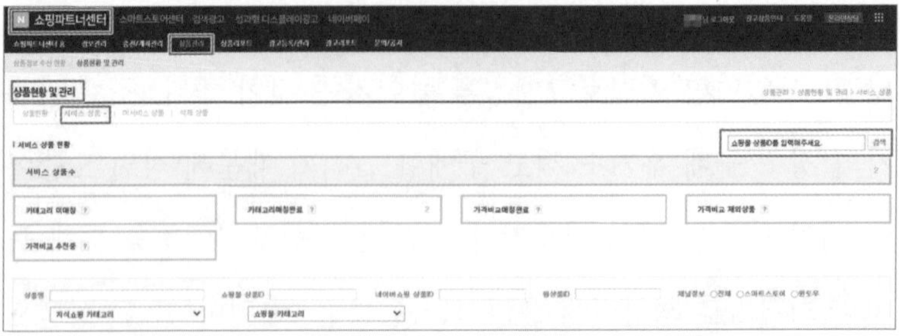

출처 : 네이버 쇼핑파트너센터

강력 추천 스마트스토어 무료/유료 강의

요즘에는 스마트스토어의 기초 과정뿐만 아니라 심화 과정까지 공부할 수 있는 무료 유튜브와 유료 강의가 많다. 지금까지 스마트스토어에 관해 수많은 책, 교육, 강의를 공부했지만, 그중 가장 내용이 좋았고 도움이 될 만한 강의를 소개한다. 강의를 집중해서 듣고 강의에서 알려준 대로 실행하면 매출이 적어도 2~5배는 올라갈 것이라 확신한다. 스마트스토어에 관심이 있다면 꼭 들어보기를 강력히 추천한다.

'동비TV' 유튜브(무료) 및 클래스101 강의(유료)

동비TV 유튜브는 첫 강의부터 끝까지 정주행해서 보고 클래스101 강의를 듣는 것이 좋다. 유튜브 무료 강의에도 각종 스마트스토어 꿀팁이 소개된다. 클래스101 강의는 중급자 이상에게 추천한다.

ⓘ 동비TV 유튜브

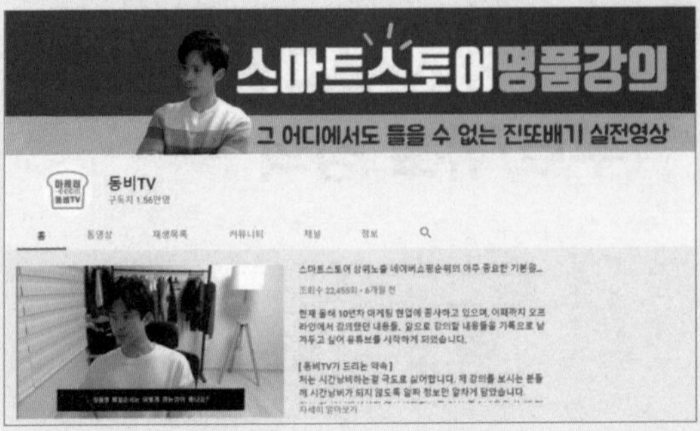

출처 : https://www.youtube.com/channel/UCHxNQtE_YwvWWxJ_7fVVOrg

ⓘ 클래스101 강의 : 상위 1%를 위한 스마트스토어 교과서, 상위 노출 및 매출 상승 전략

출처 : https://class101.net/products/O7SGv57YJ6mzaQerZjaS

'마브사끼' 클래스101 강의(유료)

본인만의 상품을 가진 독자라면 마브사끼의 강의를 통해 스마트스토어 노하우뿐만 아니라 상품 브랜딩, 마케팅 기법도 배울 수 있다.

⓪ 마브사끼의 상품 하나로 스마트스토어 월 1천만 원 만들기

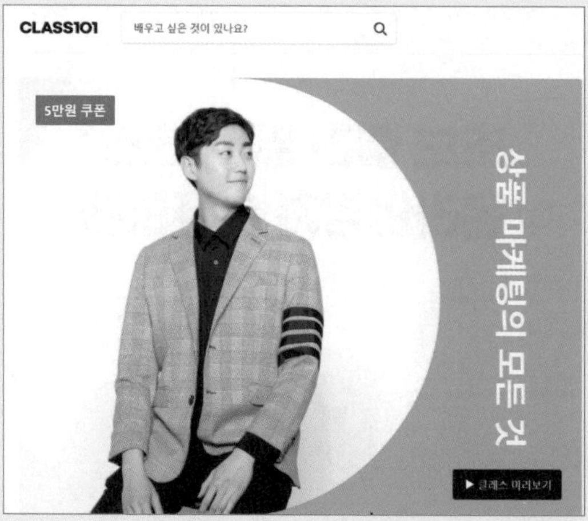

출처 : https://class101.net/products/0GavpYVoznvU9tUjttee

'서울대생의 스마트스토어' 라이프해킹스쿨 강의(유료)

크몽 1위 스마트스토어 고수인 서울대 재학생의 숨겨진 노하우들을 강의를 통해 배울 수 있다.

⓪ 스마트스토어로 경제적 자유 만들기

출처 : https://lifehacking.co.kr/shop/product/view?product_id=71

초보 셀러 필수 코스 : 온라인강자 오픈마켓

초보 셀러들이 필수적으로 하는 온라인판매 채널이 스마트스토어와 오픈마켓이다. 스마트스토어가 지금처럼 뜨기 전까지는 오픈마켓이 15년 이상 국내 온라인판매 채널의 제왕으로 군림하고 있었다. 최근에는 스마트스토어와 쿠팡에 많이 밀리고 있지만, 아직도 많은 고객 트래픽과 충성고객을 가지고 있기에 초보 셀러라면 필수적으로 공략해야 하는 온라인판매 채널이다.

오픈마켓은 판매자가 자유롭게 물건을 판매할 수 있는 열린 시장으로, 판매자와 구매자 사이에서 중개 역할을 하고 수수료를 받는 구조다.

국내 오픈마켓으로는 지마켓, 옥션, 11번가, 인터파크, 멸치쇼핑, 롯데ON 등이 있다. 멸치쇼핑은 다른 업체에 비해서는 규모가 작다. 지마켓과 옥션은 이베이라는 글로벌업체가 운영하고 있었지만, 2021년 신세계가 인수하여 SSG닷컴과 동시에 운영하고 있다.

2020년 롯데가 운영하는 롯데ON(www.lotteon.com)도 출범하였는데 오픈마켓, 종합몰, 기타 몰이 섞여 있는 방식이라 아직 안정되지 않았다. 그러나 롯데의 고객 기반과 잠재력을 보면 크게 성장할 여지는 있다.

	특징
Gmarket AUCTION.	• 2021년 신세계가 이베이로부터 인수 • 거래액 1등 오픈마켓 • G마켓 : 전 연령대의 남녀 고객/옥션 : 30대 후반 이상의 남성 고객 많음 • 옥션은 남성성이 강한 상품군(IT/가전, 레포츠, 자동차용품 등) 판매 우수
11	• 국내 대기업 SK 그룹이 운영하는 오픈마켓 • 모바일판매가 강함(SK텔레콤, OK캐시백 영향) • 20~30대 젊은 고객이 주류임 • 20~30대 젊은층이 좋아하는 감각적인 패션, 잡화 및 트렌디한 상품 판매 우수
인터파크	• 국내 최초 오픈마켓 • 상품 판매보다는 영상/문화 상품 판매가 강함 • 지마켓/옥션/11번가 대비 내부시스템 및 매출 미흡 • 판매자간 경쟁은 G마켓/옥션/11번가 대비 약함
LOTTE ON	• 2020년 오픈 • 롯데 유통 계열사(롯데백화점, 롯데마트 등)들이 모두 입점 • 오픈마켓 형식으로 아직 시스템 안정화 진행 중

각 업체별 타깃 고객 및 선호 상품이 있기 때문에 원칙을 어느 정도는 따르면서 공략하는 것이 좋다. 컴퓨터용품이나 캠핑용품

같은 남성 대상 상품을 판매한다면 옥션에 주력하고, 20대 여성 패션의류를 판매한다면 11번가에 집중하는 식으로, 전략적으로 접근해야 한다. 그러나 이런 특징은 절대적인 것이 아니며, 어디서 판매될지는 아무도 모르기 때문에 모든 오픈마켓에 상품 등록하는 것을 강력히 추천한다. 멸치쇼핑의 경우 경쟁이 치열하지 않고 MD와 딜하기가 타 오픈마켓에 비해 쉬우므로 특가딜이나 기획전을 적극적으로 공략하는 것이 좋다.

판매 수수료

오픈마켓별, 카테고리별로 상이하지만 주력 카테고리의 경우 평균 5~15%(평균 13%) 수준이다. 네이버쇼핑의 시장 지배력이 높아지면서 네이버쇼핑에서 최저가를 잡기 위한 오픈마켓의 비용 부담(할인 쿠폰, 네이버쇼핑 연동비)이 계속 올라가면서 판매 수

지마켓, 옥션 판매자센터 ESMPlus 상품 등록 화면

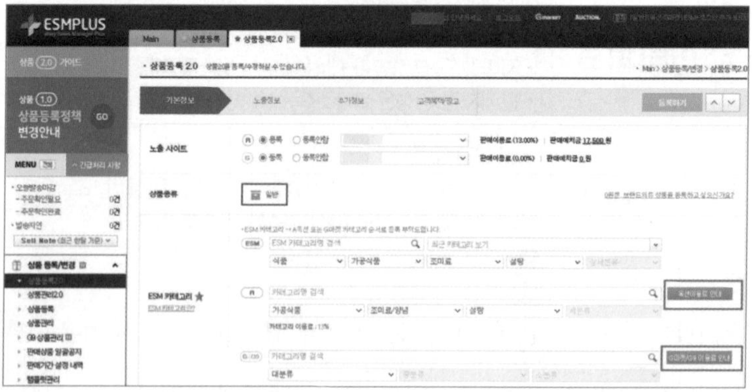

출처 : ESMPlus

수료도 상승하고 있다. 2020년에도 오픈마켓은 수수료가 거의 1% 올랐다. 각 카테고리별 정확한 판매 수수료는 오픈마켓의 판매자센터에 들어가면 확인할 수 있는데, 보통 상품을 등록할 때 카테고리를 선정하면 알 수 있다.

지마켓 카테고리별 수수료

G마켓/G9 판매서비스 이용료 안내

판매 서비스 안내

1. 오픈마켓 : 판매자와 구매자의 자유로운 거래가능
2. 예약

상품종류	제공기능	거래절차	추천상품군
예약상품	일자별 재고/가격설정가능	구매자: 예약신청 > 판매자: 해당일 구매가능 재고확인 후 가격 제시 > 구매자: 결제	여행/펜션/호텔 등...

판매 서비스 안내

카테고리 검색 검색

대분류	중분류	오픈마켓
가공식품	전체	13%
가구/DIY	전체	13%
가방/잡화	전체	13%
건강/의료용품	전체	9%
	건강측정용품	9%
	금연보조용품	12%
	기타건강관리용품	13%
	눈건강용품	12%
	당뇨관리용품	9%
	비데	9%
	성인용품	12%
	손/발건강용품	13%
	실버용품	13%
	안마용품	9%
	일반의료용품	11%

출처 : 지마켓

가격 비교 사이트 연동 비용, 쿠폰 지원 프로그램 비용, 광고비를 모두 합치면 20%가 훌쩍 넘기 때문에, 광고까지 한다면 수수료가 결코 낮지 않다. 그리고 2021년부터는 배송비에도 수수료 3.3%가 적용된다.

정산 기간

업체별로 상이하지만 기본적으로 고객 구매 확정 후 1~2영업일, 구매 미확정 시 배송 완료일로부터 8영업일이다. 인터파크는 구매 미확정 시 상품 발송 후 16일 후에 강제 구매 확정되고 익일 정산된다. 그런데 고객이 구매 확정하는 비율이 낮다는 점을 주의해야 한다.

판매자 입점

각 오픈마켓 홈페이지에 있는 회원가입 코너를 통해 입점한다. 판매자 가입에 필요한 서류를 보내면 검토 후 입점이 승인된다. 입점에 필요한 서류는 업체별로 상이하지만 대표자 신분증 사본, 사업자등록증 사본, 통신판매업신고증 사본, 사업자 통장 사본, 인감증명서 원본 등을 팩스나 등기로 보내면 된다. 롯데ON

지마켓 판매자 회원가입

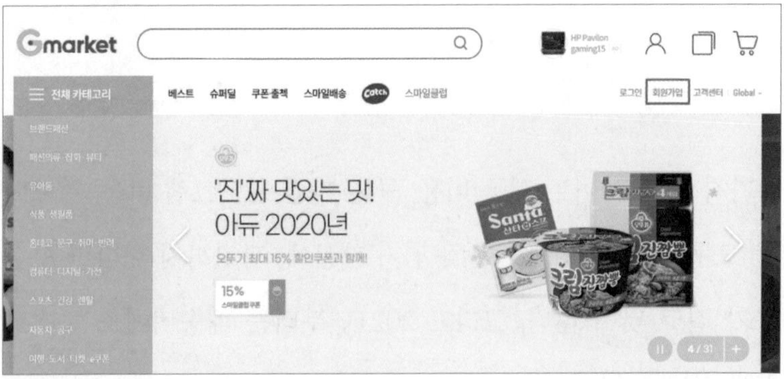

출처 : 지마켓

은 롯데ON 판매지원센터(https://support.lotteon.com)를 통해 입점이 진행된다.

오픈마켓 상위 랭크를 결정하는 지수

오픈마켓의 상위 노출을 결정하는 로직은 매일 바뀌고 업체마다 다르기 때문에 정확하지는 않지만, 대략적으로 다음과 같다.

3일간의 판매 건수 및 금액

서비스 점수 : 배송 점수 + 응대 점수 + 후기 점수

프로모션 활동 : 고객 혜택 제공, 리스팅 광고 구매 점수

검색 정확도 지수

이 중에서 판매 실적의 가중치가 가장 높은데, 스마트스토어 상위 노출의 경우에는 30일간의 실적이 반영되므로, 가구매(허위 구매)가 많이 일어난다. 오픈마켓은 효과가 3일밖에 지속되지 않기 때문에 가구매가 많지 않다. 또한 매출이 조금이라도 나오는 일반적인 키워드는 광고 없이는 1페이지에 올 수 없는 구조이므로 상위 노출이 큰 의미가 없다. 상위 노출은 리스팅 광고를 집행하는 경우에 광고를 하는 모든 상품 중에 노출 우선순위를 결정할 때 의미가 있다.

오픈마켓 판매 시 꼭 알아야 할 핵심 포인트

카테고리 수수료 적용

오픈마켓의 경우 카테고리 수수료를 최종 판매가가 아닌 정상 판매가에 적용한다. 정상가 1만 원짜리 상품을 30% 할인해서 7천 원에 판매한다면, 카테고리 수수료는 7천 원이 아닌 1만 원에 대해 적용된다. 스마트스토어와 쿠팡의 경우는 카테고리 수수료를 정상가가 아닌 최종 판매가에 적용한다.

가격 비교 사이트 노출

오픈마켓에는 카테고리 수수료 말고도 추가로 나가는 비용이 있다. 대부분의 판매자들이 네이버쇼핑, 에누리, 다나와 등 가격 비교 사이트에 노출하는데, 이렇게 노출할 때 추가로 수수료가 들어간다. 네이버쇼핑 연동 노출 수수료가 2%인데, 오픈마켓별로 다르긴 하지만 5:5로 부담하기도 하고 판매자가 모두 부담하기도 한다. 연동 노출 수수료의 경우 이전에는 오픈마켓 판매자가 부담하지 않았는데, 수익 구조가 악화되면서 판매자의 부담 비율이 갈수록 높아지고 있다. 가격 비교 사이트 노출 설정은 상품 등록 페이지에서 한다. 특정 오픈마켓에서만 할인 행사를 하고 다른 판매 채널에서는 가격이 무너지는 것을 막기 위해 가격 비교 사이트 등록을 하지 않아야 하는 경우가 있는데, 이때는 가격 비교 사이트 노출 설정을 꺼야 한다.

이베이(지마켓/옥션) ESMPlus 상품 등록 시 가격 비교 사이트 노출 설정 화면

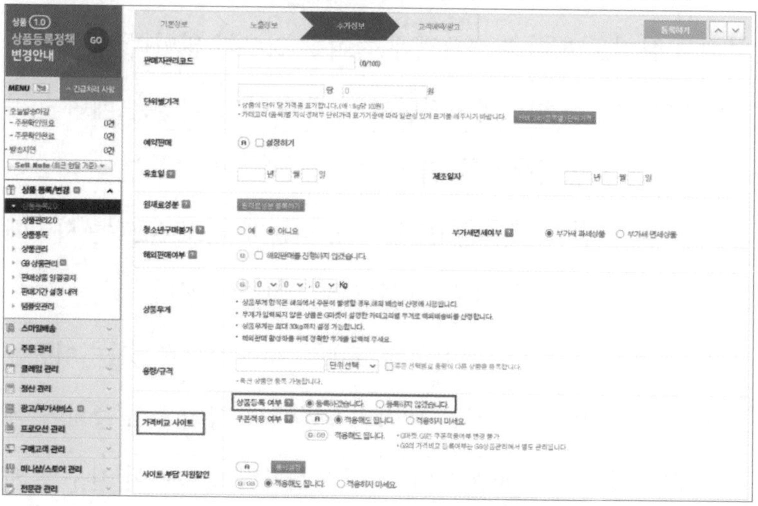

출처 : ESMPlus

오픈마켓 지원 할인 프로그램

가격 비교 사이트 노출 비용 이외에 오픈마켓 지원 할인 프로그램에 참여하면 추가로 비용이 든다. 오픈마켓별로 매출을 올리기 위해 별도의 할인 쿠폰을 붙여주는데, 할인 쿠폰 비용의 10~20%를 판매자가 부담한다(오픈마켓에서 80~90% 부담). 가격 비교 사이트 노출 설정과 마찬가지로 오픈마켓 판매자센터에서 오픈마켓 지원 할인 프로그램을 설정할 수 있다. 프로그램에 참가할 때는 주의해야 한다. 언제, 몇 % 할인 쿠폰이 붙는지 판매자에게 알려주지 않기 때문에 가격 관리가 중요한 상품의 경우 참여 여부를 심도 있게 검토해야 한다.

실제로 오픈마켓에 상품을 등록하는 초보 셀러들의 경우 무엇

인지도 모르고 참가하는 경우가 많은데, 나중에 정산 금액이 이상해서 살펴보면 이 프로그램에 참여한 경우가 많았다.

오픈마켓의 실적이 악화되면서 판매자 부담 비율은 매년 높아지고 있다. 소셜커머스인 위메프의 경우는 판매자 부담 비율이 무려 50%다. 굳이 쿠폰을 안 붙여도 되는데 나도 모르는 사이에 붙어서 마진을 줄이는 경우가 없도록 주의해야 한다.

오픈마켓에서 지원 할인 프로그램을 적극적으로 하는 이유는 쿠폰으로 가격이 낮아지면 네이버쇼핑에서 상위에 노출되어 매출이 많이 올라가기 때문이다. 네이버쇼핑의 영향력이 갈수록 커

오픈마켓 지원 할인 프로그램 공지

옥션 지원 할인 프로그램 참여 안내

안녕하세요. 옥션입니다.
옥션은 2011년 1월부터 옥션이 할인을 부담하는 옥션 지원 할인 프로그램을 시행해오고 있으며, 본 프로그램 참여에 동의하신 판매자 상품에 한하여 옥션에서 제공하는 할인혜택이 적용됩니다.

옥션 지원 할인 프로그램에 참여하시면, 등록하신 모든 상품은 옥션 및 가격비교 사이트에서 옥션 지원 할인 프로그램 적용 대상이 됩니다. 그러나, 동의하지 않으실 경우 해당 판매자가 등록하신 모든 상품은 옥션 지원 할인 프로그램 적용 대상에서 제외되며, 판매자가 등록하신 판매가격 또는 판매자가 부담하시는 할인만 적용되어 판매가 됩니다.

옥션 지원 할인 프로그램이란, 상품의 정상 판매가격에 구매자에게 제공하는 상품 할인액*에 따라 카테고리 별 서비스이용료 범위 내의 서비스이용료 할인을 적용하여, 판매자의 서비스이용료 부담을 낮추는 동시에 구매자에게는 더욱 저렴한 가격의 상품을 판매하도록 하는 거래 활성화 프로그램입니다.
* 회사가 부담하는 할인액에 한하며, 구체적인 적용범위는 「지원 할인 프로그램 계산 예시」를 참조하시기 바랍니다.

[ESM+계정관리>옥션 계정관리>회원정보수정]에서 판매자ID 별로 동의여부를 설정 및 변경 할 수 있으며, 미설정시 [참여함]으로 보여지므로 [회원정보수정]을 클릭하여 저장해야 변경됩니다.

판매자가 옥션이 시행하는 옥션 지원 할인 프로그램에 참여하여 구매자에게 판매 상품에 대한 할인을 제공하시는 경우, 판매자가 옥션에 지급하는 서비스이용료가 변경될 수 있습니다. 「지원 할인 프로그램 계산 예시」

판매자가 옥션 지원 할인 프로그램 참여에 동의한 이후에도 언제든지 원하실 경우 참여여부를 변경하실 수 있습니다. 즉, 판매자는 본 프로그램 탈퇴 및 (재)참여의 선택에 의해 옥션 지원 할인 프로그램의 적용 여부 및 적용기간을 변경할 수 있습니다.
- 참여여부를 변경하시기 전 까지는 기존 선택이 지속 적용됩니다. 단, 참여여부 변경 시 그 반영은 변경시점부터 즉시 이루어 집니다.
- 옥션 지원 할인 프로그램 참여에 동의한 상태에서도 개별 등록상품별로 프로그램 적용 여부를 선택할 수 있습니다.
- 복수ID를 사용하고 있을 경우 참여 및 변경의 효력은 판매자가 보유한 모든 ID에 미치게 되고, 개인회원에 사업자 회원으로 전환시 기존 동의 여부를 그대로 승계하게 됩니다.

* 이상의 고지 및 참여 여부의 선택은 옥션과 판매자 간에 옥션이용약관 제2조 다 항에 의한 개별 약관 (정)을 구성하며 본건에 관하여 이베이코리아 유한책임회사 약관에 우선하여 적용됩니다.
* 옥션 지원 할인 프로그램 참여로 인해 판매자 수수료가 조정될 경우 옥션이 판매자께 발행하는 세금계산서 상의 공급가액 및 세액 또한 수수료 조정에 따라 변동됩니다.
* 2017년 12월 1일 이후 주문부터 개정된 옥션 지원 할인 프로그램이 적용됩니다. 이에 따라 서비스이용료가 높아날 수 있으며, 자세한 사항은 위 「지원 할인 프로그램 계산 예시」를 참조하시기 바랍니다.

출처 : 옥션

지고 있기 때문에 네이버쇼핑의 상위 노출은 모든 쇼핑몰에 가장 중요한 요소가 되고 있다. 오픈마켓 지원 할인 프로그램은 잘만 활용하면 비용을 적게 들이고도 폭발적인 매출을 만들어낼 수도 있으니 효율적으로 사용하기 바란다.

오픈마켓 지원 할인 프로그램 참가 설정 화면

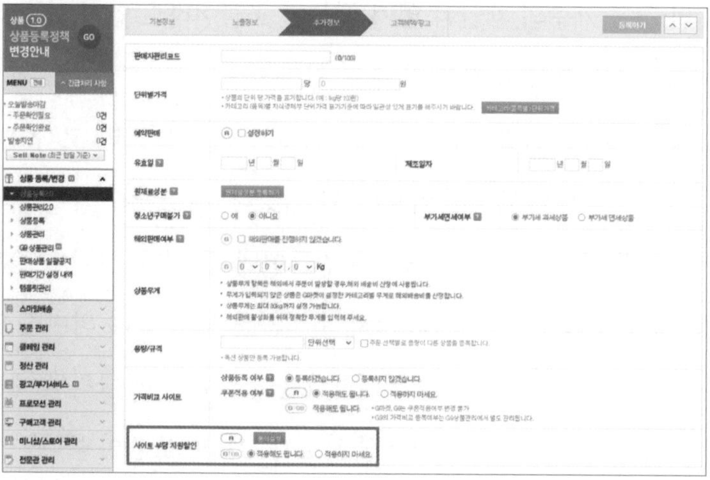

출처 : ESMPlus

광고와 상위 노출

스마트스토어와 달리 오픈마켓은 상위 노출이 무의미하다. 광고를 하지 않으면 조금이라도 조회수가 있는 키워드라면 3페이지 이후에나 나오기 때문이다. 오픈마켓은 광고가 많기 때문에 1페이지는 100% 광고 상품이고, 광고가 붙지 않는 인기 없는 키워드여야 일반 상품 상위 노출 1등 상품이 1페이지에 나오게 된다.

'수납장'을 지마켓에서 검색해보면(2022년 5월 기준) 1페이지부터 광고 상품인 '먼저 둘러보세요' 4개, '오늘의 상품이에요' (CPC 광고) 10개, '이 상품은 어떠세요?' 10개, '스마일배송' 6개, 저렴한 리스팅 광고 상품인 '주목할 만한 상품이에요' 1,523개가 나오고 16페이지에 가서야 일반 상품 상위 노출 1등 상품이 나온다. 가격이 저렴한 리스팅 광고 상품인 '주목할 만한 상품이에요'의 경우 개수의 제안이 없기 때문에 조금이라도 인기 있는 키워드의 경우 수백, 수천 개일 수도 있다.

오픈마켓의 구조가 이렇다 보니 광고를 하지 않으면 고객에게 노출이 되지 않아서 매출이 나오기 힘들다. 최소한 가격이 저렴한 리스팅 광고라도 해야 매출을 만들어낼 수 있다. 상위 노출은 리스팅 광고를 하는 상품 내에서 우선순위를 정할 때 의미가 있다. 일 고정비를 내는 고정 광고는 효율이 떨어지고, 클릭당 매출이 발생하는 CPC 광고와 리스팅 광고가 그나마 효율이 높다.

초보 셀러 오픈마켓 활용 전략

광고를 안 하면 상위 노출은 어렵지만, 그래도 검색에 의한 매출도 있기 때문에 지레 겁먹고 포기하지 말고 카테고리, 키워드를 잘 잡아서 등록해야 한다. 검색량이 적은 세부키워드의 경우 광고 상품의 숫자가 적기 때문에 광고를 안 해도 판매가 된다. 그러니 광고에 대해 공부해서 오픈마켓에 상품을 등록해야 한다. 초보자가 오픈마켓, 소셜커머스, 스마트스토어에 동일 상품을 처음 등록할 때 스마트스토어 지수가 높지 않은 경우 네이버쇼핑에서 스마트스토어보다 오픈마켓, 소셜커머스에 등록한 상품이 상위 노출되는 경우가 많다는 것도 숙지하기 바란다. 오픈마켓 광고는 오픈마켓 무료 교육센터를 통해 공부하고 직접 집행해봐야 한다.

이베이(G마켓/옥션) 판매자 교육센터 : http://rpp.gmarket.co.kr/?exhib=47084

11번가 교육센터 : http://seller.11st.co.kr

어느 정도 오픈마켓 광고에 대해 알고 난 후 각 오픈마켓의 공식 광고대행사를 통해 광고를 집행하는 것을 추천한다. 공식 광

11번가 무료 동영상 광고 교육

출처 : 11번가

고대행사를 써서 광고하면 대행 수수료를 판매자가 아니라 오픈마켓에서 부담하기 때문이다. 대행사는 각 오픈마켓 판매자센터에서 확인할 수 있다.

오픈마켓을 활용하는 또 하나의 팁은 MD와의 소통을 통해 각종 특가딜이나 기획전 등에 참가하는 것이다. 딜이나 기획전에 참가하면 광고비 지출 없이 큰 매출을 기대해볼 수 있다. 그러나 판매자의 숫자가 너무나 많기 때문에 MD의 선택을 받기는 쉽지 않다. 상품과 판매가에 자신이 있다면 꾸준히 MD에게 제안할 수밖에 없다. 오픈마켓에서 광고를 집행하거나 스마일 배송 프로그램에 참여하는 경우, 각종 딜이나 기획전에 참가하기가 더욱 쉬워진다.

⊕ 지마켓/옥션 행사 제안('ESMPlus 문의하기' 클릭)

출처 : ESMPlus

오픈몰과 특가 행사가 결합된 소셜커머스

소셜커머스라면 무엇이 떠오르는가? '반값 할인', '단 하루 80% 초특가', '미친 가격' 등 할인 행사가 떠오를 것이다. 10년 전 아이폰을 비롯한 스마트폰이 출시되면서 초특가 할인을 내세운 쿠팡, 위메프, 티몬 같은 소셜커머스가 폭발적으로 성장하였다. 처음에는 카페, 레스토랑 등 음식점 특가 할인을 주로 하다가 점차 여행, 문화, 공연, 예술 분야에 이어 쇼핑 영역으로까지 확대되었다.

2015년까지만 해도 '특가 행사' 전문 커머스였는데, 수익성 악화에 따라 전반적으로 시스템을 개편하였다. 소셜커머스의 최대 단점인 상품 구색 문제를 해결하고 수익 구조 개선을 위해 광고를 붙이다 보니 오픈마켓 형태의 상품 등록식 판매 시스템도 결합하게 된 것이다. 지금 보면 소셜커머스와 오픈마켓을 구분하는 게 굳이 의미가 있을까 싶을 정도다. 소셜커머스는 상품 등록식 판매 시스템을 추가하고, 오픈마켓은 소셜커머스의 장점인 특가딜 형태의 판매 방식(슈퍼딜, 쇼킹딜, 올킬 등)을 추가했으니 말이다. 그러나 특가딜, 기획전 같은 행사는 소셜커머스가 여전히 강세를 보인다.

위메프, 티몬은 비슷한 시스템이지만, 쿠팡은 한국의 아마존을 꿈꾸며 차별화된 시스템을 지속적으로 선보이고 있다. 로켓배송, 로켓와우, 로켓프레시, 로켓제휴, 쿠팡파트너스, 아이템위너 등 기타 쇼핑몰에 비해 강점을 가진 서비스가 많다. 적극적인 투자와 노력 덕분인지, 쿠팡의 거래액은 최근 2년 사이에 급등하여 네이버쇼핑과 함께 거래액 1, 2등을 다투고 있다. 위메프가 어느 정도 선방하고 있지만 미흡하고, 티몬은 문화, 여행, 공연, 음식점 판매에서는 아직도 강세를 보이지만, 상품 판매에서는 쿠팡, 위

2020년 주요 e커머스 거래액

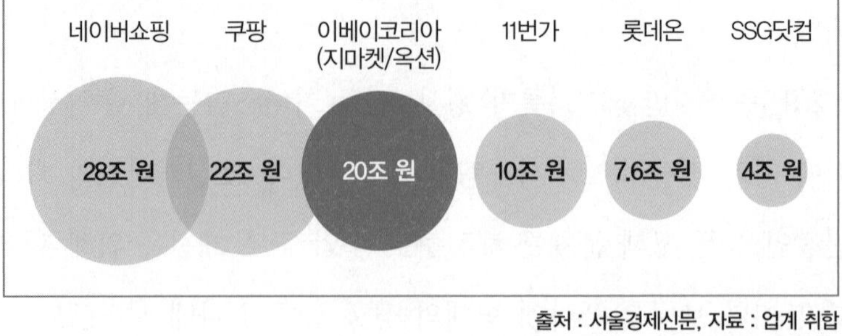

출처 : 서울경제신문, 자료 : 업계 취합

메프에 비해 많이 뒤처진다.

쿠팡의 경우 막대한 물류/배송 투자를 바탕으로 익일배송, 새벽배송 등 빠른 배송을 무기로 주부들의 맘을 사로잡았다. 분유, 기저귀, 식품 등 재구매 및 빠른 배송이 필요한 생필품은 쿠팡 로켓배송 이용률이 압도적이다. 로켓배송 상품은 최근 2~3년 사이에 몇백만 단위로 늘어났으며, 계속 증가하고 있다.

초보 셀러 입장에서는 당연히 오픈마켓과 함께 고객 트래픽이 큰 소셜커머스를 공략할 필요가 있다. 오픈마켓의 경우 MD와의 커뮤니케이션이 어렵지만 위메프, 티몬의 경우는 MD들과 만나서 다양한 행사들을 진행하기가 쉽다는 장점이 있다.

쿠팡은 생필품 로켓배송 상품이 매출의 절반 이상을 차지하고 있는 데 비해, 위메프나 티몬은 특가딜, 기획전에서 매출이 나온다. 쿠팡은 최근에 판매량이 많은 대품 위주로 PB를 출시해서 밀고 있지만, 쿠팡의 빡빡한 거래 조건을 맞추기가 쉽지는 않다.

소셜커머스 3사의 카테고리별 선호도 순위

	1위	2위	3위
coupang	출산/유아동 (55.3%)	화장품/미용/헤어 (47.5%)	의류 및 패션잡화 (46.6%)
위메프	식품 (35.1%)	의류 및 패션잡화 (32.6%)	가구/인테리어 (32.3%)
TMON	이용권/쿠폰 (35.1%)	공연/전시/티켓 (34.8%)	항공권/여행/숙박 (32.6%)

출처 : 대신증권 리서치센터

소셜커머스 판매 방식별 특징

특가딜, 기획전	수수료 8~20% • 진행 시 MD의 승인이 필요, 한정 판매 기간 • 온라인 최저가 기준으로 진행한다. • 행사 강도에 따라 수수료 협상 가능(10% 이하 수수료도 가능)
상품 등록식 판매	수수료 7~18% • 판매자 등록 후 손쉽게 판매 가능 • 쿠팡이 10% 내외로 낮고 위메프, 티몬은 12% 이상으로 약간 높다. • 오픈마켓처럼 광고 상품이 많이 생기고 있다. • 쿠팡은 최저가 판매자를 밀어주는 '아이템위너' 시스템을 운영(미국 아마존 Sell Yours 방식 벤치마킹)
사입 판매 (쿠팡 로켓배송)	쿠팡 마진 30~45% • 신규 입점 시 쿠팡 마진 30% 이하면 입점 승인이 어렵다. • 재고 부족 시 시스템 자동 발주 • 가격은 온라인 최저가에 자동으로 맞춰진다. • 로켓배송에 입점하면 타 쇼핑몰에서 가격 행사가 어렵다(쿠팡 마진이 일정 수준 이하로 내려가면 MD에게서 연락이 온다).

정산 기간

소셜커머스의 경우 업체별로 다르지만 기본적으로 정산 기간이 40~60일로 매우 길다. 그래서 자금 회전에 어려움을 겪는 업체는 소셜커머스 거래가 힘들다. 정산 기간 때문에 입점을 고민하고 있다면 일정 수수료를 지급하고 대금을 먼저 지급받는 선정산 서비스를 이용하면 좋다. 데일리페이, 비타페이, 미리페이, KB셀러론 등 다양한 선정산업체들이 있으며, 평균적으로 하루 수수료 0.03~0.05%선이다. 저렴한 것 같지만 1년으로 생각하면 15% 이상의 높은 이자율임을 염두에 두자.

㊦ 선정산 서비스 데일리페이

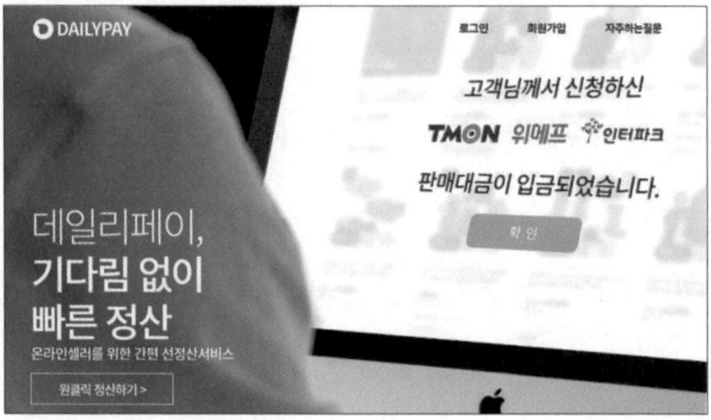

판매자 입점

소셜커머스 홈페이지에 있는 회원가입을 통해 입점한다. 판매자 가입에 필요한 서류를 보내면 검토 후 입점이 승인된다. 입점에 필요한 서류는 업체별로 다르지만, 사업자등록증 사본, 통신판매업신고증 사본, 사업자통장 사본 등이 필요하다. 판매자 입점은 어렵지 않지만 특가딜, 기획전 입점은 MD의 승인이 필요

㊦ 위메프 홈페이지 내 입점 제안

하기 때문에, 행사 메리트가 부족하면 진행이 쉽지 않다.

소셜커머스 판매 시 꼭 알아야 할 핵심 포인트

수수료 적용

오픈마켓과 달리 소셜커머스는 정상 판매가가 아닌 최종 판매가에 카테고리 수수료가 적용되고, 배송비에도 수수료가 적용된다는 점을 기억해야 한다. 그리고 오픈마켓과 마찬가지로 가격 비교 사이트(네이버쇼핑, 에누리, 다나와 등) 연동 시 1~2%가 추가로 적용된다. 단, 쿠팡은 가격 비교 사이트 연동 수수료가 없다.

월 서버 이용료

소셜커머스는 매출액 기준으로 매달 부과되는 서버 이용료가 있는데, 초보 셀러는 반드시 숙지하고 있어야 한다.

- **쿠팡 : 월 매출 100만 원 이상 시 매월 55,000원(가전/디지털/컴퓨터는 월 매출 500만 원 이상 시 55,000원)**
- **위메프 : 월 매출 100만 원 이상 시 매월 99,000원**
- **티몬 : 월 매출 20만 원 이상 시 매월 99,000원**

월 매출액이 기준선을 약간 넘는 정도라면 역마진이 발생할 수도 있으므로, 소셜커머스 판매 시에는 월 매출 추이를 잘 보면서 판매를 진행해야 한다.

소셜커머스 판촉 지원 프로그램

오픈마켓과 마찬가지로 소셜커머스도 할인 쿠폰을 적용시켜주는 판촉 지원 프로그램을 운영하고 있다. 오픈마켓보다는 소셜커머스 중에서도 위메프가 공격적으로 할인 쿠폰을 주고 있다. 각 업체별로 판매자 분담률은 지속적으로 상승하고 있으며, 위메프는 쿠폰 지원 금액의 50%를 판매자가 부담해야 한다. 오픈마켓과 마찬가지로 해당 프로그램의 참가 여부를 판매자가 직접 선택할 수 있다. 소셜커머스의 공격적인 쿠폰 지원금을 바탕으로 온라인 최저가를 만들면 폭발적인 매출이 발생할 수도 있기 때문에, 잘만 이용하면 훌륭한 판매 촉진 수단이 될 수 있다. 위메프, 티몬에서 광고 또는 행사가 진행 중이거나 메리트가 있는 상품에 쿠폰을 적용시켜 네이버쇼핑에서 최저가를 잡는 전략을 많이 구사한다.

특가딜/기획전

소셜커머스 자체가 검색 상위 노출이 아니라 특가딜/기획전에 의한 판매가 주력이다 보니, 일반 상품 등록식 판매는 매출이 많지 않다. 그렇기에 MD와의 커뮤니케이션을 통해 특가딜/기획전을 진행해서 매출을 극대화하는 것이 소셜커머스 판매의 키포인트다. 위메프, 티몬의 경우 카테고리 MD와의 소통이 쉽기 때문에, 가격 경쟁력이 있는 행사를 제안할 수 있다면 주저하지 말고 제안해야 한다. 오픈마켓에 비해 타임세일 등 워낙 많은 특가딜과 기획전이 진행되기 때문에 선정되기도 수월하다. 수수료의 경우 MD와의 네고를 통해 얼마든지 조정이 가능하기 때문에 협상을 잘해야 한다.

티몬의 다양한 타임커머스 특가딜/기획전

출처 : 티몬

쿠팡 아이템위너 시스템

쿠팡에는 아이템위너라는 시스템이 있다. 여러 명의 판매자가 동일 상품을 판매하면 하나의 상세페이지에 묶여서 보이는데, 이때 판매가와 배송비를 합해서 최저가인 판매자가 '아이템위너'로 선정된다. '아이템위너' 판매자는 묶여 있는 모든 판매자들이 기존에 가지고 있던 구매 후기를 가져가고, 다른 판매자들은 '다른 판매자 보기'라는 아이콘 안으로 들어간다.

무조건 최저가만으로 아이템위너가 정해지는 것은 아니지만, 가격이 절대적인 영향을 미친다. 판매를 시작한 지 얼마 안 되어 후기도 없고 노출도 잘 안 되는 초보 판매자라도 아이템위너로 선정되면 단기간에 엄청난 매출을 올릴 수도 있다. 그러나 치열한 가격 경쟁이 벌어지기 때문에 마진은 계속 감소할 수밖에 없다. 그리고 수많은 노력으로 쌓아놓은 구매 후기들을 하루아침에 아이템위너 1등에게 빼앗기는 일이 벌어질 수도 있다. 그렇기 때문에 아이템위너는 양날의 검이 될 수 있다.

가격 경쟁력이 있는 판매자라면 아이템위너 시스템을 활용하면 좋은 결과를 얻을 수 있다. 쿠팡에서 동일 상품을 찾아서 아이템위너로 묶어주기도 하지만, 직접 판매자센터의 상품 관리 시스템에서 동일 상품을 찾아서 아이템위너로 묶을 수도 있다. 쿠팡에서는 이런 아이템위너 경쟁을 부추기기 위해 판매자의 상품 중에 아이템위너가 아닌 상품들을 정기적으로 알려주는 메시지를 보내고 있다.

커클랜드 케틀 핑크솔트 감자칩의 경우 총 5명의 판매자가 있는데, 이 중 가장 위의 판매자가 배송비 포함 최저가로 아이템위너에 선정되어 노출되어 있고, 4명의 판매자가 '다른 판매자 보기'에 속한 것을 확인할 수 있다. 5명의 판매자들이 쌓아놓은 총 80개의 상품평도 아이템위너 판매자가 독식하게 된다.

커클랜드 케틀 핑크솔트 감자칩의 예

출처 : 쿠팡

쿠팡 다이렉트 링크 판매(쿠팡 마켓플레이스 스토어)

쿠팡의 카테고리 수수료는 보통 10% 내외이지만, 개별 판매자 스토어의 다이렉트 링크 주소를 통해 24시간 내에 판매하게 되면 3.5%의 저렴한 수수료를 부과하는 시스템을 2020년도부터 시작했다. 스마트스토어가 네이버쇼핑 연동 수수료 2%를 제외하면 수수료가 3.7% 정도인 것을 겨냥해서 만든 시스템인 것 같은데, 잘 활용하면 수수료를 줄이는 데 큰 도움이 된다. 대량 매출

고객이 있을 때 스토어 다이렉트 링크를 통해 구매를 유도하면 수수료가 1/3로 줄어든다. 수수료가 줄어든 만큼 고객에게 추가 혜택을 줄 수도 있고 가격 할인도 가능하다. 쿠팡 스토어의 다이렉트 링크 주소는 쿠팡 판매자센터(쿠팡윙)에 들어가면 확인할 수 있다.

명칭	쿠팡 마켓플레이스 '스토어'
형태	오픈마켓
특징	입점 판매자에 개별 온라인쇼핑몰 형태의 '스토어' 제공
혜택	스토어 다이렉트 링크로 24시간 내 구매시 수수료 3.5% (판매 대금 기준, VAT 별도)
기존 수수료	카테고리별 상이, 최대 10%대

쿠팡 스토어 다이렉트 링크 주소

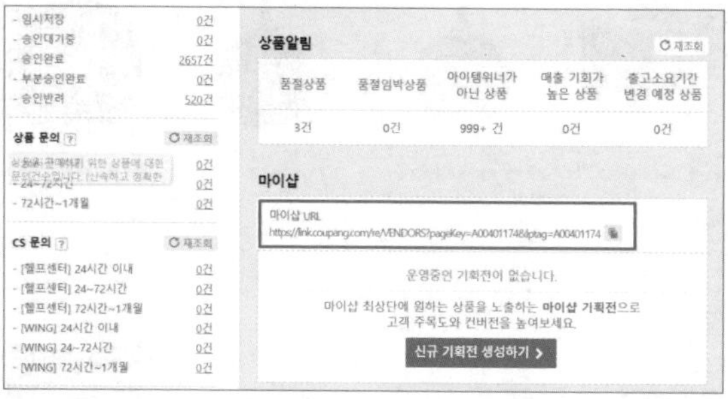

출처 : 쿠팡 판매자센터

쿠팡 로켓배송

쿠팡에서 가장 매출이 많은 상품은 거의 로켓배송 상품이다. 로켓배송 상품은 쿠팡이 사입해서 판매하다 보니 당연히 노출 면에서 탁월하고, 온라인 최저가에서 쿠팡 마진이 30% 이상이 되게끔 공급가가 결정되다 보니 가격 경쟁력도 최고다. 그렇기 때문에 로켓배송 상품은 매출이 많이 나올 수밖에 없다.

일반 상품을 쿠팡에서 판매할 때는 로켓배송 상품이 없는 카테고리에 등록해서 판매하는 것도 하나의 팁이다. 그만큼 쿠팡에서 로켓배송의 파워는 절대적이다. 고객의 입장에서는 다음 날 바로 배송되고 가격도 최저가인 로켓배송 상품을 구매할 것이다. 로켓

'후라이팬' 키워드 1페이지 상단 노출 결과

출처 : 쿠팡

배송 상품이 있는 카테고리의 경우 1페이지 상단은 로켓배송 상품 또는 광고 상품이 차지하고 있다. 쿠팡 입장에서는 사입해서 판매하는 로켓배송 상품의 노출을 극대화해서 판매를 늘리는 전략을 쓰게 된다.

로켓배송은 특히 마케팅, 영업력이 약한 업체일수록 좋다. 쿠팡에서 사입해서 마케팅을 하기 때문에, 공급업체 입장에서는 쿠팡 센터로 배송하기만 하면 된다. 게다가 포장, 배송, 반품, 교환, 고객 CS 등 손이 많이 가는 작업도 모두 쿠팡에서 담당한다. 재구매가 많이 일어나는 생필품, 식품의 경우에 쿠팡 로켓배송의 매출이 온라인 유통을 전부 합친 것보다 많은 경우도 허다하다.

이런 장점이 있지만, 로켓배송에 입점할 때는 크게 3가지를 생각해야 한다. 첫째, 과연 온라인 최저가 조건에서 쿠팡 마진을 30% 이상을 줄 수 있을 정도로 공급가를 제안할 수 있는지 고려해야 한다. 2018년까지만 해도 쿠팡에 15~20% 마진을 제안했을 때 입점되는 경우도 있었지만 2019년 이후로는 30% 이상 쿠팡 마진이 나오도록 제안해야 입점되는 경향이 강하다. 둘째, 쿠팡 로켓배송에 입점하면 타 유통 채널의 판매는 포기해야 한다는 점이다. 로켓배송 가격이 온라인 최저가에 맞춰져서 다른 유통 채널에서 특가딜 행사나 기획전을 해서 가격을 낮추게 되면 로켓배송의 상품 마진이 적어지기 때문에, 쿠팡에서는 공급가를 더 낮추든가 타 유통 채널의 가격을 올리게끔 요구한다. 이를 수용하기는 매우 어렵다. 셋째, 쿠팡에서 로켓배송 상품의 가격 결정권을 가지다 보니 내 상품이어도 온라인에서 가격 관리가 어렵다. 쿠팡에서 자체적으로 일부 마진을 포기하더라도 로켓배송 상품의 가격 인하 행사를 진행하는데, 그러면 전체 유통 가격이 흔들리는 결과가 된다.

로켓배송을 진행할 때 또 하나 주의할 점은 정산 기간이다. 로켓배송 상품은 세금계산서를 발행하고 50일 후 정산하는 조건이다. 매출도 큰데 정산 기간도 길기 때문에, 자금이 충분하지 않으면 진행하기가 어렵다.

이런 단점을 수용할 수 있다면 로켓배송 입점을 진행하는 것도 좋다. 직원이 적고 마케팅, 광고 능력이 떨어지는 경우, 로켓배송 입점을 통해 매출, 수익 면에서 빠른 성장을 기대하거나 브랜드 인지도도 올라갈 수 있다. 기본적으로 남의 상품을 판매하는 경

홈페이지 상단에서 '입점신청' 클릭 후 '로켓배송' 선택

로켓배송 전용 관리 시스템 '서플라이어 허브' 신규 업체 입점 신청 양식

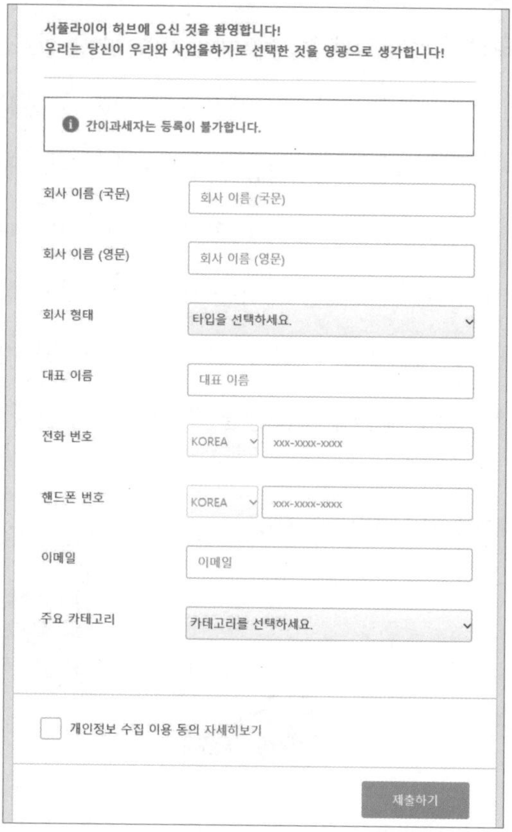
서플라이어 허브에 오신 것을 환영합니다!
우리는 당신이 우리와 사업을하기로 선택한 것을 영광으로 생각합니다!

간이과세자는 등록이 불가합니다.

회사 이름 (국문) | 회사 이름 (국문)
회사 이름 (영문) | 회사 이름 (영문)
회사 형태 | 타입을 선택하세요.
대표 이름 | 대표 이름
전화 번호 | KOREA | xxx-xxxx-xxxx
핸드폰 번호 | KOREA | xxx-xxxx-xxxx
이메일 | 이메일
주요 카테고리 | 카테고리를 선택하세요.

개인정보 수집 이용 동의 자세히보기

제출하기

우에 로켓배송 진행이 쉽지 않지만, 나만의 독점 상품을 가진 경우에는 로켓배송 입점이 가능하다. 외국 수입 상품의 경우, 이미 로켓배송에 해당 상품이 입점되어 있으면 입점이 불가하다.

로켓배송 상품이 많지 않았을 때는 입점이 쉽지 않았지만, 지금은 로켓배송 상품이 너무 많아져서 입점하기가 매우 쉬워졌다. MD에게 개인적으로 연락할 필요도 없고 쿠팡 홈페이지에서 직접 신청하면 며칠 뒤 입점 승인 여부를 확인할 수 있다.

지마켓/옥션의 스마일배송 시스템과 비슷한 콘셉트로, 일정 수수료를 내고 쿠팡 물류센터에 상품을 입고시키면 포장, 배송, CS는 쿠팡에서 담당하는 '제트배송'이라는 서비스도 신설되었다. 제트배송을 이용하면 쿠팡 로켓배송 상품처럼 익일배송이 가능하고, 상품 설명에 '제트배송'이라는 표시가 붙어서 상품 판매에 매우 유리한 고지를 점할 수 있다. 단, 수수료가 20~30%(카테고리 수수료 별도)로 높기 때문에 효율성을 잘 검토하고 진행해야 한다.

ⓘ **쿠팡에 새롭게 신설된 '제트배송' 서비스**

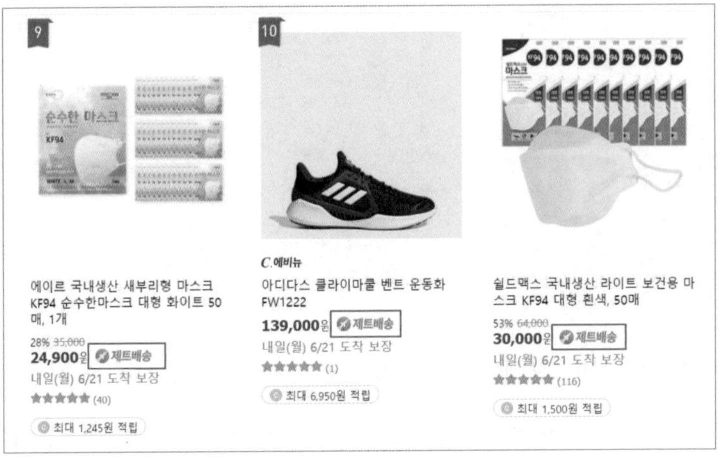

무재고 위탁 판매의 대표주자, B2B 배송대행 판매

초보 셀러들이 온라인판매를 시작할 때 가장 큰 걱정이라면 당연히 자금이다. 상품을 사입해서 판매하는 것이 일반적인데, 사입에는 돈이 필요하고 사입한 상품이 안 팔린다면 큰 문제가 발생할 것이다. 처음 시작하는 입장에서 상품을 보는 눈이 있을 리 만무하니, 아무래도 실패할 확률이 높다. 넉넉하지 않은 돈으로도 사업이 가능하다고 해서 뛰어든 온라인판매인데, 몇 번 실패하면 돈이 다 떨어진다. 그렇기 때문에 초보 셀러들은 사입을 부담스러워하고 사입보다는 재고를 보유하지 않고 판매하는 위탁 판매를 선호하게 된다.

상품을 사입할 필요 없이 마케팅 및 판매 활동만 하면 되고, 상품 공급업체에 고객 정보를 주면 상품 공급업체가 포장하여 배송

해주니 얼마나 환상적인 판매 방식인가? 유튜브에 널려 있는 수많은 온라인창업 콘텐츠는 이런 위탁 판매를 다루는 것이 많다. 무재고, 무자본으로 온라인판매를 시작할 수 있고, 하루 2시간 일하고 월 1천만 원 번다는 자극적인 카피로 예비 창업자 및 직장인을 끌어들이고 있다. 실제로 이런 자극적인 유튜브를 보고 온라인판매에 대한 환상을 품고 이 업계에 뛰어든 사람들이 엄청나게 많다.

위탁 판매 콘셉트의 B2B 배송대행 도매업체들이 이런 내용으로 판매자들을 모집하고 있다. 다른 것은 몰라도 B2B 배송대행 도매몰이 무자본이라는 말만 빼고 홍보하면 좋을 것이다. 사실이 아니기 때문이다. B2B 배송대행 위탁 도매몰의 상품을 오픈마켓이나 소셜커머스에서 판매하면 위탁 도매몰에 해당 상품을 판매한 당일 입금해야 한다(보통 판매자가 적립금을 미리 충전하는데, 이 적립금에서 공제된다). 그리고 도매몰에서는 적립금 충전이 확인되면 도매몰에서 상품을 고객에게 배송한다.

문제는 고객이 구매 미확정 시 오픈마켓은 대략 14일, 소셜커머스는 대략 2달이나 걸려 정산이 된다는 것이다. 미리 사입한 상품이 안 팔려서 생기는 문제는 없지만, 매출이 많아질수록 계속 도매몰에서 구매할 돈이 필요하다. 신용카드로 해결하면 된다지만, 일반적인 B2B 배송대행 도매몰에서는 신용카드로 적립금을 충전할 수 없다. 신용카드가 되더라도 한도가 넘으면 방법이 없다. 그래서 무자본은 아니지만, 소자본이 든다. 처음 매출이 적을 때는 소자본으로도 가능하지만, 월 매출 1억 원이면 수중에 적어도 4천만~5천만 원은 있어야 사업이 돌아갈 것이다.

B2B 배송대행 판매 장단점

장점	단점
• 재고 없음 • 소자본으로 시작 가능 • 다양한 상품 구색 • 상품 지식이 부족해도 판매 가능	• 동일 상품을 파는 다수의 판매자 • 가격 경쟁력 부족 • 상품에 대한 노하우 축적 부족 • 교환, 반품 어려움 • 저작권/상표권 문제

무재고 위탁 B2B 배송대행 판매의 프로세스는 다음과 같다.

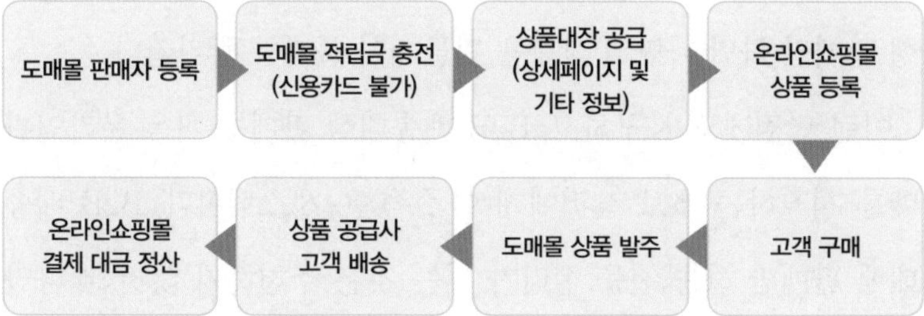

B2B 배송대행 판매의 가장 큰 장점은 재고 부담이 없고, 소자본으로 시작할 수 있으며, 수백만 개의 상품을 공급받을 수 있다는 점이다. 초보 셀러 입장에서 가장 큰 걱정이 돈과 아이템인데, 이것을 한 방에 해결해준다는 장점이 있다. 그래서 많은 사람들이 B2B 배송대행 판매를 통해 온라인마켓에 뛰어드는 경우가 많다.

그러나 장점뿐 아니라 단점도 있다. 먼저 B2B 배송대행 도매몰에 가입한 수많은 판매자들이 동일한 상품을 판매하다 보니 판매자들끼리 경쟁할 수밖에 없다. 그러다 보니 상품의 가격 경쟁력이 떨어질 수밖에 없다. 게다가 교환/반품 과정이 정말 까다롭다. 보통 반품/교환이 발생하면 해당 도매몰 사이트에 등록하고, 해당 도매몰에서 상품 공급업체에 연락해서 최종적으로 상품 공급업체가 반품/교환을 처리하는 프로세스다. 그런데 중간에 도매몰이 끼어 있고 상품 공급업체가 최종 단계이다 보니, 직접 재고를 가지고 있을 때에 비해 처리가 매우 느리고 고객이 CS에 불만을 품고 항의하는 경우가 많다.

결국 언젠가는 나만의 브랜드를 만들어야 하는데, B2B 배송대행 판매만 하면 나만의 상품을 만들기가 불가능에 가깝다.

이런 단점에도 불구하고, B2B 배송대행 판매는 처음 온라인판매를 시작하는 초보 셀러에게 아주 좋은 시스템이다. B2B 배송대행 판매만 하는 전문 셀러가 되는 것은 추천하지 않지만, 다양한 상품을 경험하면서 시즌 상품을 보는 눈을 기를 수 있고 키워드/카테고리 선정, 각종 온라인 광고를 저렴한 비용으로 경험할 수 있기 때문에 초보 셀러에게 큰 도움이 된다. 아무것도 모르는 초보 셀러에게 선뜻 상품을 줄 만한 공급업체는 없기 때문에, 초보에게는 큰 도움이 될 것이다.

주요 대형 B2B 배송대행 도매몰

도매몰명	주소
온채널	www.onch3.co.kr
오너클랜	www.ownerclan.com
도매토피아	www.dometopia.com
W트레이딩	www.w-trading.co.kr
도매매	domeme.com
도매창고	www.wholesaledepot.co.kr
펀앤B2B	b2b.funn.co.kr

대형 B2B 배송대행 도매몰의 경우, 우수한 판매자 교육과 다양한 상품, 관리 시스템이 장점이지만 경쟁 판매자가 너무 많다는 것이 큰 단점이다. 대형 도매몰의 상품을 네이버에서 검색해보면 해당 상품을 판매하는 판매자가 수십, 수백 명은 될 것이다. 이들과 경쟁하며 판매해야 하니 판매 기법이 부족한 사람은 매출을 올리기가 쉽지 않다. 그러나 B2B 배송대행 고수들은 다양한 기법을 통해 매출을 만들어낸다.

카테고리 특화 B2B 배송대행 도매몰

대형 B2B 배송대행 도매몰에 비해 상품 구색은 적지만, 특정 카테고리에는 강한 도매몰이 있다. 이런 도매몰은 대형 도매몰보다는 교육이나 시스템, 상품 구색 면에서 부족하지만 경쟁하

도매몰명	주요 취급 품목	주소
위플	식품	http://mywiple.com
3MRO	산업용품	www.3mro.co.kr
식자재코리아	식자재	http://sikjajekr.com
수진펫	애완용품	http://www.sujinpet.co.kr
가방쟁이	가방	http://bag.ac
다소품	인테리어	http://www.dasopoom.com
셀리클라우드	판촉물	www.sellycloud.com
국민클럽비투비	폐쇄몰 상품	https://kmclubb2b.com

는 판매자가 적고 숨은 보석 같은 아이템을 발굴할 수 있다.

앞에서 소개한 도매몰 외에도 다양한 B2B 배송대행 도매몰을 찾을 수 있다. 구글에서 '상품+B2B' 또는 '상품+도매'라고 검색하면 된다. 대형 도매몰의 상품도 좋지만 카테고리 특화 도매몰의 상품도 적극적으로 판매할 것을 추천한다. 오히려 매출은 특화 도매몰 상품이 나을 수 있다. 일단 경쟁 판매자가 적다는 점은 B2B 배송대행 판매에서 무시하지 못할 장점이다.

요새 온라인으로 식품을 위탁 판매하길 원하는 셀러들이 많은데, 대형 위탁 도매몰에 대기업 식품의 구색이 충분하지가 않다. 이럴 때 위플이나 식자재코리아 같은 식품 전문 B2B 위탁 도매몰을 이용하면 롯데, CJ, 오뚜기, 오리온, 동서, 동원, 청정원 등 대기업 가공식품을 판매할 수 있으니 적극적으로 활용하면 좋다.

ⓓ 구글에서 '애견용품 B2B' 검색 결과

출처 : 구글

ⓓ 대기업 가공식품(식자재) 위탁 판매 B2B 쇼핑몰 – 식자재코리아

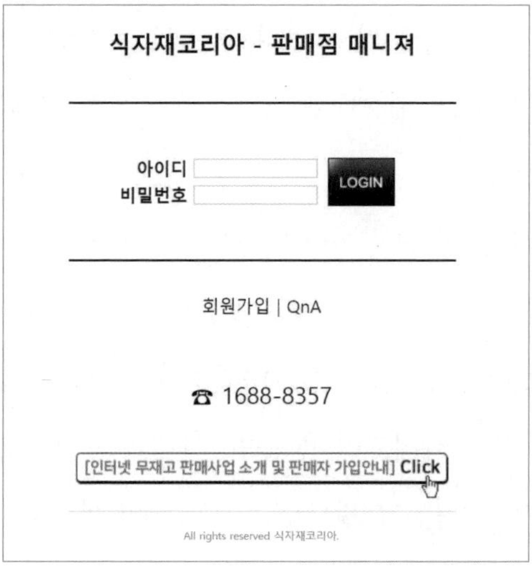

출처 : http://sikjajekr.com

B2B 배송대행 판매 원리

수많은 판매자들이 동일 상품을 판매하니 최저가만 팔리지 않을까 하는 의문이 들 수 있다. B2B 배송대행에 대해 부정적인 사람들은 이 점을 지적한다. 그러나 이것은 반은 맞고 반은 틀린 말이다. 이 말이 사실이라면 모든 상품은 사입이든 위탁이든 최저가 판매자의 상품만 팔릴 것 아닌가?

고객은 가격만 보고 상품을 구매하지 않는다. 고객 서비스, 판매자에 대한 신뢰, 무료 배송, 각종 추가 혜택 등을 보고 구매를 결정한다. 물론 가격이 가장 큰 영향을 끼치는 것은 부인할 수 없는 사실이다. B2B 배송대행 판매는 이런 점보다는 상품 노출을 이용한다. 고객이 어떤 상품을 구매하기로 마음먹었을 때 검색해서 상품을 찾아내는 방법은 제각각이다. 카테고리로 검색하기도 하고, 키워드로 검색하기도 한다. 키워드도 다양하기 그지없다. 그렇기 때문에 B2B 배송대행 판매에서는 특히 카테고리와 키워드가 중요하다.

도매몰에서 준 상품명, 이미지, 섬네일 그대로 등록하면 당연히 수많은 판매자들과 가격 경쟁을 벌일 수밖에 없다. 그렇기 때문에 카테고리, 상품명, 섬네일을 바꿔주는 작업이 필요하다. 도매몰에서 추천하는 카테고리, 상품명, 섬네일을 그대로 써도 매출은 일부 발생하지만, 그 정도로는 B2B 배송대행 판매를 계속할 만큼 수익이 나지 않는다.

B2B 배송대행 판매 고수들은 카테고리, 상품명, 섬네일, 상세페이지를 본인만의 방식으로 바꾸는 노하우가 있다. 초보자들이 B2B 배송대행 판매를 하다가 포기하는 이유는 쉽게 돈을 벌 욕심으로 월 사용료 수십만 원을 내야 하는 솔루션으로 도매몰에서 추천하는 카테고리, 상품명, 섬네일, 상세페이지를 그대로 올리기 때문이다. 10년 전에는 상품 등록을 많이 하기만 해도 매출이 올라갔지만, 이제는 그런 방식으로는 원하는 매출을 만들 수 없다.

게다가 대량 등록 솔루션을 써서 많은 상품을 등록하면 서버에 부담이 가기 때문에, 온라인마켓에서는 판매자 아이디 1개당 등록 상품 숫자를 제한한다. 이런 제한은 판매자들에게 큰 부담이 된다. 고수 셀러의 경우에는 상품 등록 개수 제한을 극복하기 위해 사업자를 많이 만들어서 상품 등록 개수를 늘린다. 또한 신상품 노출이 잘 된다는 점에 착안해서 매일 수많은 신상품을 등록하고 효율이 없는 상품들을 삭제한다.

주요 오픈마켓 상품 등록 수 제한
(판매자 등급 및 기타 조건에 따라 달라짐)
스마트스토어 : 1만~5만 개
지마켓 : 5,000~1만 개
옥션 : 5,000~1만 개
11번가 : 1만 개
인터파크 : 5,000개

초보 셀러 B2B 배송대행 판매 TIP

상품명/키워드/섬네일을 바꿔라

도매몰에서 제공하는 상품 대장을 그대로 사용하면 경쟁력이 없다. 이 3가지만 바꾸어도 도매몰 상품을 나만의 상품처럼 활용할 수 있다. 고객은 의외로 꼼꼼히 비교해보고 검색하지 않는다.

가격에 목숨 걸지 마라

만약 마진을 줄여서 가격으로 경쟁하려 들면 답이 없다. B2B 배송대행 판매는 우연히 검색으로 유입되어 판매된다는 점을 명심하라.

대형 도매몰과 소형 도매몰을 동시에 이용하라

대형 도매몰과 소형 도매몰은 각각 장단점이 있다. 나만의 잘 팔리는 아이템은 시스템이 잘되어 있지 않은 소형 도매몰에서 발견할 확률이 높다.

B2B 배송대행 상품은 온라인판매 경험 및 상품 구색 보강 용도로 활용하라

스마트스토어, 오픈마켓 등에서 내 숍에 상품 구색이 부족하면 숍에 대한 신뢰도 떨어지고 고객이 유입되더라도 추가 구매가 어렵다. 그렇기 때문에 가격 경쟁력은 떨어져도 B2B 배송대행 상품을 구색 보강용으로 활용하는 것도 전략이다. 판매 경험을 쌓는 차원에서 활용하는 것도 좋다.

도매몰 대량 등록 솔루션은 B2B 배송대행 전문 셀러를 하는 경우에만 이용하라

왕초보 셀러가 매월 수십만 원씩 내고 도매몰 솔루션을 사용하는 것은 폭망하는 지름길이다. 도매몰 솔루션을 통해 수십만 개의 상품을 상품명, 키워드, 섬네일 등을 바꾸지 않고 그대로 쇼핑몰에 올리면 판매가 많이 일어날 것 같지만 절대 그렇지 않다. 월 솔루션 사용료 내기도 버거울 것이다. 키워드, 카테고리, 광고 등 온라인판매에 대한 전문 지식이 쌓이고 B2B 배송대행 전문 셀러가 되겠다고 결심하기 전까지는 솔루션을 사용하지 않기를 권고한다.

대량 등록 솔루션은 전통적인 쇼핑몰 통합 관리 솔루션인 플레이오토, 이셀러스가 주력이었으나, 최근에는 다팔자, 샵온, 샵플링 같은 중소 솔루션도 등장하고 있다. 대량 등록 솔루션은 등록 및 관리를 지원하는 쇼핑몰과 기능이 모두 다르니 가격/기능을 비교해보고 나에게 맞는 솔루션을 결정해야 한다. 초보 셀러가 한번 대량 등록 솔루션을 사용하게 되면 그다음에는 솔루션 없이 수작업 상품 등록을 하지 않는 경우가 대부분이다. 어느 정도 온라인판매 실력이 쌓아기 전까지는 솔루션 사용은 하지 않는 게 좋다.

대량 등록 솔루션을 사용해서 월 수익 1천만 원 이상인 B2B 배송대행 전문 셀러(모든 비용을 제외한 마진은 보통 10% 내외임)들의 경우, 도매몰 대량 등록 프로그램 또는 쇼핑몰 통합 관리 솔루션을 이용해서 상품을 등록하는 작업만 하지 않는다. 많은 도매몰에서 제공하는 상품 대장을 하나하나 변경하고 상품을 업로드하고 품절 상품을 삭제 처리하고 고객 주문을 바로 연동시켜 처리하는 작업을 효율화시킨다. 보통 엑셀 및 매크로 기능을 활용하여 본인만의 별도 솔루션을 만들어서, 일반적인 솔루션과 함께 사용한다. 또한 이들은 사업자가 여러 개이고 각 쇼핑몰별로 아이디도 여러 개를 가지고 있다. 그렇기에 더욱 많은 상품을 등록할 수 있

ⓘ '오너클랜'에서 운영하는 쇼핑몰 관리 솔루션 '다팔자'

출처 : 다팔자

고, 일반적인 대량 등록 B2B 배송대행 판매자에 비해 경쟁력을 가지는 것이다.

대량 등록 솔루션을 썼을 때 에러가 나서 상품 등록이 안 되는 상품을 공략하라

대량 등록 솔루션을 쓰다 보면 쇼핑몰마다 카테고리, 키워드 및 기타 등록 조건이 안 맞아서 쇼핑몰에 등록되지 않는 상품이 있다. 대개는 이런 상품을 빼고 상품 등록을 한다. 그러나 오히려 이런 상품들을 수작업으로 올려야 한다. 귀찮은 작업이지만 경쟁도 적어지고 나에게 고객이 유입될 확률이 더욱 높아져서 매출이 발생할 것이다.

하루에 모든 상품을 등록하지 말고 며칠에 걸쳐 등록하라

하루에 5,000개의 상품을 등록하는 것보다 500개씩 10일에 걸쳐서 등록하는 것이 매출이 더 많이 나온다. 그리고 쇼핑몰별 상품 등록에 개수 제한이 있기 때문에 매일 안 팔리는 상품을 삭제하고 신상품을 꾸준히 등록하는 것이 도움이 된다.

쿠팡을 공략하라

B2B 배송대행 판매 시 등록 상품 숫자가 매출에 가장 중요한데, 쿠팡의 경우는 등록 상품 숫자에 제한이 없다. 그렇기 때문에

현재 B2B 배송대행 판매 고수들의 경우 쿠팡 매출이 많다. 쿠팡의 고객 트래픽이 많기 때문에, 대량 등록 판매를 하는 셀러들은 쿠팡에 집중해야 한다.

B2B 배송대행 판매 고수들과 교류하라

스마트스토어, 해외 구매대행 판매 관련 정보들은 책, 교육, 강의들이 많아서 쉽게 정보를 얻을 수 있다. 그러나 B2B 배송대행 판매의 경우 정보를 쉽게 얻을 수 없다. 실전에서 뛰고 있는 고수들은 본인들의 노하우를 쉽게 공개하지 않는다. 이런 실전 고수들을 만나서 노하우를 배울 수 있다면 얼마나 유용하겠는가? 그러므로 B2B 배송판매 하는 사람들이 모여 있는 카카오 오픈채

'B2B 배송대행 커뮤니티' 카카오 오픈채팅방 검색 결과

출처 : 카카오 오픈채팅방

팅방이나 네이버밴드에 가입해서 정보를 얻는 것을 추천한다. 필자도 오픈채팅방에 가입해 있는데, 최신의 꿀정보들을 계속 얻고 있다. 카카오에서 오픈채팅방 검색할 때 'B2B배송대행', 'B2B셀러', 'B2B' 등의 키워드로 검색하면 B2B 배송대행 전문 셀러들의 오픈채팅방을 찾을 수 있다.

B2B 배송대행 특화 유튜브 채널 '셀링테크트리 민군'

B2B 배송대행 판매에 대해 제대로 공부하고 싶은 사람들에게 추천할 만한 유튜브 채널이 있다. 경력 10년 이상의 국내 정상급 B2B 배송대행 고수가 운영하는 '셀링 테크트리 민군' 채널이다. B2B 배송대행 초창기부터 판매한 운영자의 생생한 실전 경험을 무료로 배울 수 있다. 이 채널의 운영자는 신사임당의 유

유튜브 채널 '셀링테크트리 민군'

출처 : https://www.youtube.com/c/MinGoonGo/videos

튜브 채널에도 출연할 정도로 재야의 숨은 고수다.

필자도 B2B 배송대행 판매에 대해 어느 정도는 알고 있었지만 숨겨진 뒷이야기를 많이 알지는 못했는데, 이 유튜브 채널을 보면서 많이 배웠다. 솔직히 B2B 배송대행 도매몰에서 제공하는 초보자 교육보다 이 유튜브가 실전 판매에서 매출을 올리는 데 훨씬 크게 도움이 될 것이다. B2B 배송대행 판매를 하지 않는 셀러라도 국내 온라인판매를 전반적으로 제대로 공부할 수 있기 때문에 꼭 볼 것을 추천한다.

꼭 활용해야 하는 온라인셀러 지원 프로그램

국가나 공공단체에서 지원하는 온라인셀러 지원 프로그램이 많다. 이런 정보들을 잘만 활용하면 매출을 올리고 비용을 줄이는 데 큰 도움이 된다. 지원 자격이 된다면 무조건 활용해야 한다. 실제로 필자가 아는 한 업체는 미국 아마존 지원 프로그램을 활용해서 미국 아마존에 진출하여 대부분의 매출을 아마존에서 올리고 있다. 그러므로 사업의 판도를 바꿔줄 수도 있는 각종 지원 프로그램들을 꼭 활용하라. 다음에 설명하는 각종 지원 제도는 언제 변경될지 모르니, 조건이 되면 바로 신청하는 것이 좋다.

스마트스토어 스타트제로

스타트제로 프로그램은 네이버에서 스마트스토어 순결제금 중 매월 500만 원까지 결제 수수료를 무료로 지원하는 제도다. 소상공인 지원이라는 네이버의 취지와 정부 시책에도 맞아떨어진다. 단, 결제 수수료만 지원되며, 네이버쇼핑 연동 수수료는 지원되지 않는다.

▪ 신청 대상

스마트스토어 사업자가 스타트제로 프로그램을 신청하는 날짜를 기준으로 신청 조건을 모두 만족해야 한다.

– 스마트스토어 국내 사업자 중 가입 승인일이 기준을 충족하며 판매 등급이 새싹, 씨앗 등급인 판매자(제로 수수료 신청일 기준)

– 간이과세자 최근 20개월 미만

– 일반과세자 최근 13개월 미만

▪ 신청 시 유의 사항

하나의 사업자로 여러 개의 스토어를 운영하는 경우, 전체 스토어가 신청 조건에 맞아야 하며 1개 스토어만 신청할 수 있다.

하나의 대표자가 여러 개의 사업자를 운영하는 경우, 1개 사업자의 1개 스토어만 신청할 수 있다.

▪ 스타트제로 프로그램 승인 조건

신청 사업자 중 국세청 가맹점 등급이 연 매출 5억 원 이하의 영세 및 중소 사업자인 경우 가능하며, 이 경우 신청일을 기준으로 익월 1일 일괄 승인된다.

승인 시점에 국세청에 등록된 영세 및 중소 사업자가 아니거나, 이용 정지 혹은 양도 양수 승인이 완료된 경우에는 승인이 거부될 수 있다. 또한 기준 기간의 매출 금액이 국세청에 한 번도 신고가 되지 않은 경우(간이사업자 등) 승인이 거부될 수 있다.

▪ 결제 수수료 지원

지원 기간 : 승인일 익일부터 최대 12개월간 지원

예) 승인일이 2021년 2월 1일 경우, 지원 기간은 2021년 2월 2일~2022년 2월 1일

지원 방법 : 매월 500만 원까지의 순결제 금액에 대해 결제 수수료 0% 적용

Ⓓ 스타트제로 신청 페이지

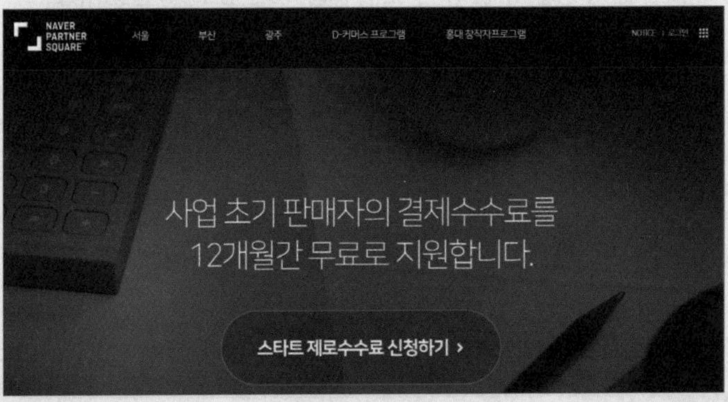

출처 : https://partners.naver.com/startup/start_zero

스마트스토어 빠른정산

스마트스토어 정산 조건은 구매확정 후 익일, 구매 미확정 시 배송 완료일 기준 8일 후다. 그런데 스마트스토어 빠른정산 프로그램을 이용하면 배송 완료일에 정산 대상으로 포함되고 1영업일 뒤에 정산받을 수 있다. 정산을 빨리 받으면 그만큼 자금 회전이 원활해져서 사업 안정성이 높아진다는 말이다.

구매확정을 기준으로 정산하는 기존 방식과는 달리, 배송 완료 익일을 기준으로 판매 대금의 90%를 다음 날 정산한 후, 잔여 대금은 기존과 동일하게 구매확정 후 최종 정산받게 된다(단, 배송 완료 당일에 구매확정된 경우 빠른정산 이전에 정산받을 수 있다).

- **신청 조건**

① 스마트스토어센터 가입이 3개월 이상(가입승인일 기준) 국내 사업자

② 스마트스토어 정상 판매자이며, 판매 페널티 점수는 일정 수준 이하

③ 최근 3개월 연속으로 월 거래액이 100만 원 이상이고 반품률은 20% 이하

④ 퀵에스크로 이용하지 않음

스마트스토어 판매자센터 〉 정산관리 〉 빠른정산(매월 2일~말일 신청 가능)

⬇ 스마트스토어 빠른정산 신청 페이지

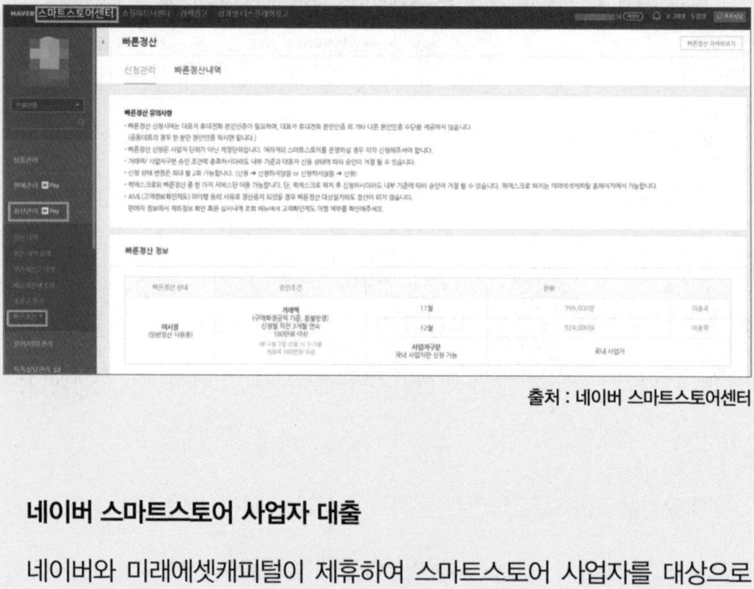

출처 : 네이버 스마트스토어센터

네이버 스마트스토어 사업자 대출

네이버와 미래에셋캐피털이 제휴하여 스마트스토어 사업자를 대상으로 만든 저금리 사업자 대출이다. 보통 온라인판매 사업자는 금융기관의 대출이 쉽지 않고 이자가 높은 데 비해, 사업자 대출 프로그램은 네이버와 제휴해서 금리가 연 3.2~9.9%로 저렴하다. 자금이 부족한 스마트스토어 판매자들에게 큰 도움이 되고 있다.

■ **신청 조건**

① 스마트스토어 기준 3개월 연속 순거래액 100만 원 이상

② 대표자가 네이버페이 회원이어야 함

금리 : 연 3.2~9.9%(심사 결과에 따라 차등)

제출 서류 : 없음

대출 한도 : 최대 5천만 원 이내

상환 방식 : 만기 일시상환, 원리금 균등 분할 상환 중 택일

대출 기간 : 1~5년(심사 결과에 따라 차등)

연장 가능 여부 : 만기 전 심사 후 가능(만기 일시 상환의 경우)

중도 상환 수수료 : 없음

연체 이자율 : 연 대출 금리+3%(법정 최고 금리 24% 이내)

신청 가능 시간 : 08:00~21:30

대출 신청 : 02-6202-5700(미래에셋캐피털 고객센터)

네이버 스마트스토어 사업자 대출 신청 절차

1. **본인확인**
   휴대폰을 통한 본인확인
2. **한도확인**
   대출한도 및 금리확인
3. **대출신청**
   신분증 확인, 신청정보 입력 후 대출신청
4. **해피콜**
   최종 입금 전 유선을 통한 신속한 안내 진행
5. **대출금 입금**
   대출금액 지급

출처 : 네이버 스마트스토어센터

위메프 신규 파트너사 지원 프로그램

위메프의 경우 신규 파트너사에 대해 판매 수수로 2.9%, 서버 이용료 면제 등 파격적인 지원 프로그램을 진행 중이다. 위메프에 신규 입점한다면 반드시 신청해야 한다.

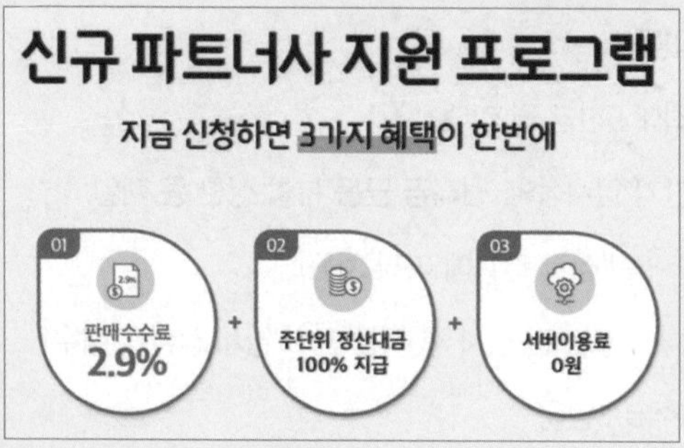

SBA 국제유통센터 지원 사업

SBA 국제유통센터에서는 국내 소재 기업, 서울 소재 기업에 다양한 지원 사업을 벌인다. 특히 직접 상품을 제조 또는 OEM 생산하는 서울 소재 기업이면 네이버쇼핑 연동 수수료를 2% 지원하므로, 서울 소재 기업이면 반드시 신청하는 것이 좋다. 2%는 매출이 아닌 수익이라는 점을 명심해야 한다. 수수료 면제 서비스는 사업자당 1건이 아니고 스마트스토어당 적용되기 때문에 여러 개의 스마트스토어를 가지고 있다면 모두 신청할 수 있다.

또한 '서울어워드'라는 중소기업 우수 상품전을 진행하는데, 국내 소재(지방 포함) 기업이 제조, 생산한 상품이면 신청 가능하다. 선정되면 국내 오픈마켓, 소셜커머스, 홈쇼핑 온라인 판로를 지원받고, 서울어워드 우수 상품은 홈쇼핑/T커머스에서도 지원을 받게 된다.

■ **네이버 스마트스토어 기반 온라인 쇼핑몰 구축 지원(지원 기간 3년)**

① 스마트스터어 지식검색 연동 수수료 할인(결제 수수료만 판매자가 부담)

② 카테고리별 기획전 진행(https://goo.gl/jeJPS3, 서울샵)

③ 지원 대상 : 서울 소재 기업, 네이버 스마트스토어 연매출 5억 원 미만, 스마트스토어 개설일이 2017년 5월 이후인 기업

④ 네이버 기획전 상품 모집은 SMC 국제유통센터 공지사항에서 확인(선정 후 네이버 스마트스토어 연매출 5억 원 이상, 지원 기간 3년 경과 시 지원 혜택 자동 종료)

■ **지마켓, 옥션, 티몬, 위메프, 인터파크 내 '서울어워드 샵' 입점**

① 입점 지원 및 광고 노출 지원

② 광고 쿠폰 발급 및 특별 기획전 진행

Ⓓ SBA 국제유통센터

출처 : https://smc.sba.kr

③ 월별 콘셉트에 따른 슈퍼딜/올킬 진행

④ DM 발송 등

이외에도 수시로 온라인판매, 해외판매에 관한 다양한 지원 사업이 진행되므로, SBA 국제유통센터 홈페이지를 방문해서 자주 확인해야 한다.

경기행복샵 지원 사업

경기행복샵(http://gstore.or.kr)에서도 경기도에서 상품을 직접 제조 또는 OEM 개발하는 스마트스토어 사업자를 대상으로 경기행복샵에 입점하면 해당 스마트스토어의 네이버쇼핑 연동 수수료 2%를 최대 3년간 면제해 주는 지원 사업을 진행하고 있다. 경기도 소재 스마트스토어 사업자들은 이 사업을 꼭 활용하기 바란다.

또한 경기행복샵에 입점하면 네이버쇼핑 메인페이지에 단독 기획전 홍보 배너가 노출되고, 상품 노출 업데이트를 지원받을 수 있다. 경기행복샵 공

ⓘ 경기행복샵

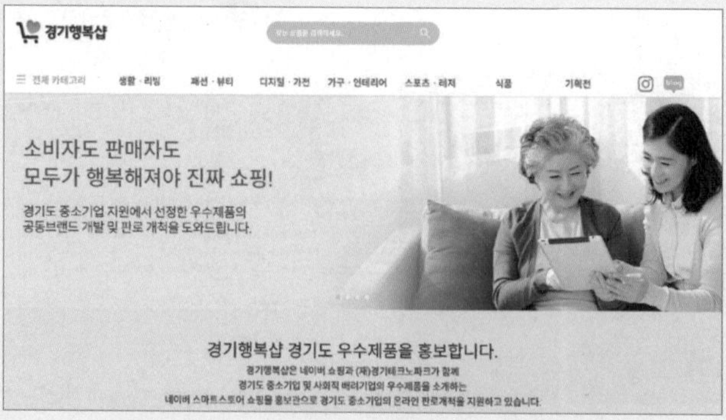

출처 : http://gstore.or.kr

지사항에서 매달 신규 입점을 받고 있으니 참고하기 바란다.

대구 다채몰 지원 사업

대구디지털산업진흥원에서 운영하는 다채몰도 경기행복샵과 마찬가지로, 대구 소재 기업이면서 상품을 직접 제조 또는 OEM 개발하는 스마트스토어 사업자를 대상으로 다채몰에 입점 시 해당 스마트스토어의 네이버쇼핑 연동 수수료를 2% 면제해주는 지원 사업을 하고 있다. 네이버 상품기획전(다채몰) 입점도 지원해준다. 다채몰 입점 신청은 해당 홈페이지 공지사항을 통해 매달 받고 있다.

대구 다채몰

출처 : http://www.dachaemall.kr

기타 정부 지원 사업 관련 사이트

국가에서 하는 정부 지원 사업은 정부에서 운영하는 K-스타트업과 기업마당에 많이 업데이트된다. 두 홈페이지는 수시로 들어가서 살펴봐야 한다. 중소벤처기업진흥공단(중진공)에서 운영하는 KOSME 사이트에서도 해외수출, 아마존/알리바바 등 해외 온라인판매 지원 사업이 자주 올라오니 자주 살펴봐야 한다.

정부 기관 사이트에는 일반 온라인판매업체에 대한 지원은 많이 없지만, 제조업체의 경우는 특히 지원이 많으니 자주 들어가서 공지를 살펴봐야 한다. OEM 생산을 하는 경우에는 제조업을 사업자등록증에 추가하면 많은 지원을 받을 수 있다. 구글에서 'OEM 생산계약서'를 다운받아서 제조업체와 계약서를 작성하고 세무서에 제출하면 제조업체가 된다.

정부 지원이 잘 나오는 4가지 요소는 45세 이하 청년, 3년 이내 스타트업, 제조업, 현재 매출 여부다. 이 조건을 만족하는 사업자들은 수시로 정부

K스타트업

출처 : www.k-startup.go.kr

지원 사업을 검색하는 것이 좋다.

ⓘ 기업마당

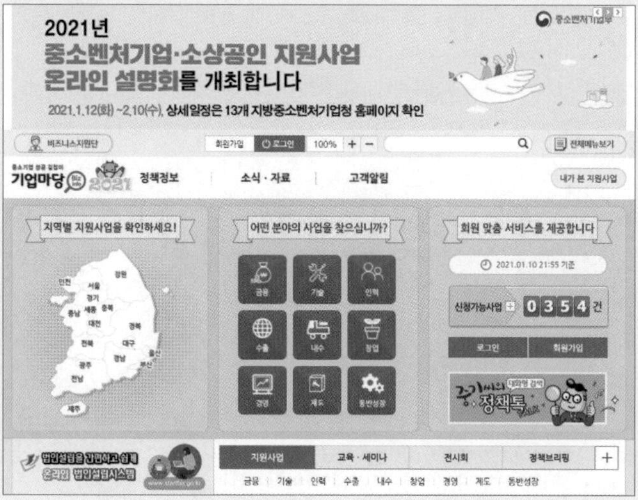

출처 : www.bizinfo.go.kr

ⓘ KOSME 중소벤처기업진흥공단

출처 : www.kosmes.or.kr

PART 5

최근 핫한 온라인판매 기법

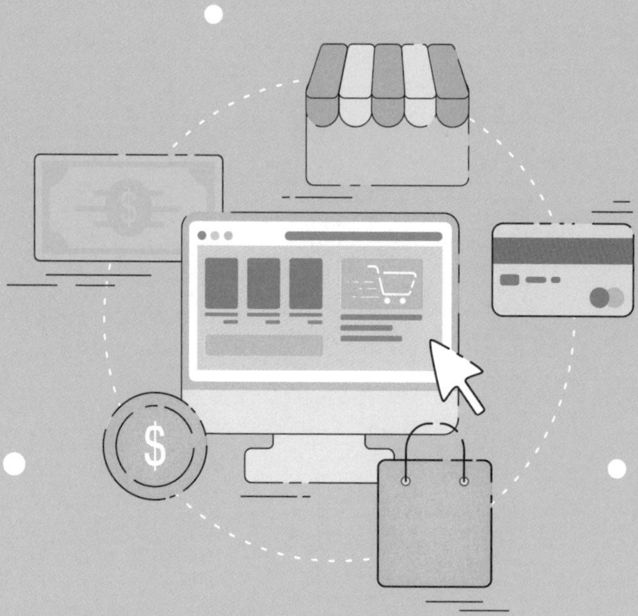

유튜브를 뒤흔든 코스트코/이케아 구매대행

2020년 초중반에 유튜브를 뜨겁게 달구었던 콘텐츠 중의 하나가 코스트코 구매대행이다. '퍼스트리'라는 인기 유튜버가 본인의 코스트코 구매대행 노하우를 유튜브에 무료로 올리면서 엄청나게 많은 사람들이 코스트코 구매대행의 세계에 뛰어들었다. 필자는 직접 퍼스트리 유튜버를 만날 기회가 있었는데, 코스트코 구매대행은 물론이고 기타 온라인판매에 대해서도 엄청난 고수였다. 온라인판매/유통/사업에 대해 2시간 정도 얘기를 나누었는데 숨은 실전 노하우들을 많이 배울 수 있었다.

사실 코스트코 구매대행 판매는 오래전부터 있었다. 코스트코는 회원제 쇼핑몰인데, 상품들의 가성비가 정말 높고 특히 수입상품의 퀄리티는 다른 유통업체가 따라갈 수가 없다. 롯데, 신세계, 현대 등 유통 대기업들도 항상 코스트코 상품들을 벤치마킹하여 코스트코 수준의 상품을 개발하기 위해 노력하고 있지만, 글로벌 창고형 할인점 1위인 코스트코를 따라잡기에는 역부족이다. 신세계에서 운영하는 트레이더스가 코스트코를 벤치마킹한 창고형 할인점인데, 트레이더스는 회원제가 아니라 누구나 가입하지 않고도 무료로 이용할 수 있다는 점이 다르다.

한국에서 코스트코의 인기는 다른 나라에 비해서도 특히 높은데, 보통 코스트코 1개점의 매출액이 일반 할인점 3~5개의 매출을 합한 것에 맞먹을 정도다. 전 세계 코스트코 점포 중 매출 1등이 항상 코스트코 양재점인 것을 보면 한국에서 코스트코의 인기를 실감할 수 있다. 평일에도 코스트코에 방문하면 주차하기가 어려울 정도로 사람이 많고, 주말에 가면 주차하는 데만 30~40분씩 걸릴 정도다.

그러다 보니 코스트코 상품을 대신 구매해주는 코스트코 구매

ⓘ 코스트코 구매대행 전문 사이트

대행이 생겨났다. 코스트코 점포가 없는 지역이 많고, 회원가입에 부담감과 직접 가서 구매하는 번거로움 때문에 코스트코 구매대행업체들을 이용하는 사람들이 많다. 예전의 코스트코 구매대행업체들은 오픈마켓에 입점해서 판매하기도 했지만, 보통 별도의 사이트를 만들어서 판매하는 경우가 많았다.

하지만 코스트코 구매대행 열풍이 분 이후로는 쿠팡, 스마트스토어, 오픈마켓 등에서 코스트코 구매대행 판매를 하는 방식으로 바뀌었다.

코스트코 개요

- 회원제 창고형 할인 매장
- 도매, 소매, 재판매를 허용
- 자체 온라인쇼핑몰 운영 : www.costco.co.kr
- 전 세계 매장 수 790개/국내 매장 수 16개(2022년 기준)
- 국내 회원 수 : 200만 명 이상/회원 갱신율 90% 이상
- 압도적인 가격 경쟁력/차별화된 수입 상품 구색
- 자체 PB(커클랜드) 인기 ↑

코스트코 상품은 특히 가격 경쟁력이 높은데, 코스트코의 마진 정책 때문이다. 일반 오프라인 대형 유통은 평균 40% 이상으로 마진이 높은데, 코스트코는 마진이 평균 15%다. 마진 25% 이

상의 상품을 문제 삼을 정도로, 평균 마진 15%는 코스트코의 대표 정책이다. 그러다 보니 다른 대형 유통업체에 비해 가격이 25% 이상 저렴하다. 코스트코 같은 멤버십 창고형 할인점은 상품 판매 마진이 아닌 멤버십 회원비로 수익을 내는 구조다. 좋은 상품을 최저가에 판매하여 충성 회원들을 많이 모아서 회원비로 유지하는 것이다.

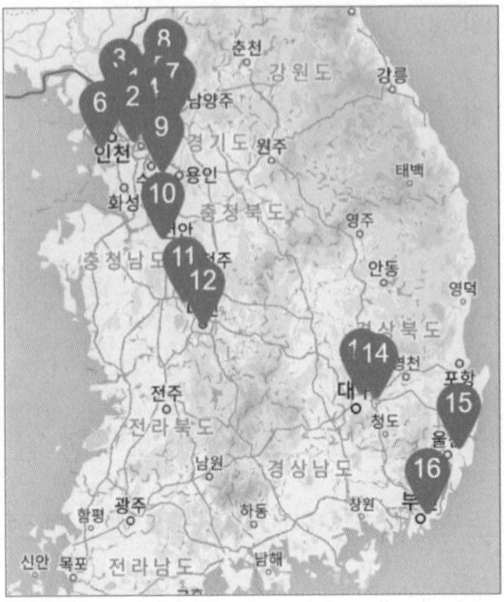

국내 코스트코 16개점 매장 위치

게다가 코스트코는 글로벌 대형 유통기업이기 때문에 글로벌 통합 소싱으로 국내에서 볼 수 없는 많은 차별화된 상품들을 공급한다. 퀄리티도 좋고 가격이 저렴하기 때문에 만족도가 높고, 자체 PB인 커클랜드 브랜드도 월등한 가성비로 고객들에게 인기가 높다.

코스트코 구매대행 판매를 하려면 먼저 회원제에 대한 이해가 필요하다. 코스트코에서 상품을 구매하려면 무조건 회원으로 가입해야 한다.

코스트코 구매대행을 하려면 구매 금액의 2%를 적립해주는 이그제큐티브 회원으로 가입하는 것이 좋다. 이 회원제로 가입하면

코스트코 회원 제도

	비즈니스 회원권	이그제큐티브 비즈니스 회원권	골드스타 회원권	이그제큐티브 골드스타 회원권
	33,000원	80,000원	38,500원	80,000원
	비즈니스 카드 추가시 연회비 25,000원	비즈니스 카드 추가시 연회비 25,000원 세대 및 사업장 당 1회만 가입 가능		세대 및 사업장 당 1회만 가입 가능
	회원가입	회원가입	회원가입	회원가입
구매금액 2% 적립 이그제큐티브 멤버십 이용 약관		✔		✔
전세계 코스트코 매장 이용가능	✔	✔	✔	✔
코스트코 온라인몰 쇼핑	✔	✔	✔	✔
가족 카드 1매 포함	✔	✔	✔	✔
카드 추가	✔	✔		
이그제큐티브 멤버 서비스		✔		✔

출처 : 코스트코 홈페이지

마진이 2% 늘어나는 효과를 얻을 수 있다.

코스트코 구매대행 판매 프로세스

코스트코 구매대행 판매는 매우 간단하다. 코스트코 상품을 직접 구매하든가 매장에서 사진을 찍고, 그 상품을 쿠팡, 스마트스토어, 오픈마켓 같은 온라인마켓에 등록해서 판매하는 것이다. 주문이 들어오면 해당 상품을 매장에서 구매해서 보내도 되고, 코스트코 온라인쇼핑몰에서 바로 고객에게 보내도 된다. 그런데 상품을 등록할 때는 재고가 있었는데 주문 넣을 때는 품절되어 상품이 없을 가능성이 있다. 그래서 코스트코 구매대행은 품절 관리가 중요하다.

코스트코 상품 판매의 장점은 누구나 아는 브랜드 상품이라는 것이다. 코스트코 상품을 구매하는 사람들은 해당 상품을 이미 알고 있기 때문에 상세페이지를 잘 만들 필요가 없다. 핸드폰으로 사진을 찍어 올리고 상세페이지는 뒷면의 표기 사항을 올리면 된다. 그리고 가격만 저렴하면 판매는 쉽게 일어난다. 일반 위탁 판매나 사입 판매는 판매자별로 원가 경쟁력의 차이가 있지만, 코스트코 구매대행은 특수한 경우(행사상품 대량 사입 등)를 제외하고는 모든 판매자가 상품 공급가가 동일하기 때문에 원가 차이도 없다.

위와 같이 섬네일 사진과 상품 뒷면 사진만 있으면 간단하게 등록하여 판매할 수 있다. 구매 전환을 위해 상세페이지를 예쁘게 만들 필요도 없다. 초보자의 경우 브랜드가 아닌 상품을 판매하기가

커클랜드 상품과 표기 사항의 예

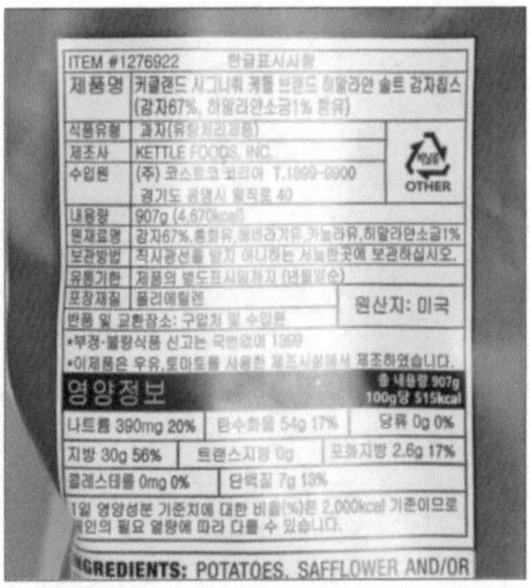

쉽지 않은데, 코스트코 구매대행은 가격이 저렴하면 바로 구매가 일어난다. 가격을 비교하지 않는 고객이라면 우연히 검색하다가 가격이 싸지 않은데도 불구하고 구매할 수도 있다.

장점만 있는 것은 아니다. 우선, 마진이 적다. 코스트코 상품은 가격 비교를 통해서 사는 고객이 대부분이라 마진을 희생해서 가격을 낮춰야 한다. 그리고 품절 관리를 해야 한다. 앞에서도 얘기했지만 상품 등록 시에는 재고가 있었지만 판매 시점에는 없는 경우가 있는데, 이런 경우 해당 온라인마켓에서 배송 취소로 페널티가 쌓이고 고객들의 컴플레인을 받게 된다. 최저가가 아닌데 갑자기 주문이 많이 들어오는 경우, 재고가 떨어진 경우가 많다.

코스트코 구매대행의 경쟁이 치열해졌다고 하지만, 온라인도매몰에서 상품을 가져다가 등록해서 판매하는 것보다는 훨씬 수월하다. 마진은 적지만 매출 맛을 보고 싶다면 코스트코 구매대행은 정말 좋은 판매 방식이다. 코스트코 온라인몰의 경우, 100% 무료 배송에 이유를 묻지 않고 무조건 반품해준다는 장점도 있다. 단, 무료 반품을 악용하는 판매자는 페널티를 받을 수 있으니 주의해야 한다.

코스트코 판매 핵심 노하우

쿠팡 아이템위너 시스템

2020년 유튜브에서 코스트코 구매대행이 열풍을 일으켰을 때

쿠팡 아이템위너 예시(커클랜드 먹는 샘물)

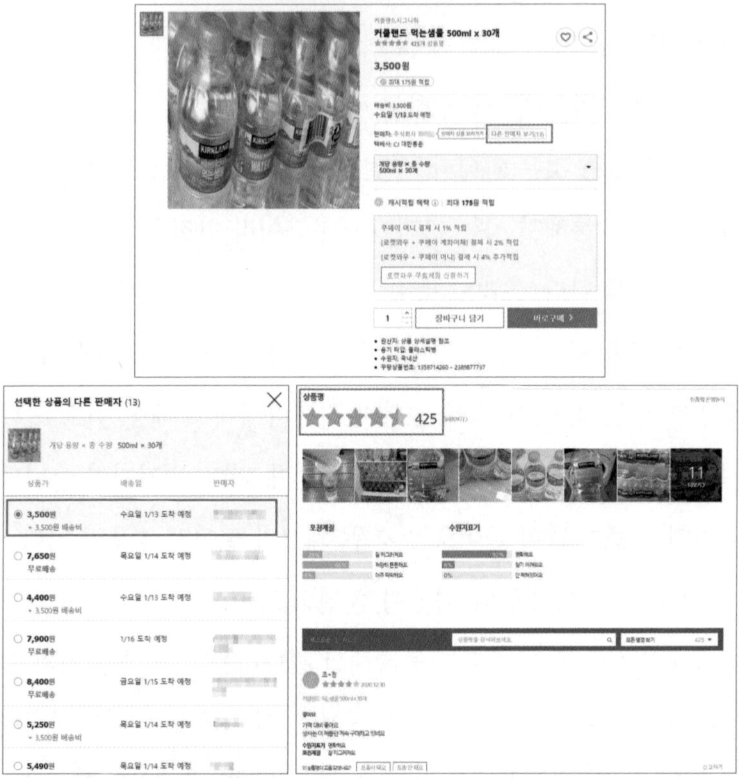

출처 : 쿠팡

쿠팡 아이템위너 시스템 및 네이버쇼핑 가격 비교 시스템을 통해 코스트코 상품을 판매했다.

제일 상위에 있는 배송비 포함 7,000원이 최저가로 아이템위너다. 해당 상품의 모든 구매 후기를 아이템위너가 가지고 오는데, 온라인판매에서 구매 후기의 중요성을 생각하면 엄청난 매력이다. 초보 판매자라서 판매 지수도 낮고 온라인판매 기술이 전혀 없더라도, 아이템위너가 되면 매출이 나온다. 판매가 잘되는 브랜드 상품인데 해당 상품의 아이템위너가 된다면 폭발적으로 매출이 일어날 수밖에 없다.

그러나 아이템위너가 되기를 원하는 모든 판매자가 마진을 포기하며 가격을 낮추기 때문에 인기 상품의 경우 마진이 줄어든다. 쿠팡에서 각 판매자들에게 아이템위너가 아닌 상품들의 리스트를 알람으로 보내주는데, 이런 방식으로 판매자들 간의 경쟁을 부추긴다. 아이템위너로 하루에 500개씩 팔다가 아이템위너에서 탈락해서 판매가 0이 된다면, 마진을 포기하고 가격을 더 낮춰서라도 다시 아이템위너가 되기를 원할 것이다. 그래서 아이템위너는 양날의 검과 같다. 아이템위너가 되면 모든 것을 얻지만, 아이템위너가 아니면 모든 것을 잃게 된다.

동일 상품을 아이템위너 시스템으로 묶는 것은 쿠팡에서 자동으로 해주기도 하지만 수동으로 묶을 수도 있다. 아이템위너가 될 만한 판매가가 아니라면 당연히 안 들어가는 게 좋고, 마진을 줄여서라도 아이템위너가 되고 싶다면 수동 등록을 해서라도 묶이는 게 좋다. 쿠팡 판매자 시스템인 쿠팡윙에 들어가서 상품 등록을 할 때 '아이템마켓 검색'을 누르고 아이템위너로 묶을 상품을 등록하면 된다.

쿠팡 아이템위너 등록 화면

네이버쇼핑 가격 비교 매칭

네이버쇼핑도 쿠팡 아이템위너와 마찬가지로 가격 비교 매칭이 있다. 가격 비교 매칭에 들어가면 한 상품에 동일 상품을 판매하는 여러 판매자가 묶여서 보이고, 최상단에 최저가 판매자가 올라가서 구매 후기를 모두 가져가는 것처럼 보인다. 스마트스토

어에 상품을 등록하고 수동 매칭을 통해 가격 비교 매칭에 참여할 수 있다

쿠팡의 아이템위너 시스템과 마찬가지로, 최저가로 최상단에 들어가면 매출이 쏠린다. 기존의 구매 후기가 하나도 없더라도 가격 비교 매칭의 최상단에 뜨면 다른 곳의 구매 후기를 가져오는 착시 효과가 있기 때문에 쉽게 판매된다. 물론 가격 비교 최상단에 올라가려면 가격이 최저가여야 하기 때문에 마진은 줄어들

네이버쇼핑 가격 비교 매칭의 예(커클랜드 팝콘)

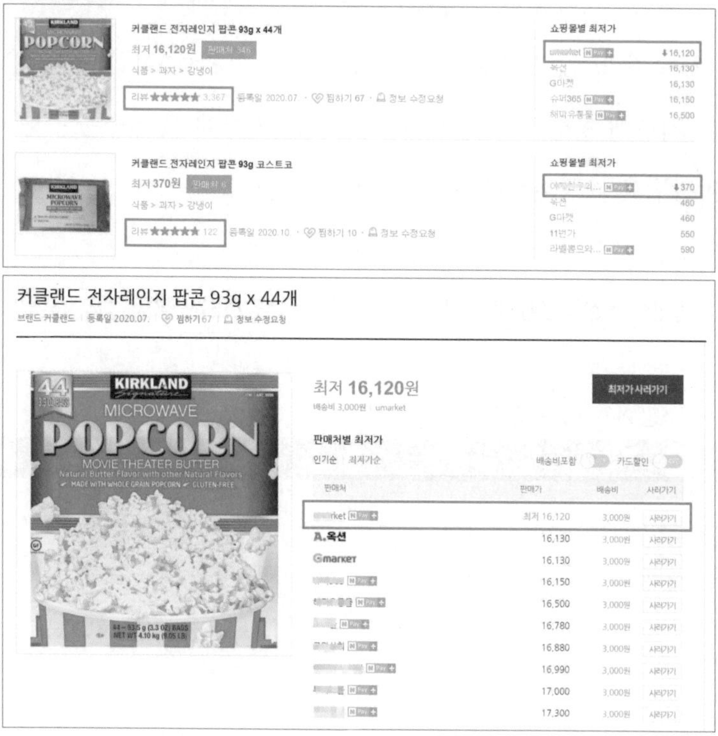

출처 : 네이버쇼핑

수밖에 없다. 아이템위너는 쿠팡 내에서의 경쟁이지만, 네이버쇼핑 가격 비교 매칭은 모든 온라인마켓과 가격 경쟁을 하는 것이기 때문에 훨씬 어렵다. 그래도 일단 선정되기만 하면 매출은 폭발적이다.

고수 판매자들은 노마진, 역마진으로 네이버쇼핑 가격 비교 1위로 들어가서 많은 구매량 및 구매 후기를 쌓은 후, 가격 비교 매칭에서 빠져나와 가격을 올려서 판매하기도 한다.

네이버쇼핑 가격 비교 등록은 네이버에서 섬네일, 상품명, 상품정보를 보고 자동으로 묶어주기도 하지만 판매자가 수동으로 매칭시킬 수도 있다(단, 가격 비교 카탈로그 박스가 형성되어 있는 상품에 한함). 기존에 형성된 가격 비교 카탈로그 박스에 들어가는 수동 매칭 방법은 쇼핑파트너센터에서 확인할 수 있다.

상품관리 〉 상품현황 및 관리 〉 서비스 상품 〉 매칭하려는 상품 검색 〉 선택

네이버쇼핑 가격 비교 상품 등록

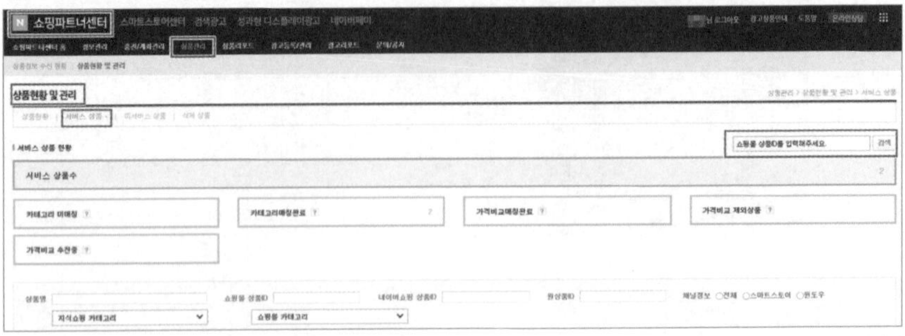

출처 : 네이버 쇼핑파트너센터

코스트코 오프라인몰 상품

코스트코 구매대행을 할 때 초보자가 쉽게 접근하는 방법이 코스트코 온라인몰 상품들을 온라인마켓에 등록해서 판매하는 것이다. 이 경우 들여야 할 노력이 현저히 줄어든다. 고객 주문이 들어왔을 때 코스트코 매장에 직접 방문해서 구매/포장/배송까지 하는 번거로운 작업을 하지 않아도 되는 대신, 매출 및 수익이 많이 나지 않는다. 코스트코 온라인몰에 있는 상품 숫자는 오프라인에 비해 현저히 적다. 그리고 고생하지 않고 코스트코 구매대행을 원하는 사람들이 온라인몰 상품을 등록해서 판매하고 있기 때문에 경쟁이 정말 치열하다.

ⓘ 코스트코 온라인몰

출처 : www.costco.co.kr

코스트코 오프라인몰의 상품을 판매하려면 온라인몰 상품을 판매할 때보다 훨씬 번거롭지만, 그럴 만한 가치가 있다. 경쟁이 상대적으로 덜하고, 상품 구색을 다양하게 확보할 수 있기 때문이다. 또한 점포별로 재고를 처분할 목적으로 초특가로 할인해서 판매하는 상품도 있는데, 이런 상품들의 경우 사입해서 판매해도 좋다. 또한 오프라인몰 상품을 판매하면 시즌별로 상품을 보는 눈이 생기고 핫한 상품에 대한 정보도 얻을 수 있다.

품절 관리

코스트코 구매대행을 할 때 골치 아픈 것이 품절 관리다. 고수들은 판매하는 상품들의 재고를 매일 체크한다. 시간을 줄이기 위해 들고 다닐 수 있는 재고 측정 기기를 만들어서 하나하나 확인한다. 주문은 받았는데 품절이 발생해서 배송을 못하면 판매자 점수가 떨어지고, 이것이 누적되면 퇴점까지도 당할 수 있기 때문에 품절 관리는 매우 중요하다. 그러므로 자주 매장을 방문하여 체크하는 수밖에 없다.

코스트코 매장에서는 품절 상품에 대한 입고 정보도 얻을 수 있다. 상품별 가격 카드에 '*', '+'라고 표시되어 있는데, '*'는 앞으로 입고 안 될 가능성이 높고, '+'는 입고 여부가 유동적인 제품을 뜻한다.

코스트코 온라인몰에서도 조만간 품절이 될지를 간접적으로 알 수 있다. 코스트코 온라인몰은 최대 500개까지 주문할 수 있는데, 500개를 주문해서 '쇼핑카트에 담기'를 클릭하면 실제로 주문할 수 있는 재고를 확인할 수 있다. 이를 통해 대략적인 재고

⬇ **코스트코 온라인몰 현재 재고 확인 방법(아비노 바디케어의 경우)**

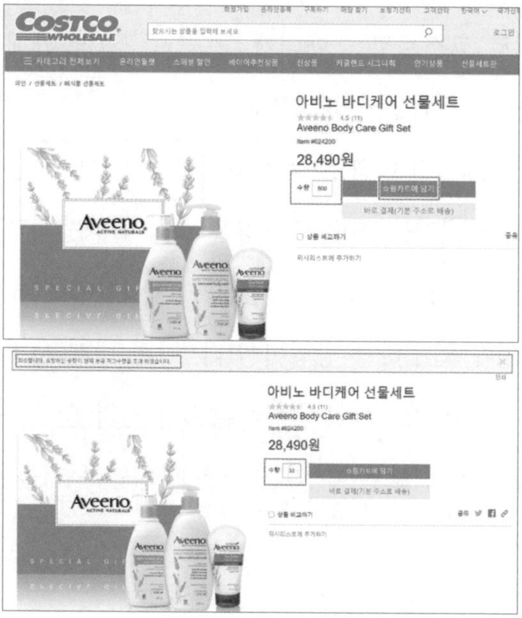

출처 : 코스트코 온라인몰

를 알 수 있다. 만약 500개가 쇼핑카트에 담기면 코스트코 온라인몰에 500개 이상의 재고가 있다는 의미다. 재고가 부족하면 현재 주문할 수 있는 수량이 표시되고 '죄송합니다. 요청하신 수량이 현재 보유 재고 수량을 초과하였습니다'라는 문구가 표시된다.

택배 가격

코스트코 구매대행의 핵심 요소는 가격 경쟁력을 확보하는 것이다. 가격 경쟁력을 확보하려면 택배 가격을 낮춰야 한다. 몇십 원, 몇백 원 차이로 아이템위너, 네이버쇼핑 가격 비교 매칭에서

1등을 차지하는데, 상품 가격이 낮을수록 택배비는 더욱 중요해진다. 실제로 코스트코 구매대행 고수들은 일반 판매자에 비해 택배비에서 큰 우위를 점하고 있다.

택배비를 2,000원 이하로 낮추려면 월 몇천 개, 몇만 개를 보내야 한다. 초보 셀러는 이런 택배량을 소화하기는 거의 불가능하므로, 택배를 싸게 보내려면 창업센터, 지식산업센터 또는 소호사무실 빌딩에 입주하는 방법이 있다. 이런 택배 서비스를 제공하는 창업센터나 지식산업센터가 많으니 지역에서 찾아보면 좋다. 택배비를 싸게 보낼 수 있는 것은 엄청난 무기를 손에 넣은 것과 마찬가지다.

코스트코 행사상품

코스트코도 매주 행사상품이 있다. 코스트코 행사는 매주 월요일에 시작되는데, 행사 기간에 상품을 구입하면 구입 원가를 낮출 수 있다. 그런데 인기 상품은 1인당 구매량이 제한된 경우가 많기 때문에 코스트코 회원 카드를 최대한 많이 확보하는 게 관건이다. 행사 기간에 상품을 구입해서 행사 종료 후에 정상가에 판매하면 가격 경쟁력도 생기고 마진도 높일 수 있다. 단, 재고처리 용도로 가격 할인을 하는 행사상품은 행사 기간이 끝난 후에 가격이 더 떨어지는 경우도 있다. 그러면 도리어 손해를 보고 판매해야 하는 경우도 발생한다.

코스트코 행사상품

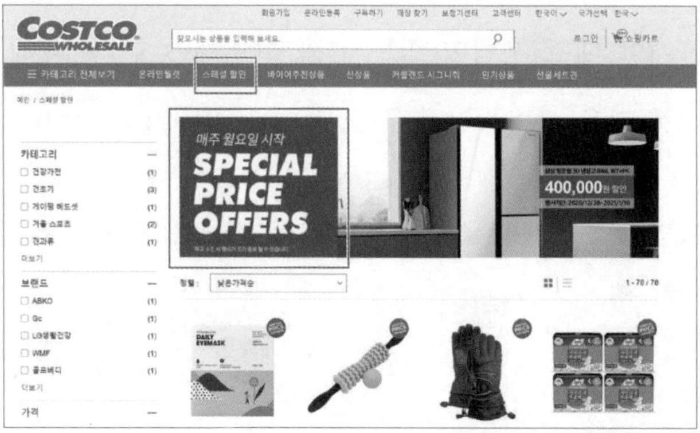

출처 : 코스트코 온라인몰

코스트코는 무조건 반품이 가능하지만, 자주 하게 되면 블랙리스트로 등록되어 문제가 될 수 있다. 그렇기 때문에 행사상품 대량 사입은 트렌드에 대한 감이 있고 상품 보는 눈이 있어야 한다. 코스트코 판매 고수들은 감이 있기 때문에 초보자보다 행사상품 사입에서 실패할 확률이 낮다.

소분 낱개 판매

코스트코 판매 노하우 중에 소분(낱개로 해체) 판매가 있다. 코스트코는 대용량 묶음 상품들이 많은데, 대용량이라서 가격이 싸다. 이 경우 대용량 묶음 상품을 해체해서 낱개로 판매하면 가격 우위도 점하고 경쟁 판매자가 많지 않기 때문에 좋다. 일일이 해체해서 재포장한 후 배송하는 수고를 해야 하지만, 고생한 만큼 판매가 일어난다, 물론 낱개로 판매할 때는 가격을 더 높여서 판매하고 배송비에서도 이익을 얻을 수 있다. 단, 상품을 선정할 때 낱개로 판매할 때 경쟁력이 있는지 꼭 확인해야 한다. 세제, 치약, 칫솔, 식품 같은 생필품의 경우 소분 낱개 판매가 경쟁력이 있다.

대용량 상품을 소분하여 낱개 판매를 자주 하는 생활용품 상품군

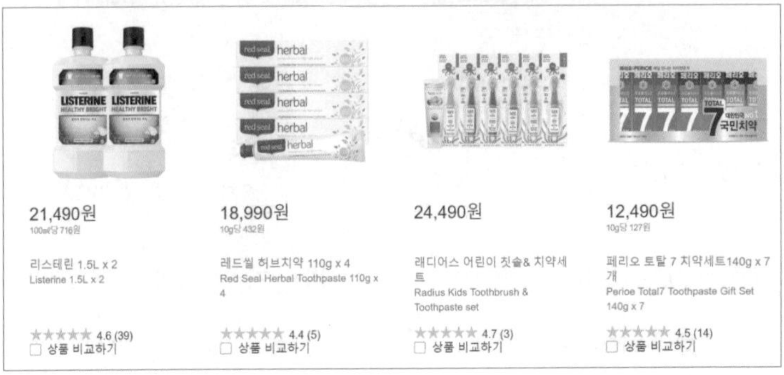

출처 : 코스트코 온라인몰

초보 셀러라면 스마트스토어, 오픈마켓에서 비브랜드 상품을 판매하는 것보다 브랜드 상품을 코스트코 구매대행을 통해 판매하는 것이 낫다. 물론 코스트코 구매대행은 장기적으로 안정적인 비즈니스라고 할 수 없다. 그러나 쉽게 매출을 맛보고 온라인판매의 재미를 느끼기에는 좋다. 코스트코 온라인몰에서만 상품을 찾아서 판매하면 큰 재미를 보지 못할 것이다. 고생스럽더라도 직접 오프라인 매장 상품을 판매해야 성공할 수 있다.

이런 방식의 판매는 코스트코뿐만 아니라 이케아도 가능하다. 이케아 상품은 국내에서 상당히 인기가 높은데, 코스트코 구매대행과 마찬가지로 이케아 상품도 구매대행 판매를 할 수 있다. 이케아 구매대행도 이케아 온라인몰 상품만 판매해서는 경쟁력이 떨어지며, 이케아 오프라인 매장 상품들도 같이 팔아야 매출이 높아진다.

이케아 구매대행

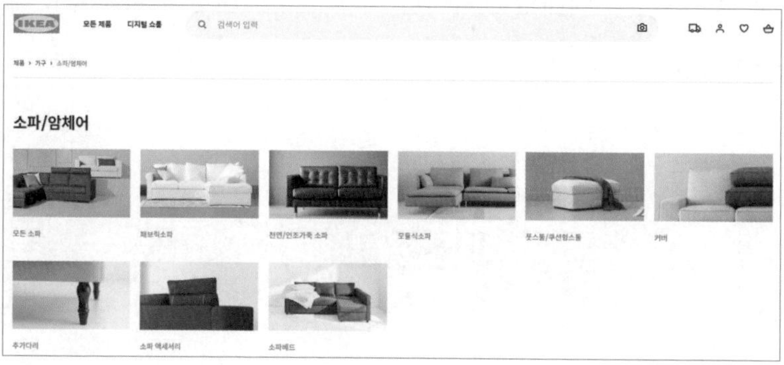

코스트코/이케아 구매대행을 할 때 반드시 주의할 점은 섬네일과 상세페이지다. 코스트코/이케아 상품을 구매해서 재판매하는 것은 법적으로 아무 문제가 없다. 그러나 섬네일과 상세페이지를 온라인몰에 올라온 그대로 사용하면 법적으로 문제가 된다. 섬네일과 상세페이지는 반드시 직접 만든 것을 사용해야 하지만, 어렵게 생각하지 않아도 된다. 핸드폰으로 섬네일 사진 한 장, 상품 표기 사항 한 장씩 찍으면 된다. 코스트코, 이케아 자체 PB 상품의 경우 코스트코나 이케아에서 개인 리셀러에게 법적으로 문제를 삼을 가능성은 희박하지만, PB 상품이 아닌 일반 상품은 상품 공급업체에서 이미지, 상세페이지 무단 도용으로 개인 판매자들

에게 법적 소송을 거는 경우가 자주 있으니 조심해야 한다.

코스트코 구매대행의 실전 판매 노하우에 대해 제대로 배워보고 싶다면 인기 유튜버 퍼스트리(https://www.youtube.com/channel/UC7TSz80lzqa5QGX2i3HyGzA)의 유튜브 콘텐츠가 도움이 될 것이다. 코스트코 구매대행뿐 아니라 이케아 구매대행에 대해서도 배울 수 있다.

코스트코 구매대행 유튜브채널 '퍼스트리'

출처 : 유튜브

투잡으로 딱인 제휴 마케팅 쿠팡파트너스

쿠팡파트너스는 쿠팡에서 운영하는 제휴 마케팅 서비스의 일종이다. 우리나라 대형 온라인마켓 중에서는 쿠팡이 유일하게 운영하고 있다. 제휴 마케팅이란 온라인상에서 다른 업체의 상품이 특정 구매 링크를 통해 매출이 발생했을 때 일정한 수수료를 지급받는 비즈니스를 말한다. 이를 어필리에이트(Affiliate) 비즈니스라고도 한다.

상품의 판매 링크 또는 배너를 만들어서 각종 온라인 매체에 노출시켜 구매를 일으키는 것으로, 배송, 포장, CS 같은 부수적인 업무는 전혀 할 필요가 없기 때문에 온라인판매에 대한 지식이 없는 초보자들도 쉽게 시작할 수 있다. 제휴 마케팅은 본래 판매자가 가진 각종 온라인 자산(블로그, 카페, SNS, 사이트, 어플 등)에 상품 구매 링크를 올려서 판매하는 방식인데, 본인 소유가 아닌 다른 온라인매체에 올려서 판매해도 된다.

제휴 마케팅은 해외에서 특히 활성화되어 있는데, 소비자를 판매자로 만들어서 전체 매출을 올린다. 특히 글로벌 1등 쇼핑몰인 아마존에서 제휴 마케팅이 활성화되어 있다. 그래서 항상 아마존을 벤치마킹하고 있는 쿠팡에서도 같은 서비스를 만든 것으로 보인다.

부업을 원하는 직장인, 주부, 예비 창업자의 경우, 힘들이지 않고 쿠팡파트너스 제휴 판매를 통해 부수입을 올릴 수 있기 때문에 매우 핫하다. 유튜브를 보면 쿠팡파트너스 관련 콘텐츠들이 엄청나게 많이 올라와 있고, 정보나 노하우가 계속 업데이트되고 있다. 월 몇만 원에서 몇백만 원까지 수익을 올리는 고수들은 물

ⓘ **쿠팡파트너스 홈페이지**

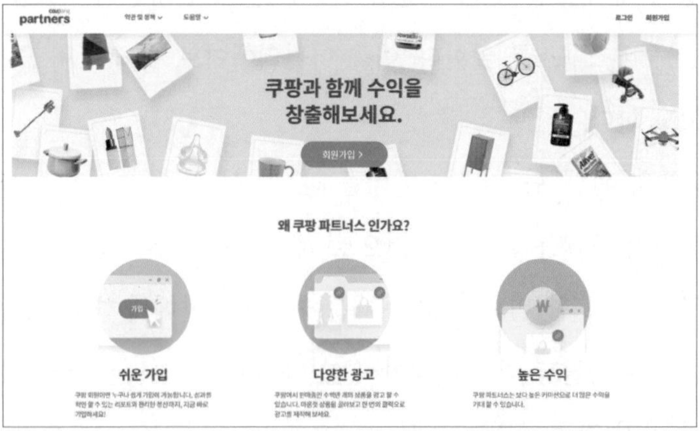

출처 : https://partners.coupang.com

론 일반인과는 다른 핵심적인 노하우들을 가지고 있다.

쿠팡파트너스의 가입과 판매 방식이 간단하고 쉽기 때문에 부업을 생각하는 사람이라면 유튜브 영상만 보고도 바로 뛰어들곤 한다. 그러나 초반에 경쟁이 적을 때는 수익을 쉽게 올릴 수 있었으나 지금은 예전만큼 수익을 올리기가 갈수록 어려워지고 있다.

쿠팡파트너스 수수료 및 매출 인정 범위

쿠팡파트너스로 판매가 일어났을 때 상품 매출액의 3%를 지급받는데, 해외 어필리에이트 수수료에 비해 많이 낮은 편이다. 쿠팡파트너스 링크를 클릭하고 고객이 유입되어 해당 아이디로 24시간 내에만 구매가 이루어지면 매출로 인정받는데, 24시간이 넘어서 구매가 이루어지면 매출이 발생한 것으로 인정받지 못한다. 그러나 특정 상품의 쿠팡파트너스 구매 링크로 들어와서 다른 상품을 구매해도 매출로 인정된다.

쿠팡파트너스 정산

발생한 수익은 1만 원 이상일 때 매월 25일에 정산되며, 수익이 발생한 월 기준으로 익익월 15일에 3.3% 원천징수를 뗀 후 등록한 통장에 입금된다. 예를 들어, 3월 20일에 수익이 발생했으면 5월 15일에 입금되고, 3월 28일에 수익이 발생했으면 6월 15일에 입금된다.

쿠팡파트너스 대가성 표시 문구

쿠팡 자체 규칙상 쿠팡파트너스 링크를 남길 때는 반드시 '쿠팡파트너스 활동을 통해 일정액의 수수료를 제공받고 있습니다'라는 문구를 남겨야 한다. 그러나 이런 문구를 남기게 되면 구매 확률이 현저히 떨어지기 때문에 상당수의 판매자가 표시 문구 없이 판매 활동을 하고 있다.

쿠팡파트너스 대가성 표시 문구 예시

> 이 포스팅은 쿠팡 파트너스 활동의 일환으로, 이에 따른 일정액의 수수료를 제공받고 있습니다.

쿠팡파트너스 가입

쿠팡파트너스 홈페이지에 접속한 후, 쿠팡 아이디가 있으면 로그인하고, 없으면 가입하면 된다. 쿠팡파트너스 가입 신청서를 작성할 때는 활동할 웹사이트 목록, 모바일 앱 목록을 입력해야 하는데, 쿠팡파트너스 링크를 올릴 사이트, SNS의 주소를 입력하면 된다. 결제자 정보, 연락처, 계좌 정보를 입력하면 간단히 가입할 수 있다.

쿠팡파트너스 상품 공유 링크 생성하기

쿠팡파트너스에 들어가서 '링크 생성'을 클릭한 후 판매하

쿠팡파트너스 가입 화면

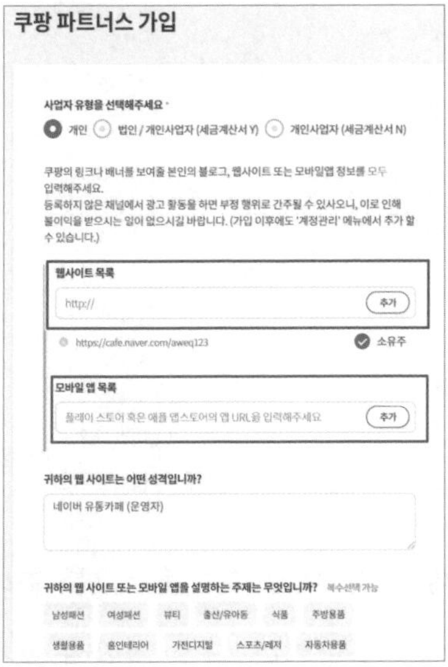

출처 : 쿠팡파트너스

려는 쿠팡 상품 url을 입력하면 된다. 생성된 쿠팡파트너스 url은 'https://coupa.ng/bKZDm41'과 같이 표현된다.

쿠팡파트너스 주요 활동 채널

그동안 주요 활동 채널은 네이버 블로그, 카페, 지식인, 밴드였다. 쿠팡파트너스가 투잡, 부업 개념으로 가장 유명해진 이유는 네이버 블로그에서 발생한 수익 때문이었다. 지금은 과도한 블로그 홍보로 인해 정상적인 방법으로는 네이버 블로그에 쿠

⬇ 상품 공유 링크 만들기

출처 : 쿠팡파트너스

팡파트너스 링크를 못 올리게 되었지만, 예전에는 블로그를 통해 몇백만 원, 몇천만 원씩 버는 고수들이 있었다. 글을 하나씩 써서는 이렇게 수익을 얻기 힘들고, 자동 블로그 글쓰기 프로그램 등을 사용한 블로그 도배가 유행했던 것이다. 지금은 네이버에서 블로그 개인 코드를 삭제하여 자동 글쓰기 프로그램을 막았고, 노출도 안 되게끔 시스템이 변경되었다.

예전에는 맘카페 등 네이버 카페에서도 쿠팡파트너스 제휴 판매가 많이 일어났다. 그러나 요즘은 조회수가 많은 맘카페의 경우에는 쿠팡파트너스 글을 올리면 바로 삭제되든가 강퇴당한다. 꼼수를 부려서 쿠팡파트너스 링크를 단축 줄임 주소로 쿠팡파트너스가 아닌 것처럼 보이게 만들어서 판매하는 방식도 있지만, 블로그, 카페에서의 판매가 예전 같지 않다.

요즘에는 지식인과 네이버밴드를 통해 홍보한다. 지식인에서 상품에 대한 질문에 홍보할 상품의 내용을 언급하고 쿠팡파트너스 링크를 붙여 넣는 것이다. 쿠팡파트너스 링크를 그대로 쓰면 광고성 글인 것이 드러나므로, bitly, tiny 같은 단축 줄임 주소를 써서 판매한다.

쿠팡파트너스 지식인 판매 사례

출처 : 네이버 지식인, 쿠팡

위의 사례는 에어프라이어를 추천해달라는 질문에 대한 답변으로 쿠팡파트너스 링크를 tiny 줄임 주소를 써서 홍보한 것이다. 물론 링크를 클릭하면 쿠팡 사이트로 간다. 쿠팡파트너스 고수들은 상품별로 지식인 질문을 찾아서 답글을 달아 매출을 일으킨다. 답변의 문구를 어떻게 쓰느냐에 따라 구매 전환율이 달라지므로 최적의 답변 문구를 템플릿으로 만들어둔다. 상품의 종류가 많기 때문에 상품별로 문구를 만들어두고 복사해서 붙여 넣는다. 심지어 직접 질문하고 다른 아이디로 다른 아이피 주소에서 답글을 달기도 한다. 이런 경우, 네이버에서는 어뷰징으로 잡히기 쉽다.

네이버밴드의 경우, 밴드에 가입한 후 게릴라성으로 쿠팡파트너스 홍보 링크를 뿌린다. 몇 개의 밴드에만 올리면 효과가 없고, 수백 개의 밴드에 올려야 물량 공세로 매출이 나올 수 있다. 이 방법은 홍보성이라서 바로 밴드에서 강퇴되거나 아이디가 정지되기 때문에 밴드 아이디를 많이 확보하는 게 관건이다. 이 작업을 수작업으로 하면 효율이 떨어지므로 네이버밴드 자동 가입, 자동 글쓰기 프로그램을 이용한다.

판매하려는 상품의 성격과 맞는 네이버밴드에 가입하여 활동

구글 '네이버밴드 자동글쓰기' 검색 결과

출처 : 구글

하면서 홍보 같지 않은 홍보글을 올리는 방식도 있다. 건강 관련 밴드에 가입해서 건강 정보를 제공하면서 쿠팡파트너스를 홍보하는 식이다. 이 경우에는 주제에 맞는 밴드 목록을 구해야 한다. 각종 프리랜서 재능 공유 사이트나 구글을 검색하면 밴드 자동

쿠팡파트너스 유튜브 홍보 사례(에어프라이어)

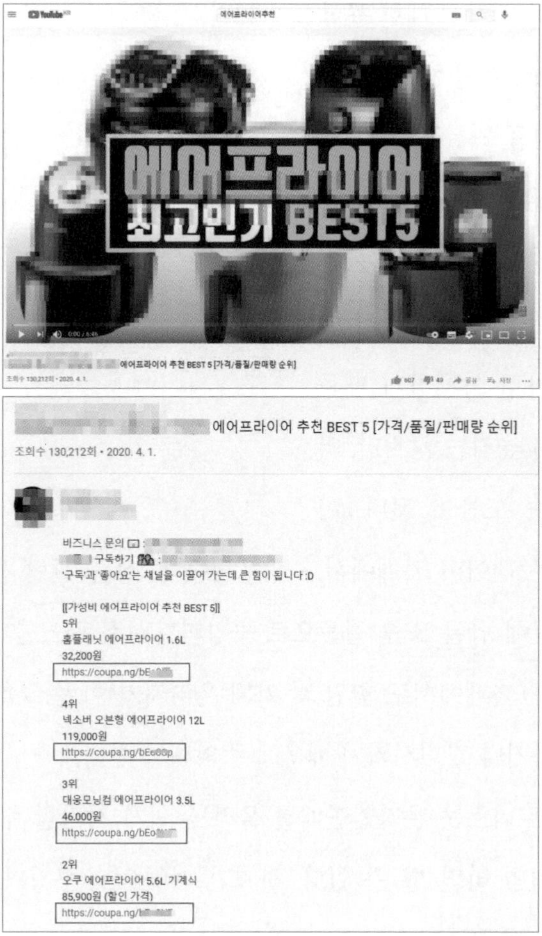

출처 : 유튜브

가입 프로그램이나 네이버밴드 자동 글쓰기 프로그램을 쉽게 구할 수 있다.

유튜브를 활용해서 쿠팡파트너스를 홍보하는 방법도 있다. 직접 상품 리뷰 콘텐츠를 만들어서 쿠팡파트너스 링크를 걸어 판매하는 방식이다. 조회수만 많이 나오면 큰 매출을 만들어낼 수 있으나, 영상 제작에 대한 부담감이 크다.

유튜브를 활용한 또 다른 방법은 상품 리뷰 유튜브 영상에 댓글로 쿠팡파트너스 링크를 넣어서 홍보하는 것이다. 유튜브 운영자들이 발견하면 바로 삭제하기 때문에 효율이 높지는 않지만, 어느 정도는 도움이 된다. 이런 방법은 네이버 카페에서도 활용되는데, 상품 관련 문의나 추천 게시글에 답글 또는 질문으로 쿠팡파트너스 링크를 노출시키는 식이다. 카페에서도 회원 및 카페 운영자가 이런 글을 보면 바로 삭제하거나 강퇴시키기 때문에 주의해야 한다.

ⓘ 쿠팡파트너스 유튜브 댓글 홍보

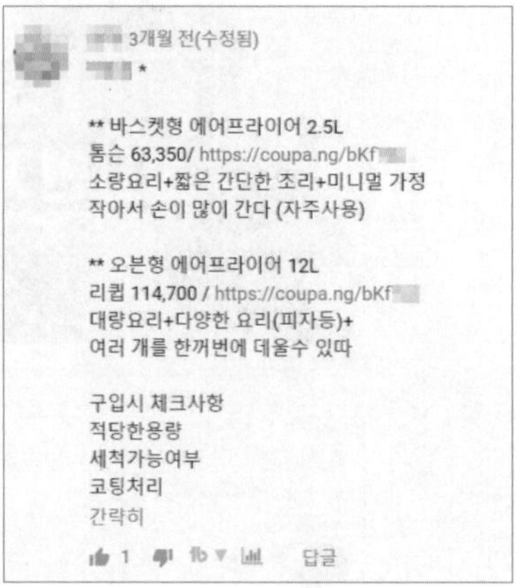

쿠팡파트너스는 온라인판매를 몰라도 쉽게 시작할 수 있고 열심히 노력만 하면 벌 수 있다. 하지만 전업으로 쿠팡파트너스를 하는 것은 추천하지 않는다. 수익률이 너무 낮고 포털이나 SNS의

로직이 바뀌면 지금의 방법이 통하지 않기 때문에 장기적으로 하기에는 무리가 있다. 어느 정도 수익을 보고 싶다면 열심히 공부하고 최신 노하우를 습득해야 쿠팡파트너스의 일반 판매자들을 능가할 수 있다. 크몽 같은 프리랜서 마켓에 '쿠팡파트너스'에 대한 유료 노하북도 많으니, 참고하기 바란다.

'쿠팡파트너스' 유료 노하우북

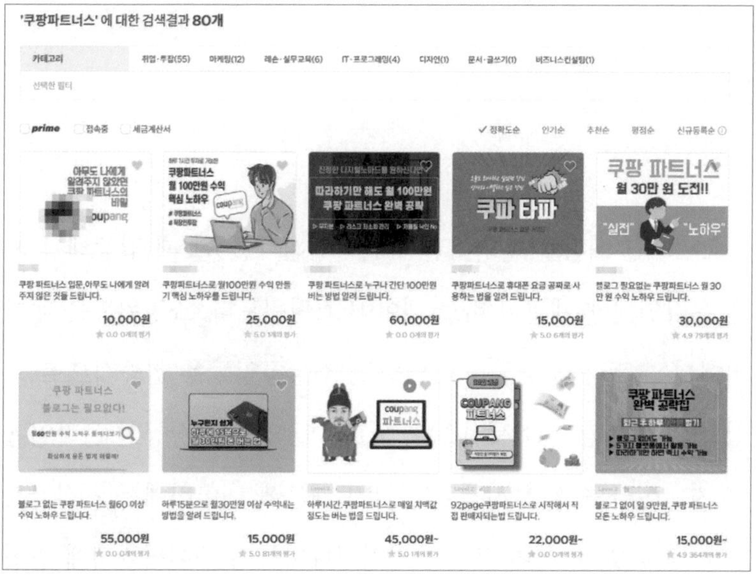

출처 : 크몽 홈페이지

오프라인 비즈니스를 온라인으로 확장하는 네이버 쇼핑윈도

오프라인 매장을 운영하면서 온라인판매를 할 때 집중해야 하는 온라인판매 채널이 바로 네이버 쇼핑윈도다. 쇼핑윈도는 네이버에서 오프라인 상점을 운영하는 소상공인들을 집중적으로 육성하기 위해 출시된 서비스다. 오프라인 영세 소상공인 온라인판로 지원이라는 정부 시책과도 맞기 때문에 네이버에서도 적극적으로 밀고 있다. 이미 모든 온라인판매자들이 네이버쇼핑에 입점해 있으므로, 아직 온라인세상에 접근하기 어려운 영세 오프라인 판매자들을 네이버로 끌어들이려는 목적으로 쇼핑윈도를 만들었다. 당연히 일반 스마트스토어 판매자보다 쇼핑윈도 판매자들을 더 많이 노출해주고 다양하게 지원해주고 있다.

쇼핑윈도는 아트, 푸드, 패션, 리빙, 애완, 키즈, 뷰티 등 전국 각지의 다양한 오프라인 매장을 별도의 온라인숍을 만들어주고 홍보 및 판매를 해주는 O2O(Online to Offline) 플랫폼이다. 한마디로 오프라인 매장을 그대로 온라인으로 옮겨놓은 개념이다.

⊕ 네이버쇼핑 아울렛윈도

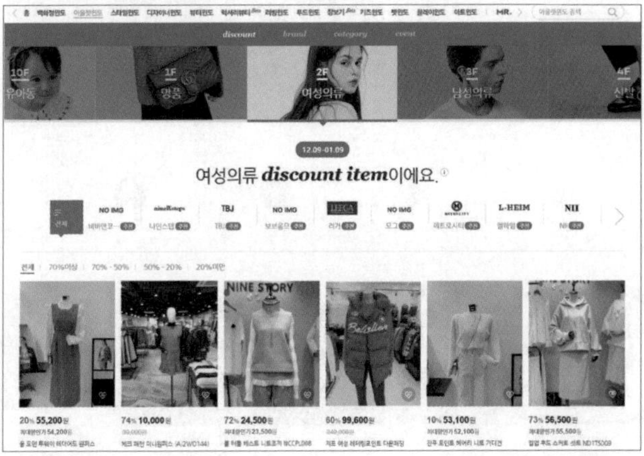

출처 : 네이버쇼핑

오프라인 매장을 운영하는 판매자들은 지역 기반이지만, 쇼핑윈도를 통해 전국적으로 판매를 확장할 수 있다는 장점이 있다. 개인쇼핑몰 붐이 일었을 때 일부 오프라인 매장 운영자들이 개인쇼핑몰을 운영했지만, 오프라인 매장을 운영하면서 동시에 온라인쇼핑몰까지 운영하는 게 쉽지 않아서 포기하는 경우가 많았다. 그러나 쇼핑윈도에 입점하면 개인쇼핑몰과 달리 쇼핑몰 제작 및 관리, 결제, 고객 CS, 홍보, 마케팅에 대한 고민이 사라진다. 쇼핑몰 제작 및 운영 관리, 결제 시스템인 네이버페이, 고객 응대 서비스인 네이버톡톡 그리고 쇼핑윈도를 위한 각종 무료 마케팅/홍보 지원을 해주기 때문에 오프라인 매장 운영자도 손쉽게 온라인쇼핑몰을 운영할 수 있다.

엄청난 리뷰수를 가진 푸드윈도 매출 상위 판매자

출처 : 네이버쇼핑

현재 쇼핑윈도는 총 12개가 운영 중인데, 무조건 오프라인 매장이 있어야 쇼핑윈도에 입점할 수 있는 것은 아니고 윈도별로 입점 조건이 다르다.

플레이윈도 : 디지털, 스포츠, 취미 관련 인기 상품

https://shopping.naver.com/play/fishing/home

아트윈도 : 모바일에서 즐기는 쉽고 편한 갤러리

https://shopping.naver.com/art/home

뷰티윈도 : 화장품 및 뷰티상품 전문 매장

https://shopping.naver.com/beauty/home

리빙윈도 : 감각적이고 실용적인 리빙 아이템이 한자리에

https://shopping.naver.com/living/homeliving/home

푸드윈도 : 전국팔도의 특산품 직거래 장터

https://shopping.naver.com/fresh/localfood/home

키즈윈도 : 깐깐한 엄마들을 위한 육아,아동 상품 페스티발

https://swindow.naver.com/kids/home

펫윈도 : 강아지, 고양이 등 애완동물을 위한 모든 상품

https://swindow.naver.com/pet/home

백화점윈도 : 현재 백화점 디스플레이 상품 그대로

https://shopping.naver.com/department/home

아울렛윈도 : 브랜드 상품을 저렴하게 살 수 있는 방법

https://shopping.naver.com/outlet/home

스타일윈도 : 전국 곳곳의 유명한 옷가게를 한꺼번에

https://shopping.naver.com/style/style/home

디자이너윈도 : 패션디자이너의 최신 유행상품을 온라인으로

https://swindow.naver.com/designer/list/category

해외직구윈도 : 해외에서 현지 상품을 국내에 판매, 바로 배송

https://shopping.naver.com/foreign/home

각 쇼핑윈도별 취급 상품, 신청 조건, 신청 불가 항목이 다르므로, 세부 내용을 확인해야 한다. 각 쇼핑윈도별 세부 입점 조건은

ⓘ 쇼핑윈도 노출안내

출처 : 네이버쇼핑 메인페이지

ⓘ '스타일윈도' 입점 조건

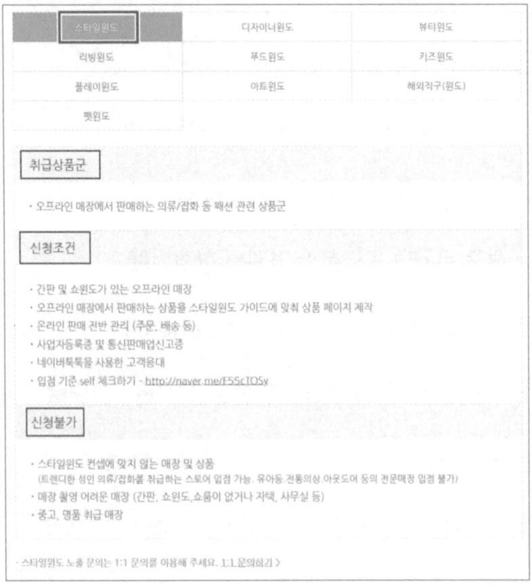

출처 : 네이버쇼핑

네이버쇼핑 메인페이지의 최하단에 있는 '쇼핑윈도 노출안내'에서 확인할 수 있다.

쇼핑윈도 입점 신청

쇼핑윈도 입점은 스마트스토어 입점과는 별개로 진행된다. 쇼핑윈도 입점은 스마트스토어 판매자센터에서 하는데, '로그인 〉 노출 관리 〉 쇼핑윈도 노출제안'에서 하면 된다.

스마트스토어와 달리 쇼핑윈도는 입점이 까다롭고 입점 진행 과정도 느린 편이다. 조건이나 서류가 갖춰지지 않아 입점이 지연되는 경우도 많은데, 궁금한 점이 있으면 '쇼핑윈도 노출제안'의 '1:1 문의하기'를 이용하여 온라인으로 문의하면 된다.

쇼핑윈도 입점 제안

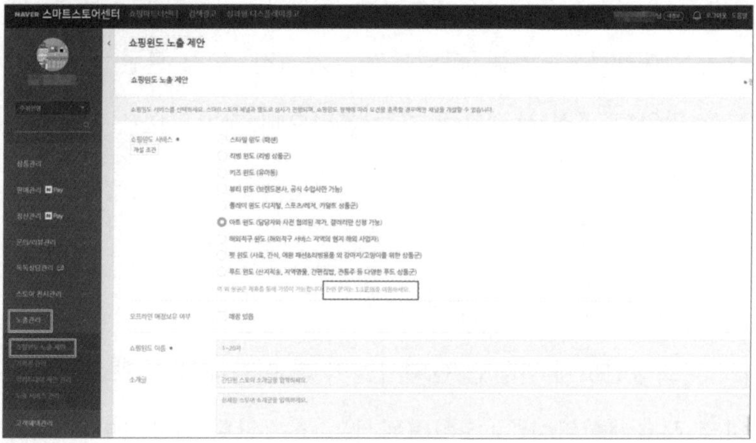

쇼핑윈도 1 : 1 문의하기

출처 : 네이버 스마트스토어센터

쇼핑윈도 공식 블로그

네이버에서는 쇼핑윈도의 다양한 행사, 이벤트, 혜택, 최신 정보들을 쇼핑윈도 공식 블로그에 공지하고 있다. 무료로 큰 매출을 기대해볼 수 있는 '타임특가', '기획전' 모집 관련 공지사항도 쇼핑윈도 공식 블로그에 자주 올라오니 정기적으로 방문하는 것이 좋다.

쇼핑윈도 무료체험단

쇼핑윈도에 입점한 판매자들이 꼭 이용해야 할 프로그램이 바로 무료체험단이다. 네이버에서는 쇼핑윈도 판매자만을 위해 체험단을 운영하는데, 잘만 활용하면 엄청난 홍보 효과를 누릴

ⓘ 쇼핑윈도 공식 블로그

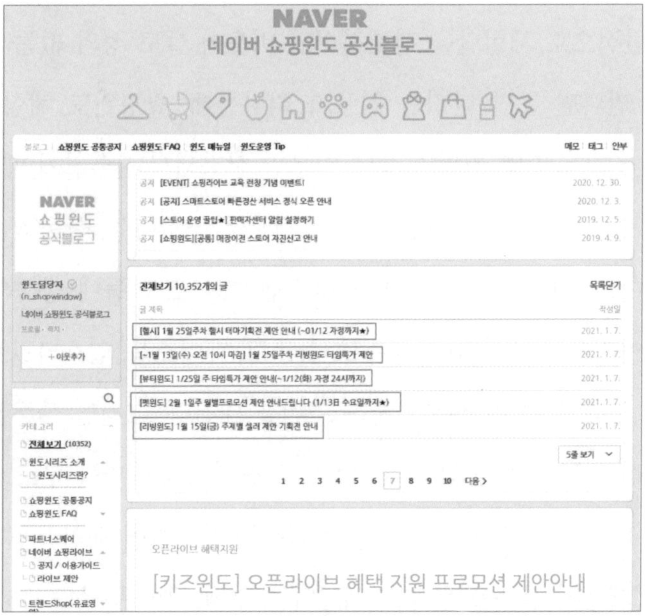

출처 : https://blog.naver.com/n_shopwindow

ⓘ 쇼핑윈도 무료체험단(네이버쇼핑 메인페이지 〉 기획전 〉 무료체험)

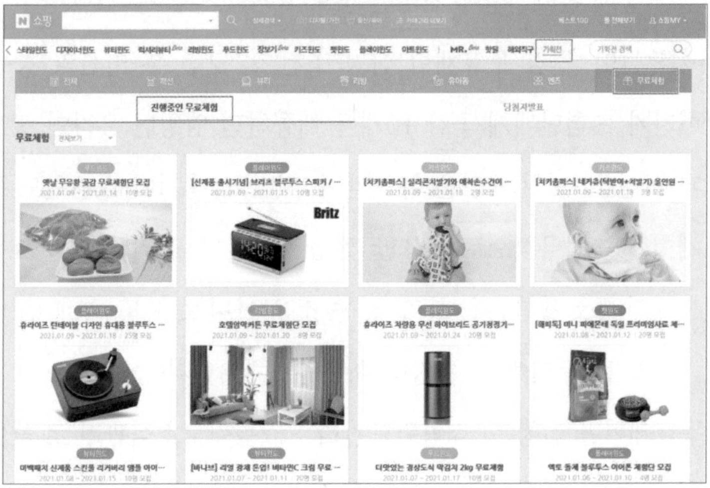

출처 : 네이버쇼핑

수 있다.

일반적으로 체험단을 진행하려면 비용이 들고 성의 없는 체험단을 만나면 돈만 날리는 경우가 허다한데, 쇼핑윈도 체험단은 특정 조건을 갖춘 지원자 중에 일부만 선정해서 진행하기 때문에 효과가 아주 높다. 체험단 선정 조건으로 스토어찜, 상품찜을 비롯하여, 지원자의 블로그, 인스타그램, 페이스북 등에 상품의 상세페이지를 공유하거나, 유튜브, 블로그, 페이스북, 인스타그램 계정을 구독 또는 친구추가 하는 조건을 내건다. 그러면 상품을 온라인상에 도배할 수 있고 장기적으로 잠재고객을 만들 수도 있다. 이런 미션을 수행한 사람들 중에 일부를 선정하여 체험단을 진행하기 때문에 상품을 무료로 제공하는 것에 대한 부담도 적다. 상품의 퀄리티가 좋고 단가가 있으면 많은 사람들이 지원하고, 미션 수행을 통해 온라인상에 엄청난 홍보 효과를 얻을 수 있다.

예를 들어, 곶감 무료체험 신청 조건 및 당첨 후 미션의 경우, 판매자가 체험단에게 곶감 10개를 제공하면 엄청난 온라인 홍보 효과를 얻을 수 있는 것을 확인할 수 있다. 그렇기에 쇼핑윈도 무료체험단을 적극적으로 사용할 것을 추천한다. 그러나 모든 쇼핑윈도에서 무료체험단을 할 수 있는 것은 아니고, 뷰티, 푸드, 스타일, 리빙, 펫, 플레이 등 특정한 쇼핑윈도에서만 가능하다.

무료체험단 신청은 '쇼핑윈도관리 〉 쇼핑윈도소식관리'로 들어가서 오른쪽 상단에 '새소식등록'을 누르면 쇼핑뉴스, 세일정보,

쇼핑윈도 곶감 무료체험단 모집 조건

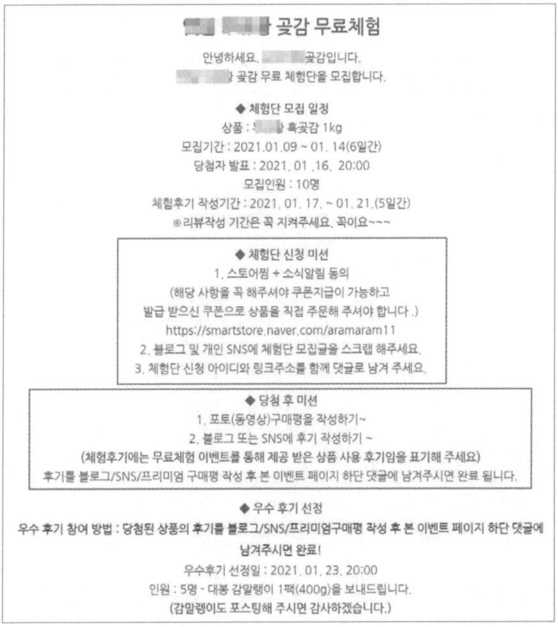

[redacted] 곶감 무료체험

안녕하세요. [redacted]곶감입니다.
[redacted] 곶감 무료 체험단을 모집합니다.

◆ 체험단 모집 일정
상품 : [redacted] 흑곶감 1kg
모집기간 : 2021.01.09 ~ 01. 14(6일간)
당첨자 발표 : 2021. 01 .16. 20:00
모집인원 : 10명
체험후기 작성기간 : 2021. 01. 17. ~ 01. 21.(5일간)
※리뷰작성 기간은 꼭 지켜주세요. 꼭이요~~~

◆ 체험단 신청 미션
1. 스토어찜 + 소식알림 동의
(해당 사항을 꼭 해주셔야 쿠폰지급이 가능하고
발급 받으신 쿠폰으로 상품을 직접 주문해 주셔야 합니다 .)
https://smartstore.naver.com/aramaram11
2. 블로그 및 개인 SNS에 체험단 모집글을 스크랩 해주세요.
3. 체험단 신청 아이디와 링크주소를 함께 댓글로 남겨 주세요.

◆ 당첨 후 미션
1. 포토(동영상)구매평을 작성하기~
2. 블로그 또는 SNS에 후기 작성하기 ~
(체험후기에는 무료체험 이벤트를 통해 제공 받은 상품 사용 후기임을 표기해 주세요)
후기를 블로그/SNS/프리미엄 구매평 작성 후 본 이벤트 페이지 하단 댓글에 남겨주시면 완료 됩니다.

◆ 우수 후기 선정
우수 후기 참여 방법 : 당첨된 상품의 후기를 블로그/SNS/프리미엄구매평 작성 후 본 이벤트 페이지 하단 댓글에 남겨주시면 완료!
우수후기 선정일 : 2021. 01. 23. 20:00
인원 : 5명 - 대봉 감말랭이 1팩(400g)을 보내드립니다.
(감말랭이도 포스팅해 주시면 감사하겠습니다.)

출처 : 쇼핑윈도

무료체험의 세 항목이 뜨는데, 여기서 '무료체험'을 선택하면 된다. 모집 기간은 모집 시작일로부터 7일 이후까지가 좋으며, 당첨 발표일은 모집 종료 후 2일 이후부터 설정할 수 있는데 3일 이내를 추천한다. 체험단 미션을 너무 많이 요구하면 신청자가 적을 수 있으니 적절하게 조절하는 것이 좋다. 미션은 간단히, 소수의 인원으로, 자주 해야 체험단의 효과를 극대화할 수 있다.

쇼핑윈도 무료체험단 프로세스

1. 무료체험 등록
2. 무료체험 신청
3. 당첨자 선정 및 발표
4. 경품 발송
5. 후기 작성

쇼핑윈도의 꽃, 푸드윈도

쇼핑윈도 중에 가장 큰 매출 효과를 볼 수 있는 윈도라면 푸드윈도를 꼽는다. 푸드윈도는 먹거리이기 때문에 재구매가 자주 일어나고, 네이버에서도 가장 적극적으로 밀어주고 있다. 푸드윈도는 산지직송/지역명물/전통주/간편집밥/헬시의 5가지 카테고리로 나뉜다. 온라인판매의 상품 카테고리 중 식품의 비중이 높아지면서 카테고리도 계속 늘고 있는데, 최근에 '간편집밥'과 '헬시' 카테고리가 추가되었다.

산지직송

취급상품군

· 생산자가 직접 생산하여 산지에서 고객에게 직배송되는 식품 관련 상품군
(샘플 테스트 요청 할 수 있으며, 테스트 결과에 따라 입점불가 및 퇴점 될 수 있습니다)

신청조건

· 품질 불만족시 무료 교환/환불 가능 상품
· 푸드윈도 가이드에 맞춰 상품 페이지 제작
· 온라인 판매 전반 관리 (주문, 배송 등)
· 사업자등록증 및 통신판매업신고증

신청불가

· 푸드윈도 컨셉에 맞지 않는 상품
· 수입식품

지역명물

취급상품군

- 지역하면 떠오르는 식품이나
  지역&시장 내 매장을 보유하여 직접 생산하고 고객에게 직배송되는 상품군
  (샘플 테스트 요청 할 수 있으며, 테스트 결과에 따라 입점불가 및 퇴점 될 수 있습니다)

신청조건

- 품질 불만족시 무료 교환/환불 가능 상품
- 푸드윈도 가이드에 맞춰 상품 페이지 제작
- 온라인 판매 전반 관리 (주문, 배송 등)
- 사업자등록증 및 통신판매업신고증

신청불가

- 푸드윈도 컨셉에 맞지 않는 상품
- 프렌차이즈 매장

전통주

취급상품군

- 주류 중 전통주 면허를 받아서 생산한 상품군

신청조건

- 스마트스토어 개설 (사업자등록증 및 통신판매업신고증)
- 주류통신판매승인서를 받은 양조장
  - 판매처 네이버 기재 필수
- 품질 불만족시 무료 교환/환불 가능 상품
- 푸드윈도 가이드에 맞춰 상품 페이지 제작
- 온라인 판매 전반 관리 (주문, 배송 등)

신청불가

- 전통주에 해당하지 않는 국내주류
- 수입주류

간편집밥

취급상품군

- 조리하거나 가열을 통해 취식 가능하거나 바로 섭취할 수 있는 HMR 상품군
  쿠킹박스류, 반찬류, 양념육류, 샐러드, 도시락 등

신청조건

- 스마트스토어 개설
- 식품제조가공업/식육가공업 허가를 보유하거나 해당 허가를 보유한 OEM 공장과 유통/납품계약을 한 곳만 가능 (즉석제조가공판매업은 불가)
- 품질 불만족시 무료 교환/환불 가능상품
- 푸드윈도 가이드에 맞춰 상품 페이지 제작(시네마그래프 등)
- 네이버 톡톡을 사용한 고객응대
- 온라인 판매 전반 관리(주문, 배송 등)

신청불가

- 간편집밥 컨셉에 맞지 않는 상품

헬시

취급상품군

- 아래 카테고리에 해당하는 상품 중 '식품의약품안전처'에서 건강기능식품 인증을 받은 상품

비타민
- 멀티비타민
- 비타민A
- 비타민B
- 비타민C
- 비타민D
- 비오틴

다이어트
- 콜라겐
- 가르시니아
- 히알루론산
- 녹차추출물
- CLA
- 와일드망고
- 잔티젠
- 레몬밤

미네랄
- 칼슘
- 마그네슘
- 철분
- 엽산
- 아연
- 셀레늄

홍삼
- 홍삼

영양제
- 루테인
- 오메가 3
- 프로바이오틱스
- 프리바이오틱스
- 밀크씨슬
- 프로폴리스
- 코엔자임Q10
- 감마리놀렌산
- 글루코사민
- 스피루리나
- 키토산
- 클로렐라
- MSM
- 폴리코사놀
- 쏘팔메토
- 식이섬유
- 보스웰리아
- 단백질

* 취급 카테고리는 추후 변경이 있을 수 있습니다.

신청조건

- 스마트스토어 판매자 중 아래 조건을 만족하는 판매자
  - 건강기능식품 판매업 신고를 한 판매자
  - 브랜드 본사, 제조사, 공식 수입원 또는 브랜드 본사로 부터 권한을 위임받은 공식 총판 및 벤더
- 자세한 입점 진행 방법 및 상품 등록 가이드는, 쇼핑윈도 블로그 게시글의 [헬시윈도 채널개설 및 상품등록 가이드.pdf]를 꼭 확인해 주세요.
  쇼핑윈도 블로그 게시글 확인하기 >

* 입점 신청 필수 서류

업체 속성	브랜드 본사, 제조사	공식 총판 및 벤더	국내 공식 수입원
제출 서류 1) 상표등록증(공통)	특허청(https://www.kipo.go.kr/) 검색 결과 이미지로 대체 가능		
제출 서류 2) 입점 상품 LIST (스마트스토어)	헬시윈도에 입점 대상 상품 LIST를 엑셀파일에 작성하여 제출		
제출 서류 3) 업체 속성별	-	헬시윈도 입점 확약서[1]	국내 라이선스 계약서 사본[2]

[주1] 총판 및 벤더사의 경우 브랜드사로부터 **'입점 확약서'**를 받아 제출 하여야 하며, 브랜드사가 직접 입점 시 총판 및 벤더사는 입점 불가능
[주2] INTERNATIONAL DISTRIBUTORSHIP AGREEMENT

신청불가

- 식품 유형이 '건강기능식품'이 아닌 상품 판매자
- 위 명시된 판매자가 아닌 일반 도/소매 판매자

이렇게 카테고리를 계속 늘리고 푸드윈도 '명예의 전당'을 만들어서 밀어주는 것을 보면, 네이버에서 식품 카테고리에 관심이 있다는 뜻이다. 푸드윈도에 입점하려면 기본적으로 직접 만드는 생산자이거나 가공식품 제조

공장이어야 한다. 남의 상품을 받아서 판매하는 경우에는 입점이 불가하다. 다른 쇼핑윈도와 달리 푸드윈도는 고객 구매평점이 4.5가 되지 않으면 입점이 허용되지 않는다. 푸드윈도에서 최고 판매자인 '명예의 전당'에 선정되려면 구매 평점 4.7 이상, 구매 리뷰 3,000개 이상을 확보해야 한다.

편법이긴 하지만 생산자나 제조 공장이 아니면서 푸드윈도에서 상품을 판매할 수 있는 방법이 있다. 아직 지방에 있는 식품 생산자나 제조 공장, 지역 시장의 상인들은 온라인판매에 익숙하지 않은 경우가 많다. 그래서 지역 시장이나 생산자, 제조 공장 중에 온라인판매를 하지 않는 곳과 접촉하여 푸드윈도 입점 대행을 해주고 직접 푸드윈도에서 해당 상품을 판매하는 것도 방법이다. 이들의 경우 제조, 생산, 오프라인 판매에 몰두하느라 온라인판매를 할 엄두를 내지 못하기 때문에 대신 온라인판매를 해주겠다고 제안하면 환영하는 경우도 많다. 물론 온라인판매에 필요한 기본적인 정보나 자료는 이들에게서 받아야 한다.

실제로 많은 온라인판매 고수들이 지역 시장 또는 지방 과일, 야채, 수산물 생산자와 계약을 맺고 푸드윈도에 입점해서 큰 매출을 올리고 있다. 이것은 나만의 상품을 가지지 못한 온라인판매자들이 차별화된 나만의 상품을 만드는 아주 유용한 방법이다. 생산자나 제조 공장과 계약을 맺으려면 이들에게 온라인판매에 능숙하다는 사실을 입증해야 한다. 이들도 당연히 온라인판매 초보자들과는 쉽게 계약을 맺지 않을 것이다.

이렇게 계약을 맺고 푸드윈도에서 판매대행을 하더라도 언제든 계약이 종료될 수 있다. 특히 매출이 많이 일어나고 해당 생산자나 업체 대표가 경험치를 쌓으면 당연히 직접 판매하는 단계에 이르게 된다. 이런 상황이 벌어졌을 때 그때까지 많은 수익을 만들어준 상대방에게 감사하는 마음을 가지고 이렇게 된 것은 어쩔 수 없는 일이라고 생각하는 게 좋다. 그래서 온라인판매를 하는 사람들은 온전히 자신이 주인인 상품을 찾아야 하는 것이다.

1인 식품 기업 연구소

식품 브랜드 제조, 유통, 마케팅 전문 플랫폼인 '1인 식품 기업 연구소(일식연)'는 식품 제조사와 판매자에게 제대로 된 식품 브랜딩이 무엇인지 심도 있게 알려주는 네이버카페다.

일식연은 1인 식품 기업을 시작하려 하거나 운영하고 있는 사람들의 생각과 태도를 변화시키고 정보 비즈니스를 통해 고객에게 최적화된 정보를 제공하여 사업 시스템에 이식시키며 시스템을 함께 구축해나가게끔 도와준다.

일식연의 핵심 서비스는 식품 제조, 유통, 마케팅에 대한 교육인데, 현재 130여 명의 컨설팅 멤버와 3,000여 명의 카페 회원들이 도움을 받고 있다.

일식연의 마스터마인드그룹 컨설팅에 참가하면 식품 제조/유통/마케팅/1인 브랜딩까지 올인원 트리플 유통 시스템을 구축해서 안정적으로 식품 브랜드를 키울 수 있다.

일식연은 카페 회원들에게 다양한 지식 창업을 지원하고 있으며, 건강즙 창업 연구소, 건강분말 창업 연구소, 건강식품 위탁판매 연구소 등 파트너사도 두고 있다.

식품 특화 온라인마케팅은 사기성 강의가 많아서 잘 배우기가 어렵고, 제대로 된 강의를 들으려면 수천만 원의 비용이 든다. 그러나 일식연 커뮤니티에 합류하면 제대로 된 식품 특화 온라인마케팅을 배울 수 있고, 제조/유통/1인 브랜딩/사업 시스템 구축까지 모두 배울 수 있다.

일식연을 운영하는 김규남 대표는 《1인 식품 기업으로 비상식적 온라인 유통 트리플 시스템 만들기》라는 베스트셀러도 집필하였으니, 식품 제조/판매를 한다면 꼭 한 번 읽어보기 바란다.

1인 식품 기업 연구소(일식연)

출처 : https://cafe.naver.com/water4me

해외 구매대행, 전 세계 모든 상품을 신용카드 한 장으로!

요즘 가장 핫한 온라인판매 관련 유튜브 콘텐츠라면 해외 구매대행일 것이다. 유튜브에서 온라인판매 관련 콘텐츠를 한 번이라도 검색했다면 해외 구매대행, 중국 구매대행 등의 콘텐츠가 관련 동영상으로 끊임없이 뜰 것이다. 해외 구매대행은 타오바오, 아마존, 알리익스프레스 등 해외 쇼핑몰에 있는 상품을 국내 쇼핑몰에 등록하고, 판매되면 해외쇼핑몰에 주문을 넣어서 배송하게 하는 위탁판매 방식이다. 해외 쇼핑몰의 구매가에 마진을 붙

ⓘ 해외 구매대행 관련 유튜브 콘텐츠

출처 : 유튜브

여서 국내 쇼핑몰에 올리고, 해외 배송비는 고객에게 부담시키거나 상품 판매가에 포함시킬 수도 있다.

2019년 유튜버 신사임당이 스마트스토어 열풍을 몰고 왔듯이, 지금은 해외 구매대행이 온라인판매에서 최고 인기 콘텐츠가 되었다. 해외 구매대행이 인기가 있는 이유는 큰 자금을 투자하지 않고도 신용카드 한 장이면 가능하고, 상품을 보는 눈이 없어도 되며, 투잡으로 쉽게 시작할 수 있다는 점 때문이다.

해외 구매대행은 최근에 나온 판매 방식은 아니다. 예전에는 구매대행에 대한 정보가 부족하고 구매대행 비즈니스를 도와줄 만한 프로그램 및 솔루션이 미흡해서 초보자가 쉽게 진입하기 어려웠다. 그러나 지금은 해외 구매대행에 대한 정보가 널려 있고 해외 구매대행을 도와줄 각종 솔루션이 늘어나서 초보자도 손쉽게 해외 구매대행에 뛰어들 수 있게 되었다. 이런 프로그램과 솔루션을 사용하면 쉽게 해외 구매대행을 할 수 있다.

그래서인지 해외 구매대행에 관한 자극적인 문구로 미래가 불안한 직장인, 예비 창업자 등을 끌어들이는 콘텐츠가 많다. 신용카드 한 장만 있으면 전 세계 모든 상품을 국내에서 판매할 수 있고, 직장을 다니면서도 투잡으로 할 수 있으며, 불안한 미래를 대비할 수 있다는 얘기를 듣고 뛰어드는 사람이 늘고 있는 것이다.

그런데 해외 구매대행에 뛰어드는 사람이 늘다 보니 3년 전과는 비교할 수 없을 정도로 경쟁이 심해졌다. 반자동/자동 상품 수집, 상품 등록 솔루션을 이용하여 아마존, 타오바오, 1688 등 해외 유명 쇼핑몰의 상품을 수천, 수만 개씩 수집하여 국내 오픈마켓, 소셜커머스, 스마트스토어에 등록하는 셀러들이 많아졌고, 그러니 경쟁이 심해지는 것은 당연한 일이다. 중국에서 구매대행하는 셀러가 워낙 많아서 이제는 유럽이나 일본 셀러도 늘고 있다.

해외 구매대행 셀러 중에서도 정보 및 노하우가 많고 솔루션을 잘 사용하는 사람들은 월 수천만 원의 수익을 올린다. 그러나 별다른 노력을 하지 않는 90%의 평범한 셀러들은 몇 달 해보다가 포기한다. 해외 쇼핑몰의 상품을 솔루션으로 긁어다가 국내 쇼핑몰에 대량으로 등록하기만 해서는 성공할 리가 없다. 공부하는 만큼, 아는 만큼, 노력하는 만큼 매출이 나오는 법이다. 이익을 올리는 판매자들은 필요에 따라 상품명, 상세페이지, 섬네일도 바꾸고 광고, 바이럴마케팅, 솔루션 사용법도 공부하고 매출이 나오는 키워드를 끊임없이 찾는 등, 피나는 노력을 하여 직장인 이상의 월급을 벌어들인다.

그렇지만 해외 구매대행은 초보 셀러가 온라인판매를 시작하기에는 아주 좋은 아이템이라고 생각한다. 평생 할 일로서는 안정성이 떨어져서 추천하지 않지만, 해외 구매대행을 경험해볼 것을 강력히 추천한다.

우선 해외 구매대행을 하다 보면 키워드 및 트렌드를 공부할 수 있다. 결국 키워드와 트렌드 싸움이기 때문이다. 해외 구매대행을 하다가 포기하는 판매자들은 키워드와 트렌드 분석에 약하고 상품 품절/단종 관리, 반품/교환 문제에 큰 어려움을 느낀다. 그래도 국내 B2B 배송대행 도매몰 위탁판매보다 해외 구매대행이 수익이나 장기적인 전망에서 훨씬 좋다.

해외 구매대행에서 어느 정도 성과를 보이면 병행수입으로 넘어가게 될 것이다. 해외 구매대행 상품은 나만의 고유한 상품이 아니어서, 지난달에 매출을 1억 원이었어도 이번 달 매출은 얼마일지 예측할 수 없다. 신상품 등록이나 기존의 등록 상품을 수정하지 않으면 전달에 비해 매출은 떨어지게 마련이다. 그렇기에 장기적으로 안정적인 병행수입을 하게 된다. 병행수입은 수입하는 데 필요한 자금, 각종 인증, 복잡한 수입 절차, 재고 부담 등의 단점이 있긴 하지만, 성공했을 때 얻는 수익이 구매대행에 비할 바가 아니다.

병행수입을 하다가 자신감이 생기면 최종적으로 나만의 브랜드를 만들게 된다. 그러나 초보자가 처음부터 병행수입을 하기에는 너무 큰 리스크가 있기 때문에, 해외 구매대행부터 시작하여 기본기를 닦는 게 좋다.

해외 구매대행의 경우, 일부 예외가 있긴 하지만 KC인증, 전기안전인증 등을 하지 않아도 되므로 병행수입업자들에 비해 장점이 있다. 인증에 들어가는 비용, 인증받은 후 수입 기간 없이, 오늘 발견한 상품을 아무 비용도 들이지 않고 10분 만에 등록하고 팔 수 있다. 중국에서 샤오미 같은 인기 브랜드의 신상품이 나오면 인증 및 병행수입에 2~3주 정도 걸리는데, 이때는 오직 구매대행 판매자들만 판매할 수 있으니 이를 잘 활용하면 큰 매출을 올릴 수 있다. 그러나 정식으로 병행수입이 된 상품이 도착하면 가격 경쟁력 및 배송에 걸리는 시간 때문에 불리해지고 매출이 떨어진다는 점도 알아둬야 한다.

또한 수요가 적어서 대량으로 수입하기 어려운 상품도 구매대행으로 팔면 편하다. 구매대행은 한 품목을 대량 판매하기보다는 아주 다양한 상품을 1~2개씩만 팔아도 수익이 나기 때문이다.

해외 구매대행 판매 시 활용하는 주요 해외 쇼핑몰

국내 해외 구매대행 셀러들이 주로 활용하는 해외 쇼핑몰로, 타오바오, 알리익스프레스, 티몰은 중국 쇼핑몰이고 아마존, 이베이는 미국 쇼핑몰이다. 과거에는 미국 쇼핑몰 위주였으나, 몇 년 전부터는 중국 구매대행으로 쏠리고 있다. 이미 이런 쇼핑몰의 상품은 국내에 많이 등록되어 있을 것이다. 그렇기 때문에 경쟁을 피하고 판매를 일으키려면 다른 사람이 등록하지 않은 새로운 상품을 등록해야 한다. 그래서 핫한 아이템이 있는 여러 나라의 쇼핑몰을 끊임없이 발굴해야 한다.

타오바오(taobao.com) : 중국 1등 C2C(Customer to Customer) 쇼핑몰로,

국내 오픈마켓 콘셉트

알리익스프레스(www.aliexpress.com) : 중국 알리바바에서 운영하는 해외배송 가능한 쇼핑몰

아마존(www.amazon.com) : 글로벌 1등 C2C 쇼핑몰

이베이(www.ebay.com) : 미국 인기 C2C 쇼핑몰

티몰(www.tmall.com) : 브랜드 상품 위주 중국 인기 B2C 쇼핑몰

중국 1등 C2C 쇼핑몰 '타오바오'

출처 : 타오바오 홈페이지

해외 구매대행 키 포인트 5가지

배송대행지(배대지)

해외 쇼핑몰 중에 한국으로 바로 배송이 안 되거나, 배송이 되어도 배송비가 비싼 경우가 많다. 그래서 쇼핑몰이 있는 국가의 배송대행지(배대지)를 이용하는 경우가 많다. 배대지는 일정 수수료를 받고 해외 주소를 제공하고, 그 주소를 통해 제품을 대신 받

아 한국으로 배송해주는 물류업체를 말한다. 해외 구매대행에서는 해외 배송비의 비중이 크고 배대지의 서비스 품질이 상품 판매에 큰 영향을 끼친다. 너무 가격이 저렴하면 배송 일정, 반품/교환, 상품 검수 등 서비스 품질이 좋지 않을 수 있으니 주의해야 한다.

해외 구매대행을 처음 시작하는 사람들은 배송대행지 때문에 고생하는 경우가 정말 많다. 초보자는 물량도 적고 해외 구매대행에 대한 이해도도 낮기 때문에 배대지의 서비스 우선순위에서 밀리는 경우가 많다. 일부 배송대행지는 한국 신용카드로 결제가

네이버 '배송대행지' 검색 결과

출처 : 네이버

되지 않는 해외 쇼핑몰에서 일정한 수수료를 받고 대신 구매해주는 구매 결제대행 서비스도 제공한다.

해외 구매대행이 활발한 곳이 주로 미국, 중국인 이유도, 다른 국가에는 배대지가 활성화되어 있지 않기 때문이다. 배송대행지는 아주 많으니, 하나하나 비교해보고 결정해야 한다. 규모가 크거나 가격이 싸다고 해서 무조건 좋은 것은 아니므로, 나랑 맞는 배송대행지를 찾아야 한다. 규모 있고 큰 배송대행지들은 소량으로 거래하는 개인 셀러를 소홀히 대할 수도 있다.

구매 대행 상품 등록 방법

■ 수동 등록

고전적인 상품 등록 방법으로, 하나하나 수작업으로 국내 온라인마켓에 소수의 상품을 등록하는 방법이다. 솔루션 사용비가 들지 않고, 상품 선정에 공을 들이며, 상세페이지, 섬네일, 키워드를 수정하는 작업을 거치는 경우가 많기 때문에 구매 전환율이 높다는 장점이 있다. 그러나 시간과 노력을 많이 투자해야 한다.

■ 자동 등록

구매대행 솔루션(자동 수집, 자동 등록)으로 해외 쇼핑몰의 상품 및 상세페이지를 수집(스크래핑)하여 국내 온라인마켓에 자동으로 등록하는 방법이다. 솔루션 기능 및 서비스에 따라 월 사용료가 다르다. 많은 기능을 제공해주는 솔루션은 월 사용료가 매우 비싼데 몇십만 원에서 몇백만 원까지 다양하다. 오픈마켓, 스마트스토어, 쿠팡은 자동으로 등록하는 기능을 제공한다.

자동 등록 프로그램을 쓰면 내가 상품을 고른다기보다는 프로그램에서 골라준 상품을 판매하게 된다. 상품을 많이 등록할수록 매출이 나므로, 대량의 데이터를 통해 최근 고객들이 원하는 상품군을 파악할 수 있다.

정민소프트 구매대행 솔루션

출처 : www.jungminsoft.com

■ 반자동 등록

구매대행 솔루션을 사용하되 상품명 변경, 카테고리 설정, 기타 작업을 수작업으로 하는 방식이다. 보통 반자동 등록 솔루션은 자동 등록 프로그램보다는 저렴하다. 반자동 등록은 직접 상품을 선정하기 때문에 선정한 상품과 판매하기 위해 들인 노력에 대한 결과를 바로 확인할 수 있다. 그리고 100% 자동 등록 프로그램으로 성의 없이 등록한 상품에 비해서는 판매 확률이 높아진다.

이렇게 3개의 방법 중에 정답은 없다. 수동 등록, 반자동 등록, 자동 등록 중에 맞는 방식은 사람마다 다르다. 그러나 필자는 그 중에 그나마 반자동 등록이 낫다고 생각한다. 자동 등록의 경우 100% 솔루션에 의지하는데, 일단 비용 부담이 있고 솔루션의 기본 세팅 값이 100% 정확하다고 할 수 없다. 게다가 수많은 솔루션 사용자들이 같은 곳에 같은 물건을 등록하다 보니 경쟁이 치열해지는 단점이 있다. 물론 투잡으로 하루에 낼 수 있는 시간이 적다면 자동 등록을 하는 편이 효율성이 높을 수 있다. 그럴 경우 고가의 솔루션 사용료를 감당할 수 있는지 살펴봐야 한다.

자동/반자동 등록 프로그램은 업데이트가 생명이다. 해외, 국내 쇼핑몰은 끊임없이 로직이 변경되고 업데이트되기 때문에 구매대행 솔루션도 이에 맞춰 업데이트돼야 한다. 그러나 일부 영세업체는 업데이트가 미흡하거나 폐업하는 경우가 많다. 그러니 일회성으로 판매하는 구매대행 솔루션은 되도록 피하고, 월 사용료 형태로 운영되는 솔루션을 선택하는 편이 낫다. 네이버, 구글에서 검색하면 자동, 반자동 프로그램을 쉽게 찾아볼 수 있다.

※ 해외 구매대행 인기 상품 등록 솔루션

온꿈사 투플렉스 : https://twoflex.net

정민소프트 코스모스 : www.jungminsoft.com

이김소프트 솔로몬 : www.egimsoft.com

샵앤고 : https://cafe.naver.com/shopngo

에이헬퍼 : https://cafe.naver.com/creativecoding

상품 선정 및 키워드 선정

온라인판매에서 핵심은 상품 및 키워드 선정이다. 구매대행 초보자는 상품을 보는 눈이 없기 때문에 처음에는 카테고리에 상관없이 최대한 많이 등록해야 한다. 판매하다 보면 궁합이 맞는 상품군을 찾을 수 있다. 자동 프로그램에만 의지하다 보면 상품 선정 및 키워드 발굴 능력이 떨어진다.

판매가 하나라도 일어났던 상품은 어느 정도 관리하는 것이 좋다. 모든 상품의 상세페이지와 섬네일을 고치고 한국어로 번역하는 것은 비효율적이지만, 하나라도 판매가 일어났던 상품은 노력을 기울여야 효자 상품을 만들 수 있다. 사실 중국어나 영어로 돼 있어도 판매는 일어나지만, 상세페이지의 일부라도 한국어로 번역하면 구매 전환율은 높아진다. 정성을 들인 만큼 매출이 나온다는 말이다.

한편 구매대행과 병행수입 상품의 차이를 알아야 한다. 기본적으로 구매대행 상품은 병행수입 상품에 비해 단점이 많다. 가격도 비싸고 배송은 10일 이상 걸린다. 그렇기에 상품을 선정할 때 병행수입이 많이 되는 상품은 피하는 게 유리하다. 수입하기 어려운 부피/크기의 상품이나, 수요는 있지만 너무 적어서 병행수입 판매자들이 포기하는 상품들이 구매대행으로 적합하다. 네이버 한 달 검색량이 1만 번이 넘어가는 대형 키워드 상품은 병행수입업자들이 이미 판매하고 있을 것이다.

병행수입에는 시간이 걸리지만, 구매대행은 당장이라도 해외 쇼핑몰의 상품을 등록해서 판매할 수 있다. 요새는 구매대행 판매자들이 예능 프로그램, 드라마 및 유튜브를 공부하듯이 시청한다. 트렌디한 최신 키워드를 잡기 위해서다. 예능 프로그램에서 어떤 상품이 특정 키워드로 뜨면, 센스 있는 구매대행업자들은 해외 쇼핑몰에서 동일 상품이나 비슷한 상품을 찾아서 해당 키워

⊕ 〈나혼자산다〉에 나온 상품 키워드 예시

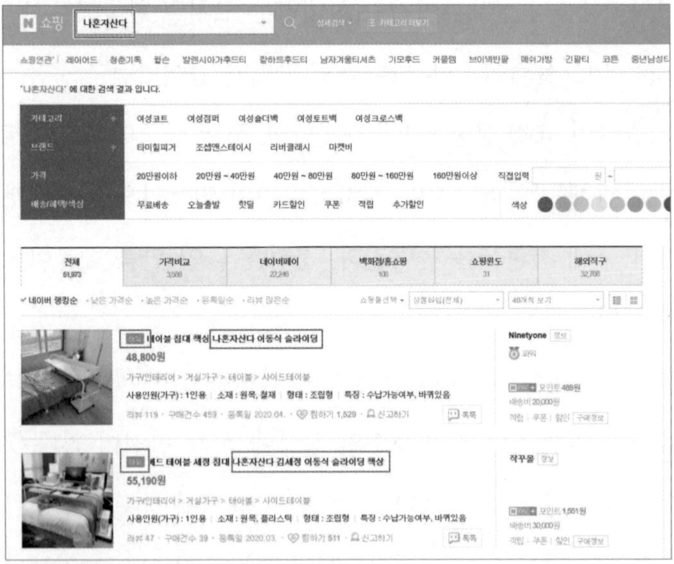

출처 : 네이버쇼핑

드로 도배한다. 당연히 키워드의 검색량이 엄청나기 때문에 매출은 폭발적으로 일어난다. '나혼자산다손담비귀걸이', '부부의세계김희애원피스', '김종국양말' 등의 키워드로 단기간에 폭발적으로 검색이 일어나고 관련 상품들이 판매된다.

온라인셀러들이 키워드를 선정할 때 참고하는 네이버 키워드 도구나 각종 유료, 무료 키워드 검색 솔루션은 실시간을 반영하기보다는 과거의 데이터를 바탕으로 한다. 지금 트렌디한 키워드는 그런 분석 시스템으로는 찾을 수 없다. 유튜브나 TV 프로그램, 네이버 실시간검색어에서 찾아야 한다. 인기는 있지만 남들이 많이 올리지 않는 키워드 및 상품을 선택해야 승산이 있다. 솔루션이 추천해주는 상품, 키워드, 카테고리를 그대로 올려서는 성공할 수 없다. 남들과 다른 나만의 키워드를 계속 발굴하고, 상위 구매대행 판매자들의 키워드를 끊임없이 연구해야 한다. 상위 구매대행 판매자들이 상품명, 태그 등에 쓰는 키워드들을 철저히 분석해보면 왜 매출이 높은지 알 수 있을 것이다.

나이키, 샤오미, 디즈니 같은 브랜드 상품을 구매대행으로 판매할 경우에는 상표권에 주의해야 한다. 특히 중국은 짝퉁의 천국이라서, 본사에서 가품이라고 신고해버리면 입증 책임이 구매대행 판매자에게 있는데 이를 입증하기가 쉽지 않다. 가격이 비상식적으로 저렴한 브랜드 상품은 짝퉁일 확률이 높으니 특히 조심해야 한다. 그러므로 가격이 저렴하고 고객들이 좋아하는 브랜드라고 해서 무턱대고 올리지 않도록 한다. 벌금도 내야 하지만, 이를 해결하는 데 드는 번거로움은 상상을 초월한다. 그래서 해외 구매대행 판매자들은 자주 문제가 일어나는 특정 브랜드의 상품은 아예 판매하지 않는다.

'알리익스프레스'의 디즈니 상품들

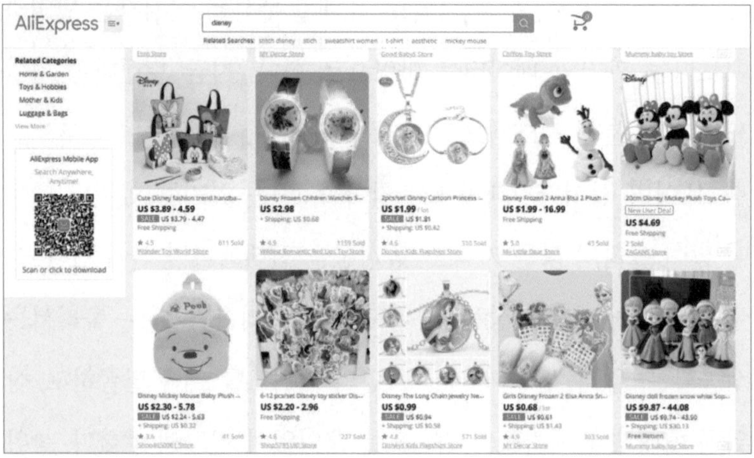

출처 : 알리익스프레스 홈페이지

또한 상세페이지에 관련하여 지적 재산권을 조심해야 한다. 구매대행을 하다 보면 지적 재산권과 관련한 내용증명을 한 번쯤은 받게 된다. 원칙적으로 상세페이지는 본인이 직접 만들어야 하고, 남이 만든 상세페이지는 허락을 받지 않고 그대로 사용해서는 안 된다. 그러나 해외 구매대행의 경우 대부분 해외 쇼핑몰의 상세페이지를 그대로 사용한다. 해외 판매자가 소송을 거는 경우가 거의 없다고 생각하기 때문이다. 그런데 한국 업체인데 중국이나 미국 쇼핑몰에 중국어나 영어로 올리는 경우, 해당 상세페이지를 그대로 쓰다가 적발되면 지적 재산권을 침해했다며 내용증명이 날아올 수 있다.

예외적이지만 인증이 필요한 경우도 있다. 특히 아동 관련 상품(완구, 문구, 의류 등)은 구매대행이라도 반드시 인증을 받아야 한다. 국내 아동 관련 해외 구매대행 상품 중에는 인증 없이 판매하는 경우가 대부분인데, 이 경우도 경쟁 업체에서 신고하거나 하면 문제가 된다.

구매대행 사업자등록

초보들이 많이 놓치는 내용인데, 구매대행 사업자와 일반 판매 사업자는 분리해야 한다. 법적으로 분리해야 할 의무는 없지만, 해외 구매대행과 일반 판매는 부가세와 소득세의 기준이 다르다. 매출이 적을 때는 큰 문제가 없겠지만, 조금이라도 매출이 올라가면 구분하는 데 어려움이 생기고 세무서에 소명하기가 결코 쉽지 않다. 그러므로 해외 구매대행을 하려면 별도로 사업자등록을 하기 바란다.

2019년 이전에는 업종 코드(종목)가 정해지지 않았지만, 정부에서 해외구매대행업을 활성화하려는 정책에 따라 2020년에 해외직구대행업(업종 코드 525105)을 신설했다.

해외 구매대행의 확장

어떤 상품을 잘 선택해서 지금 아무리 잘 팔고 있더라도, 경쟁자가 내 상품을 보고 더 싸게 등록하면 내일부터 매출은 0이 될 수도 있다. 그러므로 초보 구매대행 판매자들은 상위 판매자들의 상품, 키워드, 판매 방식을 끊임없이 공부해야 한다.

한편 불안정성 때문에 해외 구매대행으로 어느 정도 성과를 낸 사람들은 병행수입이나 OEM 자체 브랜드로 넘어가게 된다. 해외 구매대행 상품 중에 꾸준히 매출이 나오는 상품은 병행수입을 하여 재고 및 가격 경쟁력을 확보하여 안정적으로 판매하는 것을 검토하는 것이 좋다. 병행수입해서 더욱 잘 팔린다면 그때는 나만의 브랜드 상품으로 확장하는 것도 생각해봐야 한다.

일부 구매대행업자는 중국에 있는 창고에 재고를 쌓아두고 국내에서 판매하는데, 이것은 엄연한 불법이다. 구매대행은 중간에서 중개해서 판매하는 것이므로 재고를 쌓아두고 판매하는 것은 허용되지 않는다. 온라인마켓에서 중국 구매대행인데 3~4일 만에 배송되거나 가격도 병행수입 수준으로 저렴한 경우는, 중국 창고에 미리 재고를 비축해놓고 판매할 확률이 높다. 인증도 필요 없고 가격 경쟁력도 확보되고 세금 측면에서도 유리하기 때문에 이런 불법을 저지르는데, 이런 사실이 발각되면 더 큰 손해를 볼 수도 있으니 주의해야 한다.

해외 구매대행 종합 솔루션, 투플렉스(twoflex)

해외 구매대행은 불가피하게 인력의 투자가 많을 수밖에 없다. 그래서 가장 큰 관건은 인력을 효율적으로 사용하는 것인데, 투플렉스는 그런 점에서 많은 효과를 볼 수 있는 프로그램이다. 구매대행 사업을 시작할 때 가장 먼저 드는 고민은 바로 상품 등록일 것이다. 어떤 상품을 올릴지, 국내 쇼핑몰에 어떻게 하면 조금 더 쉽게 상품을 등록할 수 있을지 고민하게 된다.

투플렉스는 이런 셀러들을 위해 어렵고 힘든 상품 등록을 쉽게 할 수 있게 해주어, 시간과 노력을 줄일 수 있는 프로그램이다.

현재 타오바오/티몰(마켓은 계속 추가 예정)에서 국내 마켓 쿠팡, 옥션, 지마켓, 스마트스토어, 11번가(마켓은 계속 추가 예정)에 단 1분 만에 상품을 업로드해준다. 이것이 가능한 이유는 업로드 과정에서 상품 카테고리를 자동으로 추천하고, 상품 이미지 크기를 조정할 수 있으며, 외국어를 한국어로 자동으로 번역해주기 때문이다.

판매자가 상품의 재고를 쌓아두지 않는 구매대행의 특성상, 소비자가 구매하는 시점에 판매 가격 혹은 재고 상황이 바뀔 수 있다. 다른 프로그램들은 단순히 상품을 등록하는 것에만 치중한다면, 투플렉스는 재고/가격의 동기화로 해외 마켓과 연동해서 고객이 정상적으로 구매할 수 있게 도와준다.

다른 해외 구매대행 프로그램은 판매 상품을 엑셀로 다운받아서 하나씩 대조하여 해외 사이트에서 재구매해야 하는 번거로움이 있는데, 투플렉스는 장바구니 담기라는 기능으로 상품 옵션까지 한번에 검색하여 버튼만 눌러주면 간단히 구매할 수 있다.

투플렉스는 온꿈사가 소프트웨어 회사인 콘버스와 함께 만들었기 때문에 구매대행을 잘 모르는 IT업체에서 만든 해외 구매대행 솔루션에 비해 정말 편리하고 큰 도움이 된다. 실제 해외 구매대행 대표 네이버카페 온꿈사에서 투플렉스를 사용하고 매출이 많이 올랐다는 게시글을 자주 볼 수 있다. 이는 단순히 상품 등록만 해주는 프로그램이 아니라 매출을 실제로 올려줄 수 있는 유용한 프로그램이라는 말이기도 하다. 그래서 구매대행 셀러라면 투플렉스를 이용해볼 것을 추천한다. 투플렉스는 다른 프로그램과 달리 설치비가 따로 들지 않으며, 가입 후 10일간은 무료로 사용할 수 있다.

해외 구매대행 종합 솔루션 투플렉스

출처 : https://twoflex.net

초보 셀러의 시간/돈/노력을 90% 아껴주는 필수 프로그램 및 사이트

온라인판매를 하다 보면 프로그램이나 지원 정보를 알아야 도움이 된다. 이런 정보는 시간/돈/노력을 아껴주고 매출/수익은 비약적으로 올릴 수 있다. 다른 초보 셀러보다 앞서나가려면 이런 정보를 반드시 알고 있어야 한다. 초보 셀러에게 유용한 필수 프로그램, 사이트, 각종 지원 정책 정보를 알아보자.

네이버 키워드 도구/네이버 데이터랩

온라인판매는 상품보다는 상품에 대한 키워드로 판매한다고 해도 과언이 아니다. 어떤 키워드를 선택해서 얼마나 많은 유입을 만들어내느냐가 매출의 관건이기 때문이다. 그러므로 우리나라 검색 시장의 80% 이상을 차지하는 네이버에서 키워드를 분

ⓘ 네이버 키워드 도구

출처 : https://searchad.naver.com

ⓘ 네이버 데이터랩

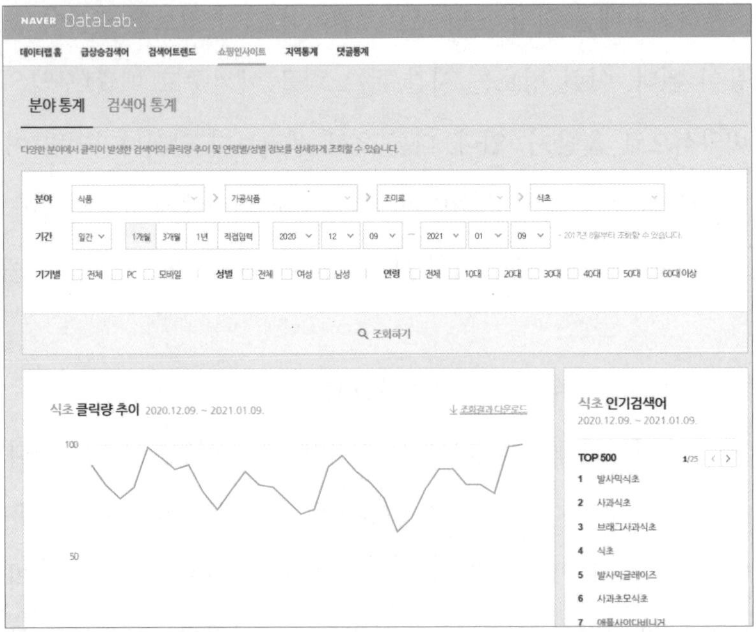

출처 : https://datalab.naver.com

석해야 한다.

네이버에서 무료로 제공하는 네이버 키워드 도구와 네이버 데이터랩은 모든 키워드 분석의 기본이 된다. 네이버 키워드 도구를 사용하려면, 네이버 광고를 집행할 계획이 없어도 네이버광고(https://searchad.naver.com) 사이트에 가입해서 이용해야 한다. 회원 가입은 무료다. 시중에 무료/유료 키워드 분석 프로그램이 다양하게 있지만 가장 많은 키워드 및 트렌드 관련 정보는 이곳에 있으니 반드시 사용하자.

키워드 분석 프로그램

네이버 키워드 도구/데이터랩은 네이버에서 일어나는 모든 키워드, 트렌드에 대한 정보를 알려주지만, 초보 셀러들이 직관적으로 보기가 불편하다. 그래서 이 정보들을 가공하여 보기 쉽

Ⓓ 아이템 스카우트

출처 : https://www.itemscout.io

게 정리한 다양한 키워드 분석 프로그램이 있다. 무료 또는 유료로 사용할 수 있는데, 유료로 사용해야 다양한 기능을 이용할 수 있다. 아이템 스카우트, 블랙키위, 헬프스토어 등이 있다.

아이템 스카우트가 가장 유명하며 초보자가 이용하기 쉽게 기능이 잘 갖춰져 있다. 블랙키위는 바이럴마케팅을 할 때 네이버 채널과 콘텐츠 발행량 등을 체크하기에 좋다. 헬프스토어는 가장

블랙키위

출처 : https://blackkiwi.net

헬프스토어

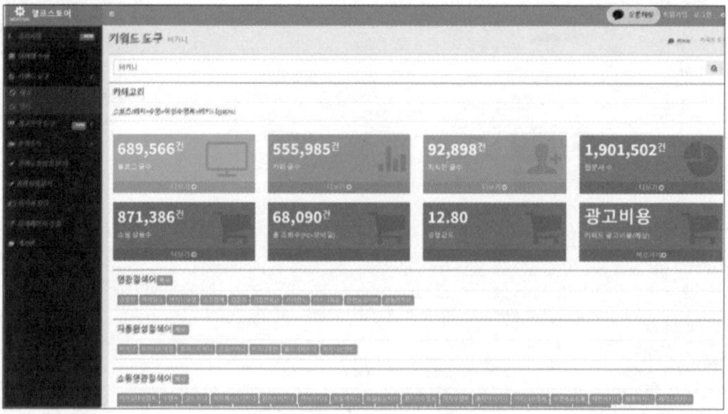

출처 : http://helpstore.shop

많은 정보를 제공하지만 로그인을 해야 볼 수 있으며, 직관적으로 보이는 면이 조금 아쉽다. 간편하게 핸드폰으로 키워드 분석 결과를 보여주는 키워드 매니저 어플도 초보 셀러에게는 유용하다. 온라인판매를 하는 셀러라면 이런 키워드 분석 툴을 매일 끼고 살아야 한다.

모바일 어플 키워드 매니저(구글 '플레이스토어'에서 다운로드)

출처 : 키워드 매니저

무료 키워드 분석 프로그램 NSS1000

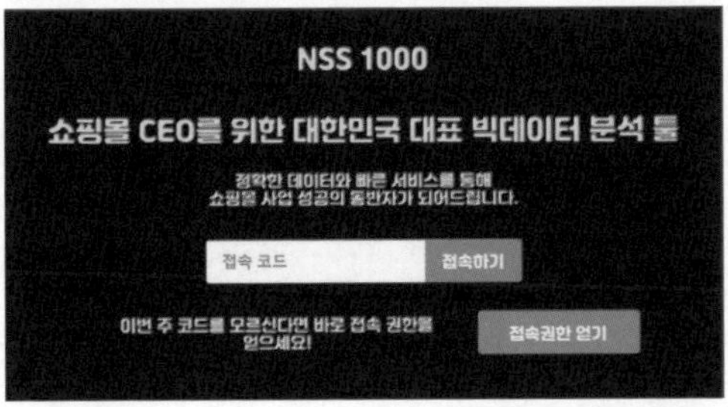

출처 : NSS1000 사이트

그리고 필자가 운영하는 네이버 유통노하우연구회 카페에서도 해외 쇼핑몰(알리바바, 1688 등)에서 키워드에 맞는 상품까지 찾아주는 무료 키워드 분석 프로그램 NSS1000을 제공하므로 참고하자.

스마트스토어 순위 조회 프로그램

스마트스토어에서 내 상품이 특정 키워드로 몇 등에 위치하고 있는지 무료로 알려주는 프로그램이 있다. 스마트스토어를 운영할 때 일별로 키워드별 순위를 체크하는 것은 매우 번거로운 작업인데, 이 프로그램을 이용하면 쉽게 확인할 수 있다. PC는 '사장님닷컴'이란 사이트에서 확인할 수 있고, 모바일로는 구글 플레이스토어에서 '스마트스토어 쇼핑몰 키워드 순위'라는 어플을 다운받으면 된다.

사장님닷컴

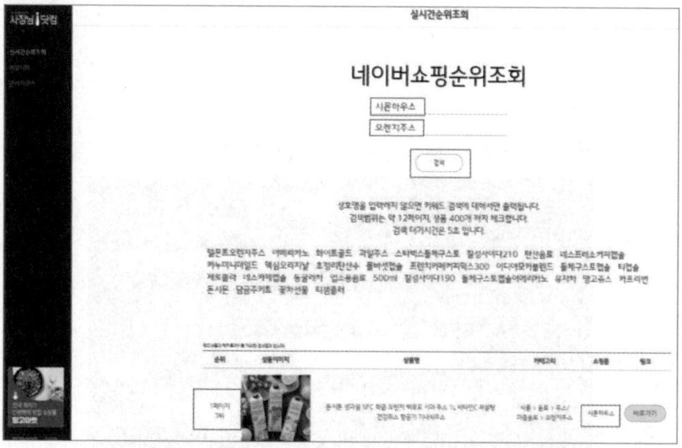

출처 : http://sjnim.com

스마트스토어 경쟁사 판매량 확인

스마트스토어에서 경쟁 상품의 판매량을 대략적이나마 확인할 수 있는 모바일 어플이 있다. 신규 상품을 선정하거나 내 상품의 현재 상황을 제대로 파악할 수 있기 때문에 유용하다. 구글 플레이스토어에서 '스마트스토어 판매량 확인기'를 검색해서 다운받으면 된다.

'스마트스토어 판매량 확인기' 모바일 어플

온라인 전자계약 및 온라인 도장 서비스, 모두싸인

온라인상에서 전자계약 서비스를 제공하고 계약, 결제 등을 할 때 필요한 도장을 제공하는 서비스가 있다. 간편하게 상대방과 전자계약을 맺고 내가 원하는 도장을 맞춤으로 만들 수도 있다. 문서 계약을 할 때 발생하는 불편함을 해결해준다.

⬇ **모두싸인**

출처 : www.modusign.co.kr

네이버 브라우저 '웨일'

네이버에서 만든 인터넷 브라우저인데, 국내 사용자들이 사용하기 쉽고 온라인판매에 도움이 되는 기능이 많다. 특히 웨일 브라우저를 사용하면 PC로도 모바일 화면에서 어떻게 보이는지를 확인할 수 있다. 그리고 한 개의 화면을 두 개의 창으로 나눠서 작업하는 기능도 제공한다. '쇼핑렌즈'를 사용하면 특정 상

⬇ **웨일 브라우저(다운로드 : https://whale.naver.com/ko/download)**

출처 : 네이버 웨일

품의 판매 가격을 알 수 있다.

이미지 편집 프로그램, 미리캔버스/망고보드/포토스케이프

과거에는 상세페이지를 만들 때 포토샵을 사용하는 것이 필수였으나, 미리캔버스와 망고보드가 나온 이후로는 포토샵 없이 간단하게 상세페이지 및 기타 이미지 제작, 편집을 손쉽게 할 수 있다. 포토스케이프는 무료이며 미리캔버스, 망고보드보다 단순하며 간단한 이미지 편집에 특화되어 있다. 유튜브를 보면 간단한 사용법이 있고, 배우기도 너무 쉽다.

미리캔버스

출처 : www.miricanvas.com

망고보드

출처 : www.mangoboard.net

미리캔버스는 무료라서 더욱 유용하다. 카드 뉴스, 각종 배너, SNS 이미지 등 거의 모든 이미지 관련 서비스를 제공한다.

간단 쇼핑몰 통합관리 프로그램 샵마인/이지위너

판매하는 상품과 주문을 관리해주는 통합 관리 솔루션들이 많은데, 기존의 사방넷, 플레이오토, 샵링커 등 메이저 업체의 프로그램은 가격도 비싸고 기능도 복잡하여 초보자에게는 부담스

샵마인

출처 : www.shopmine.co.kr

이지위너

출처 : www.easywinner.co.kr

러운 게 사실이다. 판매량이 많지 않은 초보 셀러의 경우 가격이 저렴하고 기능이 단순한 샵마인, 이지위너 같은 프로그램을 사용하면 좋다. 샵마인의 경우 월 22,000원으로 비용 부담도 적다.

국내외 각종 인증 정보 확인

상품을 선정할 때 인증이 필요한지 아닌지 궁금할 때가 많다. 이때 전화 한 통이면 확인하는 방법이 있다. '인증 정보 표준 센터'에 전화(국번 없이 1381)해서 인증이 필요한 상품인지 물어보면 된다.

ⓘ 1381 인증 표준 정보센터

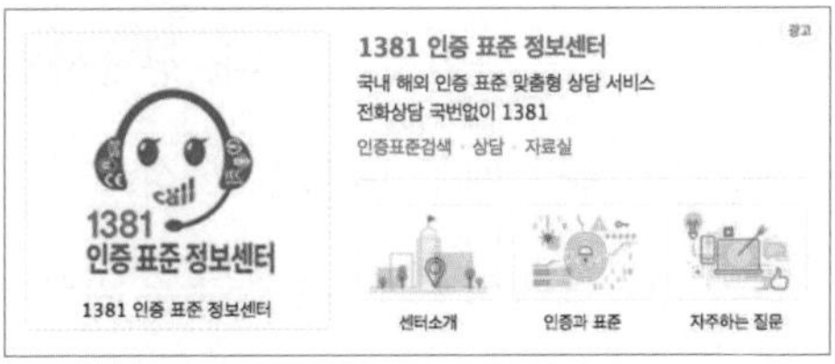

무료 GIF(움짤) 제작 프로그램

온라인판매 상세페이지를 만들 때 직관적으로 보이는 GIF(움짤) 파일을 만드는 경우가 많은데, EZGIF를 이용하면 무료로 만들 수 있다.

EZGIF

출처 : https://ezgif.com

SNS(페이스북/인스타그램/유튜브) 트렌드 파악

SNS에서 핫한 해시태그 트렌드 및 인기 게시물 그리고 경쟁사 SNS 정보를 알려주는 사이트가 있다. 경쟁사의 SNS 활동을 분석하고, 유료로 이용하면 매우 디테일한 정보를 얻을 수 있다. 빅풋9은 페이스북, 유튜브에서 각종 정보들을 얻을 수 있으며, 건

빅풋9

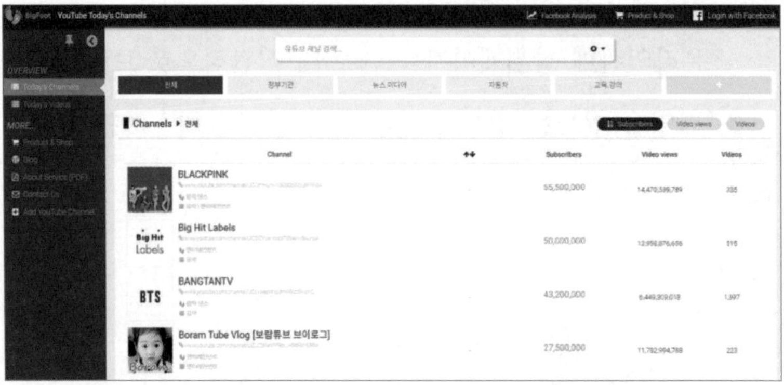

출처 : https://bigfoot9.com

돌이닷컴은 인스타그램, 페이스북 관련 정보를 얻을 수 있다.

ⓘ 건돌이닷컴

출처 : www.gundolle.com

한국인/외국인 모델 찾기

상세페이지, 동영상에 출연시킬 한국인/외국인 모델을 찾을 때 '모델나라' 사이트나 네이버 카페를 이용해서 중간 에이전트 없이 모델과 직거래하면 합리적인 가격에 고용할 수 있다.

ⓘ 모델나라 사이트

출처 : www.modelnara.com

⇩ 모델나라 카페

출처 : https://cafe.naver.com/wkqdbsxo14

FATKUN 크롬 확장 프로그램

구글에서 무료로 제공하는 FATKUN은 웹페이지의 모든 이미지들을 일괄 다운로드할 수 있게 해주는 매우 유용한 프로그램이다. 이 프로그램을 사용하면 도매몰 또는 해외 사이트의 특정

⇩ 크롬 무료 다운로드 프로그램, FATKUN

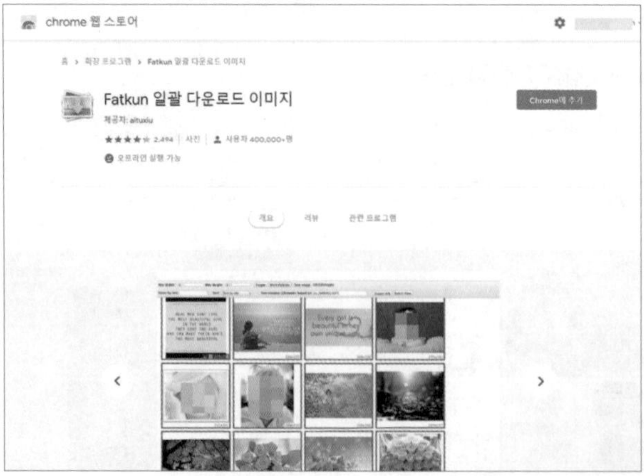

출처 : 크롬 웹 스토어

페이지에 있는 모든 상품 이미지들을 쉽게 다운로드할 수 있다. 작업 시간이 엄청나게 절약되므로 꼭 사용하기 바란다. 크롬 웹 스토어에 들어가서 FATKUN이라고 검색하면 다운로드받을 수 있다.

단축 url 서비스

쿠팡 파트너스 판매자나 상세페이지 또는 홍보 게시글에 url 주소를 넣을 일이 있을 때 긴 url 주소를 깔끔하게 줄여주는 서비스가 있다. 게다가 단축 url 서비스를 이용하면 단축 url 주소

단축 url 서비스 Vo.la

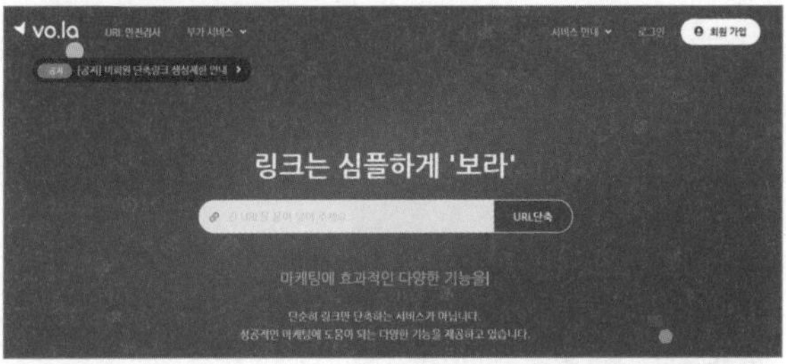

출처 : https://vo.la

단축 url 서비스 Bitly

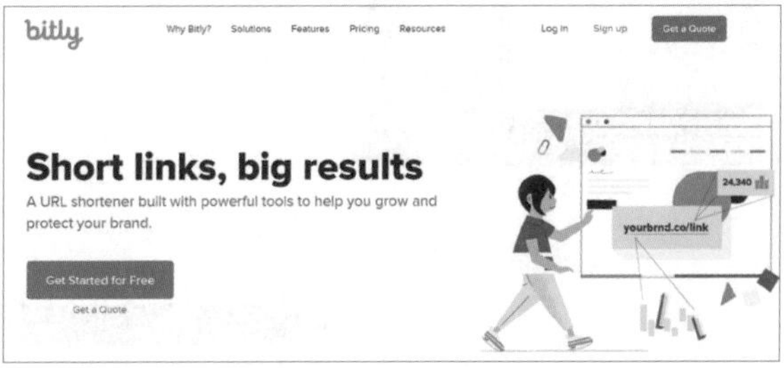

출처 : https://bitly.com

클릭 수나 유입 경로를 파악할 수 있기 때문에 마케팅 측면에서 아주 유용하다. 무료 서비스만 이용해도 충분하며 유료 서비스를 사용하면 더 많은 기능을 제공한다. 대표적으로 Bitly와 Vo.la가 있는데, Vo.la는 한 개의 url 주소로 여러 개의 줄임 주소를 만들 수 있기 때문에 더욱 좋다.

모바일팩스

핸드폰으로 팩스를 보낼 수 있게 해주는 모바일 무료 어플이다. 개인별 팩스 번호를 발급해주기 때문에 굳이 팩스를 구매할 필요가 없다. 구글 플레이스토어에서 '모바일팩스'를 검색해서 다운로드하면 된다.

무료 모바일팩스 어플

무료 050 전화번호

온라인판매를 할 때 고객 CS 전화번호로 이용하기에 아주 좋다. 보통 핸드폰 번호는 개인정보 문제도 있고 영세 사업자라는 인상을 주기 때문에 유료 070 전화 서비스를 많이 이용한다. 그러나 네이버에서 제공하는 비즈니스 전화번호 050 서비스를 이용하면 무료로 비즈니스 전화번호를 만들 수 있다. 전화번호를 발급받으려면 네이버 MODOO 무료 모바일 홈페이지를 만들어야 한다. MODOO 홈페이지를 만들 때 비즈니스 전화번호 넘버를 입력하는 섹션이 있는데, 이때 050 전화번호를 발급해준다. 고객이 050 번호로 전화를 걸면 그 번호에 연결된 유선, 휴대 전화로 연결된다.

MODOO 비즈넘버

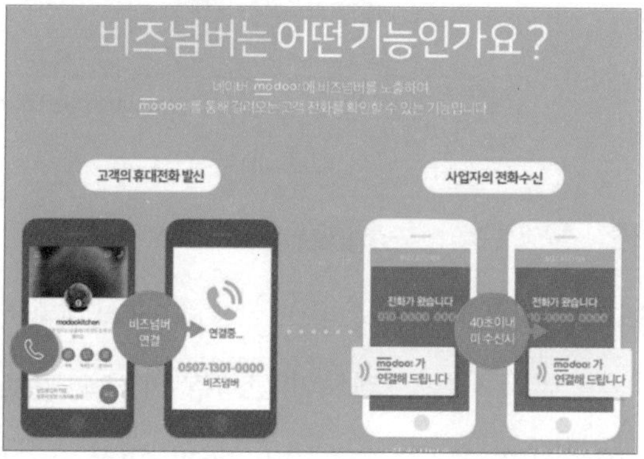

출처 : www.modoo.at

문자메시지 서비스, Pushbullet

고객을 대응할 때 전화나 카톡은 부담스럽기 때문에 문자로 소통을 많이 하는데, 핸드폰으로 문자를 보내면 시간도 걸리고 번거롭다. 이때 Pushbullet이란 문자 발송 서비스를 이용하면 PC로 편리하게 문자를 보낼 수 있다. 이 무료 서비스를 이용하면 고객 CS에 걸리는 시간을 단축시킬 수 있다.

무료 PC 발송 문자 메시지 Pushbullet

출처 : www.pushbullet.com

모바일 스캔 Camscanner

스캔을 해야 할 일이 있을 때는 Camscanner를 이용하면 된다. 휴대폰으로 문서를 스캔하면 고화질 PDF 파일로 생성해주는 모바일 어플이다. 문서 스캔, 저장, 관리, 공유, 동기화 기능을 지원하는데, 이 어플을 사용하면 핸드폰을 휴대용 스캐너, 팩스, PDF 변환기, 텍스트 변환기로 사용할 수 있다. 구글 플레이스토어에서 'Camscanner'를 검색하여 다운로드하면 된다.

무료 모바일 스캔 Camscanner

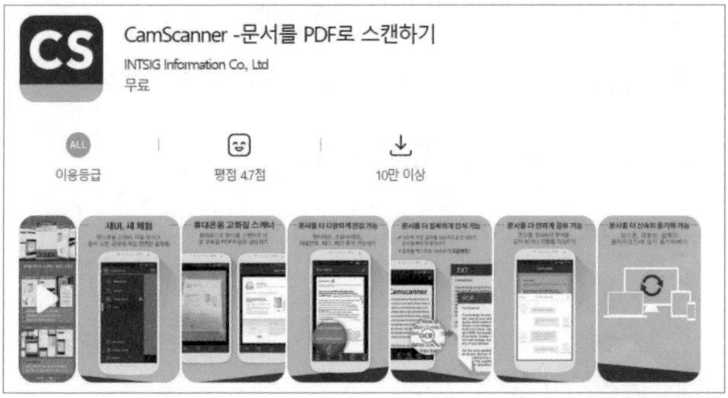

출처 : 구글 플레이스토어

오픈마켓, 소셜커머스 선정산 서비스

온라인마켓의 긴 정산 기간 때문에 자금 회전에 압박을 느끼는 경우가 많다. 소셜커머스의 경우는 정산 기간이 50~60일이라서 매출이 늘수록 부담이 커지는 게 사실이다. 이런 경우 선정산 서비스를 이용하면 좋다. 선정산 서비스 수수료는 하루 0.03~0.05% 정도인데, 1년으로 환산하면 13% 이상 되는 높은 이자율이다. 그러나 자금이 부족하다면 써볼 만하다. 인터넷에서 업체들이 많이 검색되니 비교해보고 결정하면 된다. KB 셀러론의 경우는 제1금융권인 국민은행에서 운영하는 선정산 서비스로, 수수료가 장점이다.

올라(오픈마켓/소셜커머스) : www.allra.co.kr

비타페이(오픈마켓/소셜커머스) : www.vitapay.co.kr

미리페이(오픈마켓/소셜커머스) : www.nurifunding.co.kr

데일리페이(인터파크/위메프/티몬) : www.daily-pay.co.kr

어니스트펀드(티몬/위메프/무신사) : www.honestnow.co.kr

KB 셀러론(오픈마켓/쿠팡/위메프/무신사) :
obiz.kbstar.com/quics?page=C062645

간편 결제 서비스

개인 쇼핑몰이나 블로그, 인스타그램 등 각종 SNS에서 판매할 때 항상 결제 서비스 문제가 발생한다. 이때 간편 결제 서비스를 이용하면 판매자와 구매자 모두 결제 링크 주소 하나로 주문 결제를 간편하고 편리하게 할 수 있다. 일부 서비스는 결제 시스템뿐만 아니라 모바일 쇼핑몰 구축, 주문서/배송 관리까지 지원한다. 기본적으로 보증보험에 가입하는 조건인데, 월 결제 금액 승인 한도에 따라 보증보험 가입 조건이 달라진다. 수수료는 신용카드의 경우 3%대인데, 결제 금액이 커지면 추가로 할인된다. 서비스 업체별로 조건이 다르니 비교해보고 선택하면 된다.

블로그페이 : http://blogpay.co.kr

SNS폼 : www.snsform.co.kr

스룩페이 : http://srookpay.com

간편 결제 스룩페이

출처 : 스룩페이 홈페이지

프리랜서 재능 마켓

디자인, 마케팅, 광고, 전산, 프로그램 개발, 단순 노가다 작업 등 내가 직접 하기 까다로운 업무들을 저렴하게 아웃소싱할 수 있는 프리랜서 재능 마켓이 있다. 외부 프리랜서들에게 업무를 맡기면 나의 시간/노력을 아낄 수 있다. 또한 정식 직원을 고용하는 것보다 훨씬 효율적이다. 일반적인 대행업체에 맡기는 것보다 프리랜서 개인과 직접 거래하는 편이 저렴한데, 프리랜서에 따라 실력 및 성실도가 차이가 나니 꼭 검증해보고 선택해야 한다. 재능 마켓에 등록한 지 어느 정도 된, 구매 건수가 많고 후기가 좋은 프리랜서를 선정하는 것이 좋다. 대부분의 프리랜서 재능 마켓은 최종 거래 종료까지 에스크로 서비스 제공하므로 거래 안정성은 높은 편이다.

크몽(업계 1위 재능마켓) : kmong.com

숨고(프리랜서가 구매자에게 직접 가격을 제시하는 재능 마켓) :

https://soomgo.com

오투잡 : www.otwojob.com

무료 폰트 서비스

상세페이지나 기타 홍보물을 만들 때 폰트가 필요하다. 눈누라는 사이트에 가면 예쁜 무료 폰트들을 많이 찾을 수 있다. 폰트는 함부로 쓰면 무단 도용으로 법적인 문제가 되는 경우가 많으니 주의해야 한다.

무료 폰트 사이트 눈누

출처 : https://noonnu.cc

올라(allra),
초간편 통합 선정산 서비스

온라인쇼핑몰의 정산 주기가 길기 때문에, 온라인 소상공인들은 자금 유동성 문제를 겪는다. 이러한 문제를 해결하기 위해 다양한 선정산 서비스들이 출시되고 있지만, 지원하는 쇼핑몰이 한정되어 있고 정산 계좌를 변경하는 절차가 매우 불편하여 활성화되지 못하고 있다. 이러한 문제를 해결하기 위해 최근 등장한 '올라' 선정산 서비스가 판매자들에게 인기가 높다.

올라는 가입할 필요도 없이 30초 만에 선정산 금액을 확인할 수 있으며, 서류를 제출하거나 정산 계좌를 변경할 필요가 없어서 바로 자금이 지급된다. 또한 쿠팡(쿠팡로켓 포함), 위메프, 티몬 등의 소셜 커머스뿐만 아니라 스마트스토어, 옥션, 지마켓, 11번가 등의 오픈마켓도 한번에 선정산을 받을 수 있다. 아이디어스 등 떠오르는 쇼핑몰도 지원되고 있으며, 지원 쇼핑몰이 계속 추가되고 있어 기대된다.

그리고 상품을 발송만 하면 즉시 정산금을 유동화할 수 있어서 다른 서비스에 비해 매우 빠르게 많은 자금을 확보할 수 있다. 특히 다른 선정산 서비스에서 지원하지 않는 직접 배송 상품도 유동화된다는 점이 다르다.

올라 서비스를 제공하고 있는 올라핀테크는 은행권청년창업재단경연대회에서 우승하고 IBK기업은행 혁신창업기업에 선정되는 등 기술력을 인정받고 있으며, 서비스 출시 6개월 만에 100억 원 이상의 선정산을 제공하여 판매자들에게 단비 같은 서비스가 되고 있다.

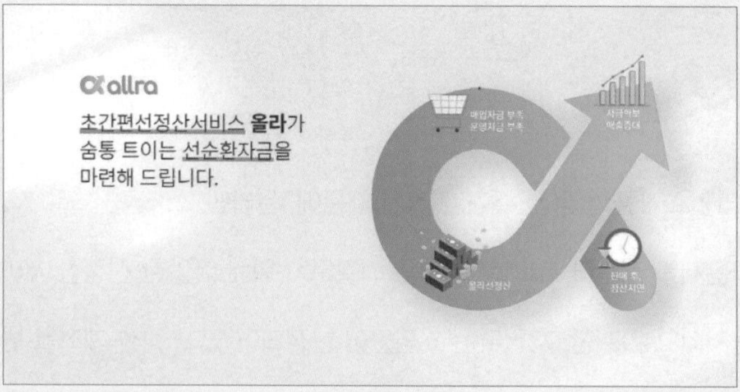

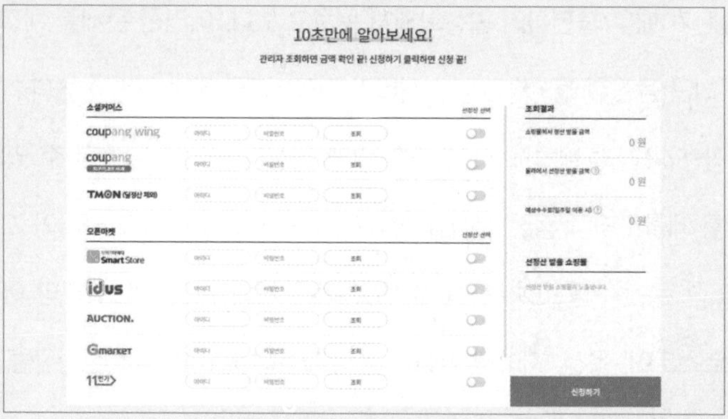

대한민국 1위 프리랜서/아웃소싱 플랫폼, '크몽'

크몽은 대한민국 1위 프리랜서/아웃소싱 플랫폼으로, 디자인, IT, 콘텐츠 제작, 마케팅 등 다양한 카테고리의 전문성을 상품화하여 거래할 수 있다.

2021년 1월 기준으로 누적 서비스 수 26만 건을 돌파하였으며, 300여 개가 넘는 세부 카테고리를 통해 매우 구체적인 서비스를 제공한다. 팀원을 채용하기 어려운 초기 창업자들의 경우, 업무 대부분을 크몽 서비스로 해결할 수 있을 정도로 활용도가 높다. 최근 코로나19 이후 비대면, 언택트 문화가 확산되며 더욱 각광받고 있다.

프리랜서 마켓 이외에도 포트폴리오, 고객 평가를 통해 직접 엄선한 상위 2% 전문가 서비스인 'prime', B2B 기업 외주/아웃소싱 전문 '엔터프라이즈', 찾는 서비스가 없으면 의뢰인이 직접 프로젝트를 등록하는 입찰식 서비스 '맞춤 견적'이 있다.

크몽의 궁극적 목표는 '휴먼 클라우드 서비스'를 제공하는 것으로, 시공간의 제약 없이 필요한 만큼만 전문성을 거래할 수 있는 새로운 아웃소싱

시장을 열겠다며 그 포부를 밝혔다. 이를 위해 올인원 비즈니스 스토어로 확장하고, 전문가-구매자 간 거래 환경을 고도화하고 모바일 사용 환경을 개선하는 등 준비하고 있다.

크몽

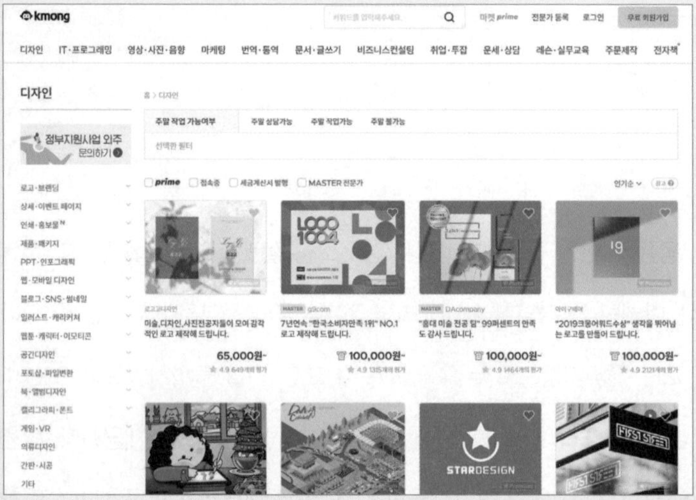

출범 : http://kmong.com

PART
6

중급 셀러로 발돋움하기

피곤한 소매 판매는 그만!
이제는 도매 판매!

초보 셀러와 중급 셀러를 나눌 때 기준이 있다. 매출도 그중 하나지만, 도매 판매 여부는 둘을 구분하는 가장 큰 기준이다. 도매 판매를 하는 셀러는 중급 이상이라고 본다. 일단 도매 판매를 한다는 것은 나만의 상품을 가지고 있다는 의미다. 남의 상품을 사입해서 판매한다면 가격, 재고 등 기타 조건 때문에 도매 판매를 할 수 없을 것이다.

소매 판매업자나 대리점을 모집하거나, 기업체/단체에 대량으

로 판매하는 것이 도매 판매다. 도매 판매는 최종 판매자에 따라 가격이 무너지고 상품 브랜드가 손상될 수도 있으므로, 신중하게 진행해야 한다.

온라인 도매몰

가장 손쉽게 도매 판매를 할 수 있는 방법이 도매몰에 상품을 공급하는 방법이다. 도매꾹 같은 사입형 온라인 도매몰도 있고, 온채널/오너클랜 같은 위탁배송 온라인 도매몰도 있다. 낱개로 배송한다면 위탁배송 도매몰에 입점할 수 있지만, 낱개 배송 시스템이 없다면 사입형 도매몰밖에 입점할 수 없다.

• 온라인 도매몰 활용 시 장점
- 손쉽게 도매/소매 판매자 모집 가능
- 다양한 온라인/오프라인 유통 채널에 순식간에 노출 및 판매

• 온라인 도매몰 활용 시 단점
- 가격이 무너질 우려
- 브랜드 가치 하락 우려

도매 가격으로 제품을 구매한 판매자들은 각각 소매 판매 가격이 다르다. 만약 도매 셀러라면 지키고 싶은 온라인 최저가 기준

⇩ 온라인 도매몰 상품 공급 시 온라인 판매 가격 예시(19,210~27,500원)

출처 : 네이버쇼핑

이 있을 텐데, 특히 사입 조건으로 판매하면 그 조건이 지켜지지 않을 확률이 높다.

초보 도매 셀러는 공급가가 2만 원이면 그 이하로는 손해를 보기 때문에 소매 판매자들이 2만 원 이상으로 판매할 것이라고 생각할 수도 있다. 그러나 소매 판매자에게 재고가 너무 많아서 땡처리로 판매하거나, 미끼 상품으로 이용하기 위해 역마진 행사를 할 수도 있다. 그러면 도매 공급가보다 온라인 최저 가격이 떨어져서 도매로 물건을 받아 가는 판매자들 또는 유통업체 MD들이 도리어 컴플레인을 걸 수 있다. 땡처리 가격으로 온라인상에 노출되면 상품 브랜드에도 치명적인 타격이 올 수 있다.

그렇기 때문에 도매 판매는 충분히 고민해야 한다. 소매 판매자들에게 가격을 정해주고 판매하면 되지 않을까 생각할 수도 있지만, 공정거래법상 가격 결정은 최종 판매자의 고유 권한이다. 만약 상품 공급사가 가격을 강제로 통제하면 '재판매 가격 유지 금지'라는 규정에 따라 처벌을 받게 된다. 노련한 총판이나 제조사는 재고가 부족하다는 이유로 상품 공급을 하지 않거나 다른 압박을 가하여 온라인 최저 가격을 유지하기도 한다. 이는 상품 공급사가 힘이 있거나 상품이 메리트 있고 판매가 잘될 경우에 가능하며, 일반적인 상품의 경우 이렇게 온라인 최저 가격을 관리하기는 쉽지 않다. 일부 도매몰에서는 판매가 잘되면서 가격 관리가 필수인 상품에 대해서는 등급이 높은 우수 판매자에게만 상품을 공급하고 가격 준수를 어긴 판매자는 퇴출시키는 등의 방법으로 가격 관리에 애쓰지만, 가격을 잡기는 현실적으로 쉽지 않다.

위탁배송 도매 사이트 판매자들은 대량 등록 솔루션을 사용하는 경우가 많은데, 솔루션 사용이 미숙하여 온라인마켓에 가격을 잘못 등록하는 경우도 비일비재하다. 배송 도매몰에는 투잡, 부업으로 하는 왕초보 판매자들이 많은데, 조금 판매해보다가 매출이 안 나오면 바로 포기하면서 과거에 잘못 등록해놓은 상품들을 신경 쓰지 않는 경우가 태반이다. 도매몰에서 연락을 취해도 전화조차 안 받는 경우도 많다.

최근에는 알리바바, 1688, 이우시장 같은 온라인/오프라인 도매몰을 통해 상품을 병행수입한 개인들이 온라인마켓에 직접 팔면서 동시에 온라인 도매몰에도 공급해서 판매하는 방법이 활성화되고 있다. 그래서 온라인 도매몰의 상품 숫자가 매년 큰 폭으로 증가하고 있다. 중국 도매몰에서 상품을 수입할 수 있다면 언제든 도매 판매가 가능하게 된 것이다.

매입형 도매몰

매입형 도매몰의 대표주자는 도매꾹(http://domeggook.com)이고 우체국 B2B몰이나 소규모 카테고리 도매몰들이 있다.

- 도매/소매 판매를 위해 상품을 사입해야 하는 도매몰
- 낱개가 아닌 일정 수량 이상으로 사입해야 한다.
- 도매/소매 판매업자들이 마진을 볼 수 있게끔 상품을 공급해야 한다.

우체국 B2B몰

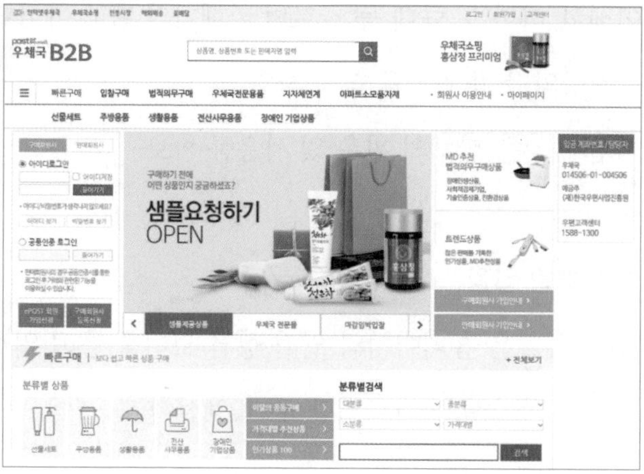

출처 : https://b2b.epost.go.kr

- 배송대행형 도매몰에 비해 상품의 가격 경쟁력이 있다.
- 카테고리 특성상 패션, 잡화 쪽이 많은데 매출 및 규모가 적은 편이다. 그러나 모든 카테고리를 취급하는 종합 도매몰인 도매꾹은 매출 및 규모가 전체 도매몰 중 가장 크다.

- 매입형 종합 도매몰의 판매자 유형
  - 제조업체/수입업체 브랜드 홍보 및 도매 판매망 구축
  - 온라인, 오프라인 도매시장 원도매업체의 도매 판매
  - 제조, 수입, 유통업체의 잔여 재고 덤핑 판매
  - 소매업체의 도매 진출을 위한 도매 판로 구축

- 매입형 종합 도매몰의 구매자 유형
  - 인터넷 쇼핑몰/오프라인 매장 운영자의 메인 상품 사입
  - 이베이, 아마존, 큐텐 등 글로벌 판매자의 판매 아이템 확보
  - 노점상의 소량 판매용 상품 사입
  - 기업체/각종 단체의 판촉 및 사은품 확보

매입형 도매몰 입점

매입형 도매몰은 홈페이지의 입점 상담 코너를 통해 입점한다. 카테고리별로 수수료는 다르지만, 4~12%선이다.

ⓘ 도매꾹 입점

출처 : https://gm.domeggook.com/main/scout/scout_SellerInquiry.php

ⓘ 우체국 B2B몰 가입 안내 및 입점 서류

출처 : 우체국 B2B몰 홈페이지

Ⓓ 도매꾹 입점 작성 서류

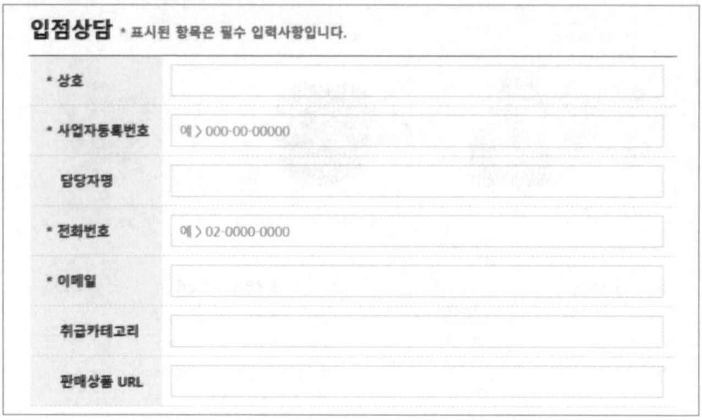

입점상담 * 표시된 항목은 필수 입력사항입니다.

* 상호	
* 사업자등록번호	예) 000-00-00000
담당자명	
* 전화번호	예) 02-0000-0000
* 이메일	
취급카테고리	
판매상품 URL	

출처 : 도매꾹 홈페이지

배송대행형 위탁 도매몰

배송대행형 위탁 도매몰은 자본이나 온라인판매 기술이 부족한 초보 셀러에게 인기가 높다.

판매 프로세스

상품 공급업체에서 위탁 도매몰에 상품 정보, 이미지 등 필수 정보를 등록하면 위탁 도매몰 판매자들이 각종 온라인마켓에 상품을 등록해서 판매한다. 판매되면 판매자는 위탁 도매몰로 주문 및 결제(보통 적립금 사용)를 하고 고객 정보를 입력하면, 상품 공급사에서 고객의 주소로 상품을 배송한다.

공급업체로서는 배송대행형 도매몰의 모든 판매자가 같은 아이템을 판매할 수 있기 때문에 아이템에 따라 가격 경쟁이 치열해지고 가격이 무너질 가능성이 높다는 점이 단점이다. 판매자

주요 배송대행형 위탁 도매몰

사이트명	사이트주소
온채널	www.onch3.co.kr
오너클랜	www.ownerclan.com
도매창고	www.wholesaledepot.co.kr
젠트레이드	www.zentrade.co.kr
펀앤	http://b2b.funn.co.kr
도매매	domeme.com
도매토피아	http://dometopia.com

입장에서는 경쟁도 치열하고 가격 메리트가 적어서 힘들 수 있지만, 상품 공급사 입장에서는 온라인/오프라인의 유통 영업사원 조직을 갖추는 것과 같은 효과를 볼 수 있다.

최근에는 다양한 규모의 많은 배송대행형 도매몰이 치열한 경쟁을 벌이고 있다. 대형 도매몰의 경우 오너클랜의 '다팔자' 같은 별도의 상품 등록 시스템을 개발하여 판매자에게 지원하면서, 매출을 최대한으로 끌어올리고 있다. 도매몰에도 많은 상품이 있기 때문에 노출을 위해서는 효율을 보면서 도매몰에서 자체적으로 광고를 집행하는 것도 도매 판매를 늘리는 좋은 방법이다.

현재 이슈가 되고 있는 것은 도도매업체의 난립이다. 도도매업체는 특정 도매몰의 도매업체 상품을 다른 도매몰에 등록해서 도매로 판매하는 업체를 말한다. 한마디로 오너클랜에 등록되어 있는 상품을 온채널에 등록해서 온채널 판매자가 판매하면 오너클랜의 상품 공급업체에 주문해서 고객에게 배송하는 것이다. 이런 도도매업체들이 갈수록 많아지고 있어서 문제가 되고 있다.

배송대행형 위탁 도매몰 입점

홈페이지의 입점 상담 코너를 통해 입점한다. 입점 수수료는 카테고리별, 업체별로 상이하여 4~15% 수준이며, 정산 기간도 업체별로 다르다.

⊕ 온채널 입점(홈페이지 우측 입점 상담 코너)

출처 : 온채널 홈페이지

배송대행형 도매몰 입점 전략

- 대형 도매몰 위주로 입점을 추진한다. 규모가 적은 도매몰의 경우 입점해도 매출 면에서 큰 메리트가 없다.
- 보통 온라인상에서 가격이 무너진 상품이거나 상품 공급사의 관리 역량이 떨어지는 경우 입점이 어렵다.
- 가격 관리가 정말 중요하고 장기적으로 육성할 상품들은 입점하지 말아야 한다.
- 도매몰에 입점하면서 동시에 온라인 최저가로 판매하는 것은 지양한다. 판매자들에게 상품을 공급하면서 내가 온라인 최저가로 판매하게 되면 컴플레인이 발생하고 평판이 나빠진다.

SNS/폐쇄몰/오프라인 전용 도매몰

가격이 노출되는 온라인마켓에서 판매가 불가한 상품일 경우, SNS/폐쇄몰 전용 도매몰에 입점하면 된다. 폐쇄몰 전용 도매몰은 오픈마켓, 스마트스토어, 소셜커머스 등 네이버/다음 같은 포털사이트에 노출되는 온라인마켓에서 판매를 금지하고 있다. 특정 상품 공급업체로부터 온라인 비노출 채널에서 판매하는 조건으로 상품 공급 계약을 맺었다면, 폐쇄몰 전용 도매몰에 입점해서 도매로 판매하면 된다.

국민클럽 B2B : https://kmclubb2b.com

대한리빙 : http://dh-living.com

남대문도매 : http://ndmbtob.com

폐쇄몰 전용 도매몰 '대한리빙'

출처 : 대한리빙 홈페이지

패션 전문 B2B도매 어플 신상마켓

패션/잡화를 하는 판매자이면서 도매로 판매하고 싶다면, 최근 급성장하고 있는 신상마켓(모바일 어플)에 필히 입점해야 한다. 신상마켓은 동대문 패션·의류 도매시장과 국내/해외 소매 사업자의 연결 고리 역할을 하는, 압도적 1위의 패션 플랫폼이다.

신상마켓 현황(2020년 6월 기준)

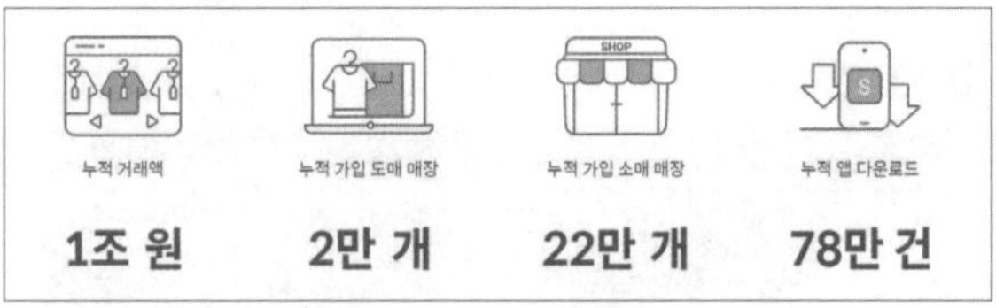

판촉/사은품 전문몰

기업, 단체, 개인을 대상으로 하는 판촉물, 사은품만 전문으로 하는 판촉/사은품 전문 도매몰이 있다. 낱개 소매 판매보다는 주로 대규모 도매 판매가 이뤄진다. 이곳에 입점하면 낱개 판매가 아니라 규모 있는 대량 판매가 가능하다. 내가 가진 상품이 판촉/사은품몰과 콘셉트가 맞으면 홈페이지의 입점 상담 코너를 통해 입점하면 된다.

주요 판촉/사은품 전문몰

사이트명	사이트주소
고려기프트	www.adpanchok.co.kr
판촉사랑	www.87sarang.com
하나비즈마켓	www.hanaonebiz.com
셀리클라우드	www.sellycloud.com
조아기프트	www.joagift.co.kr
해오름기프트	jclgift.com

ⓘ 판촉/사은품 전문몰 대표 업체 고려기프트

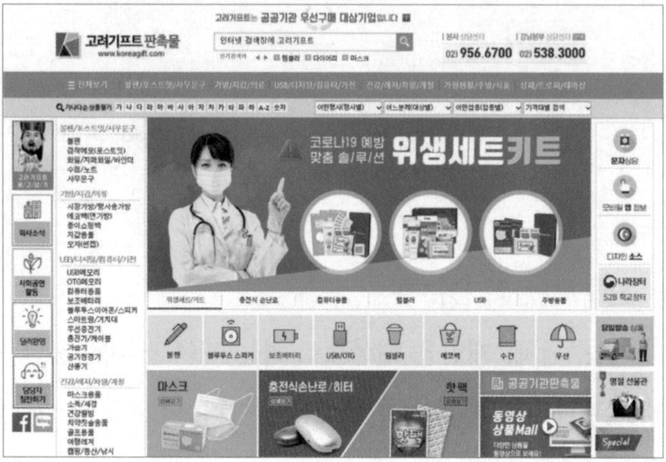

출처 : 고려기프트 홈페이지

대량 판매의 대명사 기업체/단체 특판

특판(특수 판매/특별 판매의 약자)은 기업/단체가 특별한 경로를 통해 판매하는 것인데, 제품 구매 용도에 따라 판촉물 특판과 선물용품 특판으로 구분된다.

선물용품 특판이란 기업체/단체에서 직원용 선물, 고객용 선물을 대량으로 구매하는 것이며, 판촉물 특판이란 신제품 홍보 또는 캠페인 활성화를 위해 구매하는 것이다. 예를 들면 은행이나 주유소, 교회, 관공서 등에서 물티슈, pp부채, 핫팩 등에 홍보 내용을 인쇄해서 배포하는 것을 말한다. 최근에 전국 지자체, 관공서, 공공기관 등에서 일회용 마스크나 손 소독제 등을 엄청나게 많이 구매, 배포하는 것은 선물용품 특판에 속한다. 2019년 기준 특판 시장은 선물용품 시장 20조 원, 판촉물 시장 10조 원으로 추산될 만큼 규모가 크다고 한다(참조 : 한국특판유통연합회 추정치).

그러나 특판 시장은 쉬우면서도 어려운 시장인데, 대량 판매인 만큼 경쟁 업체도 많고 단가 경쟁도 치열하기 때문이다.

- **특판 빅 시즌 : 구정/추석/창립기념일/노동자의 날**
- **보통 해당 기업/단체의 특수 관계인이 많이 한다.**
- **경쟁 입찰을 주로 하지만, 일부는 수의 계약도 맺는다. 규모가 작은 기업은 경쟁 입찰도 하지만 수의 계약을 하기도 한다.**

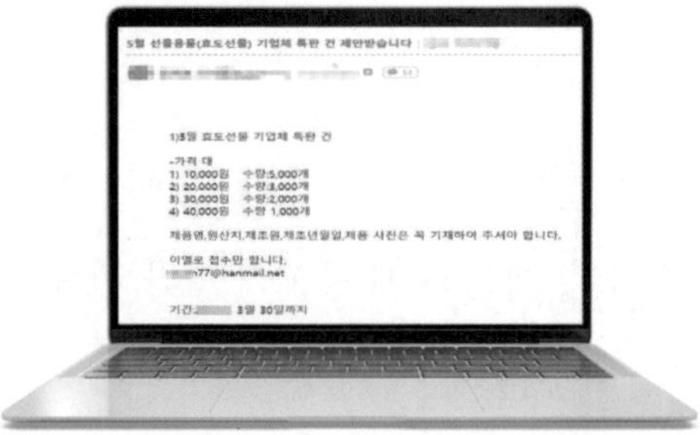

특판은 기업/단체와 특수한 관계에 있는 특판 전문 벤더를 통해 판매가 이루어지는 경우가 많다. 기업체/단체의 특판 담당 직원은 일반적인 MD가 아니라 구매팀 직원인 경우가 많은데, 가격도 중요하긴 하지만 안전하게 사고 없이 특판이 진행되기를 원한다. 그래서 평소 익숙한 믿음직한 벤더업체를 통해 거래하는 것을 선호한다.

특판 인기 상품

- 디지털상품군(MP3, USB 등)
- 패션 소품(시계, 넥타이, 양말 등)
- 기프트 상품(선물 세트, 주방 세트, 열쇠고리 등)
- 생활필수품(볼펜, 휴지, 티슈 등)
- 가전 등 고급 상품(우수 사원/VIP 선물)

가격대는 1만 원/3만 원/5만 원/10만 원/20만 원으로 다양하다.

특판 성사의 가장 중요한 요소

- 특판 경쟁 입찰에 참여할 수 있는 정보력, 인맥
- 온라인 최저가 이하 가격
- 특판 담당 기업 담당자와의 네트워킹

특판 경쟁 입찰 시 주의 사항

- 납품 기일/포장/운송 조건
- 모델별 수량 및 변동 범위
- 불량률과 불량 처리

• 결제 조건 및 계약 사항

특판은 물량이 워낙 많으므로 납기 및 계약 조건을 준수하지 않으면 엄청난 페널티가 따른다. 직원에게 추석 선물 10만 개가 추석 전에 도착하지 않으면 엄청난 재앙일 것이다. 그래서 특판이 성사될 때 가격도 중요하지만 납기 조건이 최우선일 수밖에 없다. 이런 위험성 때문에 특판을 담당하는 구매팀 기업 담당자는 전문 특판 벤더업체들을 선호한다.

특판 시장 진입 방법

특판에 뛰어드는 방법은 2가지가 있는데, 첫째는 대기업/중견 기업(현대, LG, 롯데 등) 법인 영업사업부에 업체 코드를 등록한 후 경쟁 입찰하는 방법이다. 그러나 정식으로 업체 코드를 받기가 쉽지 않아서 입찰에 성공하기는 어렵다. 일단 입찰에 성공하면 큰 매출을 맛보고 장기적으로 특판 전문 업체가 될 수 있기 때문에 조건이 된다면 시도해보는 것이 좋다.

두 번째는 특판 전문 벤더업체를 활용하는 방법이다. 특판이 잘 안 풀릴 때는 차라리 수수료를 주고 특판을 전문으로 하는 벤더업체를 통해 진행하는 것이 효율적이다. 벤더업체 수수료는 10~30% 정도인데, 벤더업체의 특판 성사 기여도에 따라 수수료는 달라질 수 있다.

기본적으로 특판 시장에 진입하려면 고유한 상품을 가진 제조업체/수입업체/총판 정도는 되어야 한다. 단순한 벤더업체는 온라인 최저가 이하의 가격이라든가 물량 확보 문제 등으로 인해 진입이 불가하다.

대기업 특판/법인 영업 사이트

업체	사이트주소
신세계B2B	www.ssgb2e.com
롯데B2B	www.lotteshopping.com/etc/corporatebusiness
LG B2B몰	https://b2b.lglifecare.com/Home/Index
현대백화점B2B	https://co.ehyundai.com/HRIS_Web/Home/Default.aspx

ⓘ 신세계 B2B 온라인 사이트

출처 : 신세계 홈페이지

특판 전문 벤더업체 찾기

특판 전문 벤더업체는 유통과학연구회, 유통노하우연구회 같은 네이버 카페나 유통 관련 카카오 오픈채팅방, 유통 관련 네이버밴드를 통해 찾을 수 있다. 네이버 카페 검색창에 '특판'을 검색하거나, 해당 커뮤니티에 특판 상품을 제안하거나 특판 벤더를 구하는 글을 올리면 된다.

네이버 유통 카페에서 '특판'을 검색한 결과

내 상품에 100% 맞는 타깃 고객 공략하기

온라인판매에서 내가 가진 상품과 100% 일치하는 타깃 고객만 공략할 수는 있을까? 오픈마켓, 소셜커머스, 스마트스토어는 엄청난 고객이 몰리는 곳이지만 내 상품과 일치하는 고객들만 추려서 찾아내기는 힘들다. 그러나 온라인마켓 중에는 나의 상품과 100% 일치하는 카테고리 전문몰이 존재한다. 이런 카테고리 전문몰은 홍보가 제대로 안 되어 마니아만 알 정도로 은밀히 감춰진 곳도 있지만, 일부 규모가 큰 카테고리 전문몰은 알려져 있기도 하다. 카테고리 전문몰의 고객 수는 대형 온라인마켓에 비할 바는 아니지만, 내 상품과 정확히 일치하기 때문에 매출은 오히려 대형 몰보다 더 나오는 경우도 많다.

대형 온라인마켓에서는 많은 상품 속에 내 상품이 묻혀 있기 때문에 고객들에게 노출되기가 쉽지 않아서 매출을 만들기 힘들다. 그러나 이런 카테고리 온라인마켓은 일단 전체 상품 숫자가 적어서 노출도 잘되고, MD와 커뮤니케이션만 잘되면 좋은 노출 구좌를 확보할 수 있다. 또한 이벤트를 통해 대형 마켓보다 큰 매출을 만들어낼 가능성도 높다. 내 상품과 정확히 맞는 단골 충성 고객도 이런 카테고리 전문몰에서 만들어내기가 쉽다.

카테고리별 전문몰은 특정 카테고리 상품 또는 타깃 고객층이 확실한 상품만을 전문적으로 판매하는 쇼핑이다. 넓고 깊게 상품 구색을 갖추고 있어서 특정 카테고리를 선호하는 충성고객을 다수 보유하고 있다. 만약 애견용품을 판매한다면, 광고하지 않는다는 조건에서 1등 애견 전문몰과 지마켓 애견 카테고리 중 어디에서 더 큰 매출을 올릴 수 있을까? 당연히 1등 애견 전문몰에서 더 매출이 많을 테고 장기적으로 내 상품에 대한 충성고객도 만들 수 있을 것이다.

그래서 이미 고객에게 검증된 유망한 카테고리 전문몰은 대기업이 인수해서 운영하고 있다. 아이디어 상품 전문몰인 펀샵은 CJ가 인수했고, 20~30대 젊은 여성 고객 대상의 디자인몰인 텐바이텐, 1300K는 각각 SK, 네이버 계열사인 NHN에서 인수해서 운영하고 있다.

카테고리 전문몰의 특징

- 정확한 타깃 고객들이 모여 있다 : 유입 고객의 구매 전환율이 높다.
- 단순히 남의 상품을 받아서 파는 위탁판매, 사입판매는 입점이 어렵다 : 재고를 충분히 가진 나만의 상품이 있어야 입점하기 쉽다.
- 오픈몰처럼 상품 등록 입점 방식이 아니라 MD 승인 방식이다.
- 카테고리 마니아 고객들은 충성도도 높고 객단가도 우수하다 : 대중성이 떨어지는 상품이라도 카테고리 전문몰에서는 판매가 일어난다.
- 특정 카테고리에 대해서는 오픈마켓/소셜/종합몰보다 해당 카테고리 전문몰이 판매에 더 유리하다 : 유명한 대형 온라인마켓은 고객은 많아도 경쟁이 치열하다. 오픈마켓은 광고 없이 노출되기 어렵고 정확한 타깃 고객도 잡기 어렵지만, 카테고리 전문몰은 상품 수가 적어서 노출도 잘되고 구매 전환율도 높다.
- 대기업 종합몰, 오프라인 대형 유통채널 입점하기 전 단계로 활용하기 좋다 : 대기업 종합몰의 경우 브랜드 상품이 아닌 한 입점이 어렵다. 특히 중국 수입 상품은 종합몰 입점이 거의 불가능하지만 전문몰은 입점할 수 있다.
- 신규 브랜드 상품 브랜딩에도 유리하다 : 카테고리 마니아들

이 입소문을 내서 브랜드 가치를 올릴 수 있다.

- 광고비의 부담이 적고 MD 네트워킹이 좋으면 큰 매출도 기대할 수 있다.

입점하기 전에 해당 전문몰이 카테고리 내에서 상위 업체인지 반드시 검토해야 한다. 전문몰의 규모가 너무 적으면 매출이 많이 나오지 않는다.

건강식품 전문몰

경제 수준이 높아짐에 따라 건강식품에 대한 관심이 높아지면서 매출이 지속적으로 늘고 있다. 그래서 건강식품만 전문적으로 판매하는 카테고리 전문몰도 성장하고 있다. 건강식품은 개인 셀러들이 OEM 제조도 많이 하는데, 이 경우 건강식품 전문몰

건강식품 전문몰 '온푸드'

출처 : 온푸드 홈페이지

에 입점해서 판매하는 것도 전략이 될 수 있다. 건강식품 전문몰은 일반 건강식품 소매 고객도 있지만 B2B판매자도 있기 때문에, 도매와 소매를 다 잡을 수 있다. 일부 건강식품 전문몰은 건강식품 위탁판매도 하고 있기 때문에 내 상품을 판매할 뿐만 아니라 좋은 건강식품을 부담 없이 소싱할 수도 있다.

※ 주요 건강기능식품 전문몰

온푸드(종합 건강식품) : www.onfood.co.kr

어바틀(프리미엄 건강기능식품) : http://abottle.co.kr

비타민마트(비타민 도매 B2B) : http://vitaminmart.co.kr

비타에코(종합 건강식품) : http://vitaeco.co.kr

디자인몰

디자인몰은 20~30대 여성 충성 고객에게 엄청난 인기를 누리고 있는 트렌디몰로, 기발하고 예쁜 디자인의 생활용품, 패션/잡화 상품를 주로 판매한다. 오픈마켓/소셜커머스/종합몰에서 판매하기 어려운 프리미엄 트렌디 상품도 판매가 잘 일어난다. 일부 프리미엄 수입업체들은 디자인몰만 집중 공략하기도 할 만큼 감성적인 프리미엄 디자인 상품이 인기가 좋다. 디자인몰은 수수료가 25~40%로 높으며, 상위권 디자인몰은 쿠팡 로켓배송처럼 직접 사입해서 운영하기도 한다. 주력 업체인 1300K, 텐바이텐은 오프라인 매장도 동시에 운영하여 오프라인 고객의 반응을 살피는 안테나 매장으로 활용하고 있다. 예쁘고 감성적인 디자인의 생활, 패션/잡화, 가전을 취급하는 온라인셀러라면 반드시 공략할 필요가 있다.

인기가 좋은 주요 상위권 디자인몰

주요 디자인몰	사이트주소
텐바이텐	www.10x10.co.kr
1300K	www.1300k.com
바보사랑	www.babosarang.co.kr
29cm	www.29cm.co.kr

⇩ 네이버 NHN에서 인수한 감성 디자인몰 텐바이텐

출처 : 텐바이텐 홈페이지

식품 전문몰

온라인유통에서 주력 카테고리는 비식품/패션이지만, 최근 들어 식품에 특화된 온라인마켓이 급성장하고 있다. 식품 전문몰은 지속적으로 식품을 재구매하는 충성고객을 풍부하게 보유하고 있다. 식품은 재구매가 이루어지고 회전이 빠르기 때문에 일단 자리 잡으면 비식품/패션 카테고리에 비해 고매출, 고수익을 올릴 수 있다.

아직도 오프라인에서 식품을 구매하는 경우가 많지만, 온라인으로 식품을 구매하는 트렌드로 빠르게 바뀌어가고 있다. 게다가 비식품/패션에 비해 식품은 온라인에서 경쟁이 치열하지 않기 때문에 지금 진입해서 시장을 선점하는 게 중요하다. 할인점, 편의점, 체인 슈퍼마켓 같은 오프라인 대형 유통업체에는 진입하기 어렵더라도, 식품 전문몰에는 상대적으로 입점 및 판매가 쉽기 때문에 빨리 뛰어들어야 한다.

최근 코로나로 인한 집밥 열풍과 HMR(Home Meal Replacement) 가정 간편식 시장의 급성장으로 식품 전문몰이 압도적으로 성장하고 있다. 쿠팡(로켓프레시), 신세계, 롯데 등 유통 대기업도 식품 판매에 적극적으로 뛰어드는 상황이다.

※ 고공 성장하고 있는 프리미엄 식품 전문몰

- **대표 업체 : 마켓컬리 : www.kurly.com, 오아시스마켓(오프라인 매장 다수 보유) : www.oasis.co.kr**
- **최근 1~2년 사이에 급성장하고 있다 : 엄마들 사이의 입소문을 타고, 신선식품이 주력이지만 가공식품으로도 확대되고 있다.**

• 특징 : 새벽배송 또는 당일배송/엄격한 품질 관리/우수한 신선도

• 직매입 방식으로 운영하기 때문에 새벽배송이 가능하다.

• 입점 신청 : 마켓컬리/오아시스마켓이 급성장하면서 상품 입점이 어려워지고 있다.

ⓘ 새벽배송을 무기로 급성장하고 있는 프리미엄 식품몰 '마켓컬리'

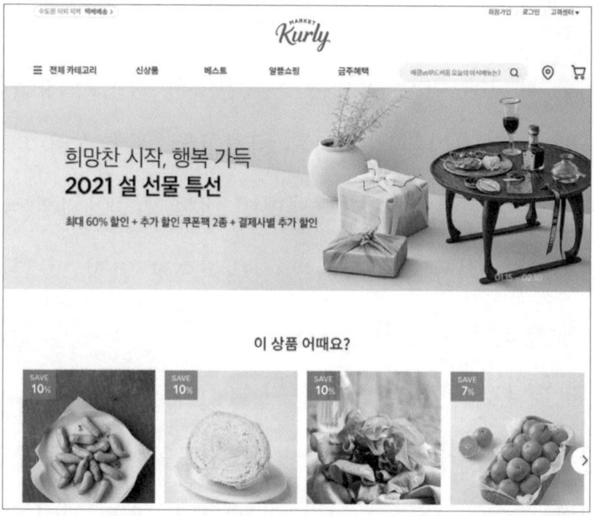

출처 : 마켓컬리 홈페이지

특산물 전문 우체국쇼핑몰

우체국쇼핑몰은 농어촌 지역경제 활성화를 모토로 시작된 산지 직송 공공 온라인쇼핑몰이다. 전국 우체국 네트워크와 정부단체/지자체의 전폭적인 지원과 막대한 고객을 기반으로 급성장하고 있다. 지역 특산물을 취급하는 온라인셀러라면 반드시 입점해야 할 쇼핑몰이다.

- 9,000여 개 상품 공급사/10만여 개 상품/연 1,800억 원 매출
- 식품 위주의 지역 특산물 판매에서 엄청난 강점
- 입점 신청 : 우체국 쇼핑몰 홈페이지 하단의 '입점 안내'

ⓘ 지역 특산물의 절대 강자 우체국쇼핑

출처 : https://mall.epost.go.kr

대기업이 운영하는 식품 전문몰, 동원몰(www.dongwonmall.com)

동원F&B가 운영하는 식품 전문 온라인쇼핑몰로, 1,000여 종의 자사 식품, 식자재를 포함하여 타사의 식품, 생활용품 10만여 종을 판매하고 있다. 회원 수 70만 명, 연 매출 300억 원을 돌파하였다. 대기업의 풍부한 자금력, 기존의 충성고객을 기반으로 할인 쿠폰, 쇼핑 지원금 등 다양한 혜택으로 고객을 끌어들이고 있다. 입점 제안은 동원몰 홈페이지 하단의 '신규 입점'을 클릭하면 된다.

그 외에 식품 전문몰

이외에 신선식품을 전문으로 판매하는 삿갓유통(www.sgmarket.kr)과 수산물을 전문으로 판매하는 얌테이블(www.yamtable.com) 등도 온라인시장에서 빠르게 성장하고 있다. 또한 120만 명의 회원을 보유한 네이버 식품 직거래 카페인 농라카페도 대형 온라인 쇼핑몰만큼 활성화되어 있으니 적극적으로 활용하기 바란다. 다만 일정 비용을 내고 판매자 가입을 해야 원하는 매출을 만들 수 있으니 참고하기 바란다.

네이버 식품 직거래 카페, '농라카페'

출처 : 농라카페

얼리어답터몰

트렌드에 민감한 남성 얼리어답터들을 겨냥한 전문몰로, 트렌디한 프리미엄 상품, 아이디어 상품군의 매출이 매우 높다. 주로 남성을 대상으로 한 상품이 많이 판매되며 지속적으로 구매하는 충성스러운 남성 고객을 많이 확보하고 있다. 특히 고가의 최신 트렌디한 IT, 가전 상품 및 수입 상품이 많이 판매된다. 얼리어답터몰은 상품에 대한 디테일한 분석과 수준 높은 정보를 제공하여 고객들을 만족시키고 구매를 유도한다.

편샵의 경우는 잠재력을 인정받아 대기업인 CJ오쇼핑이 인수했으며 제조사/수입사만 입점이 가능하다. 얼리어답터는 전문적인 정보를 제공하는 '테크매거진'을 운영하며 남성 얼리어답터들의 마음을 사로잡고 있다. 상세페이지의 퀄리티는 펀샵과 얼리어답터가 최정상급이기 때문에 참고하는 것이 좋다.

주요 얼리어답터몰	주소
펀샵	www.funshop.co.kr
EARLYADOPTER스토어	store.earlyadopter.co.kr

남성 얼리어답터들의 성지, '펀샵'

출처 : 펀샵 홈페이지

뷰티몰

화장품/뷰티용품을 판매하는 전문 쇼핑몰인데, 대개는 모바일 어플을 동시에 운영한다. 오프라인의 CJ올리브영, 롭스, 랄라블라 같은 H&B 스토어의 온라인몰이라고 보면 된다. 대표적인 뷰티몰은 엄청난 충성고객을 보유하고 있고 매출도 상당하다. 온라인판매뿐만 아니라 체험단, 이벤트, 뷰티 인플루언서 행사도 활성화되어 있다. 뷰티몰의 영향력이 막강하기 때문에 신규 브랜드, 신상품은 뷰티몰부터 공략하는 경우가 많다.

온라인상에서 20~30대는 뷰티몰에 대한 충성도가 절대적이다. 그래서 유명 뷰티몰의 체험단, 광고, 이벤트 비용은 상상을 초월할 정도로 비싸다. 상위권 뷰티몰은 수수료가 25% 이상으로 매우 높다. 뷰티몰의 평판이 브랜드, 상품의 성공을 좌우할 정도로 영향력이 크기 때문에 마케팅, 광고비가 충분하지 않은 중소 브랜드는 뷰티몰에 올인하기도 한다.

주요 뷰티몰	주소
화해(모바일어플)	www.hwahae.co.kr
언니의파우치(모바일어플)	www.unpa.me
우먼스톡	www.womanstalk.co.kr
SKINRX 스킨	www.skinrx.co.kr
아이뷰티랩	www.ibeautylab.co.kr

Ⓘ 뷰티몰의 강자, '화해'

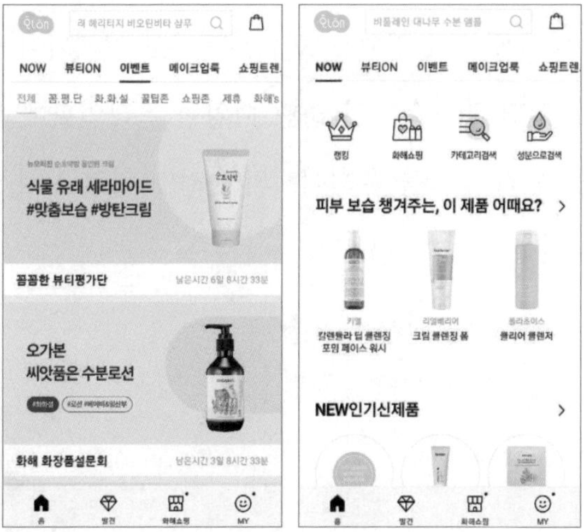

출처 : 화해 모바일 어플

약국몰

약국몰은 약국에서 판매되는 의약품, 건강기능식품, 건강용품 등을 판매하는 전문몰이다. 일반 고객이 구매하기보다는 주로 약사나 제약 관련된 업체에서 구매하는데, 회원제 폐쇄몰 형태가 대부분이다. 일부 약국몰은 약사만 로그인해서 구매할 수 있는데, 대웅에서 운영하는 더샵, 한미의 한미몰, 유팜몰, 팜스넷 등이 있다. 약국에서 판매되는 건강기능식품, 의료 관련 용품, 건강용품을 취급한다면 약국몰에 입점하는 것을 추천한다. 약국몰에 입점한 경우 상품의 반응이 좋으면 전국의 약국에서 주기적으로 정기 구매할 수 있기 때문에 더욱 매력적이다.

그런데 약국몰은 취급 품목을 많이 가지고 있는 전문 벤더업체들을 선호하는 경향이 있어서 단품으로 입점하기가 쉽지 않다. 약국몰은 병원몰, 동물병원몰, 한의사몰과도 연계되어 있는 경우가 많아서, 일단 입점하기만 하면 다양한 온라인판매 채널로 확장할 수 있다. 각 약국몰 홈페이지의 온라인 입점 신청 코너를 통해 입점 제안을 할 수 있다.

⊕ 대웅제약에서 운영하는 '더샵'

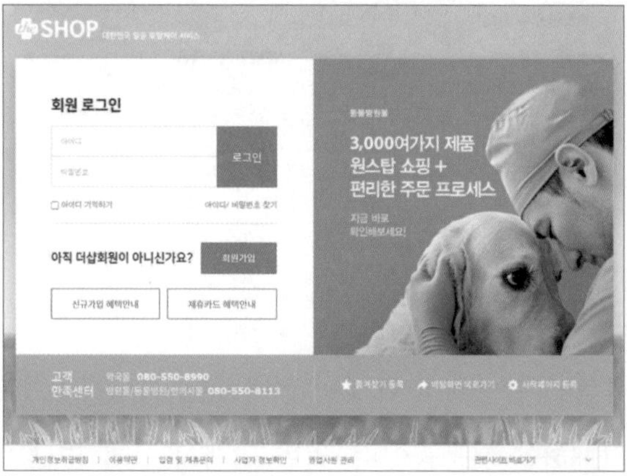

출처 : 더샵 홈페이지

⊕ 일반 쇼핑몰 형태의 '팜스넷'

출처 : 팜스넷 홈페이지

팜스넷 : http://www.pharmsnet.com

유팜몰 : http://www.upharmmall.co.kr

온누리약국온라인몰 : https://www.onnuristore.co.kr

더샵(대웅제약) : http://www.shop.co.kr

팜페이몰 : http://www.pharmpaymall.com

HMP몰(한미약품) : www.hmpmall.co.kr

패션 편집숍

패션 편집숍은 2000년대 초반에 개인 쇼핑몰의 붐을 일으키며 대형 전문몰로 성장한 경우가 많다. 특정 패션 편집숍의 충성고객은 해당 전문몰에서 지속적으로 구매하기 때문에 재구매도 활발하게 일어난다. 대형 편집숍은 패션/잡화 카테고리뿐만 아니라 뷰티 영역까지 활발히 확대되고 있다. 미국 세쿼이어캐피

패션 편집숍의 대표주자, '무신사'

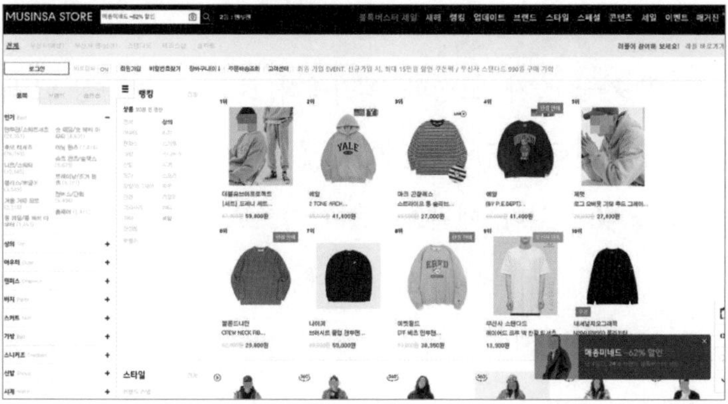

출처 : 무신사 홈페이지

털에서 거액을 투자받은 무신사가 대표적이다. 특A급 편집숍은 입점하면 큰 매출을 올릴 수 있지만, 입점이 쉽지 않다. 고객 기반이 워낙 탄탄하기 때문에 수수료도 30% 이상으로 매우 높다. 그리고 대형 편집숍에서 판매되고 있는 상품은 대개 중국 의류 도매 사이트에서 소싱한 것이 많다.

주요 패션 편집숍	주소
무신사	www.musinsa.com
임블리	www.imvely.com
라걸	www.lagirl.co.kr
모코블링	www.mocobling.com
멋남	www.mutnam.com
갠소	www.gaenso.com
신상마켓(B2B 도매어플)	플레이스토어에서 '신상마켓' 다운로드

애완용품몰

1인 가구 증가, 고령화, 핵가족화, 소득 수준 향상 그리고 코로나로 인한 외출 감소로 애완인구가 늘어나면서 애완용품몰도 호황을 맞고 있다. 애완동물을 가족으로 생각하는 고객이 늘면서 애완용품 전문몰에서 고가의 애완용품 판매가 급증하고 있다. 본인에 대한 소비는 줄여도 애완동물에게는 좋은 걸 해주려는 고객층이 증가하고 있으며, 대형 애완용품몰의 경우 일반인들은 상상할 수 없을 만큼 다양한 애완용품을 취급하고 있다.

이런 트렌드에 맞춰 애완용품에 뛰어드는 셀러가 늘어나면서 시장에서의 경쟁도 치열해지고 있지만, 애완용품 카테고리는 향후 고성장을 기대할 만한 카테고리다. 애완동물을 키우는 고객들은 넓고 깊은 구색을 갖추고 있는 애완용품 전문몰에 충성도가 높아서, 애완용품 관련 상품을 취급하는 셀러라면 애완용품몰을 적극적으로 공략해야 한다.

강아지대통령 같은 애완용품 대표몰의 매출은 일반 온라인마켓 애완 카테고리보다 매출이 훨씬 높다. 애완용품 B2B몰도 있어서 이런 곳에 납품하면 도매 판매도 가능하고, 상품을 소싱해서 판매할 수도 있다.

⓪ 엄청난 충성고객을 확보한 대표 애완용품몰, '강아지대통령'

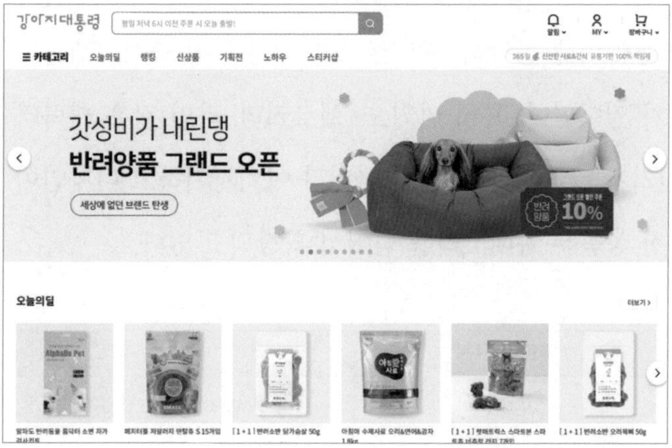

출처 : 강아지대통령 홈페이지

주요 애완용품몰	주소
강아지대통령	www.dogpre.com
펫클럽	www.petclub.co.kr
유어독	www.yourdog.co.kr
비투비펫(B2B몰)	http://b2bpet.co.kr
펫투비(B2B몰)	www.pet2b.com

문구몰

문구몰은 젊은 여성층에 인기가 많은 팬시/문구/아이디어 소품/패션, 잡화/뷰티/생활용품을 주로 판매하는 전문몰이다. 아기자기하고 예쁜 디자인의 상품들이 특히 인기가 많다. 상위권 문구몰은 온라인/오프라인을 동시에 운영하는데, 오픈마켓, 소셜커머스 같은 대형 몰에서는 고가라서 팔리지 않는 프리미엄 상품들도 문구몰에서는 판매가 잘된다. 전체적인 가격대가 일반 온라인마켓에 비해 상당히 높지만, 20~30대 여성 충성고객들로 인해 판매가 일어난다. 특히 카카오, 헬로키티, 라인 같은 캐릭터 상품이 인기가 많다. 문구류뿐만 아니라 아기자기하고 디자인이 예쁜 다양한 상품은 카테고리를 넘어서 확장되고 있다.

주요 문구몰	주소
핫트랙스	www.hottracks.co.kr
아트박스	www.artboxmall.com

역사와 전통의 문구 전문몰, '아트박스'

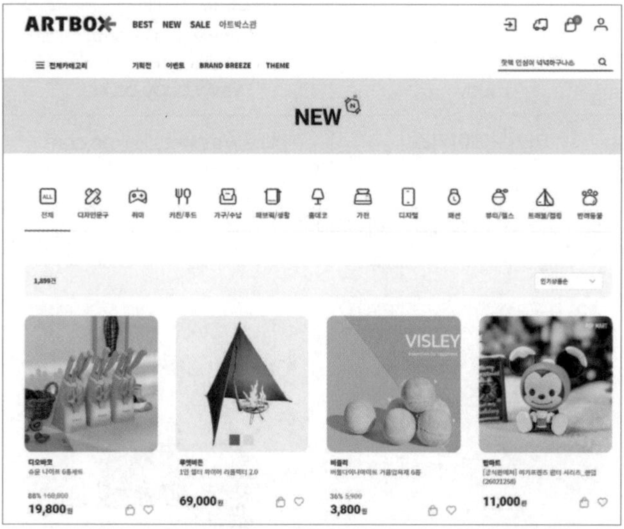

출처 : 아트박스 홈페이지

수제품몰

수제품몰은 핸드메이드 수제 상품을 거래하는 전문몰인데, 직접 제작한 천연비누, 수제 청, 디퓨저, 베이커리, 예술작품 등이 주력을 이룬다. 핸드메이드 상품을 좋아하는 충성고객층이 두텁기 때문에 오픈마켓, 종합몰, 소셜커머스보다 수제품몰에서 매출이 더 우수한 경우가 많다. 수제품몰은 모바일 어플도 동시에 운영하는데, 최근 수제품몰 1등 업체인 아이디어스의 급성장이 두드러진다. 처음 출시하는 수제품의 경우 아이디어스 같은 수제품몰에서 충성고객을 확보한 후 일반 온라인마켓으로 확대하는 것이 좋다.

주요 수제품몰	주소
아이디어스	www.idus.com
Budy	www.budy.co.kr
카카오메이커스	https://makers.kakao.com

예술 작가들의 성지, '아이디어스'

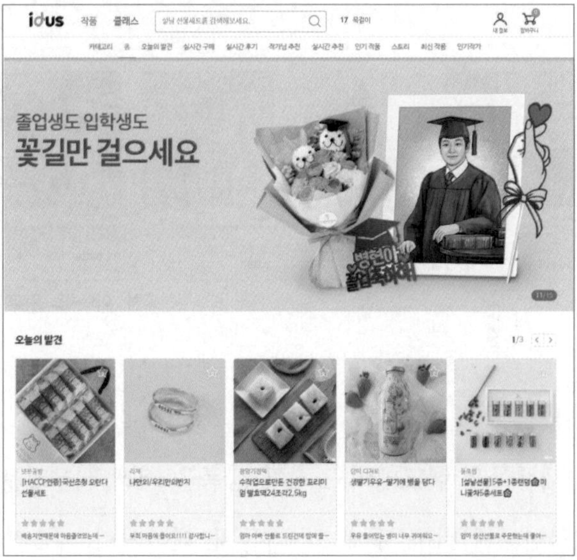

출처 : 아이디어스 홈페이지

땡처리몰

땡처리몰은 유통기한 임박 상품, 반품 상품, 홈쇼핑 잔여 재고 등을 전문으로 판매하는 전문몰로, 일반 고객을 대상으로 판매한다. 오프라인 전문 땡업자에게 넘길 때보다 좋은 가격에 판매할 수 있다. 요즘은 가격이 저렴한 특가 상품들을 땡처리몰에서 판매하는 트렌드로 바뀌어가고 있다. 유통기한에 문제가 없다면 판매에 시간이 걸리더라도 오프라인 땡업자보다는 땡처리몰을 이용해 처리하는 것이 손해를 최소화할 수 있다. 가격이 매우 저렴하기 때문에 땡처리몰을 자주 이용하는 충성고객이 많다.

주요 땡처리몰	주소
리씽크몰	www.rethinkmall.com
이유몰	www.eyoumall.co.kr
떠리몰	www.thirtymall.com
반품몰	www.banpummall.com
반품닷컴	www.banpumsale.com

전 세계 프리미엄 재고 상품몰, '리씽크몰'

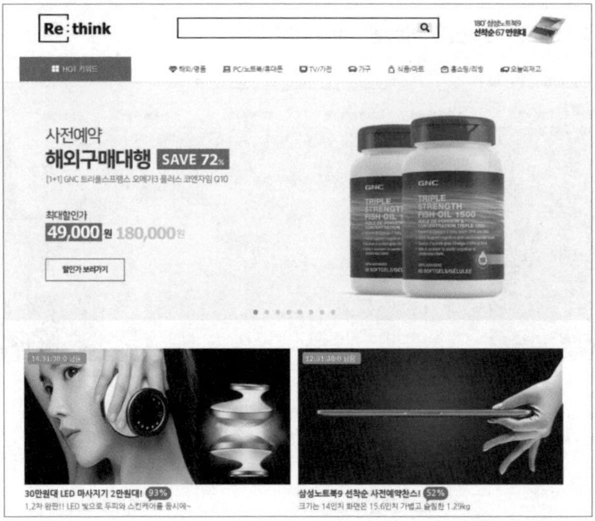

출처 : 리씽크몰 홈페이지

비품몰

비품몰은 각종 비품을 거래하는 전문몰로, 일반 고객보다는 자영업자, 사업자, 기업 사무실 등에서 많이 구매한다. 한번 단골이 되면 꾸준히 매출이 발생하기 때문에 관심을 가질 만하다. 주로 중국 수입 생활용품이 주를 이루는데, 사업자를 대상으로 하다 보니 가격 경쟁력이 있어야 판매가 일어난다.

주요 비품몰	주소
비품넷	www.bipum.net
비품114	www.bipum114.com
옐로아이템	www.yelloitem.co.kr

사업자 대상 전문 비품몰, '옐로아이템'

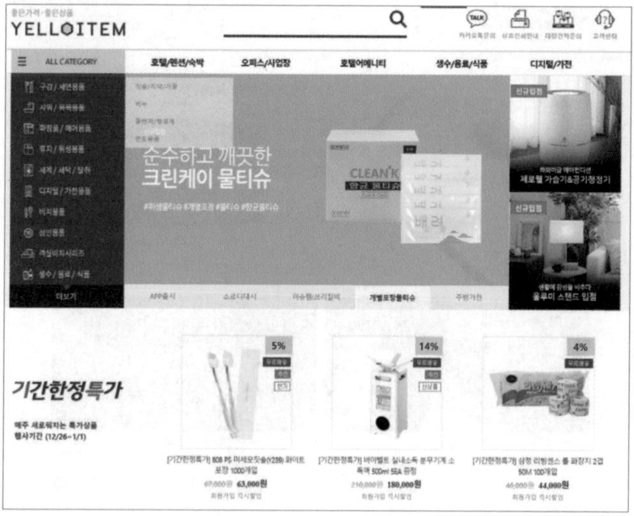

출처 : 옐로아이템 홈페이지

카테고리 전문몰 입점 및 거래 조건

일부 인기 있는 전문몰을 제외하고는 입점하기가 쉬운 편인데, 입점 신청은 홈페이지 내 온라인 입점 제안 방식으로 진행된다. MD들이 입점 제안서를 검토하고 승인하는 방식인데, 불합격 시에는 연락이 오지 않을 수도 있다. 상품만 등록하면 되는 오픈몰에 비해 입점하기가 어렵고, 남의 상품을 단순 위탁/사입판매하는 경우에는 입점이 거절당할 수 있다. 재고가 확보된 나만의 상품이 있는 경우에 입점이 수월하다.

수수료 및 거래 조건은 전문몰이 워낙 다양하기 때문에 전문몰별로 다르지만, 대기업이 운영하거나 규모가 큰 전문몰의 경우 최소 25% 이상이다. 전문몰에서 매출이 많지 않더라도 상품 홍보 및 브랜딩 강화 측면에서 입점을 추천하는데, 작은 규모의 전문몰에 입점하는 것은 추천하지 않는다. 전문몰 입점을 대기업 종합몰, 오프라인 대형 유통 입점을 위한 발판이라고 여기는 것이 좋다. 전문몰에서 충성고객을 확보하고, 입소문을 내서 상위 단계의 유통 채널로 확장하는 것이 좋다.

카테고리 전문몰 찾는 방법

구글에서 '카테고리 이름+쇼핑몰(몰)', '상품명+쇼핑몰(몰)'로 검색하는 방법도 있다. 매출이 많은 활성화된 전문몰을 찾으려면, 쇼핑몰 통합 솔루션 서비스를 제공하는 대형 업체의 홈페이지에서 연동 지원 쇼핑몰을 확인하면 된다. 쇼핑몰 통합 솔루션 업체에서는 고객이 많고 매출이 높은 쇼핑몰 위주로 연동시키기 때문이다.

주요 대형 쇼핑몰 통합 솔루션 업체

통합솔루션	주소
사방넷	www.sabangnet.co.kr
플레이오토	www.playauto.co.kr
샵링커	www.shoplinker.co.kr
이셀러스	www.esellers.co.kr

2021년 플레이오토 주요 연동 지원 쇼핑몰

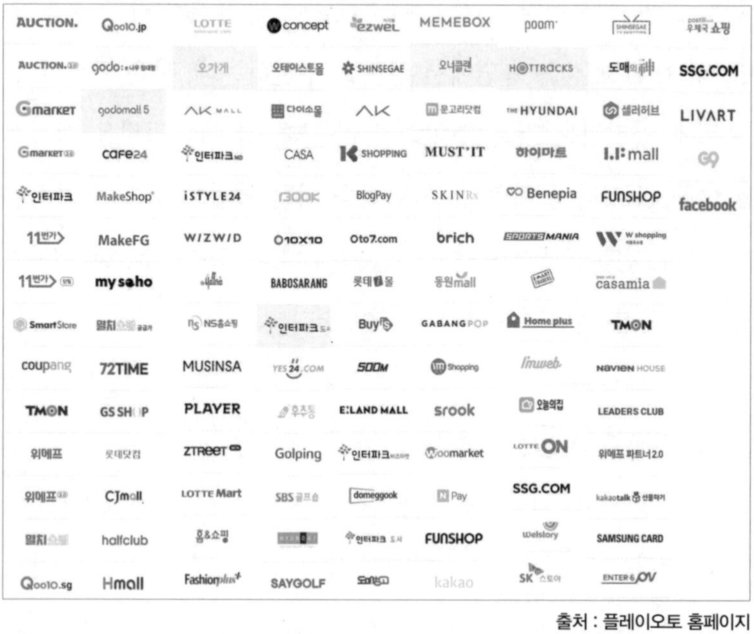

출처 : 플레이오토 홈페이지

온라인/오프라인 커뮤니티 활용 노하우

모든 비즈니스에 있어서 인맥은 매우 중요하다. 유통뿐만 아니라 온라인판매도 인맥이 미치는 영향은 상당하다. 초보 셀러 시절에는 일단 온라인판매의 기초를 닦는 것이 우선이지만, 초보 셀러를 탈출하면 좋은 상품도 소싱해야 하고, 상품을 판매할 도매/대리점 라인도 확보해야 하고, 온라인마켓 특가딜이나 기획전을 잡기 위해 MD들과 커뮤니케이션도 해야 한다.

또한 돈이 되는 실전 정보들은 책, 교육, 강의에서는 배울 수 없다. 초보 셀러가 현업에서 통할 만한 실전 온라인판매 정보/노하우에 관해 가장 많이 배울 수 있는 것은 온라인판매 파워셀러나 현재 온라인판매를 하고 있는 동료다. 초보자의 경우 아는 인맥도 없고 어떻게 인맥을 만들어야 할지도 모르기 때문에 발전이 더디다. 오프라인 시대에는 인맥을 만들고 활용하기가 정말 어려웠지만, 요즘은 온라인을 통해 쉽게 인맥 및 커뮤니티를 구축할 수 있다. 온라인판매 관련 카카오 오픈채팅방을 만들어서 오픈채팅방 링크를 각종 커뮤니티에 뿌리기만 해도 관련 인맥을 모을 수 있다.

예를 들어 건강용품을 판매하고 있는데, 회원제 약국몰에 입점하고 싶다고 하자. 약국몰에 이미 입점해 있는 사람들 또는 약국몰을 잘 아는 사람을 알고 있다면 얼마나 도움이 될까? 유통/온라인판매에 관한 네이버카페/밴드/카카오 오픈채팅방 등에 가면 분명히 이런 인맥을 만들 수 있다. 온라인이기 때문에 숫기가 없어도 전혀 문제없다. 숫기가 없어서 사람을 만나기 어렵다고 해도 온라인에서는 글만 쓰면 되기 때문이다.

온라인상에서 많은 실전 정보, 노하우가 오가고, 좋은 상품을 소싱할 수 있다. 상품을 도매로 판매할 수도 있고, 나를 도와줄 수 있는 든든한 인맥도 만들 수 있다. 필자도 많은 커뮤니티에 가입되어 있는데, 현업에서 활동하는 실전 전문가들로부터 책, 교육, 강의에서는 배울 수 없는 최신 정보, 노하우를 얻는다. 이 책에도 커뮤니티의 인맥에게 배운 정보, 노하우가 많이 담겨 있다.

진정한 인맥을 만들려면 오프라인에서 만나야 인맥의 깊이가 매우 깊어진다. 그러므로 오프라인에서 만나볼 필요가 있다. 마음이 통하는 인맥을 만나면 나의 사업에 크게 도움을 줄 수 있고,

나도 그 사람에게 도움을 주면서 서로 좋은 관계를 구축할 수도 있다. 특히 온라인판매를 할 때는 상품을 공급해줄 공급자와 구매자를 만나는 게 특히 중요한데, 이런 온라인/오프라인 커뮤니티에서 쉽게 찾을 수 있다.

인맥을 잘 만나면 매출이 10~100배 늘어날 수도 있다. 인맥이 위메프 MD를 잘 알아서 나를 소개시켜준다면, 그리고 그 MD를 통해 위메프 특가딜, 기획전 등 각종 이벤트에 꾸준히 참가하게 된다면, 나의 매출은 비약적으로 늘어날 것이다. 커뮤니티에 가입해서 활동하는 게 힘들고 귀찮다고 여긴다면, 가입만 하고 눈팅하다가 필요한 경우에만 활동하면 된다. 필자도 수백 개의 카페, 오픈채팅방, 밴드에 가입되어 있지만 대부분이 눈팅이다. 요새는 실시간으로 피드백이 빠른 카카오 오픈채팅방이 가장 활성화가 잘되어 있고 각종 정보/노하우 그리고 상품 소싱 및 판매에서 큰 도움을 받을 수 있다.

상품 소싱이라면 보통 도매시장이나 온라인 도매 사이트를 떠올리지만, 온라인/오프라인 커뮤니티를 통해서도 상품을 소싱할 수 있다. 특히 노출이 많이 된 온라인/오프라인 도매몰 상품에 비해 수익을 많이 낼 수 있는 숨겨진 보석 같은 알짜 상품들은 이런 커뮤니티에서 소싱하기가 더욱 쉽다. 온라인/오프라인 도매몰에서는 판매할 생각도 하지 않는 우수한 상품을 가진 제조자와 생산자를 이런 커뮤니티에서 만날 수 있다. 그래서 온라인 커뮤니티는 요즘 핫한 소싱 발굴 루트다.

그리고 내 상품을 소개하면서 온라인셀러, 벤더업체, 수출업체, MD들도 손쉽게 만날 수 있다. 네이버카페, 카카오 오픈채팅방, 네이버밴드 등에서 수많은 상품이 거래되고 정보/노하우를 공유하며 인맥을 만들고 있다. 또한 커뮤니티에서는 오프라인 모임도 진행되는데, 모임에 참석하면 끈끈한 인맥을 만들 수 있다.

온라인 커뮤니티

네이버 유통/제조/무역/온라인판매 관련 카페

네이버 대형 유통/제조/무역 카페의 경우 본인의 상품을 도매로 판매하려는 제조/수입/생산자/총판업체들이 많이 모여 있다. 이들은 수시로 게시판에 상품을 올린다. 네이버카페에서는 상품 소싱, 판매에 관한 정보뿐만 아니라 온라인판매, 유통에 관련한 최신 정보도 얻을 수 있고, 좋은 인맥도 만들 수 있는 장점이 있다. 상품을 소싱하고 다양한 많은 정보 및 인맥을 얻을 수 있는 유용한 네이버카페는 다음과 같다. 필자가 직접 운영하는 네이버 카페 '유통노하우연구회'에는 온라인판매, 유통판매에 관한 숨은 노하우나 온라인마케팅 꿀팁이 매우 많으니 참고하기 바란다.

카페명	주소
유통노하우연구회	cafe.naver.com/aweq123
유통과학연구회	cafe.naver.com/dbstnzld1
무유모(무역/유통)	cafe.naver.com/kukmuyu
셀러오션(온라인판매)	cafe.naver.com/soho
화도사(화장품도매)	cafe.naver.com/runaway10
식품제조(식품)	cafe.naver.com/food2008

ⓓ 네이버카페에 올라와 있는 각종 온라인판매/유통 관련 콘텐츠

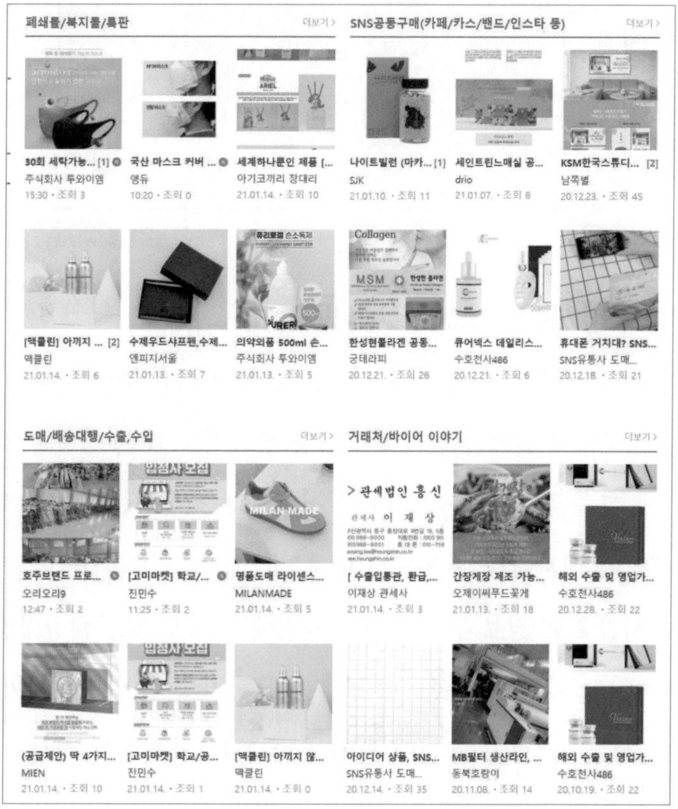

출처 : 네이버 유통노하우연구회

ⓘ 네이버카페에서 얻을 수 있는 다양한 정보

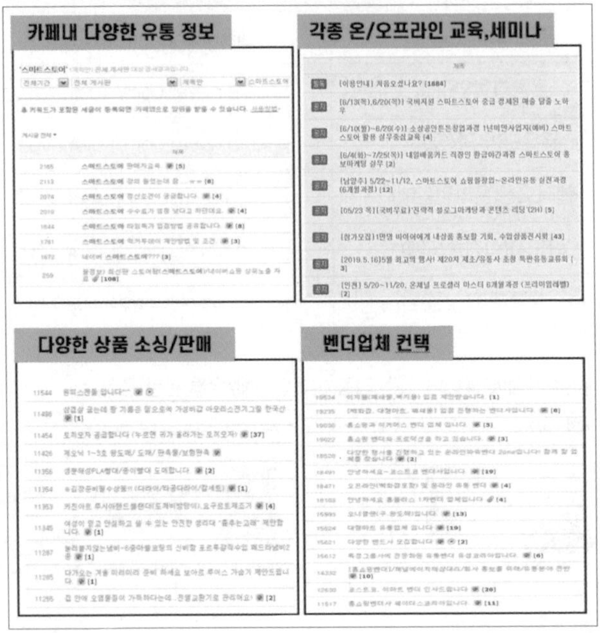

출처 : 네이버카페

유통/무역 관련 카카오 오픈채팅방

유통/제조/무역 관련 카카오 오픈채팅방도 네이버카페와 마찬가지로 다양한 인맥을 만들고 상품을 판매하고 좋은 상품을 소싱하기에 아주 좋은 커뮤니티다. 실시간으로 소통하는 오픈채팅방은 네이버 카페보다 활용도가 더욱 높아지고 있다. 인맥을 만들고 실시간으로 정보와 노하우를 얻기에 카카오 오픈채팅방만큼 효율적인 것이 없다. 오픈채팅방은 개설하기도 쉽기 때문에 아무것도 모르는 초보자도 인터넷 검색, 유튜브 검색해서 정보를 조금만 얻으면 쉽게 개설할 수 있다.

'유통노하우연구회' 카카오 오픈채팅방(회원 수 1,500명) :

https://open.kakao.com/o/gzQKvhTd

카카오채팅방에서 '오픈채팅'을 선택한 후 '유통', '무역', '셀러',

카카오 오픈채팅방에서 상품을 거래하는 예

출처 : 카카오 오픈채팅방

카카오 오픈채팅방 검색하여 찾기

출처 : 카카오 오픈채팅방

'온라인판매'를 검색한 결과 중에서, 가입 회원 수가 많고 활성화가 많이 된 카카오채팅방에 들어가면 된다. 일부 채팅방의 경우 비밀번호가 걸려 있기도 하다.

유통/무역 관련 네이버밴드

네이버카페의 모바일 버전인 네이버밴드도 다양한 상품들을 소싱/판매하고 인맥을 얻는 데 도움이 된다. 네이버밴드 검색창에서 '유통', '무역', '셀러', '온라인판매'를 검색한 후 활성화된 밴드에 가입하면 된다. 네이버밴드에서도 수많은 상품 소싱/판매, 정보 공유가 일어나고 있다.

유통/마케팅/온라인판매에 관해 정부 기관, 사설 기관에서 주

ⓘ 네이버밴드에서 상품 거래 및 관련 네이버밴드 찾기

출처 : 네이버밴드

최하는 오프라인 교육/강의/세미나에서 만난 인맥들과의 커뮤니티도 상품을 소싱하고 판매하기에 좋은 루트다. 오프라인에서 만난 인맥들은 끈끈한 관계가 형성되는데, 본인만의 상품을 가진 사람이 있으면 이런 사람들을 통해 상품을 소싱하는 것도 좋다. 그리고 내 상품을 소개하며 온라인/오프라인에서 판매해줄 하위 셀러도 찾을 수 있다.

예전만큼은 아니지만 국내, 국외의 전시회를 통해 상품을 소싱하는 것도 방법이다. 온라인에서 연락하여 상품을 소싱하는 것은 성사될 확률이 희박하지만, 오프라인 전시회에 직접 참가하여 현장 상담을 통해 상품을 소싱하면 성사될 확률이 매우 높다. 주의할 점은 카테고리별 특A급 전시회/박람회에 참가해야 한다는 것이다. 그보다 수준이 낮은 전시회/박람회에 참가해서는 성과를 내기가 힘들다. 대개 이런 전시회/박람회는 판매업체를 찾는 것이 아니라 직접 상품을 판매할 목적인 경우가 많고, 제대로 된 업체가 참가하지 않는 경향이 있다. 그러나 내가 왕초보 셀러라면 특A급 전시회의 참가 업체에서 관심을 기울여주지 않을 확률이 높기 때문에, A, B급 전시회에 참가하는 것도 도움이 된다.

지방 중소기업 중에는 우수한 상품을 개발했지만 홍보, 영업, 유통이 부족하여 세상에 모습을 드러내지 않은 숨은 보석 같은 상품이 있다. 지방자치단체에서 주최하는 각종 우수 중소기업 전시회에 참석하면 알짜 업체와 상품을 찾게 될 것이다.

엄마부대를 공략하는 카카오스토리채널/네이버밴드 공동구매

2016년까지만 해도 SNS 공동구매라고 하면 카카오스토리채널 공동구매(줄여서 카스 공동구매), 네이버밴드 공동구매를 떠올렸다. 여기서 나오는 매출도 어마어마해서, 2016년까지만 해도 연 매출이 몇천억 단위였다. 그러나 지금은 예전의 위상을 잃었고, 각 채널과 밴드의 매출도 급격히 줄었다.

그런데 한 개의 채널/밴드의 매출은 떨어졌지만 전체 채널/밴드의 숫자는 많이 늘어나서 전체 시장 규모가 줄어든 것은 아니다. 예전에는 개별적으로 공동구매를 진행했지만, 운영 효율이 나지 않자 운영 채널/밴드를 매각하거나 퀸즈안젤라 같은 대형 공동구매 운영 대행사에 운영을 맡기고 있다.

그렇지만 아직도 충성스러운 엄마부대 덕분에 SNS 공동구매

중에서는 가장 큰 매출이 나오고 있다. 카스 공동구매는 브랜딩이 제대로 안 된 중소기업 상품을 온라인최저가보다도 저렴한 가격에 공급했고, 매력적인 상세페이지로 높은 매출을 만들어냈다.

원래 홍보가 제대로 되지 않은 중소기업 상품은 판매가 어려운데도 카스에서는 높은 매출을 거둘 수 있었던 것은, 일단 카카오스토리채널당 하루에 3개밖에 공동구매를 진행할 수 없기 때문에 상품 노출이 잘되고, 카카오스토리채널에 대한 신뢰가 높아서 상품의 질이 괜찮을 것이라고 믿기 때문이었다. 카카오스토리채널에서는 가격을 온라인최저가보다 싸게 하는 조건으로 한정 기간만 판매하기 때문에 회원 수를 많이 보유한 채널에 입점만 하면 기본 이상의 매출을 올릴 수 있었다. 그래서 온라인마켓에서 이런저런 이유로 입점을 거절당한 비브랜드 중소기업 상품들이 끌리는 상세페이지와 저렴한 가격만으로 카스 공동구매에서 좋은 성과를 내는 경우가 많았다. 특히 30~40대 주부들을 타깃으로 하는 비브랜드 화장품과 다이어트 식품은 일반 오픈몰보다 훨씬 많은 매출을 올리는 경우가 자주 발생한다.

카카오스토리채널, 네이버밴드, 모바일 어플 공동구매는 상품은 거의 동일하다. 하나의 채널에서 성공하면 다른 채널로 확대되기 때문이다. 대형 카카오스토리채널 운영자들은 네이버밴드 및 모바일 어플도 동시에 운영하는 경우가 많다.

온라인판매 초보자들은 카스 공동구매, 밴드 공동구매를 쉽게

ⓘ 카카오스토리채널 공동구매

출처 : 카카오스토리

보고 상품만 있으면 판매할 수 있다고 생각하는데, 이는 오산이다. 이 시장은 오픈마켓, 소셜커머스처럼 초보자가 접근해서 쉽게 판매할 수 있는 온라인마켓이 아니며, 온라인판매 경험이 어느 정도 있는 중급 이상의 셀러가 들어갈 수 있는 시장이다. 카스 공동구매, 밴드 공동구매는 나름의 판매 규정과 원칙 그리고 MD 인맥이 절대적으로 중요하다. MD들은 일이 너무 많기 때문에 공동구매 시장을 잘 모르는 초보 공급자과 거래하는 것을 꺼리므로, 초보 공급자들이 상품을 제안해도 거절당하는 경우가 90% 이상이다. 판매가 안 될지도 모르는 상품을 위해 공급자를 하나하나 가르치며 공구를 진행하길 원하지 않기 때문이기도 하다. 그래서 말도 잘 통하고 문제가 발생하면 능숙하게 대응해주는 공동구매 전문 벤더와 일하기를 선호한다. 되든 안 되든 먼저 입점 제안을 해보고, 진행이 잘 안 되면 공동구매 전문 벤더를 통해 입점하는 것도 좋다.

카카오스토리채널/네이버밴드 공동구매 주요 포인트

네이버 검색	가격이 노출되지 않음
결제 조건	15~40일(종합몰/소셜커머스에 비해 짧음, 채널별로 상이)
카스채널	30~40대 주부 고객(지방 고객 비중 높음)
네이버밴드	30~40대 주부 고객이 주력이지만 남성 고객도 있음
높은 수수료	25~30%(공동구매 전문 벤더 이용 시 추가 10~15%)
광고비	별도의 지출 없음
판매가	온라인최저가 이하 조건(온라인가격이 무너진 상품은 판매 불가), 브랜딩 안 된 중소기업 상품이 유리함
인기 상품	주부들이 좋아할 만한 생활용품/식품/다이어트/뷰티/패션 상품
가격대	3만 원 미만의 저가 상품
판매자	SNS 공동구매 전문 벤더의 영향력이 높음
판매 확대 가능성	일부 공동구매 채널에서 히트하면 전 채널로 확대 가능
단점	고객을 유혹하는 과대/과장 광고 많음
게시글	카카오스토리채널 공동구매는 하루 게시글 제한이 3개이고 네이버밴드는 제한 없음

카카오스토리채널 과대/과장 광고 예시

출처 : 카카오스토리채널

공동구매가 활성화된 카카오스토리채널/네이버밴드(회원 수는 2021년 6월 기준)

카카오스토리채널	회원 수	사이트 주소
육아상식	49만 명	https://story.kakao.com/ch/ilovebaby
냉장고레시피	13만 명	https://story.kakao.com/ch/daycook
당신의 주방	19만 명	https://story.kakao.com/ch/yourkitchen
요리살림	30만 명	https://story.kakao.com/ch/howtocook
집밥레시피	22만 명	https://story.kakao.com/ch/masterbaby
15초 다이어트	66만 명	https://story.kakao.com/ch/15diet
살림의 여왕	32만 명	https://story.kakao.com/ch/0u82
살림의달인	25만 명	https://story.kakao.com/ch/isalrim

회원 수 49만 명의 대형 카스 공동구매 채널, '육아상식'

출처 : 육아상식

네이버밴드	회원 수	사이트 주소
줌마들의 여신스타일	10만 명	https://band.us/band/60638155
명품쇼핑 패션아울렛	10만 명	https://band.us/band/64340132
해피콜의 5일 장터	14만 명	https://band.us/band/50537170
오렌지타운 쇼핑	6만 명	https://band.us/band/52824028
예뻐질레 쇼핑	11만 명	https://band.us/band/63166705
그녀의 살림창고	11만 명	https://band.us/band/57139681
패션나라 쇼핑세상	5만 명	https://band.us/band/68969721
주부상식	7만 명	https://band.us/band/57306293
주부상식 특가공구	5만 명	https://band.us/band/56531152

↓ 공동구매가 활성화된 네이버밴드, '그녀의 살림창고'

출처 : 그녀의 살림창고

카카오스토리채널/네이버밴드 공동구매 판매 노하우

고객의 생생한 구매 후기를 보여줄 것	상품이 좋다는 평가는 판매자가 아니라 고객이 해야 효과가 높음
온라인 최저가를 관리하라	오픈마켓/소셜/종합몰 판매가 대비 공동구매 판매가를 훨씬 더 싸게 제안
상품 판매 시점보다 약간 앞서서 제안하라	시즌 과일, 신학기 용품, 겨울 방한 용품, 가을 레깅스 등
수량 한정, 기간 한정을 강조하라 (공동구매 기간은 보통 1~2일)	이번 기회를 놓치면 후회할지도 모른다는 고객의 불안감 자극
상품이 비싸다면 비싼 이유를 충분히 어필하라	고급 원재료 사용 또는 상품 제조상의 원가 증가 사유에 대해 구체적으로 설명
상품을 제안하기 전에 반드시 시장조사를 하라	유사 상품이 기존에 먼저 진행되었는지 사전에 파악하고 만약 진행이 먼저 되었다면 꼭 일정한 시차(3~4개월)를 두고 진행
중저가 상품 가격대를 공략하라	카카오스토리채널/네이버밴드 공동구매는 보통 3만 원 전후 가격대가 잘 판매됨. 너무 저렴한 것은 택배비가 부담되고, 5만 원 이상 고가는 가격대가 너무 높아서 판매가 좋지 않음

공동구매 전문 카카오스토리채널/네이버밴드 찾는 방법

공동구매가 활성화된 카카오스토리채널을 찾는 방법은 검색창에 '주부', '살림', '육아', '엄마', '공동구매', '요리', '레시피', '다이어트' 등의 키워드를 검색해서 나오는 채널에 들어가서 실제 공동구매가 진행되는지, 판매는 많이 되고 있는지 확인하면 된다. 판매가 잘되고 있는지 확인하려면 댓글 수를 보면 된다.

공동구매 전문 채널에서 '발견'을 클릭하면 타 공동구매 전문 카카오스토리채널도 파악할 수 있다. '발견'을 누르면 해당 채널

구독자들이 함께 많이 보는 채널을 보여주는데, 공동구매를 하는 구독자들은 여러 개의 공동구매 채널에 가입하므로 다양하게 활성화된 공동구매 채널을 찾을 수 있다.

공동구매 전문 카카오스토리채널 찾는 방법

출처 : 카카오스토리

네이버밴드도 밴드 검색창에 '살림', '쇼핑', '공동구매' 등의 키워드로 검색해서 찾으면 된다,

카카오스토리채널/네이버밴드 입점 제안

카카오스토리채널 : 직접 입점 제안

카카오스토리채널 홈 화면에서 'Information'을 누르고 업체 정보를 클릭하면 상품 입점 제안에 관한 이메일 주소나 전화번호를 확인할 수 있다. 처음 입점을 제안할 때는 10만 명이 넘는 대형 채널은 확률이 떨어지고 5만 명 안팎의 소형 채널부터 공략하는 것이 좋다. 소형 카카오스토리채널에서 어느 정도 매출이 나

오면 자동적으로 대형 카카오스토리채널 및 네이버밴드, 모바일 어플 공동구매까지 확대될 수 있다. 처음 어렵게 입점한 소형 카카오스토리채널에서 댓글 지원 및 기타 마케팅 작업 등 초반 매출을 높여야 한다. 처음 입점한 채널에서 매출이 안 나오면 다른 대형 채널 및 네이버밴드, 모바일 어플 공동구매로 확대되기가 매우 어렵다.

카카오스토리채널 입점 제안

출처 : 살림박사

카카오스토리채널 : 전문 벤더를 통한 입점

카카오스토리채널에 지속적으로 제안했는데 입점이 안 되면 MD와의 네트워킹이 잘되는 카카오스토리채널 전문 벤더를 통해 입점하는 것이 좋다. 보통 카카오스토리채널 전문 벤더는 네이버밴드, 어플 공동구매, 인스타그램 판매, 블로그마켓, 카페 공동구매 벤더까지 같이 하는 경우가 많기 때문에 알아놓으면 다양한 SNS 채널에서 판매가 가능하다.

전문 벤더를 통하면 각각의 공동구매 마켓을 관리하는 데 들이는 노력을 줄일 수 있다는 장점이 있다. 전문 벤더들은 MD와의 네트워킹이 강하고 공동구매에 대한 판매 노하우가 많기 때문에 내가 직접 입점해서 판매하는 것보다 더욱 많은 매출을 올릴 여지가 있다. 다만 전문 벤더를 통하면 10~15% 정도의 추가 수수료가 발생한다. 채널 수수료가 25%라면 총 수수료가 35~40%가 되는 셈인데, 높은 수수료를 견뎌낼 마진 구조가 되는 상품에 한해서 입점이 가능하다. 보통 공동구매 최종 판매가 대비 마진이 35~40% 정도의 공급가를 전문 벤더에게 제안하면 된다.

SNS벤더의 경우 1인 벤더가 많은데 이들과 거래할 때 특히 금전 문제를 조심해야 한다. 대개는 벤더에게 상품을 공급해서 판매가 되면 채널에서 먼저 벤더에게 결제해주고 벤더가 나에게 결제해주는 시스템인데, 신용이 좋지 않은 벤더들은 결제가 늦어지거나 폐업하고 잠적해버리는 사례도 드물지 않게 발생한다. 경기가 좋지 않아서 영세한 카카오스토리채널, 네이버밴드는 대금 결제를 계속 미루다가 나중에 폐업하고 사라지는 경우도 있다.

SNS 전문 벤더를 구할 때 여러 명의 벤더와 거래하면 SNS 공동구매 시장에서 가격을 세팅하기가 힘들기 때문에 한 벤더와 거래하는 것이 좋다.

네이버밴드 : 직접 입점 제안

공동구매 네이버밴드 게시물 또는 네이버밴드 홈에 있는 운영 업체 정보를 확인하여 전화/이메일로 입점을 제안하면 된다. 연락처가 기재되어 있지 않으면 밴드 리더의 프로필을 누르고 메시지를 보내면 된다.

네이버밴드에서 입점 제안하는 방법

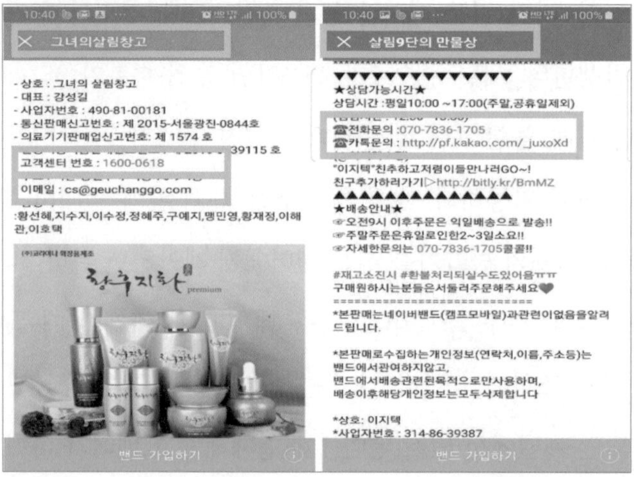

출처 : 네이버밴드

네이버밴드 : 전문벤더 통한 입점

기본적인 방식은 카카오스토리채널 전문 벤더를 통한 입점 방식과 동일하다. 네이버밴드는 카카오스토리채널 공동구매보다 매출 규모가 적기 때문에 수많은 밴드에 직접 입점하는 것보다는 전문 벤더를 통해 입점해서 판매하는 것이 더 효율적일 수 있다.

SNS 폐쇄몰 공동구매/ 벤더의 여왕, 퀸즈안젤라

SNS를 기반으로 한 카카오스토리, 네이버밴드, 모바일 쇼핑앱 등은 오늘날 대표적인 쇼핑 채널로 자리 잡았다. 인스타, 유튜브 등 1인 미디어가 대세이므로, 홈쇼핑은 더 이상 TV 방송사만의 전유물이 아니다. 자사 회원이 주축이 된 1인 쇼핑몰 기업은 기존 채널을 기반으로 점차 그 영역을 확장해 가고 있다. 이미 수년 전 카카오스토리 가입자가 2천만을 돌파했고, 네이버밴드 가입자 또한 1,500만 명을 넘어섰다.

시간이 지나면서 SNS 플랫폼은 이동했지만, '카카오스토리채널/네이버밴드=쇼핑 채널'이라는 인식이 공식화되었다. 핵심 타깃은 쇼핑의 주도권을 잡고 있는 3040 주부들이다. 주 고객은 지방에 거주하는 주부들로 전체 매출의 80%가 이들을 통해 창출되고 있다. 대도시가 아닌 지방 거주자들에게 SNS 쇼핑은 모바일을 통해 최신 트렌드의 핫한 상품을 구매할 수 있는 서비스로 자리 잡았다.

SNS 쇼핑 중 가장 대중화된 카스 공동구매는 1일 3회의 판매 글이 발행

된다. 카스 운영사로서는 한 달에 무려 90여 개의 상품을 소싱해야 한다. 아무리 많은 상품이 있어도 모바일 채널에 맞게 기획되지 않으면 SNS 채널을 이용하는 고객과 만나기 어렵다.

여유 있게 인력을 운영해도 매달 수십 개의 상품을 기획하는 것은 쉽지 않다. 더구나 모바일 영역에 맞는 콘텐츠를 기획하고, 원활한 쇼핑이 이루어지도록 하는 디자인 작업에는 전문가가 필요하다. 그래서 수많은 제조사의 상품을 섭외하고 그것이 생명력을 갖도록 소통하는 일을 하는 전문 벤더사가 자연스럽게 생겨났다. 그중에서도 SNS 전문 벤더업계의 여왕으로 입소문이 난 '퀸즈안젤라'의 경우, 상품 기획 1위, 상품 판매 1위, 매출 1위의 기업으로 자리 잡았다.

퀸즈안젤라는 페이스북, 블로그, 인스타, 트위터 등 개인 소셜미디어를 이용하는 1인 채널 운영사로, 카카오스토리, 네이버밴드, 쇼핑앱 등을 가진 쇼핑몰 기업이다. 온라인 SNS 마켓 시장 규모가 수십조에 달하는 만큼 직접 손에 상품을 가져다주는 모바일 홈쇼핑을 통해 그동안 브랜딩 활동을 하지 못한 많은 중소기업 제품이 대박을 터트린 것도 사실이다. 그 영역을 주도적으로 성장시키고 유통 생태계를 컨트롤하는 곳이 바로 퀸즈안젤라 그룹이라 할 수 있다.

수년 전부터 각자의 영역에서 경쟁하던 카카오스토리채널들이 카카오스토리가 한풀 꺾이면서 어려움을 겪었고, 대형 운영사가 이를 위탁하여 운영하는 방식이 또 다른 트렌드로 자리 잡았다. 현재 퀸즈안젤라는 '15초 다이어트 & 뷰티', '뷰티나라', '꾸미고팡' 등 300만 유저를 기반으로 하여 약

100여 개의 카카오스토리채널 및 네이버밴드를 운영하고 있다. 여기에는 매일 고객의 눈높이에 맞게 다양한 쇼핑 콘텐츠가 업로드되고 있으며, 최신 트렌드의 가성비 최고의 상품을 만날 수 있다.

카카오스토리채널/네이버밴드 공동구매에 관심이 있는 좋은 상품을 가진 제조사/수입사, 온라인셀러라면 퀸즈안젤라와 소통할 필요가 있을 것이다.

퀸즈안젤라 상품 제안 : 09queens@naver.com

퀸즈안젤라 공식 카카오스토리채널

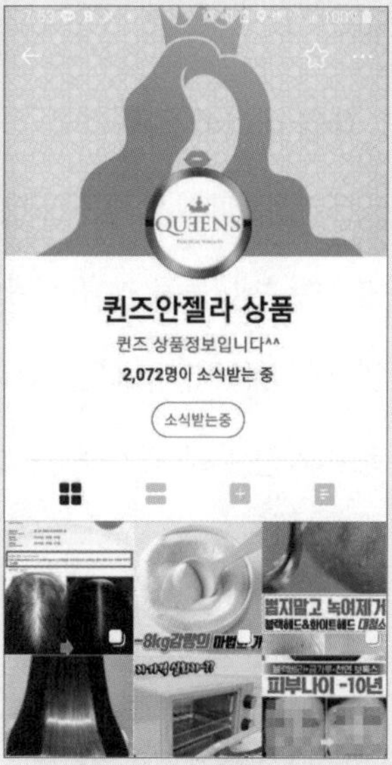

출처 : https://story.kakao.com/ch/queens0909

SNS 공동구매 전문 벤더 찾는 방법

대형 네이버 유통 카페

네이버카페에서 '공동구매' 키워드로 검색해서 나오는 게시글을 살펴보면 전문 벤더들을 찾을 수 있다. 그리고 필자가 직접 운영하는 '유통노하우연구회' 네이버카페에는 '벤더업체 등록' 게시판이 있는데, 여기서 SNS 공동구매 전문 벤더업체들을 찾을 수 있다.

'유통노하우연구회' 네이버카페 '벤더업체 등록' 게시판

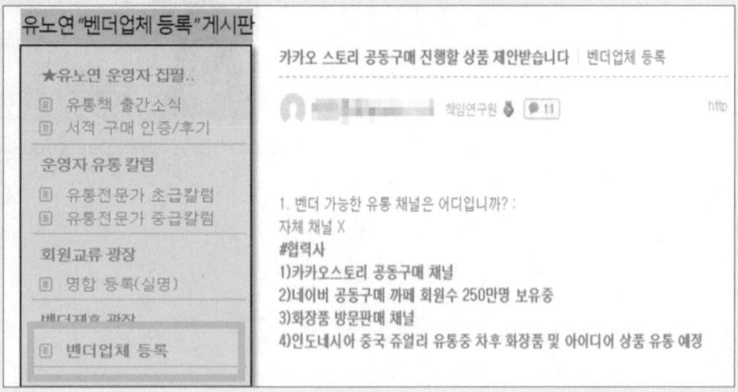

출처 : 유통노하우연구회

유통관련 네이버밴드/카카오 오픈채팅방

네이버밴드, 카카오 오픈채팅방 검색창에 '유통' 키워드를 검색하면 나오는 밴드, 오픈채팅방에 들어가서 찾을 수 있다.

입점/판매 프로세스

상품 제안 (예매일/전화/카카오톡) 및 샘플 발송 → 입점 검토 → **입점 승인** → **상품 판매** → 고객 수령 → 정산

입점 제안에 필요한 서류

사업자등록증/회사 소개서/통장 사본/상품 제안서/상세페이지/기타 홍보 자료 등

입점 제안서 작성 시 들어가야 할 주요 내용

상품명/규격	사진	소비자가 00원	온라인 최저 판매가 00원 (출처 : …)	카스채널 판매가 00원
공급가 00원	채널마진 00원	배송비 유, 무	택배사 정보	유통기한 및 제품생산일자

입점 제안서 양식 다운로드 : https://cafe.naver.com/aweq123/4117

입점 제안서 작성 시 유의 사항

MD 및 채널 운영자들은 일이 많고 너무 많은 입점 제안이 들어오기 때문에 내용을 압축하고 간결하게 핵심만 어필하는 제안서를 보내야 한다. 장황한 PPT나 복잡한 구성의 제안서는 안 된다. 이메일로 제안할 때는 상품의 차별화 포인트 및 강점을 간단한 텍스트 및 사진 몇 장으로 어필하면 좋다.

모바일어플 공동 구매

카카오스토리채널/네이버밴드 공동구매에 이어 2~3년 전부터 급부상한 SNS 공동구매가 있는데, 바로 모바일 어플 공동구매다. 카카오스토리채널/네이버밴드 공동구매의 경우 카카오와 네이버에서 이루어지는 플랫폼 서비스이다 보니 안정성도 떨어지고 플랫폼의 트렌드에 따라 크게 영향을 받는다. 그래서 공동구매 채널 운영자들이 본인만의 독자적인 공동구매 플랫폼을 만들었는

ⓘ 인기 공동구매 모바일 어플, '심쿵할인'

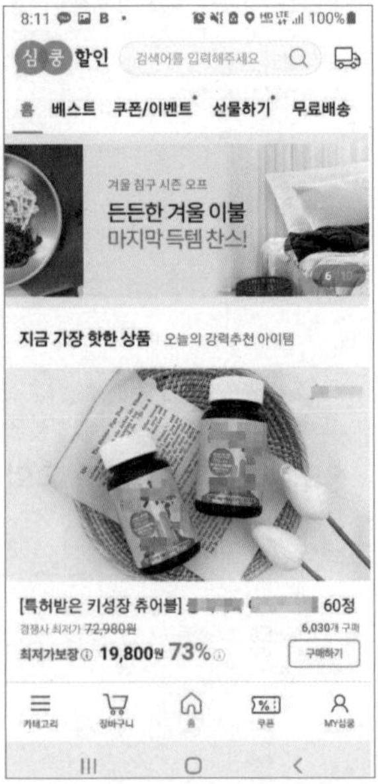

출처 : 모바일어플 '심쿵할인'

데 그 대표주자가 바로 모바일어플 공동구매다. 카카오스토리채널/네이버밴드 공동구매 방식이 모바일 어플 안에서 이루어진다고 생각하면 된다.

많은 카카오스토리채널/네이버밴드 공동구매 운영자들이 공동구매 모바일 어플을 동시에 운영하고 있다. 모바일 어플 공동구매 시장은 급속도로 성장하면서 기존의 카카오스토리채널/네이버밴드 공동구매 고객들을 흡수하고 있다. 기본적인 상품, 상세페이지 구성 등은 기존 카카오스토리채널/네이버밴드 공동구매와 유사하다.

신흥 강자로 떠오른 이커머스 기업 제이슨그룹 (www.jasongroup.co.kr)

전통적인 유통 대기업 사이에서도 최근 꾸준한 성장으로 돌풍을 일으키고 있는 제이슨그룹은 차세대 공동구매 쇼핑 어플 '공구마켓'과 업계 최저가에 도전하는 '할인중독', 놀라운 가격으로 승부하는 '심쿵할인'이라는 쇼핑 어플을 개발, 운영하고 있다. 누적 다운로드 수 1,200만을 훌쩍 넘겼으며, 월 순이용자 수(MAU)도 180만 명을 웃돌고 있다.

올해로 창립 18주년을 맞은 제이슨그룹은 처음부터 이커머스 기업은 아니었다. 2002년 제이미디어라는 디지털 마케팅 대행사로 시작해 2016년 이커머스 사업에 진출하여 현재는 디지털 마케팅은 물론 IT 솔루션 개발과 온라인커머스를 비롯한 IT 서비스 전문 기업이 되었다. 급변하는 시장에 맞춰 빠르게 변화한 덕에 2017년에 39억, 2018년에 59억, 2019년에는 128억 원이라는 높은 영업 이익을 기록하며 매년 성장을 거듭했다. 사람들이 알 만한 이커머스 기업 중 흑자를 기록하고 있는 회사가 많지 않다는 걸 고려하면 놀라운 수치가 아닐 수 없다. 2020년 2월에 누적 거래액 4,000억을 돌파했다. 꾸준히 발전하는 만큼 매년 200%에 가까운 인력 증가로 일자리 창출에도 한몫하며 2019년 일자리 창출 유공 정부 포상에서 대통령 표창을 받기도 했다.

제이슨그룹이 운영하는 3개 인기 어플(공구마켓/할인중독/심쿵할인)

출처 : 제이슨 회사소개서

공구마켓은 제이슨그룹에서 출시한 첫 모바일 쇼핑앱으로 공동구매의 새로운 패러다임을 표방하며 탄탄한 소비자층을 보유하고 있다. '2019년 대한민국 미래경영대상'에서 쇼핑 어플 부문의 대상을 수상했다. 소비자의 니즈에 맞는 질 좋은 상품 찾고 유통 단계를 최소한으로 줄여 소비자들이 더욱 합리적인 가격으로 구매할 수 있도록 소비자 최적화 쇼핑 서비스를 제공한다. 가장 잘 팔리는 상품을 월간·주간·일간 순위로 한눈에 볼 수 있는 베스트와 살림, 패션, 뷰티, 푸드 등 다양한 카테고리와 혜택이 가득한 이벤트 섹션으로 구성해 쇼핑의 즐거움을 극대화했다.

할인중독은 배우 오나라를 모델로 내세우며 파격적인 최저가 보장제를 도입하면서 '2019년 대한민국 소비자 신뢰 대표 브랜드 대상'의 최저가 쇼핑앱 부문에서 대상을 수상했다. 상당수의 마니아층을 보유한 앱으로, 질 좋은 상품을 합리적인 가격에 구매할 수 있다는 장점이 있다. 생활 전반의 모든 카테고리의 상품이 다 모여 있는데, 해당 분야의 MD가 매일 직접 선정하여 늘 새로운 상품들을 올린다. 또한 최저가 쇼핑앱이라는 명성에 걸맞게 인터넷 최저가를 유지하도록 꾸준하게 노력하고 있다.

심쿵할인은 소비자들 사이에서 좋은 상품을 합리적인 가격으로 선보이는 쇼핑앱으로, 2018년 올해의 앱 모바일 커머스 부문에 선정됐다. 매일 엄선한 할인 상품이 새롭게 등록되며, 인기 상품은 불과 2시간 만에 동이 나기도 한다. 심쿵할인 앱은 직관적인 UI와 다양한 섹션으로 사용자 편의를 최우선으로 한다. 또한 사내 부설 연구소에서 자체 개발한 발주·정산 솔루션과 결제 시스템으로 빠르고 정확한 발주와 간편한 결제가 특징이다. 최근 회원제를 도입하며 다양한 회원 가입 이벤트를 하면서, 소비자들 사이에서는 계속 써야 하는 생필품을 심쿵할인에서 최저가로 구매하는 것이 재테크 팁으로 입소문이 났을 정도다.

제이슨그룹의 강점은 많은 유저가 사용하는 쇼핑 플랫폼뿐만이 아니다. 철저한 시장 조사, 꼼꼼한 제품 검수와 더불어 경쟁사 가격 조사 등을 통해 가성비 높은 제품을 자회사 어바웃굿즈를 통해 직접 제조한다. 2021년 현재 건강기능식품, 가전, 리빙, 패션, 뷰티 등 19개 PB 브랜드를 론칭하여 발 빠르게 소비자들의 니즈를 충족시키고 있고, 대기업과의 협업을 통해 제품 기획 능력까지 갖춘 것 또한 강점이다. CJ헬스케어나 컬럼비아, 버팔로 등 인지도 높은 브랜드 라이선스 제휴를 통해 그동안 브랜드가 전개하지 않았던 분야를 분석하여 독자적이고 품질이 검증된 제품을 만든다.

꾸준한 PB 브랜드 론칭에도 아직까지 제이슨그룹의 어플에는 파트너사의 제품이 더 많다. 유통과 커머스를 비즈니스로 하는 사업체나 사람들을 만나보면 제이슨그룹이 운영하는 쇼핑 어플에 입점하는 방법에 대해 심심치 않게 물어본다. 제이슨그룹에 입점하는 방법은 의외로 간단하게 한 가지뿐이다. 제이슨그룹 홈페이지에 접속하여 Contact Us 버튼을 누르면 Business Proposal이라는 텍스트 박스가 뜬다. 문의 선택 탭에서 입점 문의를 선택하고 회사명과 연락처 등을 적은 후 입점에 대해 문의

하면, 담당 MD가 확인 후 연락한다.

매우 간단한 입점 문의 방법과 달리 입점하기까지는 제품 검수, 가격 책정, 배송 시스템 등 무척 까다로운 과정이 기다리고 있지만, 제품과 가격, 배송에 대한 확신이 있다면 시도해볼 만하다. 제품과 가격에는 자신이 있지만 배송이 문제라면, 제이슨그룹에서는 사입을 통한 직접 배송도 지원해주고 있다. 또한 파트너사의 원활한 자금 흐름을 위해 주정산 시스템 도입, 사진 촬영, 편집 등 전문 인력을 동원한 상세페이지 제작 지원까지 가능하다.

제이슨그룹은 앞으로 회원제와 웹 버전 출시, 다양한 기능 구현과 시스템 고도화를 통해 쇼핑에 최적화된 플랫폼으로 면모를 다지고, SKU(상품 품목), 파트너사 대폭 확대와 브랜드 입점 강화를 통해 고객의 구매력을 더욱 높일 예정이다. 어플 내 라이브커머스를 통해 더 좋은 상품을 더 저렴한 가격으로 소비자에게 더 가깝게 다가갈 계획도 가지고 있다.

거대한 시장이 열리고 있는 라이브커머스

온라인판매, 유통에 관계된 사람이라면 중국의 1인 SNS 크리에이터들인 '왕홍'에 대해 들어봤을 것이다. 이들은 SNS를 이용하여 1인 방송으로 상품을 온라인으로 판매하여 방송마다 어마어마한 매출을 올리고 있다. 중국에서는 몇 년 전부터 라이브커머스 시장이 폭발적으로 성장했는데, 우리나라에서도 드디어 이런 시장이 형성되기 시작했다. 까다로운 방송 심의를 받아야 하는 라이브 TV 홈쇼핑, 데이터 홈쇼핑에 비해 규제가 적고 자유롭게 방송을 한다는 것이 큰 장점이다. 아직까지 방송 심의가 없다는 것이 라이브커머스에서 가장 좋은 점이다. 정규 홈쇼핑에서는 할 수 없는 다양한 마케팅 활동을 할 수 있기 때문이다. 이런 트렌드를 파악하고 구글, 페이스북, 11번가 등도 라이브커머스를 운영

네이버 '쇼핑LIVE' 방송

출처 : 쇼핑LIVE

중이다.

중국, 미국 등 선진국에서 폭발적으로 성장하고 있는 시장의 잠재력을 보고 다양한 라이브커머스 채널들이 탄생하여 운영되고 있다. 아직 해외에 비해 매출은 미비하지만, 앞으로 거대한 시장이 열릴 것이다. 이미 감이 좋은 판매자들은 적극적으로 라이브커머스 시장에 뛰어들어 판매하고 있다.

현재 우리나라 라이브커머스 시장은 '그립(GRIP)'과 네이버의 '쇼핑LIVE'가 시장을 선도해가고 있다. 유튜브, 인스타그램에서도 라이브커머스가 진행되기는 하지만, 이커머스에 특화된 플랫폼이 아니다 보니 유튜브, 인스타그램이 대중화되기에는 시간이 걸릴 것으로 보인다.

라이브커머스는 일반적인 홈쇼핑과는 달리 판매자와 진행자의 경계가 없으며, 누가 어떻게 어떤 상품을 판매하냐에 따라 틀리지만 연예인이나 파워 인플루언서가 진행하는 정상급 라이브 커머스 방송은 시간당 1억 이상 판매하는 경우도 있다. 한마디로 자유로운 모바일 홈쇼핑으로 생각하면 된다. 이 시장은 몇 년 내로 급성장할 것이므로 상품을 가지고 있는 판매자라면 빨리 뛰어 들어 시장을 선점하는 것이 중요하다.

주요 라이브커머스 플랫폼으로는 그립, 네이버 쇼핑LIVE, 소스라이브, 유튜브/인스타그램 커머스 등이 있다. 유튜브/인스타그램은 내가 진행하며 스마트스토어 같은 쇼핑몰 상품 구매 url을 제공하여 바로 구매할 수 있도록 하고 있다. 각 플랫폼은 시청자와 실시간 채팅을 통해 쌍방향으로 소통하며 판매하는데, 일반 홈쇼핑과 달리 방송 중간에 상세페이지를 볼 수 있다는 것이 장점이다(플랫폼별로 다르다). 그래서 꾸준히 방송을 안 보더라도 상세페이지만 보면 구매 전환이 가능하다.

지금의 라이브커머스는 아직 제대로 정립되지 않았고, 수수료, 조건, 운영 방식 등 변화가 너무 빠르다.

네이버 쇼핑LIVE

기존에 네이버가 운영하던 라이브커머스 '셀렉티브'가 '쇼핑LIVE'로 변경되었다. 쇼핑LIVE는 스마트스토어 운영이 필수적이며, 파워 등급 이상의 판매자만 진행이 가능하다. 네이버에서 쇼핑LIVE를 적극적으로 밀어주고 있고 네이버의 엄청난 고객 트래픽을 끌어올 수 있기 때문에 정말 매력적이다.

네이버 '쇼핑LIVE'

출처 : 쇼핑LIVE

쇼핑LIVE는 최대 120분간 진행이 가능하며 최소 10분 이상 진행할 것을 권장한다. 그리고 짧게 만들어서 자주 방송하는 경우 네이버에서 제재를 가할 수 있다. 진행 상품 카테고리의 제한은 없고, 최소 1개, 최대 20개까지 방송 연동이 가능하다.

판매 수수료

라이브 방송을 통한 구매와 다시보기 영상에 노출된 상품을 통해 구매가 일어나는 경우, 매출 수수료 5%+결제 수단 수수료(결제 수단별로 상이함)가 적용되어 신용카드 결제 시 대략 9% 정도로 보면 된다. 단, 진행자를 부르고 스튜디오를 세팅하면 추가로 부대 비용이 들 수 있다.

방송 시작하기

'네이버 스마트스토어센터' 어플을 다운받고 메뉴를 클릭 후 '라이브 시작하기'를 누르면 간단히 시작할 수 있다. 사전에 스마트스토어 가입 및 파워 등급 이상 유지는 필수 조건이다.

ⓘ '네이버 스마트스토어센터' 어플

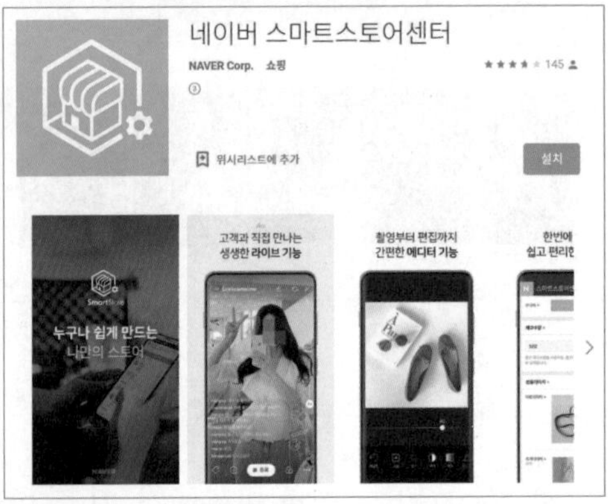

기획 라이브 노출

네이버 메인 노출이 가능한 기획 라이브 지원 방법은 다음과 같이 제안할 수 있다. 여기에 노출되면 엄청난 고객 트래픽으로 폭발적인 매출이 가능하나 경쟁이 치열해서 선정되기가 쉽지 않다.

쇼핑윈도 공식 블로그를 통해 공지될 경우 기한 내에 제안서 제출 :

쇼핑윈도 공식 블로그(https://blog.naver.com/n_shopwindow)

네이버 제휴 제안 페이지(https://navercorp.com/naver/proposalRegister)

> 제휴 희망 사이트 '네이버' > 제휴 구분 '네이버쇼핑라이브' 선택 후 제안

그립(GRIP)

라이브커머스업계의 강자인 그립은 라이브커머스 시장을 선도하는 업체이며 많은 충성고객을 확보하고 있다. 그립의 직접 판매자가 아닌 커머스 인플루언서들을 '그리퍼'라 하는데 유상무, 박성광 등 많은 연예인도 그리퍼로 활동하고 있다. 이들은 방송 진행을 하면서 소비자 대신 입어보고 먹어보고 써보는 등, 진정성 있는 리뷰로 쇼핑을 도와주는 역할을 한다.

그립의 경우 페이스북 같은 팔로워 개념이 있어서 충성고객들의 구매를 불러일으킬 수 있어서 좋다.

⊕ 그립 홈페이지 메인 화면

출처 : https://grip.show

⊕ 그립의 커머스 인플루언서 '그리퍼'

출처 : 그립

판매 수수료

판매자가 직접 판매하면 수수료 10% 정도인데, MD를 만나서 진행하면 아무 상품이나 할 수 없고 MD가 상품을 선정한다. MD와 진행하면 진행자를 선정할 수 있는데, 이 경우 진행자 수수료는 5~10%이므로, 총 수수료가 15~20% 정도 된다. 보통 진행자를 부르기 때문에 상품 마진이 30% 이상은 되어야 방송할 수 있다. 제조사라면 그립은 무조건 도전해야 한다.

입점

그립 홈페이지 우측 상단의 '입점 및 제휴문의'를 클릭하면 된다. 그립 어플을 설치하고 로그인 후 어플 내에서 입점 신청을 클릭한 후 입점 신청서에 '브랜드명/상호명', '전화번호', '이메일', '상품 소개 url 및 기타 상품 설명'을 입력하면 된다. 신분증, 사업자등록증, 통신판매업신고증 등 필수적인 입점 서류는 입점 승인이 떨어진 이후 판매자센터에서 등록한다. 입점 신청 후 영업일 기준 2~3일 후에 앱푸시, 휴대폰 문자, 이메일로 승인 여부를 알려준다.

소스라이브

소스라이브는 임대형 플랫폼 형식이고, 입점할 때 하나의 채널을 구매해서 수수료까지 협의하고 일정 시간을 사서 진행하는 방식이라 비용으로 인한 진입장벽이 있다. 입점 신청은 홈페이지 하단의 '제휴 문의'를 클릭하면 된다.

Ⓥ 임대형 라이브커머스 소스라이브

출처 : http://www.saucelive.net

진행자 섭외

라이브커머스를 진행할 때 가장 어려운 것이 진행자 섭외다. 내가 직접 방송하는 방법도 있지만 외부 진행자를 쓰기도 한다. 그러나 전문 에이전시가 별로 없어서 구하기가 쉽지는 않다. 유튜브나 인스타그램 인플루언서 중에 선택하는 방법도 자주 쓰는데, 직접 메시지를 보내서 접촉해야 한다.

주요 타깃 및 상품

라이브커머스에는 30~40대 주부 고객들이 특히 많고, 주부들이 좋아하는 상품들이 많이 팔린다. 특히 식품 같은 먹거리, 주방 생활용품, 뷰티 상품의 매출이 좋다. 의외로 패션/잡화 상품들이 잘 안 팔리는데, 재고떨이 개념의 행사는 그나마 팔리지만 정상가 상품들은 판매가 부진하다.

라이브커머스 판매 전략

라이브커머스 방송은 평균 1시간 진행되는데, 매출은 후반부로 갈수록 점차 많아진다. 그리고 방송이 끝나고 매출이 훨씬 더 많이 발생한다. 고객들은 방송을 보다가 장바구니에 담아놓고 해당 상품을 네이버에 검색해보고 끝나기 직전에 구매하든지, 방송 끝나고 더 검색해보고 구매한다. 이렇듯 홈쇼핑과는 구매 패턴이 다르다.

라이브커머스는 상세페이지를 중간중간에 볼 수 있다는 장점이 있다. 홈쇼핑은 계속 반복해서 핵심 내용, 구매 유도 멘트를 해줘야 하지만, 라이브커머스는 상세페이지를 보라고 하면 된다.

방송 끝나기 5분 전이 가장 중요한데, 이때 재고가 떨어질 수 있으니 빨리 구매하라고 다시 한번 강조하는 게 중요하다. 이런 멘트에 따라 매출이 몇 배 차이가 난다. 라이브커머스는 상세페이지가 있기 때문에 홈쇼핑처럼 상품을 구체적으로 설명할 필요가 없다. 그래서 진행자의 부담이 적기 때문에 진행자를 쓰지 않고 직접 진행해도 된다. 대신 시청자와 실시간 소통은 아주 중요하다.

매출이 가장 안 나오는 요일은 금요일, 토요일이다. 주부 대상 상품은 낮 시간과 저녁 일과를 끝낸 저녁 9시 이후 시간대가 좋다.

네이버 쇼핑LIVE/인플루언서 공구 전문 운영사, 스토리판다

넥스트 미디어 시대. 네이버 쇼핑LIVE, 쿠팡, 티비온 등 1인 미디어가 대세다. 누구나 판매자가 될 수 있는 시대가 되었다. 자신의 상품만 있으면 누구나 판매할 수 있는 무한경쟁의 장이 열린 것이다.

이 말인즉슨, 영상의 빈익빈부익부 시대가 열린다는 것이다. 끼 있는 대표들은 경쟁력을 가질 것이고, 이 시장 또한 시스템을 구축한 자만이 살아남게 될 것이다. 즉, 모두가 본인만의 자체 홈쇼핑 채널을 가져야 하는 시대가 오고 있다.

그러면 이 과정에서 어떤 시스템이 필요할까? 꾸준한 방송을 위해서는 작가, MD, PD, QA, 심의, 쇼호스트, 게스트 등 8~9명의 인력이 필요하며 스튜디오도 있어야 한다. 결국 인력과 시스템을 투자 및 운영할 수 있는 대기업 혹은 중견 기업이 훨씬 유리한 위치를 점하게 될 것이다.

그렇다면 이러한 시스템을 현실적으로 갖추기 어렵거나, 수고를 들이고 싶지 않은 업체의 경우에는 어떻게 라이브커머스를 진행할 수 있을까? 스

⓵ 스토리판다

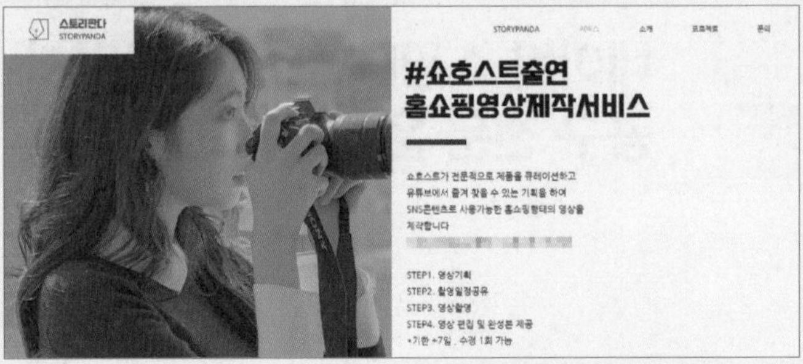

출처 : www.story-panda.com

토리판다는 네이버 쇼핑LIVE를 직접 운영할 때보다 무려 70~80% 효율적인 비용으로 진행할 수 있는 서비스를 시작했다. 홈쇼핑 쇼호스트 출신들과 함께 제공하는 이 서비스는 가성비 있는 가격으로 진행이 가능하다.

판매사들은 상품만 전달해주면 끝이다. 스토리판다에서는 상품 내용을 기반으로 방송 기획, 상품 구성, 쇼호스트, 게스트를 섭외해서 사전 미팅, 품질 검증, 심의, 몰 구성까지 모든 과정을 운영해주는 서비스를 제공하고 있다. 현재 한국디자인진흥원과 같은 공기업부터 한국민속촌, 질경이를 비롯한 중견 기업, 그리고 막 창업한 신규 브랜드까지, 매월 약 100회의 라이브 방송을 진행 중이다.

그리고 스토리판다에서는 네이버 쇼핑LIVE 서비스뿐만 아니라 인플루언서 매거진인 '내일레시피'도 운영하고 있다. 영향력을 가진 자는 홍보부터 판매까지 그 영역을 넓혀가고 있다. 이러한 시대에 인플루언서의 중요성은 나날이 강조되고 있다. 하지만 인플루언서를 통한 비즈니스는 전개하기가 쉽지 않다. 괜찮은 인플루언서를 찾아서 상품을 제안하는 건 낙타가 바늘구

멍 통과하는 것만큼 어렵다.

그렇다면 이런 어려움은 어떻게 줄일 수 있을까? 인플루언서 공동구매 사업을 다년간 진행한 '스토리판다'에서 내놓은 '인플루언서 매거진'은 인플루언서 비즈니스를 훨씬 빠르게 운영하는 데 도움을 줄 수 있다.

인플루언서 공구는 기본적으로 1) 인플루언서 찾기 2) 제안 3) 공동구매 진행의 3가지로 나뉘는데, 사실 가장 많은 시간을 투자해야 하는 건 바로 자신의 브랜드와 적절한 인플루언서를 찾는 일이다. 1명의 인플루언서를 찾는 데 평균 53분의 시간이 걸리는데, '스토리판다'는 이 부분에 착안점을 두어 인플루언서를 찾는 시간을 0분으로 만드는 인플루언서 매거진 서비스를 제공하고 있다.

'내일레시피' 매거진에 게재를 요청한 협력사는 월 2회, 최대 1만 명의 인플루언서에게 공구가 가능한 상품의 정보를 제공할 수 있으며, 여기서 연결된 인플루언서와 공동구매를 직접 진행할 수 있다. 매거진 서비스 게재 비용은 한 달에 50만 원이며, 현재 100여 개 회원사가 이용 중이다.

폭발적인 매출을 만들어내는 온라인마켓 특가딜

온라인판매를 하면서 대박을 쳐서 한번에 수천만 원 이상의 소득을 올렸다는 이야기가 들려오곤 하는데, 특가행사, 기획전 같은 이벤트로 나온 매출일 가능성이 높다. 물론 네이버쇼핑에서 대표 키워드 1페이지 1~4등에 올라서 아무 프로모션 없이도 꾸준히 폭발적인 매출이 나오는 경우도 있지만, 이런 경우를 제외하고는 대부분 MD와의 커뮤니케이션을 통해 좋은 프로모션 노출 구좌를 잡아서 엄청난 고객 트래픽이 몰려 단기간에 큰 매출을 올리는 것이 일반적이다.

온라인마켓 특가행사에 들어가면 광고비 없이 큰 매출을 올릴 수 있어서 큰 장점이다. 프로모션 행사는 단기간에 노출되므로 막대한 고객 유입이 발생하는데, 광고를 통해 이렇게 유입시키려

Ⓓ 단기간에 폭발적인 매출을 만들어내는 특가딜

출처 : 11번가 홈페이지

면 엄청난 비용이 들어가기 때문이다.

누구나 이런 매출을 원하지만 아무나 이런 결과를 얻을 수 있는 것은 아니다. 아무리 좋은 상품이 있어도 프로모션을 잡기 위해서는 MD와의 커뮤니케이션이 필요한데, 초보 셀러는 어떻게 이런 행사를 진행하는지 모르는 경우가 대부분이다.

초보 셀러와 중급 이상의 셀러 또는 벤더업체와의 가장 큰 차이는 이런 이벤트 프로모션을 잡을 수 있는지 여부다. 수많은 상품을 다뤄본 필자의 경험상, 평소의 정상 판매도 중요하지만 이런 프로모션 행사 판매도 중요한 요소다. 이런 프로모션을 파괴력 있게 진행하려면 가격 구조가 잘 세팅되어 있어야 한다. 특가 프로모션을 진행하려면 가격 메리트가 있어야 하는데, 기본적으로 20~50%는 할인해야 하기 때문이다. 수많은 판매자들의 프로모션 제안 중에 메리트 있는 상품을 선정해서 좋은 노출 구좌에 올려야 하므로, 행사 메리트가 떨어지는 제안은 선택하지 않을 확률이 높다.

만약 빡빡한 원가 구조이거나 온라인 최저가가 너무 낮게 세팅되어 있는 상품이라면, 이런 특가딜/기획전에 참가하기가 어려울 것이다. 그렇기 때문에 온라인판매 고수들은 처음 상품을 선정할 때부터 이런 식으로 판매할 수 있는 상품을 선택한다. 원가 구조가 빡빡하다면 정상 판매가로는 판매가 안 되더라도 일단 가격을 높게 책정해놓고, 특가딜 진행 때만 할인율을 파격적으로 하여 MD에게 제안한다. 평상시에는 팔리든 안 팔리든 신경 쓰지 않다가 이벤트 행사만 신경 쓰는 것인데, 비브랜드 상품이라면 이런 판매 방식이 더 효과적일 수 있다.

대신 이벤트를 자주 해야 하는데 이런 행사를 할 수 있는 온라인마켓은 널려 있어서, 오픈마켓, 소셜커머스, 전문몰, 종합몰, 공동구매 채널 등 매주 돌아가면서 행사를 진행할 수 있다. 그런데 이런 식의 상품 판매 전략을 구축할 때 주의할 점은 브랜드 가치가 하락할 수 있다는 점이다. 매주 할인 행사를 진행한다고 했을 때 고객들이 내 브랜드를 어떻게 생각할지 고려해야 한다. 물론 시즌 상품이나 기획 상품은 큰 문제가 없겠지만, 장기적으로 육성해야 할 브랜드라면 이런 상품 판매 전략을 수립할 때 충분히 고민하고 진행해야 한다.

특가딜을 진행할 때는 MD와 커뮤니케이션이 잘되어 이벤트 구좌를 받을 수 있는지 여부가 중요하다. 초보 셀러는 일단 본인만의 상품이 없고 MD와의 관계가 잘 구축되지 않아서 쉽지 않을 것이다. MD와의 커뮤니케이션은 어떻게 해야 하는지 물어보는데, 인맥이 있으면 활용하면 되고 없을 때는 수시로 행사 제안을 보내는 게 방법이다. 물론 MD가 혹할 만한 제안이어야 한다. 프로모션을 진행해서 결과가 좋으면 그때부터는 MD와 개별적으로 소통하며 나만의 인맥으로 만들 수 있다.

첫 프로모션에는 이익을 볼 생각을 하지 말고 MD의 신뢰를 얻기 위해 수단, 방법 가리지 말고 매출을 만들어내야 한다. 광고도 돌리고 바이럴마케팅도 하면서 프로모션 진행으로 인한 이익이 없거나 역마진이더라도 MD에게 매출을 보여줘야 한다. 이때 매출이 별로라면 MD와의 관계는 끝날 가능성이 높다. MD도 매일의 매출 목표가 있기 때문에 본인이 기획한 이벤트의 매출이 부진하면 문제가 되기 때문이다. 상품의 가능성 및 노력을 보여주고 MD의 신뢰를 얻으면 첫 번째 프로모션의 손해를 만회하고도 남을 만큼 이익을 얻을 수 있다.

MD와 관계가 더 좋아지면 같이 상품을 기획해서 판매하는 것도 가능하다. 필자도 장기간 MD 생활을 하면서 능력 있고 신뢰할 만한 업체를 많이 알게 되었는데, 이들을 통해 우수 상품도 많이 만들어서 매출/이익을 올리고 윈윈의 관계를 구축할 수 있었다.

초보 셀러는 자신의 힘으로만 판매하는 경우가 많은데, MD/온라인마켓과의 네트워킹으로 판매하는 세계를 경험하면 한 단계 발전하게 되고 온라인판매를 하는 데 평생의 자산을 만드는 셈이다. 그렇게 되면 어떤 상품이든 남들보다 잘 팔 수 있게 될 것이다. 특정 카테고리나 온라인마켓 전문 벤더업체들이 바로 그런 판매자들이다.

국내 온라인마켓의 다양한 특가딜을 자세히 살펴보려 한다. 네이버쇼핑에서 '핫딜'을 클릭하면 국내 대형 온라인마켓의 다양한 이벤트 프로모션을 볼 수 있다. 전문몰 같은 소형 온라인몰의 핫딜/기획전도 엄청나게 많다는 것을 기억하라.

네이버쇼핑 '핫딜' 코너

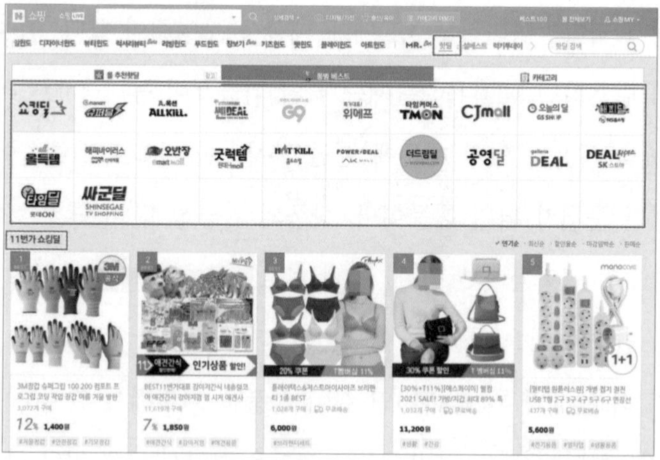

출처 : 네이버쇼핑

오픈마켓 대표 특가딜

소셜커머스의 대표적인 판매 방법인 '딜'을 벤치마킹하여 만든 특가행사인데, 오픈마켓의 막대한 고객 트래픽이 들어오기 때문에 선정 경쟁이 치열하다. 수시로 될 때까지 제안해야 한다. 소셜커머스 딜에 비해 매출이 많이 나오기 때문에 물량 검토가 필수적인데, 판매가 좋지 않으면 부진 재고로 남는다는 점을 명심해야 한다. 옥션 올킬의 경우는 메인 올킬이 있고 일정 비용을 내고 진행하는 광고인 카테고리 올킬이 있는데, 매출이 폭발적으로 나오는 것은 메인 올킬이다.

인터파크 쎈딜

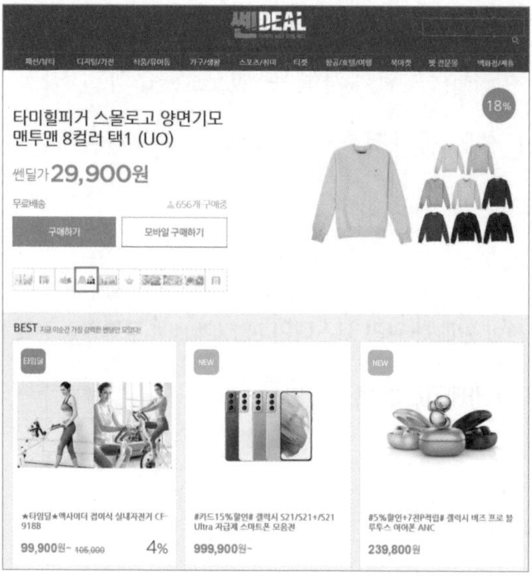

지마켓 슈퍼딜 : http://corners.gmarket.co.kr/SuperDeals

옥션 올킬 : http://corners.auction.co.kr/AllKill/AllDay.aspx

11번가 쇼킹딜 : https://deal.11st.co.kr/browsing/DealAction.tmall?method=getShockingDealMain

인터파크 쎈딜 : http://www.interpark.com/displaycorner/SsenDeal.do?_method=main

롯데ON 타임딜 : https://www.lotteon.com/p/display/shop/seltDp Shop/12907?callType=menu

입점 제안

지마켓 슈퍼딜/옥션 메인 올킬

지마켓 슈퍼딜 같은 경우 잡기가 정말 어려운데 이베이 '스마일배송'을 이용하는 판매자들은 별도로 슈퍼딜 입점 제안을 할 수 있다. 이 경우 일반적으로 ESMPlus에서 제안하는 판매자들에 비해 선정되는 데 유리하다.

지마켓, 옥션의 판매자 관리 시스템인 ESMPlus에 로그인 〉 좌측 하단의 'ESM 문의하기' 〉 카테고리별 특가 제안

11번가 쇼킹딜

11번가 셀러오피스 로그인 〉 '프로모션 관리' 〉 '쇼킹딜 참여 신청'

ⓘ ESMPlus 지마켓/옥션 특가 제안

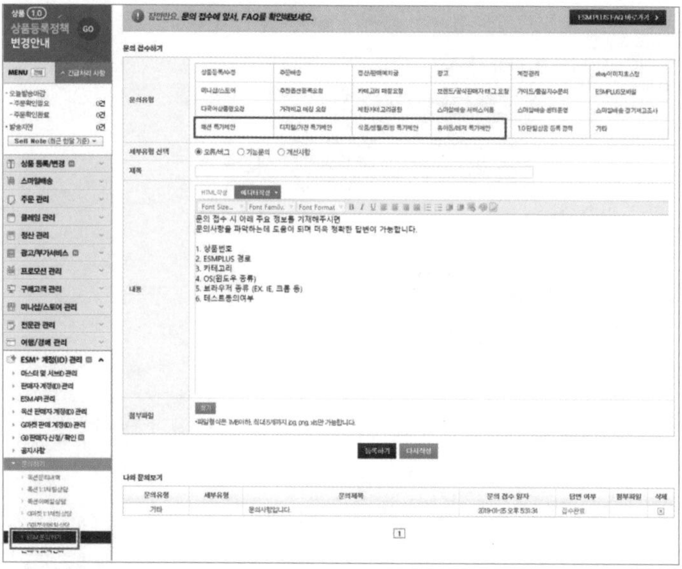

ⓘ 11번가 쇼킹딜 제안

출처 : http://soffice.11st.co.kr

쎈딜

인터파크 판매자센터 로그인 〉 좌측 하단 '카테고리 담당자' 〉

카테고리 담당자에게 전화 또는 메일로 행사 제안

ⓘ 인터파크 판매자센터

ⓘ 인터파크 쎈딜 제안하기

카테고리 담당

상품 제안, 기획전 등 판매에 대한 궁금한 점은 카테고리 담당자(CM/MD)에게 문의하세요.
기본적인 상품 등록부터 정산까지의 문의사항은 셀러지원센터(1544-4155)로 문의하시기 바랍니다.

구분	상세 카테고리		담당자	전화번호	이메일주소
	노트북/태블릿	노트북, 태블릿, 데스크탑, 조립PC, 노트북·태블릿 액세서리	박	02-6004-	jyp @interpark.com
	게임기/타이틀	게임기, 게임 타이틀, 게임 주변기기·액세서리	송	02-6004-	izsor @interpark.com
	모니터/프린터/잉크	모니터, 프린터, 복합기, 잉크·토너	김	02-6004-	kdy @interpark.com
	PC부품/주변기기	PC주변기기(키보드, 마우스, 타블렛, 네트워크), PC부품, 소프트웨어	권	02-6004-	sore @interpark.com
	스마트폰/웨어러블	스마트폰, 웨어러블, 스마트폰·태블릿 액세서리(케이스/필름, 블루투스, 배터리, 케이블, 거치대 등)	강	02-6004-	hyojung @interpark.com
	음향/악기	이어폰, 헤드폰, 음향장비, 스피커, 오디오, 피아노, 관/현악기 및 악기 장비, IOT 및 스마트홈케어	박	02-6004-	@interpark.com
디지털	저장장치	외장하드, HDD·SSD·ODD, 메모리, USB 메모리	김	02-6004-	kdy @interpark.com
	TV/세탁기/냉장고	TV, 냉장고, 세탁기, 김치냉장고, TV 주변기기, 프로젝터·스크린	최	02-6004-	j @interpark.com
	카메라/드론	카메라(캠코더, DSLR, 미러리스, 하이엔드등) 및 용품, 액션캠, CCTV, 짐벌, 방송장비, 드론	송	02-6004-	izsor @interpark.com
	자동차	블랙박스, 차량용 공기청정기, 자동차용품, 자동차기기, 타이어	박	02-6004-	jinsoo @interpark.com
	주방가전/가전렌탈서비스	주방가전(커피머신, 밥솥, 믹서기, 전자레인지 등), 가전렌탈서비스	조	02-6004-	chy @interpark.com
	계절가전	에어컨, 선풍기, 공기청정기, 가습기, 제습기, 난방가전, 전기/온수매트	류	02-6004-	2 @interpark.com
	생활/이미용가전	생활가전(다리미, 미싱, 전동칫솔, 비데, 무전기 등), 청소기, 이미용가전, 안마용품(안마의자, 기타 안마기 등)	강	02-6004-	ksy @interpark.com
	간편식/밀키트/반찬	즉석식품, HMR, 냉동튀김류, 밀키트, 육가공, 김치, 반찬	정	02-6004-	gt @interpark.com
			이	02-6004-	jungye @interpark.com
	커피/통조림/식용유	커피믹스, 커피음료, 커피전문몰, 차, 차음료, 햄, 참치, 식용유, 소스, 식자재, 명절선물세트	임	02-6004-	img @interpark.com
	간식/즉석/초콜릿	간식, 스낵, 안주, 면류, 시리얼, 빵, 떡, 만두, 분식, 초콜릿	이	02-6004-	jungye @interpark.com
	생수/음료/유제품	생수, 탄산수, 음료, 우유, 두유, 치즈, 유가공품, 전통주	김	02-6004-	hae @interpark.com
	홍삼/즙/견과/과일	홍삼, 건강즙, 과일, 채소, 견과	권새	02-6004-	na @interpark.com
식품/키즈	영양제/비타민/뷰티푸드/꿀	비타민, 영양제, 뷰티푸드, 꿀	윤	02-6004-	summ @interpark.com

특가행사 전문 온라인마켓 G9

G9는 소셜커머스를 벤치마킹해서 특가딜 상품만 운영하는 지마켓의 큐레이션 온라인마켓이다. 카테고리 담당 MD가 메리트 있는 상품을 선정하는데, 오픈마켓 대비 상품 노출이 훨씬 잘되

Ⓓ G9

출처 : www.g9.co.kr

Ⓓ G9 판매자 신청

출처 : ESMPlus

고 매출도 더 잘 나온다는 점이 강점이다. 오픈마켓처럼 판매자 신청만 하면 입점되는 것이 아니고, 카테고리 MD가 검토 후 승인해야 입점하는 시스템이다.

G9 판매자 신청은 ESMPlus에 로그인한 후 왼쪽 하단의 'G9 판매자 신청/확인'에서 하면 된다.

소셜커머스 특가딜

소셜커머스는 지금처럼 오픈마켓화되기 전까지 '딜'이라는 특가행사가 주 판매 방식이었고 과거 소셜커머스 성장의 원동력이었다. 지금도 운영되고 있는데, 그중에서도 행사 메리트가 있고 매출이 잘 나올 법한 것만 모아서 특가딜이라는 것을 운영한다. 특가딜은 MD들이 직접 기획하고 잡은 큐레이션 행사라고 보

티몬의 다양한 특가딜

출처 : 티몬

면 된다. 당연히 일반 딜보다 특가딜이 노출도 잘되고 매출도 훨씬 잘 나온다. 특가딜은 등록만 하면 되는 일반 딜에 비해 선정되기는 어렵지만 고객 노출이 우수하여 매출이 많이 나온다. 오픈마켓 특가딜에 비해 MD와의 소통이 훨씬 쉽기 때문에 적극적으로 지원해보기 바란다.

특가딜 입점 제안은 해당 카테고리 MD에게 이메일, 메신저로 행사를 제안하여 승인받는다.

네이버 특가딜

네이버쇼핑에도 럭키투데이/타임특가라는 특가딜이 있다. 특히 타임특가는 12시간만 진행되고 엄청난 매출이 나오는데, 진행하려면 일반 특가딜에 비해 압도적인 행사 파워가 필요하다. 럭키투데이와 타임특가의 세부 내용 및 입점 제안은 앞에서 이미 다루었기 때문에 간단히 넘어가도록 하겠다.

12시간 동안 폭발적인 매출을 자랑하는 네이버쇼핑 '타임특가'

출처 : 네이버쇼핑

원어데이(www.oneaday.co.kr)

원어데이는 하루 1품목만 초특가로 판매한다는 콘셉트로 시작된 온라인마켓인데 쿠팡, 위메프, 티몬가 오픈하기 전에는 큰 매출을 올리고 있었다. 이제는 하향 트렌드이지만 아직도 충성고객들이 남아 있어서 메리트 있는 행사를 진행하면 꽤 큰 매출을 기대해볼 수 있다. 입점 제안은 홈페이지 하단의 '상품 판매 신청'을 클릭하면 된다.

단 하루 초특가 콘셉트의 온라인마켓, '원어데이'

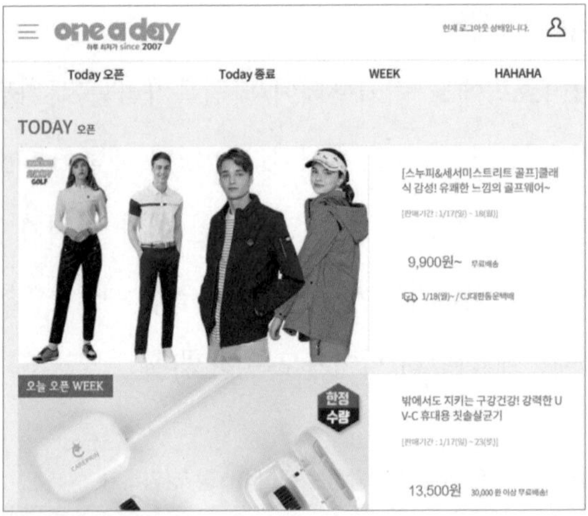

출처 : 원어데이

기타 종합몰/전문몰 특가딜

각 종합몰, 전문몰에 들어가보면 특가딜/기획전이 매일 진행되고 있다. 메인 페이지의 특가딜, 기획전이라면 진행이 쉽지는 않겠지만 일단 진행되면 큰 매출을 기대해볼 수 있다. 담당 카테고리 MD에게 전화, 이메일, 메신저로 입점 제안을 하면 된다. 종합몰의 경우는 브랜드 상품이 아니면 입점이 어렵기 때문에 일단 입점을 통과해야 특가딜 제안이 가능하다.

신세계 종합몰 타임특가 오반장

출처 : 오반장

디자인 전문몰 1300K 특가딜

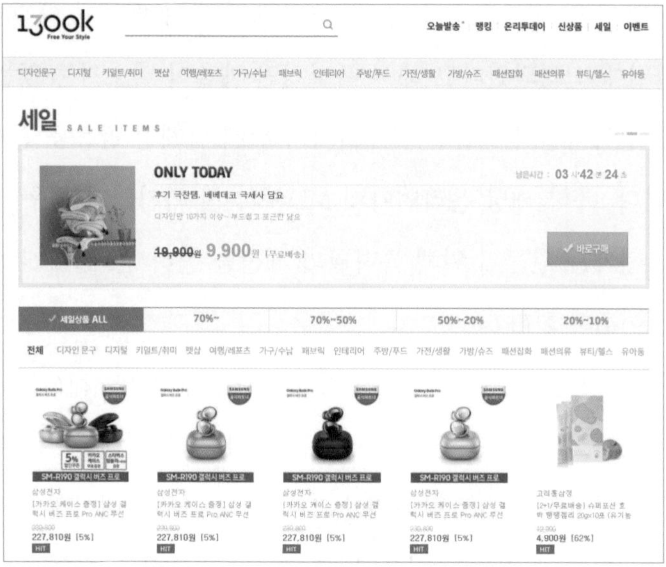

출처 : 1300K

※ 대기업이 운영하는 주요 종합몰

현대H몰 : www.hyundaihmall.com

GS SHOP : www.gsshop.com

CJ몰 : www.cjmall.com

신세계몰 : shinsegaemall.ssg.com

AK몰 : www.akmall.com

롯데몰 : www.lotteimall.com

특가딜 매출 극대화 노하우

온라인마켓이 몇 개 되지 않았을 때는 특가딜에 들어가기만 해도 엄청난 매출이 나왔으나, 지금은 온라인마켓들이 많아지고 특가딜의 숫자도 기하급수적으로 늘어났기 때문에 예전처럼 특가딜에 선정되었다고 해서 폭발적인 매출이 나오지는 않는다. 그래서 특가딜의 매출을 극대화하기 위해 마케팅 활동을 전개해야 한다. 특히 해당 온라인마켓 MD와의 첫 특가딜인 경우 장기적인 관계를 만들기 위해 특가딜의 매출을 올려서 MD에게 신뢰를 심어줘야 한다.

대표적인 방법으로는 특가딜 링크를 랜딩페이지로 해서 SNS광고나 각종 바이럴마케팅을 진행하는 것이 있다. 최대한 트래픽을 많이 유입시켜서 매출을 올리는 것이다. 요즘에는 네이버 맘카페가 대세인데, 특가딜이 진행될 때 해당 특가딜을 활성화된 네이

네이버 대표 맘카페 맘스홀릭 '쇼핑할인 정보방' 게시판

버 맘카페의 '쇼핑정보 공유' 게시판에 올리는 것이다. 침투 마케팅과 달리 강퇴당할 염려가 없다. 활성화된 맘카페는 조회수도 엄청나기 때문에, 맘카페 20~30군데에 특가딜 링크를 공유하면 광고비를 하나도 들이지 않고 수천 클릭을 만들어낼 수 있다.

그런데 쇼핑 할인 정보 게시판에 게시글을 올리려면 아이디 등급이 높아야 하기 때문에 맘카페별로 가입해서 게시글을 올릴 수 있는 등급으로 만들어놓는 작업은 필수다. 그러므로 평소에 이런 게시판이 있는 맘카페를 미리 찾아서 정리해놓고 아이디 등업 작업을 한다. 쇼핑 정보 공유 게시판이 있는 맘카페를 찾는 방법은 네이버 검색창에 '쿠팡 핫딜', '위메프 핫딜', '지마켓 슈퍼딜' 같은 키워드로 검색하여 나오는 카페 게시글을 확인하면 된다. 해당 게시판의 조회수가 많이 나오는 게시글의 제목, 본문 내용, 게시글 올리는 방식 등을 벤치마킹해야 효과가 극대화된다.

ⓓ 특가딜 정보 공유 카페 게시글

PART
7

초보자 온라인판매 성장 전략 핵심 정리

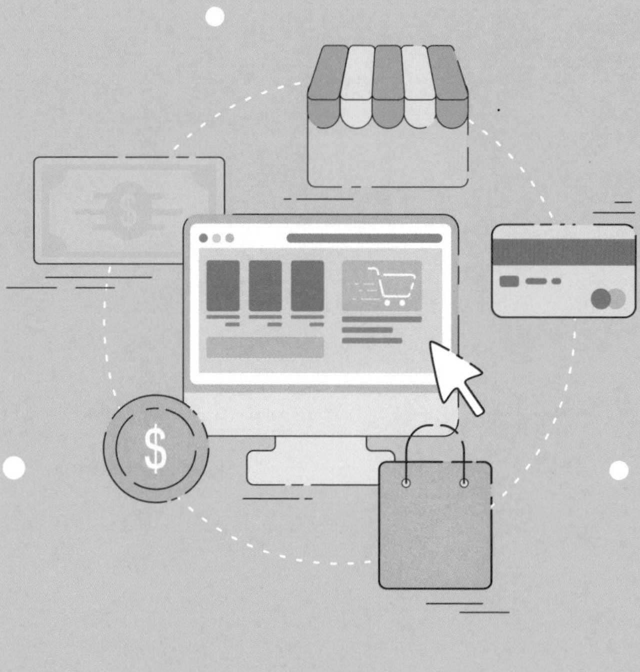

이제까지 초보자가 온라인판매에 뛰어들어 중급 셀러가 될 때까지 거쳐야 할 과정을 살펴보았다. 그 과정을 정리하고, 온라인판매 고수 단계로 나아가는 방법에 대해서도 간략하게나마 언급하도록 하겠다.

먼저 초보자는 사업자등록부터 해야 한다. 본인 이름으로 사업자등록을 하기가 부담스러우면 가족 이름으로라도 사업자등록을 내야 한다, 사업자등록은 사업에 대한 마음가짐을 다지게 한다.

온라인판매에 필요한 통신판매업신고, 구매안전서비스 이용확인증, 사업자 통장, 사업자 카드 등을 만든다. 위탁 판매를 하는 경우는 택배사 계약은 필요 없지만 사입판매를 할 경우는 택배사 계약 또는 편의점택배를 준비해야 한다.

다음으로는 각 쇼핑몰에 판매자로 가입하고 상품 등록하는 방법을 배워야 한다. 스마트스토어 판매자센터, 네이버 파트너스퀘어, 지마켓/옥션의 이베이에듀 온라인 교육센터, 11번가 셀러존에 상품 등록, 상세페이지 제작, 마케팅, 광고 등에 관한 무료 온라인/오프라인 교육이 엄청나게 많으므로, 반드시 이 교육들을 보면서 기본기를 닦아야 한다. 이 단계를 건너뛰면 온라인판매를 제대로 시작할 수 없다. 초보 셀러들은 꿀팁, 노하우만 찾는 경향이 있는데, 기초가 부실하면 그런 테크닉이 무의미하다. 그러므로 온라인/오프라인 교육을 모두 들어야 초보에서 탈출할 수 있다. 온라인판매하는 사람 중에 기본 교육을 확실히 공부하는 사람은 많지 않지만, 이런 무료 교육만 들어도 다른 초보자보다 앞서나갈 수 있다.

이런 교육들이 무료라고 무시하는 사람이 많은데, 웬만한 유료

'11번가 셀러존' 무료 온라인 강의

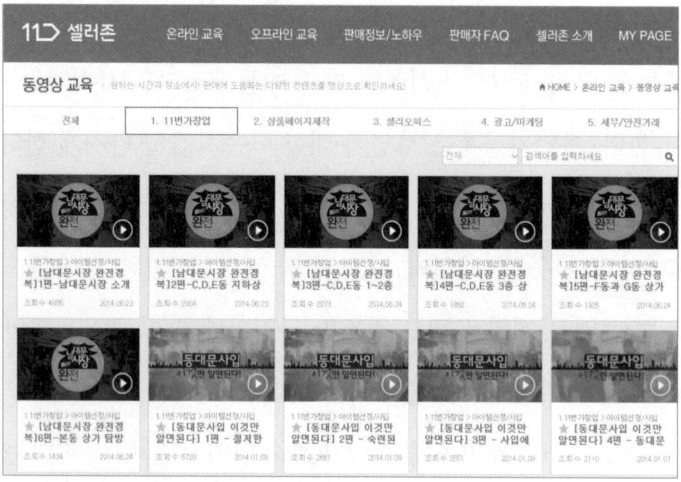

네이버 스마트스토어 판매자센터 무료 교육 프로그램

교육보다 훨씬 좋다. 각 쇼핑몰에서 쇼핑몰 판매자들의 온라인판매 실력을 올려주기 위해 만든 교육이므로 강사의 수준도 최정상급이고 내용도 초보자 눈높이에 맞춰 실전적이다. 상품 등록, 이미지 수정, 상품 선정도 못 하면서 어떻게 온라인판매를 할 수 있겠는가?

이렇게 상품 등록 및 기타 온라인판매의 기본 기술을 익힌 후에는, 상품을 선정하고 쇼핑몰에 상품 등록을 해야 한다. 먼저 가장 기본이 되는 스마트스토어 및 지마켓, 옥션, 11번가, 인터파크, 롯데ON에 상품 등록을 한다. 오픈마켓에 등록한 후에는 쿠팡, 위메프. 티몬 같은 소셜커머스에 등록한다. 너무 많아서 관리가 어려우면 몇 개만 진행하면 된다. 이 중 스마트스토어, 쿠팡은 고객트래픽이 가장 많고 매출이 우수하기에 집중해야 한다.

상품 선정은 초보자로서 연습한다는 생각으로 위탁 온라인 도매 사이트의 상품들을 최대한 다양하게 등록하는 것이 좋다. 무리하게 사입하거나 수입해서 판매하는 것은 좋지 않다. 처음에는 상품 보는 눈이 없고 자신에게 맞는 상품이 무엇인지도 모르기 때문이다. 이때 초보자들은 수동 등록과 대량 등록을 두고 고민하게 된다. 처음에는 다양한 카테고리의 다양한 상품들을 키워드, 섬네일, 상세페이지 등을 바꿔가면서 수동 등록을 해서 경험을 쌓는 것이 중요하다. 수동 등록이 익숙해지고 온라인판매의 기본 로직을 습득한 후에, 솔루션을 활용한 대량 등록 판매 여부를 고민하는 것이 옳다.

온라인판매의 기본은 위탁 도매 사이트의 상품을 통해 배워야 한다. 도매 사이트의 상품명, 상세페이지, 섬네일을 그대로 올리면 경쟁으로 인해 원하는 매출, 수익이 나오지 않는다.

ⓘ 오너클랜 상품

ⓘ 네이버쇼핑 오너클랜 상품 검색 결과

하나씩 수동 등록을 해봤자 힘들고, 판매를 시작한 지 얼마 안 되었기 때문에 상품 노출도 잘 안 되어 판매가 미비할 확률이 높다. 그러나 꾸준히 고민하면서 키워드/섬네일/이미지 등을 가공해서 올리다 보면 매출이 나오는 상품이나 궁합이 맞는 상품군을

찾을 수 있다. 그런데 보통 이 과정을 넘기지 못하고 포기하는 초보자가 70%가 넘는다. 일반 위탁 도매 사이트 상품이라도 상품명, 섬네일만 수정하면 다른 판매자들과는 차별화되고 상품 노출 면에서도 경쟁을 피할 수 있기 때문에 매출이 일어날 확률이 높아진다.

위탁 판매를 통해 어느 정도 온라인판매의 감을 익히면서 왕초보를 탈출하게 되면, 그때는 사입판매, 솔루션을 활용한 대량 등록, 해외 구매대행 등을 검토해볼 수 있다. 오픈마켓, 소셜커머스 같은 쇼핑몰에 수동 등록도 제대로 못 하는데 솔루션 대량 등록, 해외 구매대행 등으로 바로 넘어가면 실패할 확률이 매우 높다는 점을 명심해야 한다.

해외 구매대행, 솔루션 대량 등록을 쉽게 생각하는 초보 셀러들이 많은데, 오히려 일반 사입판매보다 훨씬 복잡하고 어렵고 성공하기가 쉽지 않다. 해외 구매대행, 솔루션 대량 등록 판매로 지속적으로 월 수익 1천만 원 이상을 만들 수 있다면, 사입판매, 병행수입으로 넘어갔을 때 몇 배나 더 수익을 올릴 수 있게 된다. 그리고 그 단계가 되면 해외 구매대행, 대량 등록 위탁판매의 한계를 깨닫고 사입판매, 병행수입, OEM 제조로 넘어가게 된다.

위탁 판매에 익숙해지고 궁합이 맞는 상품군을 찾아냈다면 사입이나 중국 도매 사이트 병행수입, 폐쇄몰 전용 상품 위탁/사입 등을 통해 상품 선정의 폭을 넓히고, 스마트스토어, 오픈마켓, 소셜커머스를 비롯하여 카테고리 전문몰, SNS 판매, 카카오스토리 채널/네이버밴드 공동구매, B2B 도매 판매, 폐쇄몰 판매, 카카오 커머스 등으로 판매 채널을 확대해야 한다.

간단하게 해외수입을 할 수 있는 중국 해외 도매 사이트 1688

이렇듯 판매 채널을 확대해나가면서 자신만의 상품을 소싱하는 노력을 꾸준히 해야 한다. 남의 상품만을 판매하면 고수 셀러로 나아갈 수가 없다. 그리고 그런 상품이 없으면 입점이 안 되는 종합몰, 복지몰 같은 유통 채널도 많다. 폭발적인 매출을 만들어 낼 수 있는 특가딜이나 기획전을 잡을 수 없으면 원하는 매출을 만들어낼 수 없다.

그러므로 왕초보 셀러만 벗어나면 꾸준히 자신만의 상품을 발굴하려 노력해야 한다. 우수한 나만의 상품이 있으면 다른 요소들이 부족해도 성공할 확률이 비약적으로 높아진다. 나만의 상품은 수입하거나 OEM 제조할 수도 있지만, 인맥 등을 통해서도 만들 수 있다. 영세 제조업체, 생산자는 온라인판매에 대한 역량이 떨어지고 두려움이 있기 때문에 그들의 상품을 내가 판매하면 그것도 나만의 상품이 될 수 있다.

또한 MD 및 온라인마켓과의 인맥도 지속적으로 만들어나가야 한다. 특가딜, 기획전 등을 꾸준히 제안하고 진행하면서 MD, 온라인마켓과의 관계를 구축하고 전문 온라인판매 채널을 만들어야 한다. 그래야 온라인판매 셀러에서 벗어나 벤더/총판업체로 성장하여 좋은 상품을 만날 기회를 얻을 수 있다. 초보 셀러일 때는 혼자 힘으로 해나가는 게 많지만, 중급 셀러만 되어도 판매 효율을 극대화하기 위해 인맥 등 필요한 모든 것을 활용하도록 한다.

그리고 광고/마케팅 관련 공부는 꾸준히 해야 한다. 요즘에는 경쟁이 치열해서 광고가 효과가 없다고 말하는 초보자들이 많은데, 효율적인 광고/마케팅 방법을 모르기 때문이다. 광고/마케팅/홍보를 하지 않는 한, 원하는 매출을 만들어내기가 어렵다.

초보 셀러는 판매 지수가 낮기 때문에 대표 키워드가 아닌 세부 키워드로도 앞에 노출되기가 힘들다. 이때 이용해야 할 것이 광고다. 대표 키워드는 키워드당 입찰가가 너무 높으니 세부 키워드 위주로 광고를 집행해야 한다. 광고/마케팅을 진행하기 전에 구매 전환을 위한 상세페이지의 완성도 및 구매 후기들이 제대로 만들어져 있는지 확인한다. 상세페이지 및 구매 후기가 미흡하면 아무리 돈을 써서 유입시켜도 매출로 이어지기가 쉽지 않을 것이다. 광고에 대해 공부하고 싶다면 네이버 무료 광고 교육, 오픈마켓 무료 광고 교육을 받으면 된다. 유튜브에 '키워드광고, '쇼핑광고', '검색광고', SNS광고' 등으로 검색하면 기초부터 심화까지 모두 배울 수 있다. 그러니 어디서 배우는지 몰라서, 시간이 없어서, 너무 어려워서 등의 핑계를 대지 말자.

유튜브 무료 광고 교육 컨텐츠

출처 : 유튜브

온라인판매의 최종 목표는 결국 나만의 브랜드를 만드는 것이다. 이 책은 온라인판매 초보자들을 대상으로 집필한 책이라, 나만의 브랜드 상품을 어떻게 만들고 브랜딩하고 마케팅하고 판매하는지는 다루지 않았다. 그러나 나만의 브랜드 상품이 있어야 안정적으로 온라인판매, 유통판매 사업을 진행할 수 있다. 여기서 나만의 브랜드란, 직접 제조하거나 OEM 제조를 통해 생산하고 상표권 등록까지 한 상품을 말한다.

나만의 브랜드를 만드는 것을 너무 어렵게 생각하는 초보자들이 많은데, 그렇지 않다. 예전에는 OEM 생산이라고 하면 거창하게 여겼지만, 지금은 몇백만 원이면 OEM 생산이 가능할 정도로 진입장벽이 낮아졌다. 이때 단순히 기존 상품에 로고나 마크만 붙여서 브랜드를 만들기보다는, 추가로 기능을 더하거나 디자인을 변경하여 차별화된 나만의 상품을 만들면 크라우드 펀딩 사이트 같은 곳에서도 출시할 수 있다.

나만의 브랜드 상품이 있어야 종합몰, 홈쇼핑, 오프라인 대형유통 같은 특A급 유통채널에 입점 및 판매가 가능하고 전체 유통채널에서 가격 전략, 마케팅 전략, 광고 전략 등을 제대로 구사할 수가 있다. 매출이 아닌 브랜딩 구축을 위해 광고, 마케팅, 홍보 등을 진행해야 하는데, 장기적인 효과를 볼 수 있는 네이버/SNS 바이럴마케팅에 집중해야 한다. 온라인상에 내 상품과 관련된 세부 키워드, 대표 키워드로 최대한 많은 콘텐츠를 만들어서 고객들이 지나다니는 모든 골목에 배치해야 한다. 블로그, 카페, 뉴스, 지식인, 동영상, 이미지, 웹사이트, 인스타그램, 페이스북, 유튜브 등 모든 섹션에 내 브랜드 관련 키워드로 도배되어야 한다. 유명한 중소 브랜드 상품을 검색해보면 엄청난 양의 콘텐츠들이 온라인상에 노출되어 있을 것이다. 초보자가 무턱대고 브랜드를 만들었을 때 실패하는 이유는 브랜딩, 광고, 마케팅이 안 되기 때문이다.

네이버 브랜드패키지

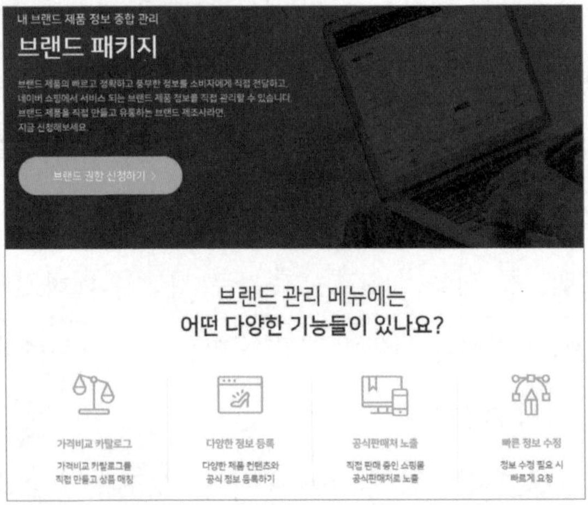

출처 : https://center.shopping.naver.com/brand-info

나만의 브랜드를 만들었어도 사람들에게 알리고 홍보하는 작업을 어떻게 하는지 모르기 때문에 실패하게 된다. 그렇기에 초보 셀러, 중급 셀러를 지나면서 광고, 마케팅, 홍보에 대한 공부도 열심히 하고 경험도 쌓으면서 나중에 나만의 브랜드를 가졌을 때에 대비해 준비할 필요가 있다. 나만의 브랜드를 온라인판매, 온라인마케팅을 통해 잘 키우고 오프라인까지 나아간다면 온라인 셀러를 넘어 비즈니스맨이 될 수 있다. 삼성전자, 애플, 카카오 같은 대기업도 시작은 미약했으나 끝없는 노력과 도전을 통해 지금의 제국을 건설했다는 것을 잊지 말자.

왕초보 셀러에서 고수 셀러로!

닥등(닥치고 상품 등록)만 하는 초보 셀러

유튜브나 일부 책, 교육, 강의에서는 닥등(닥치고 상품등록)을 해야 성공한다고 말한다. 이 말은 잘 걸러 들어야 한다. 상품 등록을 해야 매출이 나온다는 말은 맞지만, 닥등한다고 무조건 원하는 매출을 만들 수 있는 것은 아니다. 만약 키워드, 섬네일, 상품 후기, 상위 노출, 광고, 마케팅, 상품성, 가격에 대한 고민 없이 닥등만 한다면 절대 원하는 매출을 만들 수 없다.

대량 등록 솔루션에 절대적으로 의존하는 초보 셀러

대량 등록 솔루션이 편하기 때문에 초보 시절에 모든 것을 대량 등록 솔루션에만 의존하는 셀러들이 있다. 대량 등록 솔루션을 통해서도 충분한 매출을 올리는 셀러들도 있지만, 이런 파워 셀러들은 단순히 대량 등록 솔루션으로 등록만 하는 게 아니고 키워드/섬네일 변경, 마케팅, 광고 등 다양한 추가의 노력을 기울인다. 솔루션으로 편하게 등록만 하는 것이 아니다. 이런 노력 없이 대량 등록 솔루션으로 꾸준히 등록만 해도 매달 200만~300만 원의 매출은 가능하지만 순수 마진은 50만 원도 안 된다. 여기서 솔루션 비용을 내고 나면 남는 것이 거의 없다.

구매 후기의 중요성을 모르는 초보 셀러

아무리 상품이 좋고 가격이 저렴하고 상위 노출이 되어도 구매 후기가 없으면 판매되기 쉽지 않다. 구매 후기가 없으면 아무리 상품이 좋아 보여도 그 상품을 구매할 때 망설이게 되기 때문이다. 온라인으로 상품을 판매할 때 구매 후기는 필수다. 특히 상품성이 우수한 데다 네이버쇼핑/키워드/SNS 광고를 통해 고객 유입은 되는데 판매가 잘 안 되는 경우는 구매 후기를 살펴야 한다. 상품성이 보통이라도 구매 후기가 많으면 판매로 이어질 확률이 높다.

조급한 초보 셀러

당장 매출이 안 나오면 조급해지는 셀러가 많다. 한두 달 해서 잘된다는 말만 듣고 시작한 사람들이 그렇다. 그러나 무슨

일이든 한두 달 해서는 전문가가 되거나 성공하기 힘들다. 수많은 경쟁자들이 있는 만큼 최소 1년은 온라인판매에 올인해도 힘들다. 조급해하지 말고 묵묵히, 열심히 하다 보면 좋은 결과를 만들어낼 수 있을 것이다.

하나의 판매 방법에만 몰두하는 초보 셀러

온라인판매에서 성공하는 방법은 너무나 다양하고, 각자와 궁합이 맞는 온라인판매 방법이 있다. 누군가가 좋다고 추천하는 방법에만 집착하면 안 된다. 여러 가지 온라인판매 방법들을 시도하다 보면 궁합이 맞는 방법을 찾을 수 있다. 해외 구매대행, 스마트스토어 등 하나의 방법을 열심히 시도했는데 안 된다고 쉽게 포기하지 않도록 하자.

광고비, 세금의 무서움을 모르는 초보 셀러

광고를 하면 기본적으로 매출은 올라간다. 그러나 매출에 취해서 광고비를 뺀 순수익을 놓치지 말아야한다. 그리고 온라인판매를 할 때 부가세, 소득세를 염두에 둬야 한다. 부가세(보통 1, 7월), 소득세(5월)를 납부하고 나서 남는 수익이 최종 수익이라는 것을 명심해야 한다. 그러므로 부가세, 소득세는 미리 떼어놓고 마진을 계산해야 한다. 막상 부가세, 소득세를 내고 나면 실제 수익은 직장인 때와 비교해서 더 적은 경우가 허다하다.

유튜브, 강의, 교육, 책의 성공 사례를 맹신하는 초보 셀러

유튜브, 강의, 교육, 책을 절대적으로 신뢰하는 셀러들이 있다. 이런 데서 나오는 성공 사례들은 당시에만 통하거나 그 사람에게만 통한 경우도 많다. 강사들의 방법을 열심히 따라 하면 반드시 성공할 것이라는 생각은 매우 위험하다. 게다가 유튜브에 있는 내용은 조회수를 끌기 위한 어그로가 많기 때문에 주의해야 한다. 온라인판매 시장은 수시로 바뀌기 때문에 꾸준히 공부하고 노력하는 것은 필수이지만, 무엇보다 본인에게 적합한 판매 방식을 발전시켜나가야 한다.

몸보다는 머리로 일하는 초보 셀러

온라인판매에서도 가장 중요한 것은 실행이다. 기획을 잘하고 공부를 열심히 해도 막상 실행이 약하면 좋은 결과가 나오지 않는다. 초보 셀러의 온라인판매는 손가락과 엉덩이로 하는 것이다. 이론, 성공 사례, 트렌드 등을 아무리 많이 알아도 실행하지 않으면 100% 실패한다는 것을 명심하라. 초보 셀러 때는 하루에 10시간 이상은 일해야 한다. 하루 2시간씩 일하고도 월 1천만 원을 벌어 해외여행을 다니는 장밋빛 환상은 머리에서 지워야 한다.

| 맺음말 |

온라인판매는 평범한 사람이 직장에 의지하지 않고 돈과 시간에서 자유로운 인생을 즐길 수 있는 최고의 비즈니스다.

만약 온라인판매에 대해 아무것도 모르는 일반인이 이 책을 보면 처음 접하는 내용이라 어려울 수도 있다. 그러나 필자가 앞서 집필한 두 권의 책 《매출 100배 올리는 유통 마케팅 비법》(중앙경제평론사, 《온라인 매출 쉽게 올리는 유통 마케팅 비법》으로 개정), 《실전 온라인 유통 마케팅》(처음북스)이 초보자 이상을 타깃으로 했다면, 이 책은 왕초보를 대상으로 한 것이다. 이 책의 모든 내용을 실행하는 것은 불가능하고 그럴 필요도 없다. 그저 자신의 능력과 상황에 맞는 것만을 현명하게 골라서 실행하면 된다.

그러나 범위가 너무 광범위하여 다루지 못한 내용이 많아서 아쉽다. 특히 광고, 마케팅, 브랜딩 등에 대한 내용은 중요한데도 다루지 못했다. 이런 내용이나 온라인판매에 대해 좀 더 심화된 내용을 배우고 싶다면, 필자가 운영하는 '유통노하우연구회' 네이버

카페나 필자가 직강한 온라인 동영상 강의 '[심화] 온라인판매 사관학교(1 : 1 5개월 개인 코칭 포함)'를 통해 공부하는 것도 좋을 것이다.

코로나로 인한 오프라인 비즈니스의 붕괴, 기업의 상황 악화에 따른 인력 구조조정, 온라인 집중 심화로 인해 직장인으로서의 수명이 갈수록 줄고 있다. 코로나 이전에도 평생직장이라는 개념은 희박했지만, 이제는 당장 직장 생활을 기약하기도 어려운 상황이다. 그런 만큼 자신만의 평생 직업을 찾는 일의 중요성이 더욱 강조되고 있다.

이런 상황에서 앞으로도 계속 성장할 온라인시장, 가장 핫한 온라인판매, 이커머스에 뛰어드는 것은 최선의 선택일 수 있다. 온라인판매가 경쟁이 치열해서 어렵다는 말이 있는데, 온라인판매에 뛰어드는 사람들의 90%는 군중심리로 몰려드는 허수다. 온라인판매는 누구나 할 수 있지만 아무나 성공하는 쉬운 비즈니스는 결코 아니다. 열심히 공부하고 노력하고 경험한 사람만이 성공하는 시장이다. 일단 이 책을 보고 공부하고 있다는 사실 자체가 대충 뛰어든 다른 초보자보다 한 걸음 앞서나가고 있다는 반증이다.

당신이 열심히 공부하고 노력하면 온라인판매는 타인이나 직장에 의지하지 않고 돈과 시간으로부터 자유로운 인생을 살아갈 수 있는 기회를 줄 것이다. 21세기 디지털 언택트 시대에 전망 좋고 매력적인 비즈니스는 찾아보기 힘들다.

온라인판매 비즈니스에 있어서 열정과 의지가 충만한 당신에게 가장 중요한 것은 실행이다. 힘들고 피곤하겠지만 일상적인 작업을 꾸준히 해야 한다. 그런 날이 쌓여야 평생 비즈니스를 만들 수 있을 것이다. 새로운 당신을 발견하며 제2의 멋진 인생을 살아나가는 데 이 책이 도움이 되길 바란다.

필자는 열심히 공부하고 노력하면 누구나 온라인판매에서 성공할 수 있다고 확신한다. 온라인판매를 통해 인생의 새로운 전환점을 맞이한 당신을 열렬히 응원한다!

| 제안서 양식 |

1. SNS 공동구매 상품 제안서 1

1. 기본정보				업체코드	미기제
상호명		사업자등록번호/법인(주민)등록번호			
대표자			업태/종목		
사업자구분			전화/FAX		
소재지			홈페이지		
근무시간	평일 시 ~ 시 (점심시간 시 ~ 시)				

영업담당자		발주담당자		CS 담당자		정산 담당자	
이름/직급		이름/직급		이름/직급		이름/직급	
전화		전화		전화		전화	
휴대폰		휴대폰		휴대폰		휴대폰	
e-mail		e-mail		e-mail		e-mail	

2. 옵션정보

구분	품명 및 규격	재고수량	소비자가 (온라인최저가)	공구 판매가	판매 택배비조건	공급가 (VAT포함)	정산택배비	면세/과세
옵션 1								
옵션 2								
옵션 3								
옵션 4								
옵션 5								
옵션 6								
옵션 7								
옵션 8								
옵션 9								
옵션 10								
옵션 11								
옵션 12								
옵션 13								

포장상태	종이박스 or 아이스박스	배송방법	일반배송 / 아이스박스 배송(아이스팩)
금요일출고 여부	금요일 출고 불가 또는 가능		
제주 배송 가능 여부	제주배송 불가 또는 가능		
도선비		택배사	
기타사항			

3. 결제정보

거래은행		계좌번호		예금주	

4. 상품정보고시

1. 품명 및 모델명	
2. 인증번호(KC, 전기안전 등)	
3. 크기, 중량	
4. 원재료(전성분)	
5. 재질	
6. 제조일자	
7. 유통기한	
8. 제조사/판매사	
9. 제조국	
10. 품질보증기준	
11. A/S책임자와 전화번호	

상품 특징 설명	
상품 특장점 (성능/기능/특징)	
상품 주의사항	
기타 추가 안내사항	

2. SNS 공동구매 상품 제안서 2

상 품 제 안 서					
상품명					
	영업담당자	CS/발주 담당자		정산 담당자	
이름/직급					
휴대폰					
e-mail					

판매 기본 정보					
제품 사진					
소비자 판매가 (인터넷최저가)	39,800	채널 공구가 25%마진 포함 (부가세포함, 배송비별도)	1. 화이트) 19,800 + 2,500 배송비 2. 스카이) 19,800 + 2,500 배송비 3. 레드) 19,800 + 2,500 배송비 색상 : 화이트/스카이/레드	공급가 (부가세포함, 배송비별도)	1. 화이트) 14,850 + 2,500 배송비 2. 스카이) 14,850 + 2,500 배송비 3. 레드) 14,850 + 2,500 배송비 색상 : 화이트/스카이/레드

상품 정보			
성 분	상세페이지참고	제 조 사	다이루/중국
제품 구성	색상 : 화이트/스카이/레드	제품 특징	
발주마감시간	11시까지	택배사	대한통운
특장점			
사용 방법			
주의사항	유통기한	최근 제조 상품	

3. 소셜 커머스 상품 제안서

옵션 번호	상품명	대표옵션명 (대표가격과 일치)	딜번호	대표 옵션	담당 MD	판매가	수수료	수량	배송 조건	유통 기한	가격비교 최저가 링크	정상가 (온라인 판매가)	할인율	1일 예상 매출액	상품 경쟁력 코멘트	업체명	업체ID
1																	

4. 소셜 커머스 행사(특가 딜) 제안서

딜 구분	딜번호	딜명	전딜 번호 (참고딜번호)	상품명 (옵션)	대표가격	수수료	수량	배송조건	유통기한	가격비교 최저가링크	가격비교 최저가 (배송비포함)	최저가대비 할인율
투데이특가		[투데이특가] 세제 초특가전		독일 수입 세제	5900	10%	10000	무료배송	해당없음			
주말마트		[주말마트] 간 건강식품 초특가전		AUX1000	29000	10%	1000	무료배송	2020.11.29			

| 참고문헌 |

- 《실전 온라인 유통 마케팅》, 유노연, 처음북스
- 리테일매거진, 2020년 1월호, 코카리테일인사이트
- 《돈이 된다! 스마트스토어》, 엑스브레인, 진서원
- 《네이버쇼핑 스마트스토어로 상위 노출하라》, 김도균, 휴먼하우스
- 《쿠팡 셀러 되기》, 김재환, 라온북
- 《쿠팡으로 돈 벌기》, 김경은, 길벗
- 《나는 퇴근 후 온라인마켓으로 출근한다》, 허지영, 나비의 활주로
- 《1등 온라인 쇼핑몰의 비밀》, 오완구, 라온북
- 와이즈앱 리테일 분석, 와이즈앱 페이스북
- 《밴티지 위탁 판매 노하우》, 밴티지, 온꿈사 교육
- 온라인 스피커, 김덕주 유튜브 채널
- 동비 TV, 동비 유튜브 채널
- 초고수 온라인 상품 판매, 비즈클래스

저자가 직접 운영 중인 네이버 온라인판매/유통판매 커뮤니티 카페 '유통노하우연구회'

(회원 수 5만 명의 국내 최대 온라인판매/유통판매 노하우 공유 커뮤니티)

유통노하우연구회(cafe.naver.com/aweq123)는 온라인판매/유통판매에 어려움을 겪고 있는 예비 창업자, 직장인, 온라인셀러, 제조업체, 수입업체 등을 위해 만들어진 온라인판매/유통판매 노하우 공유 커뮤니티다. 유통노하우연구회는 회원 각자의 실전 노하우/경험 공유, 온라인 마케팅 정보 공유, 온라인판매 궁금증 질의/응답이 주를 이루고 있다. 그리고 다양한 분야 온라인판매 전문가들의 수준 높은 실전 무료 칼럼만 봐도 온라인판매를 하는 데 큰 도움을 얻을 수 있다.

실제 현업에 종사하는 사람들도 궁금한 점이 많은데, 이를테면 쿠팡 로켓배송의 수수료/정산 조건은 무엇인지, 지마켓 슈퍼딜 진행은 어떻게 하는지, 스마트스토어 상위노출 조건은 무엇이며, 가구매 등 어뷰징을 하면 어떻게 되는지 등등 실전 온라인판매의 세부 정보들을 알고 싶어 한다. 유통노하우연구회에서는 매일 회원들 간에 이런 실전 온라인판매 정보 및 노하우가 공유될 뿐만 아니라 회원들이 가진 다양한 상품들을 소싱할 수도 있다. 유통노하우연구회 내의 검색창에 키워드만 입력하면 웬만한 실전 온라인판매 정보/노하우 및 판매하기를 원하는 아이템들을 무료로 찾을 수 있다. 만약 찾고자 하는 내용이 없는 경우 카페 내에 질문 글을 올리면 해당 내용에 대해 알고 있거나 경험이 있는 회원들이 신속히 답변을 해준다.

또한 유통노하우연구회에는 벤더업체 등록 게시판이 운영되는데 여기에는 각 온라인/오프라인 유통채널의 전문 벤더들이 등록한다. SNS 공동구매, 복지몰/폐쇄몰, 할인점, 편의점, 뷰티 스토어, 종합몰, 중국/태국/동남아 수출, 소셜커머스 전문 벤더들이 등록되어 있다. 만약 특정 채널에 벤더를 통해 입점/판매를 하고 싶은 회원이 있다면, 이 게시판을 통해 전문 벤더를 선택하여 내 상품을 온라인/오프라인으로 판매할 수 있다. 현재 달마다 1,000명씩 신규 회원이 가입하고 있으며, 가입 회원의 만족도도 아주 높다. 카페에 신규 회원으로 가입만 해도 7가지 무료 선물(온라인판매 노하우 소책자, 3시간 분량의 온라인판매 노하우 동영상강의, 스마트스토어 황금키워드 100개, 무료 키워드 분석사이트, 도매사이트 아이템 선정 노하우 등)을 다운받을 수 있다.

유통노하우연구회 카페에 가입하면 많은 실전 온라인판매/유통판매/온라인마케팅 정보를 얻을 수 있다.

네이버대표 유통/제조/온라인셀러 커뮤니티
온라인/오프라인 유통전문가 양성
유통노하우연구회
실전 온라인/오프라인 유통 정보,노하우를 A부터 Z까지 모두 습득! 고급 유통/제조/셀러 인맥 구축!
카페정보 나의활동
매니저 유통전문...
since 2008.11.11.
카페소개
카페관리 통계
열매1단계
50,235 초대하기
즐겨찾는 멤버 5,574명
게시판 구독수 551회
우리카페앱 수 41회
주제 경제/금융 > 취업/창업
지역 서울특별시
카페 글쓰기
카페 채팅
즐겨찾는 게시판
전체글보기 74,437
베스트게시글
카페지식활동
운영진 제휴
광고/제휴 문의 (광고비 견적서 참조)
세부문의 (freeman914@naver.com)
★★마스크/방역용품
마스크 장터(KF94,KF80)
기타 방역용품 장터(손세정제 등)
[PC전용] KF94 모아서보기
등업(글 1개+댓글10개)
지금 유통판매는 쌍팔년도 오프라인 유통이 아닙니다 !!!
자본,인력이 부족한 중소기업/개인셀러의 유통판매에는 순서와 방법이 있습니다. 유통/마케팅을 알면 힘들었던 유통판매가 나만의 놀이터가 됩니다.
유통 노하우 연구소
최고의 유통전문가 카페운영진 및 고수 회원들과 상호 교류를 통해 매출을 비약적으로 올릴 수 있습니다.
✓ 최신 유통마케팅 노하우
✓ 최신 유통정보 확보
✓ 온,오프라인 유통채널 확보
✓ 고급 유통인맥 구축
✓ 실전 온라인판매 노하우
✓ 상품 소싱 노하우
✓ MD/바이어 협상 노하우
※ 회원가입만 해도 놀랄만한 선물을 드립니다
카페 필독공지 클릭 !
카페 중요공지 및 소식을 바로 확인하세요 >
카페 회원가입 무료 선물
"유통마케팅 대박 무료선물 받기"
알리바바/1688 연동 키워드분석 프로그램
"매출 100배 올리는 유통마케팅 비법" 샘플북
유통마케팅 비법 동영상 강의 (3시간)
대박 매출 스마트스토어 황금키워드 100개
온라인 트리플 유통시스템 비법
최신 스마트스토어 핵심 매뉴얼 18개
잘 팔리는 대박 상품 선정 노하우
"실전 온라인 유통마케팅" 샘플북

온라인판매 마스터클래스 온라인 동영상 교육
[심화] 온라인판매 사관학교
– 5개월 1:1 개인 코칭 포함 & 2022년 강의 촬영 최신판

저자의 저서 《왕초보 온라인판매 사관학교》를 읽고 난 후 온라인판매에 대해 더 깊게 공부하고 싶은 사람들은 저자가 직접 강의하고 1:1 개인 코칭까지 해주는 총 30시간, 85강 온라인 동영상 교육 '[심화] 온라인판매 사관학교'를 들으면 큰 도움이 될 것이다.

- 교육 사이트 : www.retailcampus.co.kr
- 교육 세부 설명 및 강의 신청 : https://cafe.naver.com/aweq123/40976

'[심화] 온라인판매 사관학교' 교육은 책에서 다룬 기초적인 내용에서 더 나아가서 온라인판매의 A부터 Z까지 모든 것을 심화해서 다룬 국내 최초 마스터클래스 교육이다. 2022년에 통하는 최신 온라인판매 노하우와 트렌드를 반영하여 만들었다.

지면상의 한계로 책에서 다루지 못한 내용과 공개적인 책에서 다루지 못하는 은밀한 온라인판매 정보 및 노하우를 배울 수 있다. 온라인판매 초보자나 우수한 상품을 가진 생산자/제조업체/수입업체에 큰 도움이 될 것이다.

교육 신청은 유통노하우연구회 네이버카페(https://cafe.naver.com/aweq123)에 회원 가입 후 전체 필독 공지에서 할 수 있다.

ⓘ '[심화] 온라인판매 사관학교' 온라인 동영상 강의(www.retailcampus.co.kr)

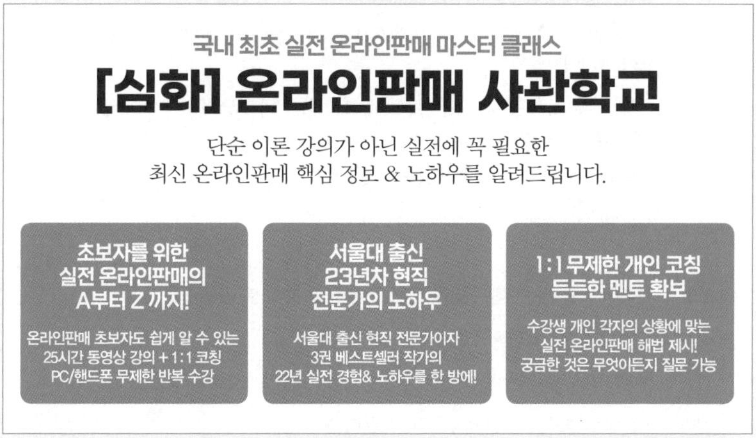

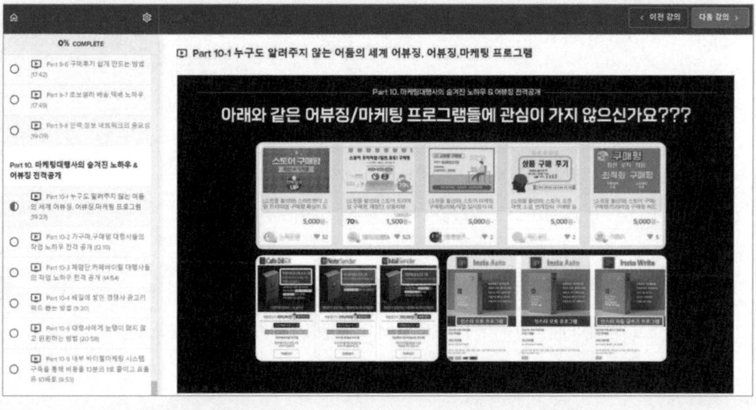

'[심화] 온라인판매 사관학교' 온라인 동영상 교육 목차
(5개월 무제한 1:1 개인 코칭 포함)

Part 1	Welcome, 강의 수강을 환영합니다.
1강	23년차 현직 온라인판매/유통 전문가 유노연의 '온라인판매 사관학교'를 소개합니다.
2강	미래가 불안한 당신, 온라인판매를 해야 하는 이유?
3강	개인 온라인셀러부터 시작하여 거대한 브랜드 오너가 되는 프로세스

Part 2	온라인판매 시작 전 반드시 알아야 할 필수 지식
4강	국내 온라인판매/E커머스 최신 시장 트렌드
5강	연령대별 선호 온라인마켓/SNS 최신 트렌드
6강	온라인판매 사전 준비 1 – 사업자등록/통신판매업신고/구매서비스 이용확인증/사업자카드/사업자통장
7강	온라인판매 사전 준비 2 – 사무실/택배/포장 용품/비즈 넘버/FAX/스캐너/디자인 툴/아웃소싱/세무, 법률
8강	상품 판매할 때 꼭 알아야 할 각종 인증, 교육
9강	사장 마인드 장착

Part 3	가격이 노출되는 대형 온라인판매 채널 집중 분석 및 공략 팁
10강	국내 대부분의 쇼핑몰이 한자리에 – 네이버쇼핑
11강	판매자들을 빨아들이는 최고 가성비 블랙홀 – 스마트스토어/쇼핑윈도
12강	기본으로 깔고 가는 전통의 강자 – 오픈마켓
13강	온라인판매 대세 – 쿠팡
14강	타임세일, 특가딜이 강한 마켓 – 위메프, 티몬
15강	향후 미래의 대세 – 라이브커머스
16강	특정 카테고리의 강자 – 전문몰
17강	브랜드 업체라면 반드시 공략해야 하는 마켓 – 종합몰
18강	리스크 높은 그러나 폭발적인 매출 – 홈쇼핑/T커머스/인포머셜

Part 4	SNS마켓 및 폐쇄몰, 도매몰 집중 분석 및 공략 팁
19강	SNS판매의 대명사 – 카카오스토리/네이버밴드/모바일어플/인스타그램/페이스북
20강	네이버 막강 충성 트래픽 활용 – 블로그마켓/카페 공동구매

21강	아는 사람만 하는 은밀한 온라인판매 – 복지몰/폐쇄몰
22강	카카오톡의 막대한 트래픽을 이용하라! – 카카오쇼핑
23강	손쉬운 도매 판매 – 온라인도매몰
24강	중고만 판매한다? – 중고몰
※ 국내 온라인/오프라인 판매 채널 총정리(다운로드 파일 제공)	

Part 5	상위노출 & 키워드추출 & 구매전환 핵심 노하우
25강	온라인판매 프로세스
26강	반드시 알아야 할 온라인마켓 상위노출 알고리즘
27강	키워드란 무엇인가?
28강	빅데이터 활용한 나의 상품에 딱 맞는 키워드 선정 및 활용 방법
29강	유효 키워드 활용 상위노출 잘되는 상품명/태그 만드는 꿀팁
30강	구매전환율 3배로 늘리는 상세페이지 작성 노하우

Part 6	나의 상황에 딱 맞는 무조건 팔릴 수밖에 없는 아이템 선정
31강	빅데이터 분석을 통한 매출 검증된 아이템 선정
32강	내 상품의 시장성 & 경쟁도 파악 핵심 비법
33강	초보자, 중수/고수 각각의 상황에 맞는 아이템 선정 노하우
34강	상품 카테고리별 온라인판매 전략

Part 7	나의 상황에 맞는 최적의 상품 공급처 확보 전략
35강	최적의 아이템을 소싱할 수 있는 국내 상품 공급처 집중 분석 1
36강	최적의 아이템을 소싱할 수 있는 국내 상품 공급처 집중 분석 2
37강	고마진, 고매출을 올릴 수 있는 해외 상품 공급처 집중 분석
38강	중수/고수의 숨겨진 대박 상품 소싱 비법
39강	SNS, 폐쇄몰(인스타그램, 블로그, 카페 등) 판매용 아이템 소싱 방법
40강	상품 공급 조건 및 최적의 거래를 끌어내는 핵심 노하우

Part 8	나만의 상품을 가지지 않은 초보 셀러 성장 전략
41강	온라인판매 왕초보가 반드시 해야 할 일
42강	당신의 상품이 노출이 안 되는 이유?

경제경영 & 유통 & 마케팅 & 프랜차이즈

창업자라면 꼭 알아야 할
세무 가이드
정영록 지음 | 17,000원

초보 창업자를 위한
실제 사례 기반 세무 안내서!

온라인 매출 쉽게 올리는
유통 마케팅 비법
유노연 지음 | 18,000원

온라인 · 오프라인 유통 집중 분석 및 실전 유통 판매 노하우!

eBook 구매 가능

존 트레이시의 **재무제표 읽는 법** [최신 개정판]
존 트레이시 지음 | 스캇 서 감수 | 최송아 옮김 | 19,000원

초보자도 쉽게 배우는 **채권실무**
최홍식 지음 | 18,000원

현장에서 바로 써먹는 **채권관리 100문 100답**
최홍식 지음 | 22,000원

eBook 구매 가능

미래를 읽는 **문화경제 트렌드** (2017 세종도서 교양부문)
최연구 지음 | 17,000원

그림으로 쉽게 배우는 **유통실무 기본상식**
오세조 · 김상덕 편저 | 15,000원

그림으로 쉽게 배우는 **유통 마케팅 기본상식**
오세조 · 박진용 편저 | 15,000원

eBook 구매 가능

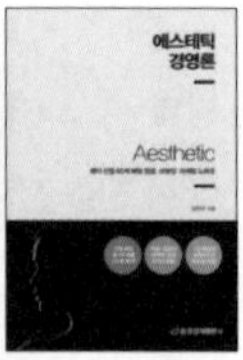

가나가와 치히로의 **경영 성공철학 100가지 비법**
가나가와 치히로 지음 | 최인한 · 김종필 옮김 | 18,000원

알고 보면 재미있는 **경제지식**
조성종 지음 | 13,500원

에스테틱 경영론
김진구 · 김시홍 지음 | 올컬러 | 19,500원

eBook 구매 가능

eBook 구매 가능

창업 첫걸음
최재희 지음 | 14,000원

프랜차이즈 창업이나 해볼까?
서민교 지음 | 19,500원

가맹점 창업을 위한
프랜차이즈 시스템 실무 [최신 개정판]
서민교 지음 | 25,000원

중앙경제평론사 Joongang Economy Publishing Co.
중앙생활사 | 중앙에듀북스 Joongang Life Publishing Co./Joongang Edubooks Publishing Co.

중앙경제평론사는 오늘보다 나은 내일을 창조한다는 신념 아래 설립된 경제 · 경영서 전문 출판사로서 성공을 꿈꾸는 직장인, 경영인에게 전문지식과 자기계발의 지혜를 주는 책을 발간하고 있습니다.

비대면 시대 따라하면 돈버는 **왕초보 온라인판매 사관학교**

초판 1쇄 발행 | 2021년 7월 28일
초판 5쇄 발행 | 2023년 10월 15일

지은이 | 유노연(NoYeon Yoo)
펴낸이 | 최점옥(JeomOg Choi)
펴낸곳 | 중앙경제평론사(Joongang Economy Publishing Co.)

대 표 | 김용주
책임편집 | 한 홍
본문디자인 | 박근영

출력 | 케이피알 종이 | 에이엔페이퍼 인쇄 | 케이피알 제본 | 은정제책사

잘못된 책은 구입한 서점에서 교환해드립니다.
가격은 표지 뒷면에 있습니다.

ISBN 978-89-6054-274-7(03320)

등록 | 1991년 4월 10일 제2-1153호
주소 | ㊌ 04590 서울시 중구 다산로20길 5(신당4동 340-128) 중앙빌딩
전화 | (02)2253-4463(代) 팩스 | (02)2253-7988
홈페이지 | www.japub.co.kr 블로그 | http://blog.naver.com/japub
네이버 스마트스토어 | https://smartstore.naver.com/jaub 이메일 | japub@naver.com
♣ 중앙경제평론사는 중앙생활사 · 중앙에듀북스와 자매회사입니다.